진리를 찾기 위한

방법서설·성찰
데카르트 연구

국립중앙도서관 출판시도서목록(CIP)

(방법서설·성찰) 데카르트 연구 /
지은이: 르네 데카르트 ; 옮긴이: 최명관. -- 개정판.
-- 서울 : 창, 2010   p. ;   cm

원저자명: Ren´e Descartes
참고문헌수록
ISBN 978-89-7453-154-6 04100 : ₩14000
데카르트 주의[--主義]

166.1-KDC5
194-DDC21   CIP2010000933

진리를 찾기 위한

방법서설·성찰
데카르트 연구

르네 데카르트 지음 / 최명관 옮김

창
Chang Books

머 리 말

 이 책에는 데카르트의 저서 ≪방법서설≫·≪성찰≫의 번역과 데카르트 연구로서 ≪데카르트의 중심 사상과 현대적 정신의 형성≫·≪데카르트의 생애≫가 수록되어 있다. ≪데카르트의 중심 사상과 현대적 정신의 형성≫은 필자가 1972년 철학 박사 학위 논문으로 제출하여 1973년 2월에 학위를 받은 것이다. 나머지 셋, 즉 ≪방법서설≫·≪성찰≫·≪데카르트의 생애≫는 1970년 9월 ≪데카르트 선집(選集)1≫이라 하여 훈복문화사에서 출판했던 것인데, 그동안 오랫동안 절판되었다. 필자가 ≪데카르트 선집(選集)≫을 낸 후, ≪방법서설≫·≪성찰≫, 이 밖의 데카르트의 저작이 여럿 번역되어 나왔는데, 다른 여러 번역이 있음에도 불구하고 필자의 번역을 찾는 독자들이 있어 한동안 서광사에서 출판하였고, 이번에 다시 도서출판 창에서 출판하게 되었다.

 ≪데카르트 선집(選集)1≫에서는 다음과 같은 서문을 썼다.

 데카르트는 암흑을 헤치고, 정신의 힘만으로 끈기 있게 사색하여, 밝은 빛으로 나아간 독창적 사상가였다. 그의 사상 가운데에는 오늘날에 이르러 타당성을 잃은 것이 적지 않지만, 그의 줄기찬 철학적 사색의 자세와 정신은 지금도 영롱한 빛을 발하고 있다. 우리에게 극히 부족한 과학적 사고방식을 기르는 데 있어, 우리는 데카르트에게서 배울 것이 많다.
 하여간 현재의 상황에서 데카르트는 우리에게 매우 중요한 사상가이지만, 그의 저서는 우리말로 거의 나와 있지 않은 형편이다.

지금은 이러한 형편이 많이 달라졌다고 생각된다. 그러나 필자는 ≪방법서설≫과 ≪성찰≫을 충실히 우리말로 옮기려고 노력하였었다.

 ≪데카르트 선집(選集)≫에서는 구두점까지도 원서를 따라 번역하였다. 그래서 가령 세미콜론(;)을 많이 썼지만, 이 책에서는 우리나라의 최근의 경향을 따라 세미콜론을 거의 쓰지 않았다. 필자의 학위 논문인 ≪데카르트의 중심 사상과 현대적 정신의 형성≫에서는 데카르트의 사상의 몇 가지에 대해 필자 나름의 해석을 가한 바 있다. 문제되는 사상, 가령 데카르트가 품었던 신의 관념 같은 것도 미묘한 내용들이 있어서, 해석에 잘못이 있을지도 모른다. 필자로서는 열심히 공부하고 깊이 생각하여 해석하느라고 했지만, 힘이 부족하여 온전한 해결을 찾지 못하였을 수도 있겠다. 독자들의 질정(叱正)을 바라마지 않는다.

 데카르트에 관하여 특별히 흥미를 가지고 공부하기 시작한 후로 많은 세월이 흘렀다. 아마 20여 년은 된 것 같다. 그러나 7, 8년 전쯤부터는 더 공부하지 못하였다. 필자의 관심이 다른 철학자들에게 쏠렸던 때문이다. 그리고 시간의 거리를 두고 데카르트의 철학을 바라볼 때, 그 근본 사상 속에 비판할 만한 것, 그리고 잘못되었다 할까 맹점 같은 것도 있지 않는가 생각되는 때도 있다. 그러나 그렇다 해도 데카르트는 철학하는 사람으로서는 한번 철저히 공부하고 넘어서야 할 위대한 사상의 봉우리라 생각한다.

 역어(譯語)에 관하여 한두 가지 독자의 주의를 환기하려 한다. 이 책에서는 원칙적으로 etre는 <존재>로, existence는 <현존>(現存)으로 옮겼다. 흔히 <신의 존재의 증명>이라는 말을 쓰는데, 이 경우의 <존재>는 etre가 아니고 existence다. 즉, 신이 정말 exister(현실적으로 존재한다)하다는 것을 증명하겠다는 것이다. 신은 한 존재(etre)이다. 그러므로 "신의 존재(etre)를 증명한다"고 하면 "존재의 존재를 증명한다"는 얘기가 되어 모순된다고 할까, 동어 반복을 일삼는 것이 된다. 따라서 "신의 계심을 증명한다"고 할 때의 <계심> 즉 existence 는 <현존>이라 옮기는 것이 마땅하다고 생각한다. <영혼>과 <정신>도 애매하고 혼동되기 쉬운 낱말들인데, 원서에 a me로 되어 있는 것은 <영혼>, esprit로 되어 있는 것은 <정신>으로 옮겼다.

 이 변변치 못한 번역·논문·전기가 진리 탐구의 열의에 불타는 젊은 이들에게 조금이라도 자극이 되고 그 공부에 도움이 된다면 필자의 노고도 그저 허무하지만은 않았다고 스스로 위로해 보련다. 숭실대학교 철학과 제자들의 사랑과 배려에 항상 감사드린다.

2005년 5월 15일
산본 우거에서 최 명 관

차 례

- ◆ 머 리 말 ··· 5

데카르트의 생애 ·· 11

서 장(序章) 천재의 세기
― 서양 사상사에서 데카르트의 위치 - ······················ 12
1. 늦잠 자는 데카르트 ··· 18
2. 방 랑(放浪) ·· 22
3. 소명의 꿈 ··· 29
4. 진리의 자유를 위하여 숨어 사는 데카르트 ; 저작 ········· 36
5. 스웨덴 여왕 크리스티나와 데카르트 ; 평화에의 희원(希願) ···· 52
6. 데카르트의 영향 ··· 61

방법서설(方法序説) ·· 67
제1부 학문에 관한 고찰 ··· 68
제2부 방법의 주요 규칙 ··· 77
제3부 이 방법에서 나오는 도덕의 규칙 ···························· 87
제4부 하나님 및 인간 영혼의 현존의 증명 ······················ 95
제5부 자연학의 문제의 순서 ·· 104
제6부 자연탐구를 전진시키는 데 필요한 것 ··················· 122

성 찰(省察) ·· 139
파리 신학부에 보내는 편지 ·· 140
독자에게 드리는 서언 ··· 146
다음 여섯 성찰의 요약 ··· 150
성찰1 의심할 수 있는 것들에 관하여 ······························ 155

성찰 2 인간의 정신의 본성에 관하여 ;
           정신은 신체보다 인식되기가 더 쉽다는 것 ···················· 162
성찰 3 하나님에 관하여 ; 그는 현존하신다는 것 ························ 174
성찰 4 참과 거짓에 관하여 ··· 195
성찰 5 물질적 사물의 본질에 관하여 ;
           그리고 다시 하나님에 관하여, 그는 현존하신다는 것 ············ 206
성찰 6 물질적 사물의 현존 및 정신과 신체의 실재적 구별에 관하여 ··· 215

데카르트 연구 ·· 237

제1편 데카르트의 중심사상 ··· 238
제1장 주체성의 문제 ·· 238
제2장 데카르트의 철학관 ·· 239
제3장 방법적 회의 ··· 247
제4장 *Cogito, ergo sum*의 의미 ·· 257
제5장 데카르트의 인식론 ·· 267
제6장 데카르트의 신관(神觀) ··· 280

제2편 데카르트의 현대적 정신의 형성 ··································· 305
제1장 근대화 문제 ··· 305
제2장 현대적 정신의 형성과 특색 ··· 306
제3장 데카르트의 사상적 편력 ··· 315
제4장 데카르트의 방법 ··· 326
제5장 데카르트의 자연상(自然像) ·· 341
제6장 정념론(情念論) ·· 350

◆ 참고문헌 ·· 355

데카르트의 생애

서장(序章) 천재의 세기
— 서양 사상사에서 데카르트의 위치 —

슈베글러(Albert Schwegler)는 ≪서양철학사≫에서 다음과 같이 말하고 있다.

근세 철학의 창시자요 아버지는 데카르트다. 그는 지금까지의 철학과 절연하고 아주 새로운 일을 시작한 점에서는 과도기 사람들과 같지만, 다른 한편으로는 베이컨같이 그저 방법적 원리를 제시하기만 한 것이 아니고, 또 뵈외메 및 동시대의 이탈리아인같이 방법적 기초를 세우지 않고 철학적 견해를 논술하기만 한 것도 아니라, 전혀 전제 없는 입장에서 출발하여 새롭고 적극적이고 내용이 풍부한 철학 원리를 제시하고, 이 원리로부터 곧장 일관된 논증의 길을 거쳐 자신의 체계의 여러 근본적 명제를 끌어내려 했다. 그는 자신의 원리의 무전제와 새로움에 의하여 근세 철학에 길을 열어 준 사람이요, 그 원리가 내적 시사를 간직하고 있음으로써 근세 철학의 기초를 세운 사람이다.

슈베글러뿐만 아니라 대체로 누구나 데카르트를 서양사상에서 <근세 철학의 아버지>로 인정한다. 그러면 데카르트는 어떠한 정신적 상황에서 무엇을 어떻게 사색하였기에 이토록 영광스러운 칭호를 얻었는가?

데카르트가 산 시대는 결코 평온한 시대가 아니었다. 프로테스탄트와 가톨릭의 종교 세력이 복잡한 갈등 속에서 30년 전쟁(1618~1648)을 벌이던 시대였고, 전란으로 말미암아 무수한 사람들이 비참한 어려움을 겪던 시대였고, 정신적으로는 신비주의와 미신으로 갈피를 잡지 못하는 혼미의 시대였다. 이러한 시대에 데카르트도 청년 시절에는 기사로서 여러 차례 종교적 사상과 세력이 얽힌 전쟁 마당에 뛰어들었다. 세상의 물정을 알려고 오랜 세월을 방황하며 사방으로 여행도 하였다. 그러나 그는 이 모든 경험에서 인간의 어리석음과 인간이 하는 일의 허무함과 무의미함을 뼈저리게 느꼈던 것 같다. 이윽고 그는 모든 세상일에서 떠나 숨어 살면서 오로지 진리의 탐구를 위하여 일생을 바치게 되었다. 그리하여 그는 인류의 먼 앞날을 내다보면서 확실한 지식의 기초를 찾아 인류의 영원한 복리의 터전을 닦았다. 그가 확립한 진리 탐구의 방법과 체계는 인류 문화의 영원한 보배이다.

이성을 올바로 인도하고 뭇 학문에 있어서 진리를 찾기 위해서 쓴 《방법서설》 제3부에서 데카르트는 숲 속에서 길을 잃은 나그네가 우왕좌왕 하지 않고 처음 마음먹은 길을 똑바로 걸어가야만 목적지에 도달할 수 있다는 비유의 말을 하고 있다. 아마 데카르트 자신이 한때 정신적으로 방황하지 않았나 싶다. 그러나 온 우주의 본성을 파악할 보편적 학문을 수립하기로 마음먹은 후로는 그의 발걸음은 죽는 날까지 흔들리지 않았다. 한편 그 당시 <길 잃은 나그네>는 젊은 시절의 데카르트만이 아니었다. 바로 그 시대의 정신적 상황이 전체적으로 <길 잃은 나그네>의 그것이었다. 중세의 제도와 세계관은 변화하는 세계의 소용돌이 속에서 급격하게 뒤흔들렸고, 그렇다고 해서 확고한 세계관이 새롭게 수립된 것도 아니었다. 때는 바야흐로 과도기였.

서양사에서는 1450년에서 1700년에 이르는 기간을 중세의 세계관이 무너지고 현대 세계가 준비되는 과도기로 보는 것이 보통이다. 코페르니쿠스의 지동설에 뒤이어 케플러, 갈릴레이 등의 천문학적 발견은 중세의 좁은 세계상에서 사람들의 생각을 무한한 우주로 돌리고 있었다. 교회는 아리스토텔레스의 권위를 방패삼아 우주가 시간적으로나 공간적으로 유한하며 지구가 우주의 중심에 있다는 교리를 여전히 강요하고 있었으나, 우주가 무한하다고 하는 생각은 이미 많은 사람의 마음을 사로잡고 그들의 정신 활동에 새로운 자극을 주고 있었다. 갈릴레이가 로마의 종교 재판소에서 다시는 지구가 태양을 중심삼고 돈다는 말을 하지 않기로 하고 풀려 나오면서 "그래도 지구는 움직이고 있지."라고 중얼거렸다고 한 것은 뜻 깊은 이야기이다.

 오늘날 교육받은 사람들에게는 지구가 움직이고 있다거나 태양을 중심으로 회전하고 있다거나 하는 말은 조금도 신기한 것이 못 된다. 당연한 말이다. 그러나 17세기 사람들에게는 그렇지 않았다. 그들은 지동설을 들을 때, 아마 20세기의 우리들이 인공위성이 처음으로 지구를 돌았다거나 달에 착륙했다거나 하는 뉴스를 듣고 놀라는 이상의 쇼크를 받았을 것이다. 이제는 고정되어 있는 지구 위에 우리가 사는 것이 아니다. 하늘이 저 위에만 있는 것이 아니다. 우주는 유한하지 않다. 이리하여 사람들의 마음은 불안에 사로잡혔다. 이러한 정신적 상황, 세계상의 동요를 파스칼은 "이 무한한 공간의 영원한 침묵은 나를 두렵게 한다."라고 알뜰하게 표현하였다. '인간은 자연 가운데 가장 연약한 갈대'였다. 정녕 인간은 이 끝없이 광대한 우주 한 가운데서 갈 바를 모르는 가련한 존재였다.

 언뜻 보아 인류에게 저주인 듯싶은 이 <무한>이라는 개념이 17세기의 위대한 사상가들, 브루노, 갈릴레이, 데카르트, 라이프니츠, 스피노자의 공동 노력을 통하여 축복으로 바뀌었다. 브루노의 사상에서 무한은 그저 부정이나 한정을 의미하는 것이 아니고, 도리어 현실의 헤아릴 수 없고 그칠 줄 모르는 풍요함과 인간 예지의 한없는 힘을 의미하는 것이었다. 브루노에 의하면 코페르니쿠스의 학설은 인간의 자기 해방으로의 최초의 결정적인 한걸음이다. 인간은 이제 세계 안에서 유한한 물리적 우주의 좁은 벽 틈에 갇힌 죄수처럼 살지 않는다. 인간은 공중을 횡단할 수 있으며 그릇된 형이상학과 우주론이 세워온 천체들간의 공상적인 경계를 모두 깨뜨릴 수 있다. 무한한 우주는 인간 이성의 한계를 설정하지 않는다. 그것은 도리어 인간 이성에 대한 큰 자극이다. 인간의 예지는 그 여러 가지 힘을 무한한 우주에 비추어 헤아림으로써 자신의 무한을 알게 된다. 그러나 브루노는 이러한 사상을 과학적인 말이 아니고 시적인 말로 표현하였다.

이러한 새로운 우주관을 엄밀한 과학적인 말로 표현하게 된 것이 갈릴레이고, 데카르트요, 스피노자이다. 이들은 신비의 구름을 헤치고 우주를 밝은 이성의 빛 아래 두고 보았다. 그리하여 근대 합리주의의 과학적 우주관의 찬란한 역사가 이들에게서 비롯한 것이다.

내셔널리즘(rationalism)이라는 말은 인식론에서는 유리론(唯理論) 또는 이성론이라고도 번역되며, 베이컨, 로크, 흄의 경험론(empiricism)에 대립되는 뜻으로 쓰이기도 하지만, 모든 초자연적인 것 내지 신비스러운 것을 배제하고, 우주 안의 모든 것을 인간의 이성으로 알 수 있다는 견해를 가리키는 말로서는 흔히 <합리주의>라 번역된다. 이러한 합리주의적 태도는 영국의 경험론이나 데카르트를 첫 손에 꼽는 대륙의 이성론에 공통되는 것이다.

데카르트는 이 합리주의적 사고방식을 가장 힘 있고 가장 명백하게 제시해 주고 설명해 준 사상가이다. 그는 이성을 끈기 있게 자연 연구에 사용했으며 또한 그러한 이성 사용의 방법을 우리에게 남겨 주었다. 모든 혼미의 어두운 먹구름을 말끔히 제거할 방법을 우리에게 가르쳐 준 것이다. 그의 방법은 결정적인 것이었고, 자연에 대한 인간 이성의 지배를 확실하게 하는 것이었다. 사실 그는 자연의 지배를 위한 가장 힘 있는 연장을 인간 정신에 준 것이다. 이 연장은 가장 근본적인 것이었다. 왜냐하면 그것은 인간의 사고방식 자체의 혁신이요, 근본적 개량이었기 때문이다. 그러므로 17세기의 모든 합리주의 사상가들의 최고봉에 데카르트를 누지 않으면 안 된다.

해석기하학의 발견은 인류 사상에서 데카르트의 가장 위대한 공헌의 하나이다. 해석기하학은 대수학과 기하학을 결부시킨 것인데, 한 예를 들면 대수의 방정식을 그래프에 도시하는 것이다. 이것은 공간과 여러 가지 공간적 관계에 관한 우리의 모든 지식이 하나의 새로운 언어, 즉 수의 언어로 옮겨질 수 있고 또 이 옮김과 변형에 의하여 기하학적 사상의 참된 논리적 성격을 보다 명료하게 이해할 수 있게 해 주었다. 이와 같이 공간과 그 여러 관계가 수적으로 명시될 수 있다면, 그리하여 공간의 가장 기본적인 구성 요소인 점 하나하나가 X, Y의 좌표, 즉 수치에 의하여 결정되는 것이라면 이제 공간 속에는 아무런 초자연적 세력도 기상천외의 마력도 없다. 인간의 원시적인 심성은 공간 속에 혹은 공간의 이 구석 저 구석에 마적인 환상을 투사하기가 일쑤였다. 고대의 신화나 중세의 점성술이나 현대의 미신에는 이러한 공간관이 도사리고 있다. 그러나 공간이 아무 신비도 없는 순수한 수에 의하여 한정되고 파악될 수 있는 것이라면, 혹은 두렵고 혹은 반가운 갖가지 모습을 보여 주는 그 신비스럽고 몽환적(夢幻的)인 성격은 우리의 착각일 따름이요, 공간 본연의 참 성격이 아니다. 이러한 합리주의적인 현대인의 공간관은 데카르트의 해석기하학 덕택에 얻어진 것이다. 또 데카르트의 이 기하학이 없었던들 뉴턴은 천문학과 물리학의 혁명적인 가정을 뒷받침하는 계산을 할 수 없었을 것이다.

데카르트는 외부의 현실에서나 자신의 사고에나 혼돈 속에서 질서를, 모순 속에서 조화를 찾았다. 우주는 얼핏 보아 불규칙하고, 혼란이 가득 찬 것 같으나 그 깊은 근원에서는 자연적 질서에 의하여 숨쉬며 움직이고 있다. 또 인간의 마음은 비이성적인 정념으로 말미암아 흐려지기 쉽고 파괴적인 행동으로 나아가기 쉬우나, 이성을 잘 사용하면 이 세계를 바로 다스리며 살기 좋고 평화로운 곳이 되게 할 수도 있다. 이상의 두 가지, 즉 우주의 자연적 질서에 대한 신념과 이성에 대한 신뢰는 합리주의의 표지(標識)이거니와, 이것은 모두 데카르트 철학의 당연한 귀결이었다. 이러한 사상이 급기야 18세기에 이르러 진보 사상과 결합해서 계몽운동의 모태가 되었고, 이 지상에 하늘나라를 세우려는 프랑스 혁명의 사상적 길잡이가 되었다.

데카르트는 언젠가, "내가 <하나님>이라는 말을 쓸 때에는 언제나 그 말 대신 <자연의 수학적 질서>라고 바꾸어 보아도 좋소"라고 말한 적이 있다고 한다. 데카르트가 하나님을 어떻게 생각했는가 하는 문제는 데카르트 사상의 해석상 가장 어렵고 논란이 많은 문제이지만, 우선 위에 인용한 말을 보면, 데카르트는 이 우주를 근본적으로 질서 있는 것으로 보고 그 질서의 근거가 하나님이라고 본 것이라 할 수 있다. 이러한 사상의 방향 역시 합리주의의 세계관에 포함되는 것인데 이것은 기계론적 세계관과 합류하는 것이었고, 스피노자에 이르러서는 <자연이 곧 하나님>이라고 하게 되는 것이었다. 이러한 방향이 극단으로 나아가게 되면 인간을 기계로 보는 견해를 내세우게 되고(라메뜨리, Lamettrie), 인간의 마음의 미묘한 움직임마저 기하학적으로 처리될 수 있다는 생각이 나오게 되지만(스피노자), 자연의 빛인 이성에 의하여 우주의 신비를 파헤치고 거기에서 합법칙성을 발견하려 한 데카르트의 합리주의적 정신은 오늘날 과학자들의 진지한 연구 태도에 그대로 살아 있는 것이다.

20세기의 가장 위대한 철학자의 한 사람인 알프레드 노오스 화이트헤드는 17세기를 <천재의 세기>라 불렀다. 그가 이 세기를 이와 같이 규정할 때에는 갈릴레이, 뉴튼, 데카르트를 염두에 두었을 것이 분명하다. 중세의 세계관이 무너지고 현대인의 사고방식이 형성된 것은 과도기에 휴머니즘(人文主義)·종교 개혁·합리주의의 운동이 있어서 이것들이 결국 합하여 중세의 세계관·가치관, 나아가 그 제도와 세력 구조를 무너뜨리고, 현대적 사고로의 길을 트게 된 때문인데, 이 세 운동 가운데 가장 결정적 역할을 한 것은 다름 아닌 합리주의 철학이었다. 합리주의는 근본적으로 사람들의 마음을 낡은 사고방식과 세계관에서 탈피시키고, 새롭게 밝은 세계로의 시야를 열어 주었다. 그리고 이 합리주의 사상가들 가운데 가장 힘차게 진리를 추구하여 밝혔고, 또한 우리로 하여금 순수한 이성의 힘에 의하여 진리를 탐구하여 많은 열매를 맺게 한 점에서, 또 오늘날까지 인류의 사상에 가장 뿌리 깊고 광범한 영향을 끼친 점에서, 데카르트는 천재의 세기에 가장 중요한 인물이었다고 할 수 있을 것이다.

1. 늦잠 자는 데카르트

르네 데카르트(René Descartes)는 1596년 3월 31일, 뚜우랜느주의 라 애(La Haye, Touraine)에서 태어났다. 그의 아버지 죠아생 데카르트는 브르따아뉴주의 고등법원 평정관이었다. 어머니 잔느 브로샤아르는 그를 낳은 지 열 석 달 만에 세상을 떠났다. 1645년 5월인가 6월 데카르트는 일찍부터 자신을 사숙(私淑)하고 편지로 가르침을 받던 보헤미아 왕 프리드리히의 왕녀 엘리자베드에게 보낸 편지에서 자기의 유년 시절에 관하여 다음과 같이 회고하고 있다. "내가 출생한 지 얼마 안 있어 어머니는 어떤 불쾌한 일을 겪은 것이 탈이 되어 폐를 앓고 돌아가셨습니다. 나는 어머니에게서 마른기침하는 것과 창백한 안색을 물려받았습니다. 이것을 나는 스무 살이 넘도록 가지고 있었지요. 그래서 그 당시에 나를 본 의사들은 모두 내가 젊어서 죽으리라고 단언하였습니다. 그러나 내게 닥쳐오는 일들을 비스듬히 봄으로써 그것들이 나에게 가장 흡족한 것이라고 여기며, 또 내 으뜸가는 만족은 나 자신에게 달렸다는 생각을 늘 가진 것이 타고난 듯싶었던 이 병약의 상태를 물러가게 한 원인이라고 나는 믿습니다." 즉 인생길에서 당하는 온갖 불행에서 자기 자신의 마음을 지키고 잘 가누어 어두운 현실에서 밝은 면을 찾음으로써 그는 건강을 가질 수 있었다. 데카르트의 일생은 현명한 사려로 가득 차 있다.

최초의 데카르트 전기를 쓴 바이예(Adrien Baillet, *La vie de Monsieur Descartes*, 1691)는 데카르트의 좋지 못한 건강 상태가 "천성이 사색하게 되어 있는 정신" 때문이었다고 말하고 있다. 라 플래슈의 학교에 있을 때에도 데카르트는 다른 여러 특혜 조치와 함께 일어나고 싶을 때까지 오래 자도 괜찮다는 허가를 받았다고 한다. 이렇게 늦게 일어나면 그의 정신이 아주 힘을 얻게 되고 또 모든 감각이 밤의 휴식으로 싱싱하게 되기 때문이었다. 그는 이러한 환경을 명상하고 사색하는 데 이용하였다. 이렇게 늦게 일어나는 것은 버릇이 되었고, 이 버릇은 일생 그의 공부에 도움이 되었다. 바이예는 다시 다음과 같이 말하고 있다. 철학과 수학에서 "그의 정신이 산출한 가장 중요한 것으로 우리가 혜택을 입고 있는 것은 아침 잠자리에서 이루어진 것이라 말할 수 있다."

나폴레옹은 미래는 일찍 일어나는 사람들의 것이라 말했다. 하지만 데카르트는 여기에 예외가 된다고 하겠다. 하여튼 데카르트는 어려서부터 명상하는 버릇이 있었다. 그래서 그의 아버지는 아들에게 철학자라는 별명을 붙이기도 했던 것이다. 데카르트는 일찍부터 왕성한 지식욕을 가지고 있었다. 그의 아버지는 이러한 태도를 기특하게 여겨 그를 <철학자>라 부르곤 했던 것으로 생각된다.

괴테는 "학문은 고독에서 이루어지고 성격은 사교에서 도야된다"는 의미의 말을 했는데, 데카르트는 학문의 길에 들어선 후로는 줄곧 고독을 찾아 숨어 살면서 사색에 잠기곤 하였다. 여기에 한 토막의 일화를 소개한다. 파리에 머무는 동안, 데카르트는 아버지의 친구로서 교외에 사는 르 봐써르 데띠올르(La Vasseur d'Etioles)의 집에 유숙하고 있었는데 얼마 안 가서 이 집에는 문인들이 모여들어 일종의 아카데미가 되고 말았다. 그러자 데카르트는 아무에게도 알리지 않고 교외의 딴 곳으로 거처를 옮겨 버렸다. 당황한 쪽은 르 봐써르였다. 마침 어느 날 길에서 데카르트의 몸종을 만난 그가 데카르트가 있는 곳으로 데려가 달라고 하니까 몸종은 주인의 엄명이라면서 그렇게 할 수 없다고 버티다가 결국은 그를 안내해 가게 되었다. 때는 아침 열한 시쯤이었다. 데카르트가 유숙하는 집에 이르러 살그머니 안으로 들어가 문구멍으로 방안을 들여다보았더니, 데카르트는 창문을 열고 침대에 누워서 한참 동안 생각에 잠겨 있다가는 반신을 일으켜 침대 곁에 있는 작은 책상에 대고 무엇인가 적고, 또 누웠다가는 다시 몸을 일으켜 글을 쓰고 있었다. 이러기를 약 30분쯤 하고서 잠자리에서 일어나 옷을 입더라는 것이다.

1631년 4월 15일 친구 발자크(Balzac)에게 보낸 편지에는 다음과 같은 말이 적혀 있다. "나는 여기서 매일 밤 열 시간 잡니다. 아무 걱정거리도 없어서 잠을 깨는 법이 없지요. 한참 자고 있으면, 내 정신은 숲과 정원과 황홀한 궁전을 소요하는데, 그럴 때면 동화처럼 생각되는 온갖 즐거움을 맛보며 부지불식간에 낮에 꿈꾸고 그리워하던 것을 밤의 그것에 섞지요. 잠에서 깨면 내 만족은 더욱 완전하며, 또 내 모든 감각이 거기 참여합니다." 또 1643년 6월 28일에 엘리자베드 왕녀에게 보낸 편지에서는 이런 말을 하고 있다. "내가 내 공부에서 언제나 지키는 제일 중요한 규칙, 그리고 어떤 지식을 얻는 데 도움이 된 규칙은 하루에 몇 시간밖에는 상상력을 요하는 생각을 하지 않으며, 또 순전히 오성만을 요하는 생각에는 1년에 아주 적은 시간밖에 쓰지 않으며, 그리고는 내 시간의 나머지 전부를 감각 기관의 휴식과 정신의 휴양에 쓰는 것이었다고 말할 수 있습니다." 이렇게 데카르트는 충분한 휴식을 취하면서 일단 정신을 활동시킬 때에는 활발하게 움직일 수 있도록 배려하였다. 여기에서도 그의 평소의 현명한 마음가짐과 학문을 위한 조심성 있고 열매 맺게 하는 생활 태도를 볼 수 있다.

데카르트는 1606년에서 1614년까지, 그러니까 열살 때부터 열여덟 살 때까지 라 플래슈의 제수이트파의 학교에서 공부했다. 그의 소년 시절의 여러 시기에 관해서는 자세히 알 수 없는 점이 많다. 그러나 이 학교에서는 으레 고전적 학문과 스콜라 철학을 배웠으리라는 것은 어렵지 않게 짐작할 수 있다. 독자적으로 사색하는 그의 정신 경향으로 미루어, 아리스토텔레스의 철학을 묵수(墨守)하는 제수이트의 교육이 마음에 들었을 리 없다. 그는 고전을 공부하고, 그리고는 이미 이때부터 자연 연구에 정신을 기울였던 것 같다. 그러나 한편 그는 이 학교에서 받은 교육이 무의미하다고는 생각지 않았으며, 오히려 일생을 두고 고맙게 여겼다. 또 모든 기초적 학문을 질서 있게 가르치는 그 제도를 높이 평가하였다. 1641년에 어떤 친구가 자기의 아들을 철학 공부시키기 위하여 네덜란드의 대학에 보내려 하는데 어떻게 생각하느냐고 물었다. 이 질문에 데카르트는 다음과 같이 대답했다. "나는 철학에서 가르쳐지는 모든 것이 복음서만큼 참된 것이라고는 생각지 않습니다마는, 현학(衒學)을 넘어서 보다 더 좋은 것을 알도록 정신을 높이기에 앞서 철학 과정 전부를, 저 제수이트파 학교에서 가르치는 방식대로 공부하는 것이 유익하다고 믿습니다. 나는 철학을 라 플래슈 학교에서보다 더 잘 가르치는 곳은 세상에 없다고 말함으로써 이 명예를 나의 선생님들에게 돌리지 않을 수 없습니다."

2. 방 랑(放浪)

라 플래슈 학교를 마친 후 데카르트는 이어 뿌와띠에 대학에 들어간 것 같다. 1616년 10월 10일에는 이 대학에서 민법과 교회법의 법학사 학위를 받았다. 이즈음 온 유럽 천지에는 큰 내란의 구름이 뒤덮이려 하고 있었다. 대학을 나온 데카르트는 기사적인 생활을 즐기다가 이윽고 사방에서 전란이 터지자 기병으로 전란의 와중에 뛰어들었다. 30년 전쟁은 1618년에 터졌는데, 같은 해에 이 철학자는 네덜란드로 가서 오랑쥬공 낫소의 마우리츠 군대에 들어갔다. 이 마우리츠는 국제 전쟁 학교의 교장이었고, 그의 군대는 프로테스탄트 진영에 속해 있었다. 데카르트는 이 마우리츠의 휘하에서 군사 교육을 받고, 우울한 수비대 생활을 했다. 그러나 그는 전투에 참가한 것 같지는 않다.
이 때의 생활에서 그가 얻은 큰 소득은 이사크 베크만(Isaac Beeckman)과 친하게 되고, 이 사람과 함께 수학과 음악을 논한 일이었다. 그러다 1년 후 그는 이곳을 떠났다.
1619년 4월, 스물세 살 때 그는 네덜란드를 떠나 배로 덴마크에 갔고, 폴란드와 헝가리를 거쳐 독일에 이르렀다. 1619년 여름 프랑크푸르트에서 그는 페르디난트(Ferdinand) 황제의 대관식을 참관했다. 그 후 바이에른의 막시밀리언(Maximilian) 공의 가톨릭 군에 속하였다. 정확한 것은 알 길이 없으나 하여간 극히 짧은 기간을 이곳에서 지냈던 것만은 확실하다. 이렇게 그가 한때는 프로테스탄트의 군대에 있다가 이듬해에는 그에 적대하는 가톨릭군대로 들어간 것은 지조가 없었기 때문인가? 세상은 참으로 혼란하고 어지러웠다. 그 당시 프랑스를 성공적으로 주름잡던 재상 리슐리외(Richelieu, 1585~1642)는 동부 유럽에서 가톨릭 군이 번번이 전투에 이기고 기염을 올리는 것을 보고는, 은밀하게 스웨덴에게 원조를 주어 합스부르크가의 중핵 지점을 무찌르게 하였다. 프랑스가 가톨릭인 점을 생각하면, 이러한 행동은 이 전쟁이 명색은 프로테스탄트와 가톨릭간의 종교전쟁이지만 속을 들여다보면 또한 국가주의의 냄새가 나는 것이었다. 그렇다고 데카르트가 아무 식견도 판단도 없이 그저 무턱대고 전쟁의 와중에 들어갔다고는 생각되지 않는다. 그의 깊은 심중은 아무도 알 수 없는 것이다.

아직 젊은 나이에 무슨 깊은 은혜와 원망의 감정이나 고집해야 할 신조가 있었던 건 아니었으나, 데카르트는 종교 전쟁의 무의미함과 우매함을 느꼈고, 세상 물정을 관찰하기 위하여 군대 생활을 한 것이라 추측할 수는 있을 것이다.

아닌 게 아니라 데카르트는 <세상이라고 하는 큰 책>이라는 말을 쓰고 있다. 그는 이 말을 몽떼뉴의 ≪수상록≫(*Essais*)에서 빌려 쓰고 있다. 이 ≪수상록≫에서 몽떼뉴는 다음과 같이 말하고 있다. "이 큰 세계, ……나는 이것이 내가 가르치는 학생의 책이 되기를 원한다." 데카르트 자신은 ≪방법서설≫에서 다음과 같은 말로 자기의 여행 목적이라 할까 의도라 할 것을 시사해 주고 있다.

 서로 다른 여러 나라 사람들의 습속을 조금이라도 아는 것은 우리들 자신의 습속에 대하여 올바른 판단을 하기 위해서, 또 아무 것도 본 것이 없는 사람들이 흔히 생각하듯, 우리들의 생활양식에 반대되는 것은 무엇이나 우습고 이성에 어긋나는 것이라고 생각하는 일이 없도록 하기 위해서 좋은 일이다. ……선생들의 감독을 받지 않아도 되는 나이가 되자, 나는 글공부를 아예 집어치웠다. 그리고 나 자신 속에서 혹은 세계라고 하는 큰 책 속에서 찾을 수 있는 학문 이외에는 다른 어떤 학문도 찾지 않기로 결심하고 나는 여행하는 것과, 여러 곳의 궁정과 군대를 보는 것과, 여러 가지 기질과 형편이 다른 사람들을 찾아가는 것과, 갖가지 경험을 쌓는 것과, 운명이 나에게 몰아오는 사건들 속에서 나 자신을 시험해 보는 것과, 내가 부딪치는 일들로부터 무슨 이익을 얻을 수 있을까 하여 그것들에 대하여 반성하는 데에 내 청년 시절의 나머지를 보냈다. ……나는 내 행동에 있어서 분명하게 보고, 이 세상을 살아감에 있어 확신을 가지고 걸어가기 위하여, 참된 것을 거짓된 것으로부터 가려낼 줄 알았으면 하는 극도의 열의를 늘 가지고 있었다.

 이상의 인용에서 우리는 데카르트의 방랑이 한갓 어떤 기분에 의한 것이 아니며, 또 목적 없는 막연한 것이 아니라, 편견을 버리고 견식을 넓히기 위한 진리 탐구의 그것이었음을 알 수 있다. 드 사씨(Samuel S. de Sacy)는 이러한 데카르트의 방랑을 가리켜 <방법적 방랑>(vagabonde méthodique)이라 부르고 있다.
 1619년 겨울을 데카르트는 울므(Ulm) 근처에서 혼자 사색하며 또 그곳 기술자 및 수학자들과 담론하면서 지냈다. 그의 일생의 운명을 결정짓고 그가 앞으로의 사명을 계시 받는 꿈을 꾼 것은 바로 이 울므 근교의 어느 오두막집 방에서였다.

이제 인류의 앞날에 큰 빛을 던질 학문의 수립을 마음속에 다짐하면서 허무한 군대 생활을 청산하고 데카르트는 다시 여행의 길에 오른다. 3월에 길을 떠나 헝가리를 두루 편력하고, 1621년에는 독일의 슐레지엔(Schlesien), 폴란드의 포메라니아 지방, 북부 독일의 멕클렘부르크(Mecklemburg)를 두루 돌아다녔다. 1622년 3월에는 프랑스로 돌아와서, 1년 반 동안 브르따아뉴와 뿌와뚜우, 그리고 파리에서 살았다. 1623년 가을부터 1625년 봄까지는 이탈리아에 있었다. 이탈리아에서는 베네치아, 로레또, 로마, 피렌체를 두루 찾았다. 그 후 프랑스로 돌아와서는 3년 반 동안 파리에서 살면서 귀족의 신분을 갖고 세속적인 생활을 했다. 그러나 가끔 시골이나 먼 지방으로 여행하는 자유를 내 버리지는 않았다.

독일 종군에서 이탈하여 여행에 올라 1628년에 네덜란드로 이주할 때까지의 여러 해의 여행에 관해서 데카르트는 다음과 같이 술회하고 있다.

……난롯방에 더 오래 머물러 있을 것이 아니라, 사람들과 이야기하는 것이 더 낫겠다고 생각하였으므로, 나는 겨울이 다 가기 전에 다시 여행을 떠났다. 그리고 그 후 만 9년 동안, 세상에서 연출되는 모든 희극에 있어서 배우가 되느니보다는 오히려 구경꾼이 되려고 힘쓰면서 여기저기 떠돌아다니기만 했다. 그리고 한 가지 문제마다 의심스럽고 잘못 생각하기 쉬운 점에 대하여 특히 잘 살펴보면서, 전에 내 정신 속에 스며들어 올 수 있었던 모든 오류를 말끔히 뽑아 버렸다. 그렇다고 해서 나는 그저 의심하기 위해서 의심하는, 그리고 항상 비결정의 태도를 취하는 회의론자들을 흉내 낸 것은 아니다. 왜냐하면 이와 반대로 내 계획 전체는 나 스스로 확신을 얻고 동요하는 흙과 모래를 제껴 버리고

바위나 진흙을 찾아내는 데로 향해 있었기 때문이다.

≪방법서설≫ 제3부

 이 말로 미루어 보아도 그의 방랑과 여행이 진리를 탐구하고 자기의 모든 잘못된 생각을 고치는 기회로 삼으려 한 결의의 일단(一端)이었음을 쉽게 알 수 있다.
 데카르트가 1619년에 네덜란드를 떠나 독일로 간 것은 단순히 군대생활을 하려 한 것이 아니라, 그 당시 온 유럽에 소문이 파다하게 퍼져 있던 로젠-크로이츠(Rosen-Kreuz, 장미 십자회)를 연구하려는 생각이 있었던 때문이었던 것 같다. 1619년에서 1620년의 겨울 동안, 데카르트는 울므 근처에서 고독하게 사색하며 지내고 있었지만, 과학자들과 문인들이 적지 않게 찾아왔다. 이들로부터 그는 로젠-크로이츠에 관해서 많은 얘기를 들었다. 이 로젠-크로이츠는 당시, 독일에서 자기들이 <놀라운 지혜>를 소유하고 있다고 주장하며, 병을 고칠 수 있다고 자칭하며, 자기의 몸을 사람들의 눈에 보이지 않게 할 수 있다는 평판을 듣고 있던, 연금술사와 접신론자(接神論者)들의 비밀 결사였다. 사람들은 데카르트에게 이들이 모든 것을 알고 있고, 새로운 지혜, 즉 여태까지 발견되지 않은 진정한 학문을 사람들에게 약속하고 있다고 일러 주었다. 데카르트는 이런 소식을 듣고 마음에 큰 동요를 느꼈다. 그는 바로 그때는 진리 탐구에 있어서 어떤 방법을 써야 할 것인가 크게 번민하고 있었다. 그래서 그는 이 로젠-크로이츠의 회원을 만나려고 애썼으나 허사였다. 그들은 세상에 나타내지 않고, 남들처럼 옷을 입고 대중 속을 걷지도 않으며, 말을 할 때에나 그 밖의 어떤 생활양식에서도 신분을 드러내지 않는 것을 규칙으로 삼고 있었기 때문이었다. 모든 것을 알겠다는 목적에서도 로젠 크로이츠는 데카르트와 같았고, 또 새로운 지혜를 추구한다는 점에서도 비슷하다고 할 수 있을지 모르나, 전자의 신비주의적·미신적 사고의 방향과 후자의 합리주의적·과학적 방향 사이에는 천양지차가 있었다. 로젠-크로이츠의 창시자 크리스티안 로젠크로이츠(Christian Rosenkreuz)의 제자들, 즉 구약 성서의 전통적 신비적 해석학자들로부터 ≪방법서설≫에 이르는 길은 심히 멀었다. 그러나 데카르트는 이 길을 답파했다. 독일에 있을 때에는 그에게는 아직도 <신앙의 열정>이 남아 있었다. 그러나 데카르트 철학의 정신은 이러한 초자연적인 방향과는 근본적으로 다른 것이었다. 데카르트는 어디까지나 <자연의 빛>, 즉 인간 이성의 빛에 의하여 진리를 더듬어갔다. 그럼에도 불구하고 1923년 데카르트가 파리로 돌아오자, 사람들은 독일에서 체류했다 하여 그를 로젠-크로이츠의 회원으로 보았다. 로젠-크로이츠의 연구에서 그는 다만 아주 순수한 정신적 편력을 도로 찾을 따름이었다. 그리고 그는 일찌감치 1619년 말부터는 자기의 목적을 향하여 착실한 걸음으로 전진하고 있었다.

 1618년 낫소의 마우리츠의 군대에 자원해서 들어간 것도, 바이예의 말을 빌리면, "보다 자연스러운 사람들의 여러 다른 습속을 연구하고, 인생의 모든 사건을 직접 경험해 보기 위해서"였는데, 군대 생활을 하면서도 데카르트는 자기의 자유를 지키려고 마음을 썼다. 상관에게 예속되지 않기 위해서 아무 직무도 맡지 않았고, 자신의 돈으로 생활해 나감으로써 어디까지나 자주성을 고수했다. 그는 봉급을 일체 받지 않았으나 형식을 갖추기 위해서 단 한번 봉급을 받았는데, 이 봉급으로 받은 스페인의 금화를 <군대 생활의 기념으로> 일생 동안 간직했다 한다.

 대학을 나오면서부터 그는 신분상 말을 타고 무기를 다루며 이 밖에 귀족으로서 구비해야 할 무술을 닦지 않으면 안 되었다. 그는 <점술>이라는 조그마한 논문을 썼으나, 대부분은 산실(散失)되어 지금은 남아 있지 않는데, 그가 무인으로서 스스로 칼을 쥐고 전투한 일은 없었던 것 같다. 그러나 그가 기지와 용기와 결단을 가진 사람이었음을 보여 주는 일화를 하나 소개한다. 1621년 11월의 일이었다. 그는 헝가리, 모라비아. 슐레지엔, 폴란드, 포메라니아, 브란덴부르크 (Brandenburg) 등 동부 유럽을 한 바퀴 돌고 프랑스로 돌아오던 중, 네덜란드의 프리슬란트(Vriesland)의 서안으로 건너기 위하여 조그마한 배를 한 척 세내었다. 뱃군들은 예나 지금이나 세상에서 가장 험상궂고 야비한 사람들이었다. 그들은 데카르트를 떠돌아다니는 장사꾼이라고 생각했고, 또 돈이 많은 사람이리라고 생각했다. 먼 데서 온 외국인이요 그 지방에 아무도 아는 사람이 없을 것으로 단정하고 그를 털어도 아무 말썽이 없으리라 생각했다. 성품이 조용하고 안색이 온화한 그의 예의 바른 태도에 선원들의 판단이 그쯤 내려진 것은 매우 당연한 일이었을 것이다. 그들은 데카르트의 면전에서 그를 때려 죽여 물에 집어넣고 그 소유물을 차지하자고 의논하는 것이었다. 데카르트가 종복과 주고받는 말 이외의 다른 나라 말은 모르리라고 믿고 있었던 것이다. 그러나 데카르트는 이 뱃군들의 말을 다 알아듣고 있었다. 처음으로 네덜란드에 갔을 때부터 그는 네덜란드 말을 배웠고 또 독일을 종횡으로 돌아다닐 때에 독일 말을 배워 알고 있었다. 사태가 이쯤 되자 데카르트는 불쑥 일어나 안색을 변하고 칼을 쭉 빼어들고 뱃군들의 국어로 더 이상 모욕하면 당장 찔러 죽이겠노라고 위협했다. 그의 음성에 혼비백산하여 얼이 빠진 뱃군들은 수지 맞출 궁리를 그만두고 조용히 태워다 주었다 한다. 이러한 경험에서 나중에 그의 도덕률이 나온다. 그것은 신중과 결단의 행동 강령이었다.

3. 소명의 꿈

1619년 11월 10일, 밤은 깊었다. 울므 근방의 독일의 한 마을에는 깊은 정적이 감돌고 있었다. 그 당시 스물 세 살의 데카르트는 도기로 만든 큰 난롯가에서 졸고 있었다. 데카르트는 ≪방법서설≫에서 이즈음의 일을 다음과 같이 술회하고 있다.

> 그때 나는 독일에 있었다. 전쟁이 아직 끝나지 않아 어쩔 수 없이 거기 있어야만 했던 것이다. 그런데 내가 황제의 대관식을 보고 군대로 돌아가는 도중에, 겨울철이 되어 어느 촌락에 머무르게 되었다. 그곳에는 내 마음을 산란케 할 이야기 상대도 없고, 또 다행히 나를 괴롭히는 걱정 거리나 정념도 없어서, 나는 온 종일 난로 있는 방에 틀어 박혀 아주 한가로이 여러 가지 생각에 잠겼다.
>
> ≪방법서설≫ 제2부

그날 저녁은 성 마르땡(Saint Martin) 축제의 전야여서 실컷 먹고 마시는 것이 관례였다. 그러나 데카르트는 이 몇 달 동안 자기의 장래와 자기가 추구할 보람 있는 일에 대해서 깊이 생각하며 고민하고 있었던 터라 아주 검소한 생활을 하며 술을 입에 대지 않고 있었다.

10일에서 11일로 넘어가는 밤, 데카르트는 조용한 분위기 속에서 이러한 상념의 열정에 사로잡혀 영기(靈氣)에 취하여 잠자리에 들었다. 그리고 세 번 꿈을 꾸었다. 아니 꿈이 그를 찾아왔다고 하는 것이 더 좋은 표현일 것이다. 자기의 장래의 사업과 사명이 무엇일까 하고 골똘히 생각하여 오던 그는 이 꿈들이 자기를 찾아올 것을 기대하고 있었겠기에 말이다.

이 꿈에 관해서는 데카르트가 ≪올림피카≫(*Olympica*)라 스스로

부른 책에서 애기하고 있는데, 이 책은 지금 분실되었다. 데카르트 전기 작가 바이예가 전하는 그 꿈의 애기를 들어보자.

데카르트는 깜박 잠이 들었다. 그는 선풍(旋風)이 몰아치는 가운데 길을 걷는다. 비틀거리며 넘어지려고 하면서 목적지에 가려고 애쓴다. 마침내 그의 앞길에 (라 플래슈) 학교의 문이 열린 것이 보인다. 학교 안으로 들어가 기도를 드리려고 예배당에 가려고 한다. 그런데 자기가 아는 어떤 사람을 인사도 안 하고 지나쳐 온 것을 깨닫고 그 사람에게 가서 인사를 하려고 한다. 그러나 세찬 바람이 예배당 쪽으로 불어와서 뜻을 이루지 못한다. 그때 마침 교정의 중앙에 어떤 사람이 또 하나 있다가 그의 이름을 부드럽게 부르면서 말하기를, 앞서 본 사람을 찾으면 그 사람이 당신에게 무엇인가 줄 것이 있으리라 한다. 데카르트는 그것이 어떤 먼 나라로부터 가져온 멜론이라고 상상한다. 이윽고 바람은 거의 멎는다.

이 꿈을 꾸고 난 데카르트는 온 몸이 쑤시는 듯 아팠다. 필경 자기를 유혹하려는 악령의 장난이라고 생각하였다. 그는 엎드려 하나님께 기도를 드린다. 그 꿈과 같은 언짢은 일이 생기지 않도록 해주시고 자기가 지은 죄 때문에 닥쳐올지 모르는 모든 불행에서 자기를 보호해 주십사고. 그리고는 이 세상의 선과 악, 행복과 불행에 대하여 갖가지 생각을 하다가, 두 시간쯤 후에 다시 잠든다. 두 번째 꿈을 꾼다.

그는 날카롭고 폭발하는 듯한 소리를 듣는다. 그는 이 소리를 천둥소리로 안다. 그는 놀라 잠을 깬다. 눈을 떠보니 무수한 섬광이 방안에 가득하다.

이런 일은 그 전에도 자주 있었다. 밤에 잠을 깨면 눈을 감았다 떴다 하면서, 자기 가까이에 있는 물건들을 뚫어지게 쳐다보곤 하였다. 그럴 때면 두 눈에 섬광이 번득거리곤 했다. 그는 다시 깊은 잠에 빠진다.

세 번째 꿈에는 앞의 두 꿈에서와 같은 무서운 것이 전혀 없었다. 책상 위에 책 한 권 있는 것이 그의 눈에 띈다. 누가 거기에 놓아두었는지 그는 모른다. 그것이 사전임을 알고 그는 그것이 매우 유용하리라 생각하고 크게 기뻐한다. 그러나 손 밑에 다른 책이 하나 있는 것을 본다.

그 책은 여러 사람의 시가 담긴 시집으로 《코르푸스 포에타룸》(*Corpus Poetarum*)이라는 제목이 붙어 있다. 이 시집을 펼치니 마침 "쿼드 위타이 섹타보오르 이테르?"(Quod vitae sectabor iter? —— 나는 내 생애에 어느 길을 갈 것인가?)라는 시구가 눈에 띈다. 바로 이때 어떤 낯모를 사람이 나타나서 그에게 '에스트 에트 논'(Est et Non —— 우리말로 옮기기가 좀 어색하다 프랑스어로는, Qui et Non, 영어로는 Yes and No)이라는 말로 시작되는 시구 하나를 보여주면서 참 좋은 시라고 자랑한다. 그는 이 사람과 이 두 권의 책에 대해서 말을 주고받는다. 그러자 책도 이 낯모를 사람도 사라진다. 데카르트는 잠을 다 깨지 않은 채, 이 이상한 꿈을 해석해 보았다. 사전은 <모든 학문을 한 데 묶은 것>이요, <코르푸스 포에타룸>은 <철학과 지혜가 함께 합쳐진 것>이라 해석하였다. 여기에서 시에 철학과 지혜가 깃들이고 있다고 본 데는 까닭이 있다.

데카르트는 시인이 철학자보다 더 날카롭게 현실에 육박하고, 열정과 상상력에 의하여 지혜를 샘솟게 한다고 평소 생각하고 있었던 것이다 "쿼드 위타이 섹타보오르 이데르"란 시구는 한 현자의 (혹은 실천 신학의) 좋은 충고였다. 그리하여 시집은 그에게 영감과 열정을 의미하는 것이었다. '에스트 에트 논'이라는 말은 피타고라스의 말로서 데카르트는 이것을 <인간의 지식과 세속 학문에 있어서의 참과 거짓>으로 해석하였다. 이렇게 제 나름으로 해석하고 이 꿈을 통하여 진리의 영이 그에게 모든 학문의 보고를 열 것을 바라는 것이라고 생각했다. 처음의 두 꿈은 사람 앞에서만큼 하나님 앞에서 떳떳하지 못한 과거에 대해서 경고하는 무섭고 떨리는 것이었다.

세 번째 꿈은 그의 장래를 그려 주는 것이었다. 첫 번째 꿈에 나타난 멜론은 고독과 한적한 매력을 의미하는 것이었다. 그러나 이 매력은 순전히 인간적인 것이다. 그를 학교의 예배당 쪽으로 몰아간 바람은 그의 앞길을 막는 악령이었다. 그리고 끝으로 천둥소리는 그의 위에 내려와서 그가 소유하게 되는 진리의 영이었다.

이 꿈을 꾸고 데카르트는 마음이 크게 격동하여 하나님께 그 뜻을 알게 해달라고 기도하였다. 그는 이 꿈이 자기의 생애에서 가장 중요한 사건이라고 판단하였고, 또 로레토로 순례할 것을 서원했다. 그는 이 꿈을 신비스러운 환견(幻見)이요, 자기의 정신에 보여 준 계시라고 생각했다. 며칠 뒤 열정은 가시고 마음은 평상시의 고요함을 되찾았다. 그리고 아직 놀라운 학문의 기초를 발견하지는 않았으나, 이제 자기가 앞으로 달려갈 길을 찾았다고 생각한 것은 틀림없는 일이다. 천재는 성숙할 때를 기다리고 있다.

11월 10일에서 11일에 걸치는 이 밤은 세월이 흐르면 무엇보다도 주목할 밤이 될 것이다. 즉, 깨달음의 밤으로 여겨지게 될 것이다. 하여간 정신의 도정은 언젠가는 승리에 빛날 이 합리주의의 개조(開祖)에게도 신비에 찬 것이었다.

현대 프랑스의 유물론적 마르크시스트 사상가인 르회브르(Henri

Lefèbre)는 이 데카르트의 꿈에 대하여 색다른 해석을 하고 있다. 그는 많은 해석자들이 이 꿈에서 신으로부터의 사명의 수여와 보증을 보려고 하는 데 반하여, 오히려 합리적 사유에 의하여 신의 영역까지도 감히 범하려는 신성모독자의 고뇌를 보려고 한다. 악령에 의하여 라 플래슈 학교의 예배당 쪽으로 밀려가는 꿈은, 지금까지 배운 하나님에 대한 신앙에 기초하는 관념을 이성에 의하여 분석하려는 독성(瀆聖) 의식의 고뇌를 나타내는 것이라 해석된다.

이 고뇌는 사회적 관습이 되어 버린 거대한 권위의 중압 앞에서 주저하는 각성한 한 개인의 고뇌이다. 그리고 이 중압은 그저 외부로부터 그에게 가해진 것이 아니다. 내면적으로 깊이 그를 속박하고 있다. 그러므로 꿈에까지 나타난 것이다.

이 일련의 꿈은 결코 환희와 확신을 보여 주는 것이 아니다. 그것은 오히려 전통을 범하는 자의 본능적인 공포와 고뇌를 상징하는 것이다. 이러한 르회브르의 해석은 데카르트 이후의 서양 사상의 흐름에 비추어, 짐짓 데카르트 속에 있는 온전히 합리주의적이고 자유주의적인, 전통에 반항하는 혁신자의 모습만을 본 것으로, 역사적 진실이라고는 할 수 없을 것이다. 물론 이러한 해석도 일리가 있기는 하나 20세기의 사상 경향을 3백 년 전의 사상가에 투사한 지나친 해석이라 하겠다. 우리는 오히려 한 사상가를 아무리 뛰어나고 자기의 시대에 앞선 사람이라 할지라도, 그 시대의 아들로서 그 시대에 매이는 한계가 있다고 보아야 할 것이다.

물론 데카르트는 그 비상하게 명철한 두뇌로 미래를 내다보고 현대의 과학적 세계관을 준비하기는 했어도 말이다.

1620년 성 마르땡의 날에 쓴 데카르트의 일기는 "나는 놀라운 학문의 기초를 발견하기 시작했다"(Je commençais de découvrir les fondements d'une science admirable)고 적고 있다. 이 <놀라운 학문>이란 무엇인가? 이 시기에 데카르트는 수학적 분석에 골몰하고 있었다. ≪방법서설≫ 제1부에서 데카르트는 다음과 같이 말하고 있다.

> 나는 수학을 특히 좋아하였는데, 그 추리의 확실함과 명증성 때문이었다. 그러나 나는 아직 그 참된 용도를 전혀 깨닫지 못하고 있었다. 그리고 그것이 기계적 기술에만 응용되고 있음을 생각하고서 그 기초가 아주 확고하고 견실한 데도 불구하고 아무도 그 위에다가 더 높은 건물을 세우지 않은 것을 이상하게 여겼다.

바로 이 <좀더 높은 건물>을 세우는 것이 그의 일이 되었다. 수학은 대수나 기하에 국한되는 것이 아니고, 가장 확실하고 명백한 지식의 본이라 보고, 모든 학문을 이 기초 위에 세우려 한 것이다.

데카르트는 먼저 기하학의 모든 문제를 해결하는 방법을 발견했고, 이 발견을 일반화함으로써 이 방법이 인간의 인식의 모든 대상에 적용될 수 있다고 생각했다. 그는 기하학의 증명에서 모든 명제가 하나하나 다른 명제에서 연역되는 것과 꼭 마찬가지로 인간의 인식이 서로 연역될 수 있다고 보았다.

이때부터 특수 과학은 분리된 영역이 아니라 모든 과학은 하나의 전체를 이루게 되었으며, 그리고 한 사람이 보편적 지식에 도달할 수 있다고 생각되었다.

1628년에 쓴 그의 ≪정신 지도의 규칙≫(Regulae ad directionem ingenii)에는 다음과 같은 말이 있다.

……이에 대해서 좀더 주의 깊게 반성하면 마침내는 그 질서와 절도(節度)가 연구되는 모든 사물만이 수학에 결부된다는 것을 알게 된다. 이 절도가 수에서 찾아지건, 혹은 천체나 음향이나 이 밖에 다른 어떤 대상에서 찾아지건, 그것은 문제가 아니다. 그리하여 어떤 특수물에 적용되지 않고 질서와 절도에 관해서 탐구할 수 있는 모든 것을 설명하는 어떤 일반적 학문이 있어야만 한다는 것을 알게 된다. 그리고 이 학문은 무슨 이상한 이름으로 불리지 않고, 이미 옛날부터 있고 일반에 통용되는 이름, 즉 보편적 수학이라 불린다.

이렇게 데카르트는 수학을 좁은 의미 이외에 또한 넓은 의미로도 사용할 것을 제안하고 있다.

이런 의미에서는 그의 <보편적 수학>(mathématique universelle)을 <보편학>이라 불러도 무방할 것이다. 하여간 데카르트는 수학의 논리성과 명석성을 모든 학문이 기초할 원칙으로 보고, 모든 학문이 이 원칙에 의하여 통일성을 획득할 수 있다고 생각하였다. 모든 학문의 통일에 대한 꿈은 이윽고 그의 인식론에서 인식하는 정신의 단일성 속에서 실현되고 또 보편학에서 완성되는데, 이 보편학은 다름 아닌 정신 자체의 거울이요 의식이다.

이와 같이 데카르트는 울므 근교에서 꾼 꿈에서 일생의 사업, 즉 인간의 모든 지식을 하나의 통일성 있고 질서 있는 전체에 묶는 체계를 수립하는 사업에 대한 사명감을 얻었다. 이때부터 그는 자기의 목적과 생애의 길을 정하고 그 목적을 위하여 일로 매진한다. 그러나 아직은 그 놀라운 학문이 결정적 형식을 취하지 않은 채, 그는 다시 방랑의 길을 떠난다.

4. 진리의 자유를 위하여 숨어사는 데카르트 ; 저작

순박함과 붙임성이 데카르트의 인간적인 장점이었다. "그는 사람을 싫어하지도 않았고, 우울하지도 않았다. 아무리 고독할 때에라도 그는 좋은 기분과 타고난 쾌활을 잃지 않았다." 이것은 바이예의 말이다. 또한 데카르트는 정직하고 의연하며 개방적이고 친절한 사람이었다. 그러나 그는 자기가 추구하는 학문과 진리를 위하여 일종의 은둔생활을 택하였다. 그는 세상의 헛된 영광을 가엾게 여기고, 진정 영원한 생명이 깃든 연구 활동을 하기 위하여 조용한 전원을 찾아, 1628년 가을 프랑스를 떠나 네덜란드로 이주해 갔다.
《방법서설》 제6부에서 데카르트는 다음과 같이 말하고 있다.

> 나는 명예를 지나치게 사랑하지도 않으며, 또 감히 말할 수 있다면, 내가 무엇보다도 소중히 여기는 마음의 평안을 해친다고 판단하는 한, 명예를 증오까지 하지만, 한편 나는 내 행동을 무슨 죄인 양 숨기려 한 적이 한번도 없었고, 내 행동이 세상 사람들에게 알려지지 않도록 많은 조심을 하지도 않았다.……

그는 휴식과 마음의 평화를 찾아 네덜란드로 간 것이다. 네덜란드는 이미 많은 전쟁과 혼란을 치루고 나서, 사회 질서가 제법 자리 잡혀 있었고, 학문의 자유를 위한 분위기가 형성되어 있는 듯싶었다. 그리고 전원은 평화스러웠다. 데카르트는 네덜란드에 21년 동안 산다. 그러나 너무 고국을 떠나 있는 것도 좋지 않다고 생각하여 네덜란드에 정주하는 동안에도 고국 프랑스를 잊지 않고 다녀갔다. 1644년, 1647년, 그리고 1648년의 세 차례에 걸쳐 체재한 기간은 전부 합하여 1년쯤이었다. "너무 오래 여행하고 있으면, 마침내는 자기 나라에서 이방인이 된다"(《방법서설》 제1부)라고 한 말이나 이 밖에 편지에 쓴 말로 미루어 보면 가끔 프랑스에 대한 향수에 젖었음을 알 수 있다. 그러나 파리에 가면 사람들의 허영과 천박함이 역겨워서 네덜란드로 되돌아오곤 했다. 1649년 3월 31일에 샤뉘(Chanut)에게 보낸 편지에서 그는 다음과 같은 말을 적고 있다. "제일 불쾌했던 일은 아무도 내 얼굴 밖에는 알려고 하지 않는 일입니다. 따라서 나는 그들이 다만 나를 코끼리나 표범으로서만 프랑스에 두고 보려고 한다고 믿게 되지요. 결코 무슨 유익한 일 때문에 거기 있기를 원한 것은 아닙니다."

데카르트는 생애의 대부분을 국외에서 보냈지만 제일 오래 체재한 곳은 네덜란드였다. 그러나 네덜란드에서의 생활도 완전히 정착된 상태는 아니었던 것 같다. 여기서도 신학자들이 그를 귀찮게 했다. 그는 신학자는 어디를 가나 무섭다고 생각한다. 프로테스탄트 사람들 가운데서 살면서도 그는 그다지 안심하지 않았다. 그는 항상 싸우고 항변하지 않으면 안 되었다. 그러나 어떻든 네덜란드는 프랑스보다는 안심이 되는 곳이었다. 한번은 프랑스 국왕이 주겠다는 연금을 타기 위해서 파리로 갔다. 3천 리브르의 적지 않은 연금이었다. 이 연금은 <그의 철학과 그의 오랜 동안에 걸친 연구가 인류에게 끼친 위대한 공적과 유익>을 고려하여 주게 된 것이었다. 그러나 파리의 정치적 분위기는 그의 마음에 들지 않았다. 분쟁이 있고, 소동이 있었던 것이다. 때로는 길거리에서 전투가 벌어지기도 하는 험악한 상태였다. 이런 모든 일이 비위에 거슬려 그는 그가 숨어 사는 네덜란드의 다사로운 집으로 되돌아가 버렸다.

첫 번째로 프랑스에 갔다 떠나올 무렵에는 세네카가 지은 비극 속에 있는 다음과 같은 말을 친구의 앨범에 적어 주었다 한다.

Illi mors gravis incubat	죽음은, 모든 일을 너무
Qui, notus nimis omnibus,	잘 알되 자기를 모르고
Ignotus moritur sibi.	죽는 자들만을 유린한다.

이 말은 1646년 11월 1일에 샤뉘에게 보낸 편지에도 적혀 있다. 1647년 6월에 두 번째로 프랑스로 갔다가 돌아오기 전, 9월에는 병중의 파스칼을 두 번 만나 보았다. 이때의 화제는 진공과 그 원인인 기압의 문제였다고 한다. 데카르트는 문자 그대로의 <진공>은 존재하지 않는다고 생각했고, 파스칼은 이에 반대했다. 그리고 의학에 자신을 가지고 있던 데카르트는 병약한 파스칼에게 아침에 늦잠을 자고 스프를 많이 먹으라고 권고하였다고 한다.

네덜란드에서 데카르트의 생활에 대해서 뒤아멜(Georges Duhamel)이 1937년에 <데카르트-사색의 스승>(*Descartes : Maître à penser*)이라는 제목으로 행한 강연에서 다음과 같이 아름답게 묘사하고 있다.

세월이 흐르고 장소가 바뀌어, 또 하나 다른 모습이 나타납니다. 이번에는 네덜란드의 어느 시골, 목초가 풍성하게 자란 5월입니다. 아담한 집 한 채가 녹초 우거진 정원의 중앙에서 숨쉬고 있습니다. 가까운 모래펄 저쪽에는 반리쯤 되는 곳에서 바다의 파도 소리가 들려오고 있습니다. 한 시간 걸으면 하를렘(Harlem)의 거리에 갈 수 있습니다. 문이 열립니다. 근엄하지만 온화하게 보이는 사람이 조용한 걸음걸이로 까만 옷을 입고 나옵니다. 저 슈와벤(Schwaben)의 밤으로부터 20년이 지났지만, 데카르트씨는 별로 연세가 든 것 같지 않습니다. 그는 여전히 말랐고, 몸집이 작습니다. 그러나 흰 털이 좀 섞인 수염 밑의 이는 훌륭하고 튼튼합니다. 그는 가발을 쓰고 있습니다. 그것은 그의 습관입니다. 그는 군인이라기보다 오히려 학자처럼 보입니다. 그는 좋은 하인의 시중을 받으며 생활하고 있으며, 간소하지만 쾌적한 책상이 있으며, 네덜란드의 은행에는 예금이 있고, 하인들 가운데 어떤 이는 그의 제자입니다. 그는 의학 지식이 있는 것을 자랑으로 여기고 있으며, 몸소 주의 깊게 식이요법을 하고 있습니다. 때때로 그는 친구를 청하고, 자기의 사상이라든가 작품이라든가 세상에서 만난 유력한 경쟁자 등에 관하여 얘기합니다. 데카르트씨는 오래 전부터 냉정한 인내력을 갖고 탐구해 오던 것을 발견하고 있었습니다. 그것은 다름 아니라 자기 스스로 자기의 사고를 인도해 가기 위한 올바르고 확실한 방법입니다. 최근 그는 조촐한 저술을 하나 출판하였습니다. 그러나 그 반향은 벌써 크게 울려 퍼지고 있습니다. 이 소저(小著)의 표제는 이 거장의 의도에 조금도 의념(疑念)을 품게 하지 않는 그런 것입니다. 그것은, 정확히 말씀드린다면 《이성을 잘 인도하고 뭇 학문에서 진리를 찾기 위한 방법서설》입니다. 그러나 이 긴 표제의 마지막 네 낱말만이 세상 사람들의 기억에 남을 것입니다.

  네덜란드에 20여 년 사는 동안 데카르트는 원숙기를 맞으면서 후세에 길이 남을 불후의 저작들을 준비하고 출판하였다. 그러나 그는 이미 네덜란드 은거에 앞서 자기의 이성을 올바르게 사용하고 모든 학문을 확고한 기초 위에 세울 방법을 확립하고 있었다. 정신을 올바르게 이끌고 갈 규칙을 세운 것이다. 《정신 지도의 규칙》은 1628년에 지었지만 1701년에야 출판되었다. 이것은 그가 오랫동안 꾸준히 공부해 온 대수학과 기하학에서 얻은 알찬 수확이었다. 이 저술에는 스물하나의 규칙이 제시되고 설명되어 있다. 그것은 미완성이지만, 모든 학문의 명증성을 수학의 근본 원리에서 찾으려는 데카르트의 사고의 방향을 알뜰하게 표현하고 있다. 또 이 저술에는 합리주의적 정신이 약여(躍如)하게 나타나 있다. 일례를 들면, <규칙 8>에서 데카르트는 다음과 같이 말하고 있다.

> 많은 사람들이 자연의 여러 신비에 관하여, 지구에 대한 천체들의 영향에 관하여, 장래에 대한 예언과 이 밖에 이 비슷한 일에 관하여 대담하게 논하면서도, 인간의 이성이 이런 것들을 발견할 수 있는가 하는 데 대해서는 한번도 알아보지 않았는데, 이것처럼 부당한 일은 없다고 생각된다.

그리고 방법에 대해서는 <규칙 4>에서 다음과 같이 정의를 내리고 있다.

> 방법이란 확실하고 쉬운 규칙들이다. 이 규칙들 덕택으로 이것들을 정확하게 지키는 사람들은 누구나 거짓을 참이라고 생각하는 일이 없을 것이요, 또 쓸데없는 노력을 함으로써 지치는 일이 없이 도리어 그들의 지식을 점차적으로 쌓아 올리고 늘리면서, 그들이 도달할 수 있는 모든 것의 참된 인식에 이를 것이다.

네덜란드에서는 맨 먼저 아홉 달 동안 형이상학에 전념하고 거기 관한 초고를 작성했다. 이때의 사색에서 얻은 형이상학적 사상은 1637년에 ≪방법서설≫ 제4부에 그 대강이 요약되었으나 1641년에야 완전히 서술되어 출판되었다.

책의 초판은 ≪제1철학에 관한 성찰 ── 하나님의 현존과 영혼의 불멸을 증명함≫(*Meditationes de prima philosophia, in qua Dei existentia et animae immortalitas demonstratur*)이라 하여 파리에서 인쇄되었고, 제2판은 1642년 초 암스테르담에서 간행되었는데, 이때

에는 초판에서 <영혼의 불멸>이라 한 것을 <인간의 영혼과 신체의 구별>이라 고쳤고, 또 논박과 답변의 부가를 명시하여 ≪제1철학에 관한 성찰 —— 하나님의 현존 및 인간의 영혼과 신체의 구별을 논증함≫(Meditationes de prima philosophia, in quibis Dei existentia et animae Humanae à corpore distinctio, demonstratur. His adjunctae suntvariae objectiones doctorum virorum in istas de Deo et anima demonstrationes; Cum Responsionibus Authoris) 이라 하고 있다.

이 책은 소르본느의 신학자들의 찬동을 얻어 아리스토텔레스의 철학 대신 대학과 고등학교에서 가르쳐지기를 바라는 생각에서 라틴어로 저술되었다. 또 데카르트는 자기의 형이상학이 신학자들의 인가를 얻으면 거기서 연역된 자기의 물리학도 마침내는 찬동과 인가를 얻으리라 기대했던 것이다. 그러나 파리 대학 신학부는 끝내 데카르트의 형이상학을 인가하지 않았다.

≪성찰≫은 여섯 개의 성찰, 즉 1. <의심할 수 있는 것들에 관하여>, 2. <인간의 정신의 본성에 관하여; 정신은 신체보다 인식되기가 더 쉽다는 것>, 3. <하나님에 관하여; 그는 현존하신다는 것>, 4. <참과 거짓에 관하여>, 5. <물질적 사물의 본성에 관하여; 그리고 다시 하나님에 관하여, 그가 현존하신다는 것>, 6. <물질적 사물의 현존 및 정신과 신체의 실재적 구별에 관하여>로 되어 있다. ≪성찰≫의 프랑스어 번역은 루인느(Duc de Luynes) 공에 의하여 본문이, 그리고 끌레르슬리에(Claude Clerselier)에 의하여 논박과 답변이 번역되고, 데카르트 자신의 정정 가필을 받아 1647년에 간행되었다.

≪성찰≫에서 데카르트는 자기의 사색의 태도와 원칙을 다음과 같이 밝히고 있다.

벌써 몇 해 전 일인데 나는 어릴 때부터 많은 그릇된 의견을 참된 것으로 인정했다는 것, 또 그 후로 내가 그 원리 위에 세운 것들이 아주 의심스럽고 불확실할 수밖에 없다는 것, 따라서 내가 학문에 있어서 확고하고 영속적인 것을 확립하려 한다면 내 생애에 한번은 여태까지 내가 옳다고 믿어 온 모든 것을 근저(根底)로부터 부수어 버리고, 아주 처음부터 토대를 다시 쌓지 않으면 안 된다는 것을 깨달았다. 그러나 이 일은 아주 큰일이라 여겨졌기 때문에 나는 충분히 성숙하여 이 일을 착수하는 데 더 이상 적당할 때가 오지 않으리라고 생각되는 연령에 달할 때까지 기다렸다. ……이제 나는 모든 걱정에서 해방되어 평화스러운 고독 속에 휴식을 얻게 되었으므로, 예전의 내 모든 의견을 온통 파괴하는 일에 진지하게 그리고 자유롭게 전념하려 한다. (성찰1 첫머리)
……내가 어제 행한 성찰은 내 정신을 아주 많은 회의로 차게 했다. 이제 나는 이것들을 잊어버릴 수도 없고, 그렇다고 해서 그것들을 해결할 방도도 찾지 못하고 있다. 마치 깊은 물 속에 갑자기 빠져서 낭패하고 발을 밑바닥에 댈 수도 없고 또 물 위로 떠올라 올 수도 없는 것과도 같았다. 하지만 나는 조금이라도 의심이 가는 것은 모두 그것이 아주 잘못된 것임을 내가 아는 양 배제하면서 어제 걸어간 그 길을 그대로 걸어가련다. 그리고 무엇인가 확실한 것에 부딪칠 때까지 혹은 다른 일은 못 해도 적어도 세상에 확실한 것은 아무것도 없다는 것을 알게 되는 데까지 계속하여 전진하련다. 아르키메데스는 지구를 그 장소로부터 딴 장소로 이동시키기 위해서 확고부동한 하나의 점밖에는 요구하지 않았다. 그와 같이 나도 다행히 확실하고 흔들리지 않는 한 가지 것만을 찾는다고 하면, 나도 위대한 것들을 바랄 수 있겠다(성찰2 첫머리).
…… 이제 나는 눈을 감고, 귀를 막고, 모든 감각을 멀리하고, 심지어 물체적인 것들의 모든 심상(心像)마저 생각에서 지워버리고, 이것은 거의 불가능한 일이므로, 적어도 이런 심상들을 공허하고 거짓된 것으로 무시하기로 한다. 그리고 오로지 나 자신에게만 얘기를 하며, 내부를 살피면서, 조금씩 나를 나 자신에게 더 잘 알려지고 친숙된 것이 되게 하련

다(성찰3 첫머리). ……이제 잠깐, 아주 완전하신 하나님에 대한 관상(觀想)에 머물러 찬찬히 그 놀라운 속성을 헤아리고, 살피고, 그 광대무변한 광명의 비길 데 없는 아름다움을, 이를테면 그것에 현혹된 내 정신의 눈이 견딜 수 있는 한, 응시하고 찬탄하고 숭경(崇敬)하는 것이 매우 합당한 일이라고 생각된다(성찰3 끝머리).

《방법서설》에서와 같이 《성찰》에서도 데카르트는 극히 추상적이고 보편적인 형이상학의 문제를 <나>라고 하는 제1인칭적, 개인적 사색의 깊은 침잠에서 해명해 나아가고 있다.

1630년 여름 데카르트는 형이상학의 논문을 완성하지 못한 채 자연연구로 향하고 있다. 이때 그는 로마에서 관찰된 환일(幻日, parhélie) 현상에 관한 자세한 보고를 읽고, 또 그의 의견을 묻는 사람들이 있어 "기상학 전체를 질서 있게 검토하기 위하여, 그때까지 손을 대고 있던 일을 중단하지 않으면 안 되었다." (1629년 10월 8일, 메르센느에게 보낸 편지)뿐만 아니라, 이 기상학 연구는 자연학 전체를 밝히려는 결심으로 이끌었다. (같은 해 11월 13일, 메르센느에게 보낸 편지) 이리하여 여러 가지 문제를 다루면서 생산적인 수년을 보낸 데카르트는 1633년에 《세계론》(Traité du Monde)을 프랑스어로 완성했는데, 그때 마침 로마에서 갈릴레이가 지동설 때문에 단죄되었다는 소식을 듣고, 지동설을 포함하고 있는 이 책의 출판을 단념했다. 데카르트는 지동설의 진리가 자기의 체계 전체에 관련이 있다고 생각하고 있었다. 그리하여 《세계론》을 내지 않고, 《성찰》을 먼저 내고, 이것이 신학자들에게 받아들여지면 또한 자신의 자연학이 인가되리라고 기대하였던 것이다.

그 후 정세가 좀 바뀌고 친구들의 권고도 있고 해서 데카르트는,

1637년에 자연학 연구의 성과를 부분적으로 세 시론(기상학·굴절 광학·기하학)으로 묶고 여기에 서설을 붙여, ≪자기의 이성을 올바르게 인도하고, 모든 학문에 있어서 진리를 탐구하기 위한 방법의 서설 및 이 방법의 시론인 굴절광학·기상학 그리고 기하학≫(*Discours de la méthode pour bien conduire sa raison et chercher la vérité dans les sciences, plus la dioptrique, les météores et la géométrie, qui sont des essais de cette méthode*)이라는 표제로 세상에 내어 놓았다. 데카르트는 이 책을 학자들의 관례를 따라 라틴어로 쓰지 않고 프랑스어로 썼다. 그는 전문가들보다도 오히려 대중에게 호소하고 싶었던 것이다. 오래 전부터 데카르트는 "사물들에 관한 진리에 대해서 시골 사람들로 하여금 철학자들보다도 더 잘 판단하게 해주는 하나의 언어"(1639년 11월 20일, 메르센느에게 보낸 편지)를 바라고 있었다. ≪방법서설≫을 프랑스어로 씀으로써 그는 "부인들도 무엇인가 깨닫는 바 있고, 또 가장 명민한 사람들 역시 그들의 주의를 기울일 만한 것이 있기를" 원하였다. ≪방법서설≫에서 그는 다시 이 책을 프랑스어로 쓰는 이유를 다음과 같이 말하고 있다.

> 내가 내 스승들의 언어인 라틴어가 아니고, 내 나라의 언어인 프랑스어로 책을 쓰는 것은 나면서부터 가지고 있는 전적으로 순수한 이성만을 사용하는 사람들이 옛날 책만을 믿는 사람들보다 내 의견에 대하여 더 바르게 판단하리라고 기대하기 때문이다. 또 나는 양식을 가지고 있는 동시에 꾸준히 연구하는 사람들만이 내 심판관이 되기를 희구하거니와, 이런 사람들은 내가 통속의 언어로 내 논거를 설명했다고 해서 이 논거를 듣기를 거부할 만큼 라틴어를 편애하지는 않을 줄로 확신한다.(제6부)

《방법서설》은 극히 간소한 작품이다. 데카르트는 이 점에 대해서 다음과 같이 말하고 있다. "나는 방법 전체를 설명하려는 의도를 가지고 있지 않았습니다. 다만 거기에 대해서 약간 말하려 했을 따름입니다. ······나는 《방법론》(Traité de la méthode)이라 하지 않고, 《방법서설》(Discours de la méthode)이라 하는데, 이것은 <방법에 관한 서언 혹은 견해>라 하는 것이나 다름없는 것으로서, 방법을 가르치려 하지 않고 다만 거기 대해서 이야기하려 했음을 명시하기 위한 것입니다."(1637년 2월 25일, 27일, 호이헨스, 메르센느에게 보낸 편지)

바로 근대 과학의 기초가 들어 있는 이 짧은 저작은 얼핏 보면 엉성하고 구성이 치밀하지 못한 책인 듯싶다. 그러나 우리는 이 책을 다시 잘 읽고 다시 잘 들여다보지 않으면 안 된다. 이 거장의 이성이 깊은 곳에서 나타나서 스스로를 드러내도록 정신을 집중시키지 않으면 안 된다. 데카르트는 이 작품을 여섯 부로 나누었다. 제1부는 일종의 자서전적 고백이다. 제2부에서는 학문 연구에 관한 이야기를 하다가 그의 방법의 네 규칙을 제시한다. 제3부에서는 도덕상의 격률을 제시하고 있는데, 이 격률들은 신중한 고려와 겸허한 태도를 보여 주고 있다. 제4부는 순전히 형이상학적인 문제를 다룬다. <나는 생각한다, 그러므로 나는 있다>라는 유명한 말이 나오는 곳은 바로 여기다. 제5부에서는 갑자기 의학에 관한 이야기를 시작한다. 끝으로 제6부에는 학문 탐구의 모든 조건이 서술되어 있다.

이 경이적인 저작 속에 있는 말은 모두 연구자에게 유익하고 그 양식이 될 수 있다. 그러나 그 중에서도 가장 중요한 부분은 진리 탐구의 규칙을 들고 있는 귀결이다. 여기에 도덕적 격률을 말하고 있는 곳에 끼어 있는, 그리고 분명히 방법의 규칙이라 할 수 있는 것을 합하여 모두 다섯 개의 규칙이 있다고 볼 수 있다. 다음과 같이 이 규칙들을 요약할 수 있을 것이다.
 1. 의심할 여지가 없을 정도로 명증적으로 진리인 것 외에는 아무것도 진리를 받아들이지 말 것. 속단과 편견을 피할 것.
 2. 어려운 문제를 해결하기 위하여 그것을 분할할 것. 이것은 분석의 규칙이다.
 3. 가장 단순한 것에서 시작하여 가장 복잡한 것에 이를 것. 이것은 종합의 규칙이다.
 4. 문제의 모든 요소를 다 열거하고 그 중의 단 하나라도 빠뜨리지 말 것.

 이 유명한 네 규칙에 제3부에 있는 도덕에 관한 세 격률의 둘째 것을 첨가할 수 있다. 이것은 다음과 같이 요약될 수 있다. 처음에 선택한 길을 끝까지 걸어갈 것. 끝까지 똑바로 걸어가면 곤란에서 빠져나올 수 있다. 이에 반하여 오던 길로 되돌아가거나 방향을 바꾸거나 하면 곤란해지고 만다.
 20세기의 학생들은 이 규칙들을 읽고 우습게 여길지 모른다. 이게 무슨 신통한 규칙이냐, 당연한 것이 아니냐고. 그들이 살고 있는 세계에서는 이 규칙들이 지식의 기본임을 모든 것이 너무나 잘 증명해 주고 있다. 이 규칙들을 인간이 모르고 또 이것들을 적용하지 않은 적이 있었을까 하고 그들은 의아히 여길 것이며, 지극히 단순한 이 격률들을 인간은 처음부터 알고 있었고 또 사용했으리라 생각하는 것이다. 그러나 사실은 그렇지가 않다. 학교에서 공부하는 아동들에게조차 초보적인 것으로 여겨지는 이 규칙들은 어느 시대에나 알려져 있었고 또 충실히 사용된 것은 아니다. 데카르트가 반성하고 관찰하고 사색하던 시대에는 아직 공허한 스콜라 철학이 우세하여 이 규칙들은 사실상 무시되고 있었다. 아리스토텔레스의 이론이 아직 사람들의 정신을 지배하고 모든 논쟁을 주름잡고 있었다. 길을 잘못 들어 동굴 안의 캄캄한 흑암 속에 들어가게 된 장님처럼, 이성은 혼돈한 편견 속에서 힘껏 노력을 계속하지만 아무런 보람도 얻을 수 없었다. ≪방법서설≫은 이러한 때를 당하여 인간이 순전히 이성에 의하여 광명의 길로 나아가는 길을 비추어 준 것이다. 그 여러 규칙은 3세기 후인 지금도 세계의 모든 학자가 실험실에서 적용하고 있는 것이다. 그리고 그것들은 우리가 이성의 빛에 의지하려고 결심할 때에 우리의 사고와 행위에 개입시키는 규칙들이다.

베이컨(Francis Bacon, 1561~1626)이 이성적 실험과 귀납의 여러 규칙들을 서술하고 있는 ≪노붐 오르가눔≫(*Novum Organum*)은 1620년에 저술되었다. ≪방법서설≫은 1637년에 나왔다. 이 두 개의 도구를 갖추고, 러루와(Maxime Leroy)의 말대로 <질서 있고도 명석하게> 생각하려는 정신, 그리고 성과 있는 생각을 가지려는 정신은 활동을 개시하는 것이다.

네덜란드에 머무는 동안에도 데카르트는 여러 곳으로 거처를 옮겨 가면서 될수록 사람들의 눈에 띄지 않게 살았다. ≪방법서설≫은 레이덴에서 저자명 없이 출판되어 나왔는데, 이 책이 인쇄되는 동안 데카르트는 이 도시에 있었다 한다. 그러나 그는 숨어 있어서 나타나는 일이 극히 드물었고, 늘 변두리의 작은 마을로 가 있었다 한다.

≪성찰≫이 신학자들의 찬동을 얻지 못했으나, 데카르트는 실망하지 않았다. 언젠가는 인간의 양식이 그의 사상을 옳게 여기고 또 그의 사상이 아리스토텔레스의 철학 대신, 학교에서 가르쳐지게 되리라 믿었다. 그리하여 그는 1644년에 자신의 체계를 교과서식으로 서술한

《철학의 원리》를 라틴어로 출판하였다. 데카르트는 학자보다는 오히려 <정직한 사람들>간에 그의 사상을 알아 줄 사람이 더 많으리라 기대했다. 1647년 《철학의 원리》의 프랑스어판 서문에서 데카르트는 "지금까지 철학이라 일컬어져 온 모든 것을 가장 적게 배운 사람들이 참된 철학을 배울 능력을 가장 많이 가지고 있다"라고 말하고 있다. 이즈음부터 데카르트는 자기의 철학이 신학자들에게 인가될 것을 단념하고, 도리어 세상의 일반 사람들에게 알리려고 노력한다. 1647년에 《성찰》과 《철학의 원리》의 프랑스어 번역이 나오게 된 것도 이러한 의도에서였다. 그러나 그의 철학은 동시대인의 이해를 얻지 못하였다. 다만 그의 자연학이 호기심을 끌었을 뿐이었다.

《철학의 원리》는 암스테르담에서 출판되었는데, 왕녀 엘리자베드에의 헌사와 프랑스어 역자에게 보내는 편지가 붙어 있다. 이 편지는 보통 편지가 아니고 데카르트 자신의 철학의 발전에 대한 간결하면서도 의미심장한 설명이다. 또 이 속에는 철학이란 무엇인가에 대한 그의 생각이 해명되어 있다. 그리하여 이 글은 데카르트의 저작에서 역사적으로도 중요한 것이다. 프랑스어역은 데카르트의 친구 삐고 (Picot)에 의하여 이루어져서 1647년에 파리에서 출판되었다.

《철학의 원리》는 4부로 되어 있다. 제1부 <물질적 사물의 원리에 관하여>는 우주·물체·연장·물질·시간·운동에 관한 학문의 본질적 요소와 운동의 법칙·충돌의 법칙을 다룬다. 제3부 <가시적 세계에 관하여>는 천공의 뭇 현상, 유성의 운동, 태양·빛·항성·혜성 등의 형성을 다룬다. 제4부 <지구의 관하여>는 지구의 내용과 형성을 다룬다. 즉 어떻게 빛과 열과 인력의 활동 밑에서, 미세한 물질이 네 주요 물체 즉, 공기·물·흙·불로 나뉘는가 하는 것을 다룬다. 그리고는 자석에 관한 긴 설명이 나온다. 자석의 문제는 그 당시 활발하게 토론되던 문제였다. 끝으로 맨 마지막의 여러 장에서는 감각 생리에 대해서 논하고 있다.

이와 같은 《철학의 원리》의 내용을 볼 때, 현대인은 제2부 이하에서 자연 과학적인 문제가 취급되고 있는 것을 보고 의아하게 여길 것이다. 그러나 데카르트의 입장에서는 자연학은 형이상학에서 연역되는 것이요, 또 이른바 제1철학(데카르트의 형이상학)은 다른 특수 과학의 뿌리를 이루는 것으로서, 본래의 의미에 있어서의 철학에는 다른 모든 학문이 포함되는 것이었다.

《철학의 원리》의 프랑스어 역자에게 보낸 서한에서 데카르트는 다음과 같이 말하고 있다.

> 철학이라는 말은 지혜(sagesse)의 탐구를 의미하며, 지혜란 그저 처세의 재능만이 아니라, 생활의 행동에 관해서나, 건강의 유지 및 온갖 기술의 발견에 있어서나, 인간이 알 수 있는 모든 사물의 완전한 지식을 의미한다. 그리고 이 지식이 이러한 것이 되려면, 그것이 최초의 원인으로부터 도출되는 것이 필요하며, 따라서 본래의 의미에서 철학한다고 불리는 것을 획득하려 한다면, 이 최초의 원인들, 즉 원리들의 탐구에서부터 시작하지 않으면 안 된다.

즉, 철학은 인간의 모든 지식이 의거하는 원리의 탐구다. 철학에 대한 이러한 포괄적인 개념에서 그의 《철학의 원리》가 전개되고 있다. 제2부에서 물체·연장·시간·운동에 관한 중요한 사상이 제시되는데 데카르트의 학문에서 중요한 몫을 하는 이 개념들은 사실 형이상학과 자연학의 연결점이 되는 것이다.

《철학의 원리》는 매우 방대한 내용을 담은 저술이요, 데카르트의 저작 가운데 최대의 것이지만, 데카르뜨는 별로 오랜 세월을 들이지 않고 이 책을 썼다 한다. 자연학에 관한 부분은 출판되지 않은 ≪세계론≫과 깊은 연관이 있다고 생각되느니만큼, 이 ≪철학의 원리≫를 집필할 때, 데카르트는 그 사상이 무르익고 있었고 자신을 가지고 있었다. 다만 정리하고 배열하기만 하면 되었던 것이라고 짐작된다. 그리고 제1부에는 ≪방법서설≫이나 ≪성찰≫과 중복되는 데가 많다. 또 자연학에 관한 주장에는 오늘날의 지식에서 볼 때 잘못된 것도 적지 않다. 가령 지구가 공전한다는 것은 인정하면서 자전한다는 것은 부인하고 있는 것이다. 그러나 제1부와 제2부에는 데카르트의 형이상학과 자연학의 알맹이가 간결하고도 명쾌하게 서술되어 있어 연구자에게 많은 도움이 된다.

데카르트의 최후의 저작인 ≪정념론≫(*Passions de l'âme*)은 암스테르담에서 인쇄되어 1649년 11월에 파리에서 출판되었다. 데카르트는 이 소저를 프랑스어로 썼는데, 아마도 1645~46년 겨울 왕녀 엘리자베드를 위하여 지은 것인 듯하다. 데카르트는 이 원고의 사본 하나를 스웨덴 여왕 크리스티나에게도 보냈다. 그러나 이 사본은 제1부와 제2부만 있는 것이요, 제3부는 데카르트가 교정시 더 보태어 쓴 것이다.

데카르트는 도덕론을 쓰지 않았다. 도덕론이라 하면 으레 행위에 관한 원리를 제시하고 현실 문제에 깊이 관련하게 되는 터였다. 그렇지 않아도 그를 해치려는 사람들이 적지 않은 가운데 또 새로운 말썽을 일으켜 휴식과 마음의 평화를 빼앗기고 싶지 않았던 것이다. 뿐만 아니라 이제 자기의 사상을 잘 이해해 주지 못하는 사람들에게 다시 무슨 책을 써낼 의욕을 잃었던 것이다. 만년에 데카르트는 자기의 사상을 책으로보다는 많은 편지에 적었다. 이제 그는 편지를 쓰면서 철학을 한다. 도덕론도 책으로는 쓰지 않았지만, 왕녀 엘리자베드의 간청으로 또 그의 특별한 우애에서 쓴 ≪정념론≫과 이 왕녀에게 보낸 많은 편지 속에 충분히 전개되어 있다.

네덜란드 체재 중 1631년 혹은 1633년에 데카르트는 베스테르 케르히슈트레트라고 하는 부인의 하녀인 헬레나 얀스(Helena Jans)를 알게 되고 또 사랑하여, 1635년 7월 19일에는 첫아이의 아버지가 되었다. 아기는 딸아이였다. 헬레나와의 사랑은 결혼에까지 이르지는 못하였으나, 약 2, 3년 동안 데카르트는 이 모녀와 함께 지극히 행복스러운 때를 보냈다. 이 때의 그의 편지에는 극히 다정한 분위기가 서리고 있다. 이 딸에게는 프랑씬느(Francine)라는 이름을 붙였는데 이것은 데카르트가 어렸을 때 사랑한 같은 나이의 사팔뜨기 소녀의 이름과 비슷하게 지은 것이라 짐작된다. 그 소녀의 이름은 프랑수와즈였다 한다. 1647년 6월 6일에 샤뉘에게 보낸 편지에서 데카르트는, "나는 어렸을 때, 좀 사팔뜨기인 나와 같은 나이의 소녀를 사랑하였습니다."라고 적고 있다. 이 편지는 <우리가 어떤 사람을, 그 장점을 알기도 전에 다른 사람보다 더 사랑하게 되는 원인>에 관해서 질문을 받고 대답하는 가운데 쓴 말로서 샤뉘가 크리스티나 여왕에게 보여주리라는 것을 알고 있었다. 데카르트는 냉철한 이성의 행사를 방해하는 정념으로 말미암아 괴로워한 적은 없었던 것 같다. 그러나 따뜻한 감정이 없지는 않았다. 프랑씬느는 다섯 살인 1640년 9월 7일에 성홍열로 죽었다. 데카르트는 이 아이가 죽을 때까지 충실한 애정으로 보살펴 주고 품어 주었다. 데카르트는 친구들이 어버이나 아내 혹은 형제를 여의었을 때, 영혼 불멸에 대한 확신 같은 것을 말해 가면서 꿋꿋이 슬픔을 참고 이길 것을 간곡한 편지로 써 보내곤 했지만, 프랑씬느가 죽었을 때만은, 그도 큰 슬픔에 잠겼던 것 같다. 바이예에 의하면 그는 매우 서럽게 울었다 한다. 넉 달 뒤 뽈로(Pollot)에게 보낸 편지에는 다음과 같은 구절이 있다. "나는 눈물이나 서글퍼 하는 일이 부인들에게만 속한다고 보는 사람들 축에 끼이지는 않습니다." 데카르트는 이와 같이 헬레나와의 애정 관계를 가졌었으나 얼마 안 가서 곧 철저한 독신 생활로 돌아갔다.

5. 스웨덴 여왕 크리스티나와 데카르트 ; 평화에의 희원(希願)

1649년 2월, 스웨덴 여왕 크리스티나는 데카르트에게 스톡홀름에 와서 자기의 교사가 되어 달라고 초청했다. 이 해 4월 스웨덴의 제독이 에그몬트에 데카르트를 모시러 찾아왔다. 이미 몇 해 전부터 스웨덴 주재 프랑스 대사 샤뉘는 데카르트와 서신 교환을 하면서 친하게 사귀고 있었고, 데카르트의 훌륭한 학식으로 이 영명한 여군주를 돕게 될 것을 바라고 주선하고 있었다. 데카르트는 주저하였다. 무엇보다도 그는 야인인 자기가 궁정 생활에 어울리지 못할 것을 잘 알고 있었다. 그리고 조용하게 진리 탐구에 몰두하는 자유를 빼앗기게 되는 것을 큰 손실로 여기고 있었다. 그러나 여러 가지 사정과 샤뉘의 간곡한 권유로 그는 마침내 1649년 9월 네덜란드를 떠나 스웨덴으로 향하였다.

데카르트가 스웨덴에 가기로 결심하게 된 동기와 사정은 대개 이러하다. 데카르트는 자기를 박해할지도 모르는 아리스토텔레스주의자들 내지 신학자들의 음모로부터 피난할 생각에서 프랑스를 떠나 네덜란드에 와서도 여러 군데로 거처를 바꾸어 가면서 숨어 살았다 함은 앞서도 말한 바 있다. 처음에는 무관심한 사람들 속에서, 마음에 드는 시골에서, 조용한 사색에 잠기며 연구에 전념할 수 있었고, 저작이 세상에 나감에 따라 학식 있는 네덜란드 사람들로부터 높이 찬양받기도 했다.

 가령 콘스탄틴 호이헨스(Constantin Huygens)는 "뭇 세기는 이와 같은 것을 하나도 낳지 못했다"고 데카르트의 업적을 두고 진심에서 말하고 있다. 호이헨스는 쪼일리헴(Zuylichem)의 귀족으로 데카르트를 안 후 깊은 우정으로 사귀었고, 이 우정은 데카르트가 죽을 때까지 계속되었다. 데벤테르와 레이덴에서 데카르트 철학을 가르친 레네리(Reneri)는 데카르트를 두고 "나의 빛, 나의 태양, 나의 신"이라고까지 말하고 있다. 또 헤레보르트(Heerebord)라는 사람은 데카르트를 "철학자들 가운데서도 가장 위대한 철학자요, 진리와 철학과 사상의 자유의 수호자・구원자・복수자(復讐者)"라고 공공연히 갈채를 보내고 있다. 이러한 환대를 그는 고맙게 여겼다. 훼르마(Fermat)와 로베르빨(Roberval)이 그의 《기하학》에 대해서 혹평했을 때, 데카르트는 메르센느 신부에게 "프랑스 사람들이 나에게 너무 부당하게 굴면 나는 이방인들에게로 향하렵니다."라고 적어 보내고 있다. 그리고 네덜란드에서도 그의 길은 그저 평탄하고 평온하지만은 않았다. 그를 괴롭히는 사람이 적지 않았다. 그 중에도 특별히 그를 괴롭힌 사람이 두 사람 있는데, 그것은 한때 그의 제자였던 레기우스(Regius)와 위트레히트 대학의 학장 보에티우스(Gisbert Voetius)였다. 레기우스는 한때는 데카르트를 찬양하다가 나중에는 서로 다투게 되었는데, 그는 찬양에 있어서나 반대에 있어서나 한결같이 맹목적이었다. 그는 데카르트의 형이상학에 정반대되는 소리를 하면서 데카르트가 그런 주장을 한 것처럼 마구 떠들어대곤 했다. 특히 그는 "인간이란 그저 우연히 존재하는 것"이라고 주장하면서 이것도 데카르트의 사상인 것처럼 가르쳤다. 이런 일은 데카르트로서는 참으로 못마땅한 일이었다. 보에티우스는 이미 낡아 버린 아리스토텔레스와 스콜라 철학의 사상을 두둔하는 데만 열중한 나머지 데카르트를 비난하여 그 불경건은 1619년 2월 9일에 뚜울루우즈(Toulouse)에서 화형당한 바 있는 봐니니(Vanini)를 상기케 한다고 말하였다. 이런 엉뚱한 비난을 받고 데카르트는 "가장 철면피하고 가장 큰 소리로 떠들 줄 아는 사람들이 여기에서도 쓸데없이 가장 많은 권력을 쥐고 있다"라는 소감을 토로하고 있다. 또 평소 신중하던 데카르트도 이 때만큼은 매우 격분하여 다음과 같이 써서 보에티우스에게 보내고 있다. "나는 당신의 책이 극히 죄 많은 거짓과 극히 우스운 모욕과 극히 가공할 중상을 포함하고 있고, 아무도 자기의 적에 대하여 이러한 말을 할 수 없을 것이며, 어떤 그리스도교도도 자기가 파렴치한이요, 악당임을 공언하지 않는 한, 그러한 말을 무신앙자에 대하여 말할 수는 없으리라는 것을 단언하는 것을 그치렵니다. 당신은 당신의 직업과 종교를 더럽혔습니다. 그럼 안녕히 계십시오." 이렇게 불행한 경험 속에서 그는 네덜란드 체재중 세 번 프랑스로 가서 무슨 보람을 찾을까 했지만 모두 허사였다. 이러한 환멸감과 실망이 누적되어 마침내 스웨덴으로 떠나기로 작정한 것이다.

 이러한 소극적 이유 이외에 또한 적극적인 이유도 없지 않았다. 그 당시 스웨덴은 30년 전쟁에 개입하여 이 전쟁이 끝나면서 전승국으로서 국세가 신장되고 국위를 크게 떨치기 시작하고 있었다. 그리고 유럽의 정국에서 중요한 역할을 담당하고 있었다. 이러한 스웨덴에 젊은 여왕 크리스티나가 매우 지혜 있는 여걸로서 선정을 베풀려고 애쓰고 있다는 소문이 널리 퍼져 있었다. 데카르트도 샤뉘를 통하여 이 여왕이 학문에 대해서 얼마나 열의가 있으며, 인류의 행복과 유럽의 정국에 대해서 얼마나 성의 있는 염려를 하고 있는가를 익히 알게 되었다. 데카르트는 이 여왕에게 철학을 가르침으로써 지혜의 근본을 알게 하여, 더욱 현명하게 국내외의 정사를 다스리는 것을 도울 수 있으리라 생각했다. 또 이러한 일은 유럽 사람들에게 좋은 봉사가 되리라 생각했다. 또 자기가 스웨덴에 감으로써 샤뉘의 입장과 체면이 서게 되기를 바라기도 했다. 그리고 또 유럽의 국제 사회에 있어서 유력한 군주를 가르치게 되면 자기의 철학이 받은 불명예스러운 비난에 대해서 충분한 보상이 되고 세인의 재인식을 얻게 되리라는 희망도 품었었다. 이러한 여러 가지 고려에서 '바위와 얼음 사이에 곰들이 사는 나라'로 가기를 결심한 것이다.

데카르트는 1649년 초에 스톡홀름에 도착했다. 그 당시는 이러한 국빈을 모시고 온 선장이 궁전에 들어가 여왕이나 수상에게 자기의 임무에 대한 보고를 하는 것이 관례로 되어 있었다. 여왕은 데카르트의 도착을 기뻐하여 선장을 불러들여 몸소 보고를 들으며 그가 모셔 온 분이 어떤 인물인가고 물었다. 선장의 대답은 이러하였다. "폐하, 소신이 모셔 온 분은 사람이 아니라 반신이옵니다. 그 분은 이 3주간 동안에 선박과 바람과 항해술에 관하여 소신이 바다에서 지낸 60년 동안에 배운 것보다도 더 많은 것을 가르쳐 주셨습니다. 이제 소신은 가장 멀고 가장 어려운 항해를 해낼 수 있으리라 믿습니다."

데카르트는 스톡홀름에서 샤뉘 대사의 집에 머물면서, 아침 다섯 시에 궁중에서 여왕을 가르치게 되었다. 이것은 이른 새벽 정신이 맑을 때 모든 정무를 보기에 앞서 이 위대한 철학자에게서 그 훌륭한 철학도 배우고 또 정사에 관한 좋은 조언도 얻으려는 여왕의 청이었던 것이다. 새벽 다섯 시에 일어난다는 일은 데카르트로서는 오랫동안의 습관을 깨뜨리는 것으로 매우 힘든 일이 아닐 수 없었다. 처음에는 그도 이 여왕에게 철학적 정신을 부어 넣을 수 있으리라는 큰 기대를 가지고 이에 응하였던 것으로 생각된다. 여왕은 처음에는 철학을 배울 열의를 가지고 있는 듯싶었으나, 차츰 데카르트는 그녀가 철학에는 그다지 큰 흥미를 가지고 있지 않음을 보고 실망하였던 것 같다. 여왕은 문학을 아주 좋아하며, 특히 헬라어 공부와 옛날 책을 수집하는 일에 열중하고 있었다. 데카르트는 자기의 소감을 솔직하게 여왕에게 아뢰어 다시 그 전의 고독으로 돌아가려는 심정을 가지게 되었다. 이 고독을 떠나서는 진리 탐구에서 전진하기가 어렵다고 그는 생각했으며, 또 진리 탐구는 데카르트의 이 세상에서의 가장 큰 기쁨이었다.

이리하여 데카르트는 스웨덴의 궁정에서 지극히 외로웠다. 남들이 말하는 것을 알아들을 수도 없었고, 또 여왕이 그에게 정치에 관한 자문도 하자 자연히 신하들의 시기와 미움도 사게 되었던 것 같다. 데카르트는 죽기 한 달 조금 전, 1650년 1월 15일 프랑스의 밀사요 크리스티나 여왕의 애인이었던 브레지(Brégy)에게 보낸 편지에서 다음과 같이 말하고 있다. "여기서는 겨울 동안 사람들의 생각이 물이 어는 것에 못지않게 얼어드는 것 같습니다." 이것은 그의 마지막 편지였다.

1649년 12월 19일은 여왕의 23회 생일이었다. 이 날 웨스트필리아(Westphalia)에서의 화의(和議)의 성립을 아울러 축하하기 위하여 궁중에서는 무도회를 열기로 되었다. 여왕은 데카르트에게 이 무도회를 위하여 프랑스어로 시를 지어 달라고 했다. 데카르트는 이 청을 수락하여 ≪평화의 탄생≫(*La Naissance de la paix*)이라고 하는 무도시를 지었다. 이것은 소책자로 출판되었는데, 그 후 산실되었다가 다시 1910년에 스웨덴의 학자 요한 노르트스트롬(Johan Nordstrom)에 의하여 우프살라(Upsala)에서 발견되어 ≪쥬네브평론≫(*Revue de Genève*)에 공표되었다. 데카르트는 어려서 시를 좋아하였다고 말한 바 있는데, 이로 미루어 그가 시의 재능을 가졌던 것으로 생각된다. 그러나 그는 평생 너무나도 이성적이고 합리적인 사색에 골몰했기 때문에 이 재능을 발휘할 기회가 없었다. 이제 이 <평화의 탄생>에서 그의 재능이 십분 발휘되었다. 이 시는 고전적 풍미를 띠고 있으며, 풍유(諷諭)와 신화적 요소가 혼합되어 엮어져 있다. 여기에 그 일부를 소개한다. 처음 부분에서는 말할 수 없을 만큼 무서운 <공포>가 <정의>와 겨루고 있다.

> 나는 밤의 딸,
> 차갑고, 창백하고, 떨며 있다.
> 내가 백 만의 전사들로 하여금
> 혼비백산케 하고
> 저들의 영광을 발아래 짓밟고 싶을 때면,
> 공상 하나, 꿈 하나,
> 혹은 가벼운 그늘 하나를
> 내가 저들의 뇌 속에 넣기만 하면 된다.
> 그러면 저들은 송아지처럼 떨며,
> 도망치며, 새파랗게 질린다.……

그 다음엔 도망병의 하소연이 뒤따른다.

> 우리는 잘 지켰다.
> 그러나 우리는 팔렸다.
> 우리의 상관은 아무도 신통한 일을 한 가지도 못했다.……

그리고는 불구가 된 자들의 원망이 나온다.

> 우리같이 불구가 된 자를 보고도
> 전쟁이 좋다고 생각하며
> 평화보다 낫다고 생각하는 자는,
> 그 뇌가 썩은 자다.

그 다음에는 군대에서 심부름하는 작자들이 약탈하는 것과 농민들이 파멸을 당하는 장면이 묘사된다. 그리고는 사람들이 빠르낫스(Parnass)산에 다시 오르며, 앞뒤에 얼굴을 가진 야누스(Janus)신이 그의 신전의 문들을 닫기에 앞서, 마침내 평화를 얻은 <대지>는 말한다.

> 내가 얼마 전과는 아주 달리,
> 젊고 아름다운 것을 보고 놀라지 마오.
> 내가 만족함을 얻고자 할 때엔
> 내가 새로워지는 것이 나의 본성이라오.

> 내 숲이 찍히고, 내 마을들이 멸망하고,
> 내 밭에 사람들이 간 데 없고, 내 성들이 파괴되었을 때,
> 사람들이 말하기를, 내가 많이 늙었고,
> 내 죽은 지체가 거의 매몰되었다 함은 당연한 일이라.

> 그러나 평화가 다시 오면 사람들은 내 마을들을 재건하고,
> 씨를 뿌려 숲을 다시 이룩하며, 성들을 다시 쌓으며,
> 내 밭을 비옥하게 하니,

이리하여 나는 아주 새로운 지체를 가지게 되노라.

이렇듯 그는 지상에 참된 평화가 필연적인 힘에 의하여 되돌아오는 것을 예찬하고 있다.

1650년 2월 1일, 데카르트는 여왕에게 아카데미 설립의 계획서를 바치고 돌아온 후 감기에 걸렸다. 다음 날에는 열이 몹시 오르면서 폐렴이 되었다. 그러나 데카르트 자신은 그저 류머티즘이라고 그리 대수롭지 않게 생각하고 있었다. 마침 크리스티나 여왕의 시의인 프랑스 사람 뒤 리에르(du Ryer)는 부재중이었고, 네덜란드 사람 본 울렌(van Wullen)이라 하는 괴의(怪醫)가 치료해 보겠다고 나섰는데, 데카르트는 이 의사를 신뢰하지 않았다. 병세는 악화되어 갔다. 데카르트는 열에 들떠 제 정신을 가누지 못하였다. 여왕은 근심하여 의사들을 보내어 치료하게 했으나 데카르트는 굳이 사양하는 것이었다. 의사들이 아무래도 피를 좀 뽑아야 하겠다고 제의했을 때 그는 "여러분, 프랑스 사람의 피를 아끼시오"라고 답했다. 이렇게 앓는 동안 그는 경건한 마음을 가지고 하나님의 위대함과 인간의 비참함을 응시하고 있었다. 병석에 누운 지 7일째가 되는 밤이 샐 무렵 열이 좀 내렸다. 제 정신을 회복한 데카르트는 자기가 자신의 병세를 잘못 판단했었음을 깨닫고서 피를 뽑도록 했다. 다음 날에도 다시 피를 뽑았다. 그러나 이미 때는 늦었었다. 호흡이 곤란해지고 가래를 토하는 것도 고통스러웠다. 그날 밤에는 샤뉘 대사와 종교에 관한 이야기를 하면서 하나님의 뜻을 따라 죽을 각오가 되어 있음을 말하는 것이었다.

아흐레 되는 날 아침 그는 하인 슐루테르(Schluter)에게 음식을 청하여 먹었다. 그리고는 조용히 누워 있었다. 저녁에는 그를 일생 동안 돌보아 준 유모가 그의 사후에도 생활해 나갈 수 있게끔 자신의 유산을 할여해 주기를 부탁하는 편지를 친척에게 쓰게 했다. 샤뉘 대사 부인의 오빠인 끌레르슬리에는 이날 밤 데카르트가 "내 영혼아, 네가 포로가 된 지 오래다. 이제 네가 감옥에서 나와 몸의 방해에서 떠날 때가 왔다."(영혼과 신체의) 이 분리를 기쁨과 용기를 가지고 견디지 않으면 안 된다고 말했다고 전하고 있다. 이 말이 과연 데카르트 자신의 입에서 나왔는지 정확히는 알 수 없으나, 이때의 데카르트의 심정을 올바로 전하는 말이라고 할 수 있을 것이다.

 밤늦게 데카르트가 결정적으로 중태에 빠진 것을 본 슐루테르는 사람을 보내어 샤뉘 대사와 뷔오게(Viogué) 신부를 오게 했다. 이들은 황급히 달려왔다. 그러나, 데카르트는 이제 더 말을 하지 못했다. 샤뉘가의 가정 사제였던 뷔오게 신부는 데카르트가 병든 날 성례를 베푼 바 있었는데, 이때에는 데카르트의 눈을 들여다보면서 마지막 축복을 원하면 무슨 표시를 해달라고 말하였다. 데카르트는 눈을 들어 하늘을 쳐다보았다. 이 동작은 거기 있던 모든 사람에게 감동을 주었다. 그것은 하나님의 뜻에 완전히 순종함을 나타내고 있었다. 샤뉘 대사는 데카르트의 눈이 말하는 것을 알아듣고 가슴 깊이 감동하여 회중에게 "나의 친구는 인생에 만족하고, 벗들을 만족스럽게 여기며, 하나님의 자비에 대하여 확신에 넘쳐서 그리고 저 세상에 가서 그가 일생 동안 찾아온 진리를 발견하고 소유하게 되리라는 데 대하여 기쁨에 넘쳐서 숨을 거두었습니다."라고 말했다 한다. 모두 무릎을 꿇고 축복 기도를 드리고, 신부는 전 세계에 널려 있는 신자들의 교회의 이름으로 그의 영혼을 받아주시도록 하나님께 기도를 드렸다. 이 기도가 끝나기 전에 데카르트는 흠 없이 살아온 그의 생애에 합당하게 조용한 속에서 숨을 거두었다. 그는 1650년 2월 11일 새벽 네 시, 쉰세 살 열 달 열하루를 일기로 세상을 떠났다.

크리스티나 여왕은 성대한 장례식을 거행하고 화려한 기념비를 세우려 하였으나 샤뉘 대사가 반대하여 조촐하게 장사지냈다. 데카르트는 생전에 크리스티나 여왕으로부터 스웨덴의 국적을 가지도록 청을 받았을 때, 단호히 거부한 바 있었다. 그는 죽어서도 스웨덴 사람이 되지는 않았다. 그의 유해는 고아들과 외국인들, 국교를 신봉하지 않는 사람들, 그리고 철들기 전에 죽은 아이들을 묻는 묘지에 묻혔다. 1667년 6월, 그의 유해는 다시 프랑스로 운구 되어 쌩뜨-쥬느비애브-뒤-몽(Sainte-Geneviève-du-Mont)에 안장되었다.

6. 데카르트의 영향

데카르트의 사상과 철학의 방법이 크고 깊은 영향을 끼친 것은 새삼스럽게 말할 필요가 없는 일이다. 사실 그의 철학 정신은 오늘날도 맥맥이 이어지고 살아 있다고 할 수 있다. 데카르트는 이미 그 생존시부터 획기적이고 독창적인 사상가로서 문제되는 존재였다. 다니엘(Daniel)이라는 신부는 1687년경 그의 《데카르트의 세계로의 여행》(*Voyage du monde de Descartes*)에서 다음과 같은 말을 하고 있다. "학교의 교실 밖에서는 이제 토미스트나 스코티스트나 유물론자에 관하여 말하는 사람이 없다. 사람들은 이제는 이것들을 더 이상 구별하지 않고 동일한 카테고리에 넣으며 같은 진영에 속하는 것으로 본다. 사람들은 이것을 낡은 철학이라 부르고, 이것에 대하여 데카르트의 철학을 새로운 철학으로 대립시킨다."

데카르트의 사상과 철학 정신은 이어 괼링크스(Arnold Geulincx, 1624~69), 스피노자(Baruch de Spinoza, 1632~77), 말르브랑슈

(Nocolas de Malebranche, 1638~1715), 라이프니츠(Gottfried Wilhelm Leibniz, 1646~1716) 등 위대한 철학자들에게 깊은 영향을 주어, 이들의 철학적 사색 및 체계 수립의 출발점이 되었다. 데카르트는 정신과 물체를 근본적으로 다른 것으로 구별하였다. 그리고 정신과 신체는 송과선에 의하여 교호 작용을 한다고 보았다. 아주 이질적인 정신과 물체가 어떻게 서로 작용하는가 하는 것은 데카르트가 남긴 어려운 문제가 아닐 수 없었다. 괼링크스에 의하면, 마음은 직접 육체에 작용하지 않으며, 육체도 직접 마음에 작용하지 않는다. 데카르트의 원리를 따라 이 양자가 어디까지나 이질적인 것이라고 괼링크스는 보는 것이다. 그러면 우리는 외계의 사물을 어떻게 인식할 수 있는가? 괼링크스에 의하며 물체와 내 정신은 오직 하나님에 의하여 매개되어 하나가 될 수 있다. 오직 하나님만이 내적인 것과 외적인 것을 결합시킨다. 따라서 정신과 세계를 결합시키는 모든 작용, 모든 행위는 정신의 작용도 아니요, 세계의 작용도 아니다. 오직 하나님의 직접적 작용이다. 내 사지의 운동은 내 의지에서 생기는 것이 아니라 내가 사지를 움직이고자 할 때, 그 운동이 일어나는 것은 오직 하나님의 의지로 말미암는 것이다. 하나님이 내 의지를 기회삼아 내 마음 속에 표상을 생기게 하는 것이다. 이러한 괼링크스의 사상을 <기회원인설>(Occasionalisme)이라 하거니와, 이것은 데카르트의 이원론을 극단에까지 밀고 나간 것이다.

 말르브랑슈는 강건한 신체나 아름다움을 조금도 타고 나지 못한데다가 심한 꼽추였다. 그는 소르본느에서 신학을 공부하고 1660년 정월, 21살에 오라뚜와르(Oratoire)의 수도회에 들어가 아우구스티누스의 사상에 깊이 침잠하며, 오로지 철학과 신학의 연구에 몰두하였다. 그러나 무엇인가 만족되지 못하는 점이 있어 앙앙불락(怏怏不樂)하던 중 1664년의 어느 날, 산책하던 도중에 쌩 작크가의 어느 책방에 들렀다. 거기서 마침 출간된 데카르트의 유고 ≪인체론≫을 발견하고, 그 표제에 마음이 끌려 사 보게 됨으로써 데카르트의 사상에 접하게 되었다. 이 책을 읽어감에 따라, 그가 오랫동안 찾던 것이 눈앞에 명쾌하게 전개되는 것을 보고 그는 심장의 고동이 높아진 나머지, 그 책에서 눈을 떼고 자주 심호흡을 해야만 했다고 한다.

그 후 만 10년 동안 오로지 데카르트의 저술을 철저히 연구한 결과로 나온 것이 그의 주저 ≪진리 탐구 ── 인간 정신의 본성 및 모든 학문에서 오류를 피하기 위하여 행해야 할 정신의 사용을 논함≫ (*Recherche de la Verité, où l'on traite de la nature de l'homme et de l'usage qu'il en doit faire pour éviter l'erreur dans les sciences*, 2vol., 1674~75)이다.

말르브랑슈도 정신과 물체의 관계에 대한 데카르트의 견해에서 출발한다. 양자는 서로 엄밀히 구별되는 것이요, 본질적으로 대립하는 것이다. 그러면 정신(즉, 자아)은 어떻게 외계의 인식, 물체적 사물의 관념에 도달할 수 있는 것일까? 외적 사물, 특히 물질적인 사물은 관념이라는 정신적 형태를 취하고서만 정신에 나타날 수 있다. 정신은 이 관념을 자기로부터 얻을 수도 없고 사물로부터 얻을 수도 없다. 왜 자기로부터 얻을 수 없는가 하면, 정신은 유한하기 때문에 사물의 관념을 자기 자신만으로 산출하는 능력을 가지고 있지 않기 때문이다. 사물의 관념은 우리에게 주어지는 것이요, 우리 사고의 산물이 아니다. 정신은 또 관념을 사물로부터 얻지도 않는다. 왜냐하면 물질적인 사물이 비물질적인 마음에 인상을 만들어 낸다고 하는 것은 도저히 생각할 수 없는 일이기 때문이다. 따라서 오직 한 가지 남는 길은 정신이 사물을 제3자, 즉 대립을 초월하고 있는 하나님 속에서 본다고 하는 것이다. 말르브랑슈는 말한다. "우리는 모든 것을 하나님 속에서 본다." 하나님은 절대적인 실체이기 때문에 만물을 그 속에 포함하고 있으며 자기 자신 속에서 만물의 존재와 본질을 본다. 하나님 속에는 만물의 관념이 있다. 하나님은 예지계, 혹은 관념계로서의 전 세계이다. 따라서 하나님은 자아와 외계를 연결시키는 보다 높은 매개체이다. 이와 같이 우리가 모든 것을 하나님 속에서 보며 인식한다고 하는 것을 근본 사상으로 하는 말르브랑슈의 철학은 결국 괼링크스의 기회원인설과 마찬가지로 데카르트 철학의 지반과 근본 전제에서 출발하여 그 이원론을 극복하려는 독창적인 시도라 하겠다.

스피노자가 데카르트의 사상에서 서로 모순 대립하는 두 계기를 해소시키고 범신론적 세계관을 수립한 것은, 잘 알려진 사실이다. 스피노자는 오직 하나님만이 실체요, 개별적 사물은 모두 우유적이라고 하는 것을 명백하게 그리고 논리 정연하게 표현하기에 이르렀다. 그리하여 스피노자의 체계는 데카르트의 체계의 완성이라 할 수 있다.

현대 프랑스의 심원한 사상가들 가운데서는 특히 알랭(Alain, 본명은 Emile Auguste Chartier, 1868~1951)과 뽈 발레리(Paul Valéry, 1871~1945)가 데카르트의 정신을 현대에 살리려고 노력하였다. 알랭은 데카르트의 진면목이 "모든 탐구에 있어서 —— 기하학이나 물리학에서도 —— 자기가 지도하고 이를테면 자기의 명령에 의하여 스스로 형성된 사상에 대해서 밖에는 사상(pensée)이라고 하는 훌륭한 칭호를 인정하지 않는 데 있다"고 지적한다. 이것은 데카르트가 ≪정신지도의 규칙≫에서 "우리가 플라톤과 아리스토텔레스의 이론을 읽었다 하더라도, 주어진 문제에 대하여 확고한 판단을 내릴 수 없다면, 우리는 결코 철학자가 될 수 없다"(규칙3)라고 한 말에 호응하는 것이라 하겠다. 사실 데카르트는 독자적인 사색을 끈기 있게 해 나아간 철학자였다.

 이성의 인도를 따라 독자적인 사색을 하고 독자적인 판단을 내리는 일은 외래문화와 외래 사상에 휩쓸려 갈팡질팡하는 우리의 현실에서 시급히 요청되며, 누구보다도 데카르트에게서 본받아야 할 일이 아닐까 한다.

 20세기 최고의 지성이라 일컬어지는 발레리는 데카르트에게서 합리주의 정신과 과학적 사고방식의 화신을 보았다. 오늘날 우리나라의 사상계에는 비이성적이고 신화적인 세력이 도처에 웅크리고 있다. 미신과 어울려 우리의 밝은 사회의 건설을 방해하는 이러한 세력들을 물리치는 데도 데카르트의 정신을 배우고, 그 정신이 개화(開化)하고 편만하도록 힘쓸 필요가 있다고 믿는다.

 쟈크 슈발리에는 그의 저서 ≪데카르트≫의 끝부분에서 다음과 같은 말을 하고 있다.

 인류는 그 역사의 비극적이고 결정적인 시간에 다다랐다. 하나님과 동물성(動物性) 가운데서 인류는 그 중의 하나를 선택하지 않으면 안 된다.
 만일 보다 많은 것이 보다 적은 것에서, 생명이 물질에서, 정신이 동물성에서 온다고 하면, 인간은 하나의 진화한 동물일 따름이다. 그의 운명은 짐승의 운명이다. 그는 아주 죽고 만다. 그리고 하나님은 우상일 따름이다. 이렇게 되는 즉시로 우리의 실존은 현재의 생의 여러 가지 한계 속에 완전히 갇히며, 동물성에 얽매이게 된다. 이것은 온갖 욕망을 풀어 놓은 것이요, 힘의 승리이다. 이와 반대로 만일 우리가 데카르트와 더불어, 보다 많은 것은 보다 적은 것에서, 질서가 무질서에서, 이성이 기계적 동작에서, 인간이 동물에서 올 수 없다는 것을 인식한다면, 그때 우리는 모든 사물, 그리고 우리의 존재의 근원이 무한과 진리와 선임을 본다. 이 무한·진리·선은 현존과 본질이 일체를 이루고 있는 존재, 즉 하나님 속에 있다. 이와 같이 볼 때 인간의 생명은 그 의미를 얻게 된다. 그것이 접붙여졌던 동물성으로부터 떠난다. 이성과 자유에 의하여 동물성을 무한히 초월하게 된다. 그리고 동물성을 뛰어넘고 하나님을 향하여 자기를 높이기 위하여 이 이성과 이 자유를 사용하지 않으면 안 된다. 왜냐하면 무한을 향한 이 끊임없는 노력 속에 인간의 인격과 존엄성이 깃들어 있기 때문이다.

이와 같은 것이 데카르트 철학의 심원한 의미이다. …… 하나님의 부정, 그리고 동물성으로 되돌아가는 것, 이것이야말로 인류를 대재앙으로 몰아넣는 것이다.

어떻게 하면 이 대재앙을 없앨 수 있는가? <질서>를 회복함으로써이다. 질서의 원천, 곧 하나님을 인식함으로써이다. …… 무한 곧 하나님은, 우리의 지성의 빵이다. 그 속에서 인간의 이성은 자기에게 제일 어울리는 양식을 얻을 수 있다. 우리는 하나님께 겸손히 순종하지 않으면 안 된다. 인간이 참으로 인간이 될 수 있는 것은 무한에 대하여 순종함으로써이다. 하나님께 순종함으로써 인간은 자기 속에 잘 살고 잘 죽는 힘을 얻을 수 있다.

우리가 데카르트에게서 배워야 할 최고의 교훈은 바로 이것이다.

정녕, 하나님은 데카르트의 사상의 중심이었다. 그야말로 알파요 오메가였다. 그런데 데카르트에게 있어서 하나님은 무엇보다도 진리의 원천이요 이성의 빛의 근원이었다. 우리는 데카르트를 본받음으로써 하나님의 세계, 곧 이성의 빛이 빛나는 그리하여 무지로 말미암은 불행이 없는 세계를 창조할 수 있을 것이다.

이성을 잘 인도하고
뭇 학문에서 진리를 찾기 위한

방법서설(方法序說)

이 서설이 너무 길어 한 번에 읽기가 어려워 보이면, 여섯 부분으로 나눌 수 있을 것이다. 제1부는 학문에 관한 갖가지 고찰이다. 제2부에는 데카르트가 찾아낸 방법의 주요한 규칙들이 있다. 제3부에는 이 방법으로부터 끌어낸 몇 가지 도덕 규칙이 있다. 제4부에는 하나님과 인간 정신의 현존(existence)을 증명하는 여러 근거가 있다. 이 근거들은 데카르트의 형이상학의 기초이다. 제5부에는 데카르트가 탐구한 자연학의 문제들의 순서가 있다. 그리고 특히 심장의 운동과 의학에 속하는 몇 가지 다른 어려운 문제를 설명하고, 더 나아가 우리들의 정신과 짐승들의 정신의 차이를 밝혔다. 끝으로 제6부에서는 자연을 탐구함에 있어 더 전진하기 위해서는 무엇이 필요한가에 대하여 자신이 믿고 있는 것과 저술하게 된 여러 가지 이유를 밝혔다.

제 1 부
학문에 관한 고찰

양식(bon sens)은 세상에서 가장 공평하게 분배되어 있는 것이다. 누구나 그것을 충분히 지니고 있다고 생각하므로, 다른 모든 일에서는 만족할 줄 모르는 사람이라도 자기가 가지고 있는 이상으로 양식을 갖고 싶어하지는 않는다. 이 점에서 모든 사람들이 잘못 생각하고 있다고 볼 수는 없다. 오히려 이것은 잘 판단하고, 참된 것을 거짓된 것으로부터 가려내는 능력, 바로 양식(良識) 혹은 이성(理性)이라 일컬어지는 것이 모든 사람에게 있어서 나면서부터 평등함을 보여 주는 것이다. 또한 우리의 의견이 서로 달라 갖가지인 것은 어떤 사람들이 다른 사람들보다 이성을 더 많이 가지고 있어서가 아니라, 우리가 서로 다른 길을 따라 생각해 나아가며, 또 살피는 바가 동일한 것이 아님을 보여 주는 것이다. 무릇 좋은 정신을 가지는 것으로는 충분하지 못하고, 정신을 잘 쓰는 것이 중요하다. 가장 위대한 마음을 가진 사람들은 가장 큰 덕행을 할 수도 있고, 가장 큰 악행을 할 수도 있다. 그리고 아주 느리게 걷는 사람들도 언제나 곧은길을 따라가기만 하면, 뛰어가되 곧은길에서 벗어나는 사람들보다 훨씬 더 전진할 수 있다.

나로서는 내 정신이 보통 사람의 정신보다 모든 점에서 더 완전하다고 주제넘게 생각해 본 적은 한 번도 없다. 오히려 나는 가끔 몇몇 사람만큼 생각이 재빠르고, 상상이 빈틈없이 선명하며, 기억이 풍부하고 생생하기를 간절히 바랐다. 나는 이 여러 성질 외에는, 정신의 완전성을 이루는 성질을 전혀 알지 못한다. 왜냐하면 이성, 즉 양식만이 우리를 인간되게 하는 것으로, 우리를 짐승들로부터 구별케 하므로 나는 사람마다 그것이 온전히 갖추어져 있다고 믿고 싶으며, 또 이 점에서는 철학자들1)의 보통 의견을 따르고 있다고 믿고자 하기 때문이다. 그들은 동일한 종(espèce)의 개체들에 있어서 우연히 갖추어진 것들(accidents) 사이에 많고 적은 차이가 있어도 형상들(forms), 즉 본성 사이에는 차이가 전혀 없다고 말한다.

그러나 나는 운이 아주 좋았다고 생각하고 있음을 주저 없이 말할 수 있다. 즉 나는 일찍이 젊은 시절에 어떤 길에 들어섰는데, 그 길은 나를 몇 가지 견해(見解)와 격률(格率)로 인도하였고, 나는 다시 그것들로부터 하나의 방법을 만들어 내게 되었다. 이 방법을 쓰면 내 지식을 점점 더 늘리고 또 조금씩 높여, 마침내 내 평범한 정신과 짧은 생애로 도달할 수 있는 정점에 이를 수 있다고 여겨진다. 왜냐하면 이 방법으로 나는 이미 여러 가지 열매를 거두었기 때문이다. 나는 자신이 잘 났다고 생각하기보다는 스스로 보잘것없다고 여기려고 애쓰며, 또 철학자의 눈으로 볼 때 사람들의 갖가지 행동과 사업은 거의 모두가 헛되고 쓸데없는 것으로 생각하지만, 진리 탐구에 있어서 내가 이미 이루었다고 생각하는 진보에 매우 크게 만족하지 않을 수 없고 또 앞날에 대하여 큰 희망을 품을 수 있는 터이므로, 순전히 사람이 하는 일로서 확실히 좋고 중요한 것이 있다고 한다면 그것은 바로 내가 선택한 것이라고 감히 믿는다.

하지만 나는 잘못 생각하고 있는지도 모른다. 내가 금이나 다이아몬드라고 생각하고 있는 것이 구리나 유리 조각밖에 안 되는 것일지도 모른다. 나는 자신에 관한 일에 있어 얼마나 우리가 잘못 생각하기 쉬

---

1) 스콜라 철학자들.

우며, 또 우리의 친구가 우리를 좋게 여길 때 그 판단이 얼마나 의심스러운 것인가를 알고 있다. 그러나 이 서설에서 나는 내가 걸어온 길이 어떤 것인지를 보여 주고, 또 내 생애를 한 폭의 그림처럼 그려 보려 한다. 이것은 그 부분에 대해 각자가 판단을 내리며, 또 세상 사람들의 소문에서 그 부분에 대한 의견을 알았으면 해서인데, 이것은 나 스스로를 가르치는 새로운 수단이 되어 내가 지금까지 사용해 온 수단들에 추가될 것이다.

그래서 여기서 내 의도는 각자가 자기의 이성을 잘 이끌어가기 위하여 따라야 할 방법을 가르치려는 것이 아니라, 다만 내가 어떤 모양으로 내 이성을 이끌어 가려고 힘썼는가를 보여주려는 것이다. 교훈을 주려는 사람들은 그 교훈을 받는 사람들보다 더 유능하다고 스스로를 평가해야 할 것이다. 그리고 만일 그들이 아주 조그마한 실수라도 한다면 그 때문에 비난을 받아 마땅하다. 그러나 이 글은 그 중의 어떤 것은 본받을 만하고 또 아마도 본받지 않는 것이 좋을 다른 많은 것이 들어 있는 하나의 이야기로서, 혹은 하나의 우화로서 내어 놓는 것이므로, 나는 이 글이 어떤 사람들에게는 유익하지만 아무에게도 해를 끼치지 않으며, 또 누구나 내 솔직함에 대하여 고맙게 여기기를 바란다.

나는 어릴 적부터 여러 가지 인문학[2]을 배우면서 자랐다. 인문학을 통하여 인생에서 유용한 모든 것에 대하여 명료하고도 확실한 지식을 얻을 수 있다고 들었으므로 나는 그것들을 배울 것을 열망하였다. 그러나 그 모든 과정을 끝마치고, 남들처럼 학자들 축에 끼게 되자마자 나는 아주 달리 생각하게 되었다. 왜냐하면 공부하려고 애썼는데도 더욱 내 무지를 발견했을 뿐, 아무것도 얻지 못했다고 여겨질 정도로

---

2) 여기서는 문법·역사·시·수사학을 말함.

여러 가지 의심과 오류에 빠지게 되었기 때문이다. 그런데 나는 유럽의 가장 유명한 학교들 중의 하나에서 공부했으며, 만일 이 지상의 어디엔가 학식 있는 사람들이 있다고 하면 바로 거기에 있으리라고 나는 생각하고 있었다. 나는 거기서 남들이 배우는 모든 것을 배웠다. 그뿐 아니라, 우리에게 가르쳐지는 학과만으로는 만족하지 못하여, 나는 세상에서 가장 비전적(秘傳的)이요 가장 희귀하다고 여기고 있는 학문들을 다룬 책으로서 내 손에 들어온 것을 모조리 읽어 보았다. 또 나는 남들이 나에 대해서 어떻게 평가하고 있는지 알고 있었다. 내 학우 중에는 이미 우리들의 선생의 뒤를 잇게 된 사람이 몇몇 있었으나, 나는 내가 그들보다 못한 평가를 받고 있다고는 전혀 생각하지 않고 있었다. 그리고 끝으로 우리의 세기는 전의 어느 세기 못지않게 풍성하며, 또 뛰어난 정신을 가진 사람들이 많다고 생각하였다. 이리하여 나는 스스로 다른 모든 사람에 대하여 평가하며, 사람들이 전에 나로 하여금 바라게 한 바와 같은 학설은 이 세상에 아직 없었다고 생각할 자유를 얻었다.

하지만 나는 학교에서 가르치는 학과들을 소홀히 하지는 않았다. 거기서 배우는 여러 나라 말은 옛 책들을 해독하는 데 필요하다는 것, 재미있는 우화는 정신을 깨우쳐 준다는 것, 역사에 나오는 기억할 만한 사건들은 정신을 높여 주며 찬찬히 읽으면 판단력을 형성하는 데 도움이 된다는 것, 모든 양서를 읽는 것은 그 책들을 지은 지난날의 가장 훌륭한 사람들과의 대화와도 같고, 나아가서는 그들 사상의 제일 좋은 것을 보여 주는 차분한 대화라는 것, 웅변은 비길 데 없는 힘과 아름다움을 지니고 있다는 것, 시는 마음을 사로잡는 여러 가지 미묘함과 달콤한 맛을 지니고 있다는 것, 수학에는 매우 교묘한 고안들이 있어서 학구적인 사람을 만족시키는 데에나, 모든 기술을 쉽게 하여 사람들의 일을 줄여 주는 데 크게 이바지한다는 것, 도덕을 다루고 있는 책들은 아주 유익한 많은 교훈과 덕에 대한 권유를 내포하고 있다는 것, 신학은 하늘나라로 가는 길을 가르친다는 것, 철학은 모든 사물에 관하여 그럴듯하게 이야기하며, 학식이 자기만 못한 사람들의 찬탄을 사는 수단을 제공한다는 것, 법학·의학 및 그 밖의 학문들은 그것을 연구하는 사람들에게 명예와 부를 가져다준다는 것, 그리고 끝으로 이 모든 학문을 가장 미신적이고 그릇된 것에 이르기까지 그것들의 정당한 가치를 인식하고 거기 속아 넘어가지 않도록 조심하기 위하여 검토해 보는 것은 좋은 일이라는 것 등을 나는 알고 있었다.

 그러나 나는 여러 나라의 말을 공부하는 데, 옛날 책들을 읽는 데, 이 책들에 나오는 역사와 우화에 이미 충분한 시간을 들였다고 생각하고 있었다. 다른 세기의 사람들과 대화하는 것은 여행하는 것이나 다름없는 것이다. 서로 다른 여러 나라 사람들의 습속을 조금이라도 아는 것은 우리 자신의 습속에 대하여 올바르게 판단하기 위해서, 또 아무것도 본 것이 없는 사람들이 흔히 생각하듯 우리의 생활양식에 반대되는 것은 무엇이나 우습고 이성에 어긋나는 것이라고 생각하는 일이 없도록 하기 위해서 좋은 일이다. 그러나 여행하는 데 시간을 너무 많이 보내면 마침내는 자기 나라 사정에 어둡게 된다. 또 과거에 있었던 일에만 너무 흥미를 가지면 현재 일어나고 있는 여러 가지 일에 대하여 아주 무지해지기 쉽다. 그리고 우화들은 전혀 가능하지도 않은 많은 일이 일어날 것처럼 상상하게 한다. 또 역사책들은 가장 충실한 것인 경우, 더욱 읽을 만한 것이 되게 하기 위하여 사물들의 가치를 바꾸지도 않고 늘려 놓지도 않는다 해도, 적어도 비교적 너절하고 신통치 않은 사정들은 거의 언제나 빼어 버린다. 그래서 나머지 부분은 사실과 맞지 않아 보이고, 여기서 본받을 것을 끌어내어 자기의 행동을 다스리려는 사람들은 그 이야기들 속에 나오는 기사처럼 엉뚱한 짓을 하며 자기의 힘이 미치지 못하는 일을 꿈꾸기가 일쑤다.

나는 웅변을 무척 존중하였고, 시를 좋아하였다. 그러나 나는 이 두 가지가 다 연구의 결과로 얻어지는 것이라기보다는 오히려 정신의 타고난 재능이라고 생각하였다. 가장 강한 추리력을 가지고 있고 자기의 사상을 가장 잘 전개하여, 분명하고 이해하기 쉽게 하는 사람들은 설사 브르따아뉴 해안 지방의 사투리밖에 할 줄 모르고 또 수사학을 배운 적이 전혀 없어도 언제나 자기의 주장을 가장 잘 펼칠 수 있다. 또 가장 마음에 드는 착상을 가지고 있고 그것을 가장 멋있고 묘한 말로 표현할 줄 아는 사람들은 설사 시학을 몰라도 가장 훌륭한 시인이라 하겠다.

나는 특히 수학을 좋아하였는데, 그것은 추리의 확실함과 명증성(明證性) 때문이었다. 그러나 나는 아직 수학의 참된 용도를 전혀 깨닫지 못하고 있었다. 그리고 수학이 기계적 기술에만 응용되고 있음을 생각하고서 그 기초가 아주 확고하고 견실함에도 불구하고 아무도 그 위에 더 높은 건물을 세우지 않은 것을 이상하게 여겼다. 이와 반대로 나는 도덕을 다룬 고대 이교도들3)의 저술은 화려하고 웅장하나 모래와 흙탕 위에 세운 궁전으로 보고 있었다. 그들은 여러 가지 덕을 대단히 찬양하고, 세상의 어느 무엇보다도 더 존중할 만한 것으로 보이게 하고 있다. 그러나 그들은 이것들을 인식할 수 있도록 충분히 가르쳐 주지는 못하고 있으며, 또 그들이 (덕이라고 하는) 그토록 훌륭한 이름을 붙이고 있는 것은 가끔 냉혹이나 교만이나 절망이나 친족 살해에 지나지 않는다.

나는 우리의 신학을 존경하였고 누구 못지않게 하늘나라에 이르기

---

3) 스토아학파의 철학자들.

를 바랐다. 그러나 거기 이르는 길은 가장 유식한 사람들 못지않게 가장 무식한 사람들에게도 열려 있다는 것과 거기로 인도하는 계시된 진리들은 우리로서는 이해할 수 없다는 것이 아주 확실함을 깨닫고, 나는 감히 그 진리들을 내 약한 추리력으로 지배하려고 하지는 않게 되었다. 그리고 이 진리들을 음미할 것을 기도하여 성공하려면 하늘로부터 어떤 특별한 도움이 있어야 하고 또 인간 이상이어야 한다고 생각하였다.

철학에 관하여는 다음과 같은 것만을 말하련다. 즉, 철학은 오랜 세월에 걸쳐 가장 우수한 정신을 가진 사람들에 의하여 연구되었으나, 논쟁의 여지가 없는, 따라서 의심의 여지가 없는 것은 아직 하나도 없음을 보고서, 나는 다른 사람들보다 철학을 더 잘 해 나아가리라는 자부심은 조금도 가지지 않았다. 그리고 한 가지 문제에 관하여는 참된 의견이 하나 이상 있을 수 없을 터인데, 실제로는 갖가지 많은 의견이 있으며, 또한 그것들이 학식 있는 사람들에 의하여 주장되는 것을 보고서 나는 참되어 보이기만 하는 모든 것은 거짓에 가까운 것이라고 여겼다.

다음으로 다른 학문들은 그 원리를 철학으로부터 빌려 오고 있는 까닭에 나는 그렇게도 든든치 못한 기초 위에는 견고한 것을 하나도 세울 수 없다고 판단하였다. 그리고 그 학문들이 약속하는 명예나 이득은 그것들을 공부하도록 내 마음을 움직이기에는 충분한 것이 못 되었다. 왜냐하면 다행히 나는 내 재산이 줄지 않게 하기 위하여 학문을 직업으로 삼지 않을 수 없는 형편에 있다고는 느끼지 않았기 때문이다. 또 나는 퀴니코스 학파처럼 명예를 경멸한다고 공언하지는 않았지만, 분수에 맞지 않는 명예를 아주 대수롭지 않은 것으로 여겼다. 그리고 끝으로 그릇된 학설들에 관하여는 나는 이미 그 정체를 잘 알고 있어서 연금술사의 약속에도, 점성술사의 예언에도, 마술사의 속임수에도, 또 자기가 알지도 못하는 것을 안다고 떠들어대는 어느 누구의 계교나 허풍에도 더 이상 속지 않게 되었다고 생각하고 있었다.

그래서 선생들의 감독을 받지 않아도 될 나이가 되자 나는 글공부를 아예 집어치웠다. 그리고 나 자신 속에서, 혹은 세계라고 하는 큰 책 속에서 찾을 수 있는 학문 이외에는 다른 어떤 학문도 찾지 않겠다고 결심하고 나는 여행하는 것과, 여러 곳의 궁정과 군대를 보는 것과, 갖가지 기질과 형편의 사람들을 찾아가는 것과, 갖가지 경험을 쌓는 것과, 운명이 나에게 몰아오는 사건들 속에서 나 자신을 시험해 보는 것과, 내가 부딪치는 일들로부터 무슨 이익을 얻을 수 있을까 하여 그것들에 대하여 반성하는 데에 청년 시절의 나머지를 보냈다. 이것은 학자가 서재에서 하는 추리보다는, 각자가 자기에게 중요한 그리고 판단을 잘못하면 곧 그 벌을 받게 되는 일들에 관하여 하는 추리 속에서 더 많은 진리를 찾아낼 수 있으리라고 생각했기 때문이다. 학자의 사색이란 아무 결과도 낳지 못하는 것이요, 또 그것이 상식에서 멀수록 그럴듯하게 보이려고 애쓰는 가운데 머리를 짜내고 기교를 부려야 하는 까닭에 아마도 그만큼 허영심을 만족시키는 것밖에는 아무 소용이 없는 것이다. 그리고 나는 내 행동에 있어서 분명하게 보고, 이 세상을 살아감에 있어 확신을 가지고 걸어가기 위하여 참된 것을 거짓된 것으로부터 가려낼 줄 알았으면 하는 극도의 열의를 늘 가지고 있었다.

다른 사람들이 살아가는 모습을 살펴보기만 하는 동안, 나는 거기서 확신을 주는 것은 전혀 발견하지 못했고, 또 전에 내가 철학자들의 갖가지 견해에서 본 바와 거의 같은 다양성을 본 것이 사실이다. 따라서 거기서 내가 얻은 가장 큰 소득은 우리에게는 아주 엉뚱하고 우습게 보이지만 다른 큰 나라에서는 일반적인 것으로 받아들여지고 시인되고 있는 것이 많이 있음을 보고, 그저 남들이 한다고 해서 혹은 습관 때문에 옳게 여겼던 것을 이제는 그 어느 것도 너무 굳게 믿어서는 안 된다고 깨달은 것이다. 이리하여 나는 우리들의 자연의 빛을 흐리게 하고 우리로 하여금 이성의 소리를 잘 듣지 못하게 하는 많은 미망으로부터 조금씩 해방되어 갔다. 그러나 몇 해 동안 이와 같이 세상이라고 하는 책에서 공부하고 어느 정도의 경험을 쌓으려고 애쓰는 데 세월을 보낸 후, 나는 어느 날 또한 나 자신을 연구하기로, 또 내가 나아가야 할 길을 선택함에 있어 내 정신의 전력을 다하기로 결심하였다. 이 일을 나는 내가 내 나라를 떠나고 또 내 책들을 떠나지 않았을 경우보다 더 잘 해 내었다고 생각된다.

제 2 부
방법의 주요 규칙

　그때 나는 독일에 있었다. 그곳의 전쟁이 아직 끝나지 않아 어쩔 수 없이 거기 있어야만 했던 것이다. 그런데 나는 황제의 대관식을 보고 군대로 돌아가던 도중에 겨울이 되어 어떤 마을에 머무르게 되었다. 그곳에는 마음을 산란케 할 이야기 상대도 없고, 또 다행히 나를 괴롭히는 걱정거리나 정념(情念)도 없어서, 온종일 난로가 있는 방에 틀어박혀 아주 한가로이 여러 가지 생각에 잠겼다. 맨 처음에 한 생각 가운데 하나는, 많은 재료로 구성되고 여러 목공의 손으로 만들어진 작품에는 한 사람만이 만들어 낸 작품만큼의 완전성이 없다는 것이었다. 단 한 사람의 건축가가 착수하고 완성한 건물은 여러 가지 다른 목적을 위하여 세워졌던 낡은 벽돌을 가져다가 많은 사람들이 고쳐 가면서 만든 건물보다 더 아름답고 더 잘 정돈되어 있는 것이 보통이다. 마찬가지로 처음에는 한갓 마을이었다가 세월이 흘러 큰 도시가 된 옛 도시들은, 한 건축가가 자신의 구상에 따라 평야에 세운 짜임새 있는 도시에 비할 때, 그 건물 하나하나가 이 새 도시의 건물 못지않게 혹은 그 이상 교묘하게 지어져 있는 경우가 적지 않지만, 대체로 아주 불규칙하게 되어 있다. 즉, 이쪽에는 큰 집이 한 채 있는가 하면 저쪽에는 작은 집이 있고, 길이 구불구불하고, 높아졌다 낮아졌다 하여, 건물들을 이와 같이 배치한 것은 이성을 사용하는 사람들의 의지라기보다는 오히려 우연이라고 말하고 싶어진다. 그런데 개개인의 건물들을 감독하여 시가 전체의 미관에 도움이 되게 하는 일을 맡은 공무원이 언제나 있었음을 생각하면, 남들이 만든 것만을 가지고 훌륭한 것을 완성한다는 것이 얼마나 어려운 일인지 잘 알 것이다. 이와 마찬가지로, 예전에는 야만에 가까운 형편에 있었다가 조금씩 개화하여 범죄와 다툼으로 인한 곤란 때문에 할 수 없이 법률을 만들어 낸 국민들은, 집단생활을 하게 된 처음부터 어떤 현명한 입법자의 헌법을 지켜온 국민들보다 잘 다스려질 수 없다고 나는 상상해 보았다. 이것은 마치 홀로 하나님만이 모든 율례를 만든 참된 종교의 상태가 다른 모든 종교의 상태와 비교가 안 될 정도로 질서가 잘 잡혀 있는 것과 같다. 그리고 인간적인 것에 관해서 말하면, 스파르타는 고대에 크게 번영하였는데, 그 법률 가운데 많은 것이 아주 이상야릇하고 심지어 양속에 어긋나기까지 했던 것을 보면, 그 법률 하나하나가 좋아서가 아니라, 그 법률들이 오직 한 사람[4])에 의하여 제정되어 동일한 목적을 지향했기 때문에 그 나라가 번영했다고 나는 믿는다. 또 이와 마찬가지로 책으로 공부하게 되는 학문들, 적어도 그 근거가 개연적일 따름이요, 많은 사람들의 갖가지 견해로 조금씩 구성되고 커져서 전혀 논증할 수 없는 학문들은, 양식을 가진 어떤 한 사람이 자기가 부딪친 일에 관하여 자연스럽게 할 수 있는 단순한 추리만큼은 진리에 가까이 나아갈 수 없다고 나는 생각하였다. 다시 더 나아가, 우리는 어른이 되기 전에 모두 어린 아이였고, 또 우리는 오랫동안 우리들의 자연적 욕망과 교사들의 지배를 받지 않을 수 없었는데, 이 두 가지 것은 가끔 서로 어긋나는 것이었고, 그 어느 것이나 언제나 최선의 것을 알려 주지는 않았기 때문에, 태어날 때부터 우리의 이성을 전적으로 사용하고 오로지 이성에 의해서만 이끌려 온 경우만큼 우리의 판단이 순수하고 확실하기는 거의 불가능한 일이라고 생각하였다.

---

4) 뤼쿠르고스

어떤 도시의 집들을 그저 다른 모양으로 다시 짓고 그 가로를 좀 더 아름답게 하기 위해서만 그 모든 집을 헐어 버리는 일은 없는 것이 사실이다. 그러나 자기 집을 헐고 다시 세우는 사람이 많고, 또 집이 쓰러지려 하거나 토대가 아주 든든하지 못할 때에는 집을 헐고 다시 세우지 않을 수 없음도 사실이다. 이 예로 미루어 어떤 개인이 한 나라를 개혁하려 하여 그 나라의 기초 전부를 뜯어 고쳐 그 나라를 뒤집어엎고 다시 세운다는 것은 참으로 부당하다는 것, 학문의 체계를 개혁하거나 여러 학교에서 학문을 가르치기 위하여 세운 질서를 개혁하려는 것도 부당하다는 것, 그러나 내가 지금까지 옳다고 생각하여 받아들인 모든 견해에 관하여는 한번 그것들을 깨끗이 버린 다음 좀 더 좋은 견해를 채택하거나, 혹은 전과 같은 견해라도 이성의 규준(規準)에 비추어 바로잡은 후 다시 받아들이거나 하는 것이 제일 좋다는 것을 절실히 느꼈다. 그리고 이러한 방법을 통하여 나는 낡은 토대 위에 집을 세운 경우보다도, 또 내가 어렸을 적에 배운 원리들이 참된 것인지 한 번도 음미해 보지 않고 의지하는 경우보다도 내 생활을 훨씬 더 잘 가누어 갈 수 있으리라고 굳게 믿었다. 왜냐하면 여러 가지 곤란이 여기에 있음을 잘 알고 있기는 해도 이 곤란에 대한 해결책이 없는바 아니고, 또 가장 작은 공공(公共)의 일을 개혁함에 있어 부딪치는 곤란에 비할 바가 아니었기 때문이다. 공공의 큰 조직은 한번 쓰러지면 다시 세우기가 매우 어렵고, 또 한 번 흔들리기 시작하면 다시 진정시키기도 어려우며, 그 전복은 비참한 결과를 가져올 따름이다. 그리고 그러한 조직들이 갖가지로 서로 다른 점을 보면 그것들 중 많은 것이 여러 가지 불완전성을 가지고 있음은 확실하지만, 이 불완전성들은 관습에 의하여 많이 완화되었다. 그뿐 아니라, 관습은 많은 불완전성을 부지불식간에 피하거나 고쳤는데, 이런 일은 우리가 머리를 짜내도 그만큼 잘 할 수는 없는 일이다. 그리고 끝으로 그것들은 거의 언제나 조직의 변혁보다 견디기 쉬운 것이다. 이것은 마치 산과 산 사이를 구불구불 돌아가면서 난 큰 길이 지나가는 사람이 많아짐에 따라 차차 평탄해지고 걷기에 편하게 되어, 바위를 기어오르고 절벽 아래로 내려가면서 곧장 가는 것보다 훨씬 나은 것과 같다.

 이런 까닭에 나는 태어난 집안으로도 또 나중에 얻은 사회적 지위로도 나라의 일을 맡게 된 것이 아니면서 항상 공연히 어떤 새로운 개혁을 꿈꾸는 떠들썩하고 들뜬 기질을 가진 사람들을 옳게 여길 수 없다. 그리고 만일 이 책에 그러한 어리석은 생각이 있다고 여겨질 만한 것이 조금이라도 있다고 내가 생각했다면 나는 이 책이 출판되는 것을 몹시 꺼렸을 것이다. 내 계획은 나 자신의 생각을 개혁하고 전적으로 나에게 속하는 토지 위에 집을 세우려는 것을 넘어서 지나친 데 나아간 적이 한 번도 없었다. 내가 한 일이 나에게는 충분히 만족스러운 것이어서 여기에 그 모형을 독자들에게 보여드리는 터이지만, 그렇다고 해서 그것을 모방하라고 권할 생각은 전혀 없다. 하나님의 은총을 더욱 많이 받은 사람들은 아마도 더 높은 계획을 품을 것이다. 그러나 나 자신의 계획도 많은 사람들에게 너무 대담한 것이 아닌가 염려스럽다. 전에 받아들여 옳다고 믿게 된 모든 견해를 버린다는 결심만 하더라도 누구나 따를 만한 본이 못 된다. 그리고 세상은 이와 같이 하는 것이 전혀 어울리지 않는 두 종류의 사람들로 구성되어 있다고 해도 과언이 아니다. 첫째 종류의 사람들은 실상보다도 더 재주가 있다고 스스로 믿고서 판단을 서둘러 내리기를 스스로 금할 줄도 모르고, 자기의 모든 생각을 질서 있게 해 나아갈 만한 인내를 가지고 있지도 않다. 그래서 그들이 받아들인 원리들을 의심하고 흔히 사람들이 따르는 길을 떠나게 되는 자유를 가지게 되는 날에는 좀 더 곧장 가기 위하여 택해야 할 좁은 길을 더듬어 갈 수 없고, 일생 동안 길을 잃고 방황하게 된다. 둘째 종류의 사람들은, 자기를 가르쳐 줄 수 있는 어떤 다른 사람들보다 참된 것을 거짓된 것으로부터 가려내는 능력에 있어 못하다고 판단할 만한 이성, 혹은 겸손한 생각을 가지고 있는 사람들로서, 이들은 자기 스스로 보다 나은 것을 찾기보다는 자기보다 나은 사람들의 견해를 따르는 것으로 만족해야 한다.

 만일 나에게 선생이 단 한 사람 밖에 없었더라면, 혹은 가장 박학(博學)한 사람들 간에 어느 시대에나 견해의 차이가 여러 가지로 있었음을 전혀 알지 못했더라면, 나는 틀림없이 위에 말한 두 종류의 후자에 속하는 사람이 되었을 것이다. 그러나 아무리 기묘하고 도저히 믿을 수 없는 것이라 하더라도 철학자들 중 누군가가 이미 말하지 않은 것이란 하나도 없다는 것을 나는 학생 시절부터 알게 되었고, 그 후 여행하는 가운데, 느끼는 것이 우리와 다른 모든 사람들이 그렇다고 해서 야만스럽거나 미개한 것도 아니라, 그 중 많은 사람들이 우리 못지 않게 혹은 우리 이상으로 이성을 사용하고 있다는 것을 알게 되었고, 또 어떤 한 사람이 어릴 적부터 프랑스 사람들이나 독일 사람들 속에서 자란 경우에 중국 사람들이나 식인종 속에서 자란 경우와는 얼마나 다르게 자라날 것인가를 살펴보게 되었고, 또 우리가 입는 옷의 유행에서 10년 전에는 우리의 마음에 들었고 또 아마도 10년 후가 되기 전에 다시 우리의 마음에 들, 바로 그 동일한 옷이 지금은 얼마나 이상야릇하고 우스운 것으로 보이는가 하는 것을 살펴보았다. 그리하여 우리의 마음을 지배하는 것은 확실한 인식이 아니라, 오히려 관습과 선례라고 하는 것, 그리고 발견하기가 좀 힘든 진리를 발견하게 되는 것은 한 나라 국민 전체가 아니라 한 개인인 경우가 더 많기 때문에, 그 진리에 찬성하는 사람이 많다고 해서 그 진리의 증명에 아무 도움도 되지 않는다는 것을 알게 되었다. 그래서 나는, 다른 사람의 견해 보다도 이 사람의 견해야말로 내가 따라야 되겠다고 생각되는 사람을 고를 수가 없었으며, 나 스스로 나 자신을 이끌어가야만 되겠다고 생각하였다.

그러나 나는 혼자 어둠 속을 걸어가는 사람처럼 아주 천천히 나아가며 모든 일에 아주 조심하리라 결심하였고, 그렇게 하면 아주 조금씩 나아간다 해도 넘어지지는 않으리라 생각하였다. 또 이성에 의하지 않고 전에 내 신념에 들어올 수 있었던 견해의 어느 하나라도 온통 내어 버리려고 하지는 않았으나, 이에 앞서 충분한 시간을 들여 내가 하려는 일의 계획을 세우고, 내 정신으로 가능한 모든 것의 인식에 도달하는 참된 방법을 찾아보려 하였다.

나는 좀 더 젊었을 때에 철학의 여러 부문 중에서는 논리학, 수학 가운데서는 기하학자들의 해석과 대수를 조금 공부하였다. 이 세 가지 기술 내지 학문은 내 계획에 약간 도움이 되리라 여겨졌던 것이다. 그러나 이것들을 검토해 보니 논리학에서는 삼단논법(三段論法)과 그 밖의 대부분이 자기가 알지 못하는 것을 배우기보다는 오히려 자기가 알고 있는 것을 남에게 설명해 주는 데 도움이 되거나 혹은 룰루스의 논법5)처럼 자기가 알지 못하는 것을 아무 판단도 없이 지껄이는 데 도움이 되는 것임을 깨닫게 되었다. 그리고 실상 논리학은 아주 참되고 아주 좋은 규칙들을 많이 내포하고 있지만 또한 해롭고 피상적인 규칙들이 그만큼 섞여 들어가 있어서, 이것들을 전자로부터 분리시키는 것은 아직 제대로 쪼개서 다듬지 않은 대리석 덩어리로부터 디아나상이나 미네르바상을 쪼아내는 것만큼이나 어려운 일이다. 다음에 고대인의 해석과 근대인의 대수에서는 이것들이 아주 추상적이고 아

---

5) Raymundus Lullus(1235~1316)가 내어 놓은 일종의 개념 결합법.

무 소용이 없어 보이는 문제에만 사용될 뿐만 아니라, 전자는 항상 도형을 고찰하는 데 매여 있어서 상상력을 몹시 지치게 하지 않고서는 오성(悟性)을 활동시킬 수 없다. 또 후자는 몇몇 규칙과 몇몇 기호에 너무 사로잡혀서, 정신을 계발하는 학문 대신에 정신을 어리둥절하게 하는 혼란스럽고 애매한 기술이 되고 말았다. 이런 까닭에 나는 이 세 가지의 장점을 내포하면서 그 결함은 가지고 있지 않는 어떤 다른 방법을 찾아야 되겠다고 생각하였다. 그리고 법률이 많으면 나쁜 짓에 대하여 핑계를 제공하는 경우가 있고, 따라서 아주 적은 법률을 가지고 있으면서 아주 엄격하게 지킬 때 한 나라가 더 잘 통치되는 것처럼, 나는 논리학을 구성하는 많은 규칙들 대신에 단 한번이라도 그것들을 지키지 않는 법이 없도록 하겠다는 확고하고 한결같은 결심만 가진다면 다음의 네 가지 규칙으로 충분하다고 믿었다.

 첫째는 내가 명증적으로 참되다고 안 것 외에는 어떤 것도 참된 것으로 받아들이지 않을 것. 즉 속단과 편견을 조심하여 피할 것. 그리고 의심할 여지가 조금도 없을 정도로 아주 명석하고 아주 판명(判明)하게 내 정신에 나타나는 것 외에는 아무것도 판단 속에 넣지 않을 것.

 둘째는 내가 검토할 난제의 하나하나를 될 수 있는 대로 가장 잘 해결하기에 필요한 만큼 작은 부분으로 나눌 것.

 셋째는 순서를 따라 내 생각들을 이끌어 나아가되, 가장 단순하고 가장 알기 쉬운 것부터 시작하여 계단을 올라가듯 조금씩 위로 올라가, 가장 복잡한 것들에 대한 인식에까지 이를 것. 그리고 자연대로는 피차 아무런 순서도 없는 것들 간에도 순서가 있는 듯이 단정하고 나아갈 것.

 그리고 끝으로 하나도 빠뜨리지 않았다고 확신할 수 있을 정도로 완전한 매거(枚擧)와 전체에 걸친 통관(通觀)을 어디서나 행할 것.
 기하학자들이 그들의 가장 어려운 증명에 도달하기 위하여 늘 사용하는 아주 단순하고 쉬운, 저 추리의 긴 연쇄는 나에게 다음과 같은 것을 상상할 기회를 주었다. 즉, 인간이 알 수 있는 모든 것은 이와 똑같은 모양으로 서로 연결되어 있다는 것, 그리고 참이 아닌 어느 것도 참이라고 받아들이지 않으며, 또 어떤 것을 다른 어떤 것에서 연역할 때에 언제나 올바른 순서를 지키기만 하면, 아무리 멀다 해도 마침내 도달하지 못할 것이 없고, 아무리 숨겨져 있다 해도 찾아낼 수 없는 것이 없다는 것. —— 그리고 나는 어느 것부터 시작할 것인가를 찾는 데 많은 고생을 하지 않았다. 왜냐하면 이미 가장 단순하고 가장 알기 쉬운 것으로부터 시작해야 됨을 알고 있었기 때문이다. 그리고 지금까지 학문에 있어서 진리를 탐구한 모든 사람들 가운데 몇몇 논증, 즉 몇 가지 확실하고 명증적인 추리를 해낼 수 있었던 것은 오직 수학자들뿐이었음을 생각하고서 그들이 검토한 바로 그 문제들로부터 시작해야 됨을 조금도 의심치 않았다. 물론 나는 수학에서 그것이 내 정신으로 하여금 진리를 기뻐하고 그릇된 추리에 결코 만족하지 않는 습관을 얻게 하는 것밖에는 다른 아무 효용도 바라지 않았다. 그러나 수학부터 시작해야 된다고 해서 수학이라는 공통의 이름으로 불리는 여러 학문을 모두 습득하려고 하지는 않았다. 그리고 이 학문들의 대상이 서로 다르기는 해도 그 대상들에서 발견되는 갖가지 관계나 비례 이외의 다른 아무것도 고찰하지 않는 점에서는 모두 일치하고 있음을 보고서 나는 이 일반적으로 비례들만을 검토하며, 그 인식을 더 쉽게 해 주는 데 도움이 되는 대상들 속에서만 그러한 비례들을 그 대상들에만 국한시키지 않고, 나중에 그것들에 어울리는 다른 모든 대상들에 더욱 잘 적용될 수 있도록 하는 것이 좋겠다고 생각하였다. 그리고 그 비례들을 인식하기 위해서는 어떤 때는 그것들을 하나하나 따로 고찰할 필요가 있고, 또 어떤 때는 그저 그것들을 마음에 간직하거나 그 중 많은 것을 동시에 파악할 필요가 있음을 깨닫고서 나는, 그것들의 하나하나를 더욱 잘 고찰하기 위해서는 그것들을 선(線)으로 상상하여야만 한다고 생각하였다. 이것은 내가 선보다 더 단순한 것을 찾을 수 없었고 또 선보다 더 판명하게 내 상상과 내 감각에 나타나는 것을 찾지 못했기 때문이다. 그러나 그것들을 마음에 간직하기 위해서는, 혹은 그 중의 여러 개를 동시에 파악하기 위해서는 될 수 있는 대로 가장 짧은 기호로써 그것들을 나타내어야만 한다고 생각하였다. 또 이와 같이 함으로써 기하학적 해석과 대수의 모든 장점을 끌어들이고, 양자의 모든 결함을 피차 딴 것에 의하여 없앨 수 있으리라고 생각하였다.

 사실 내가 선택한 몇 개 안 되는 이 규칙들을 정확하게 지킴으로써 나는 이 두 학문에 포함된 모든 문제를 아주 쉽게 풀 수 있게 되었고, 그것들을 검토하면서 두세 달을 보내는 동안 가장 단순하고 일반적인 것들로부터 시작함으로써 또 내가 발견한 진리마다 나중에 다른 진리들을 발견하는 데 도움이 되는 규칙이 되어 내가 한때 아주 어렵다고 판단한 문제들을 해결하는 데까지 이르렀을 뿐 아니라, 마지막에는 내가 알지 못하는 문제들에 관해서도, 어떻게 하면 또 어디까지 그것들을 풀 수 있는가를 결정지을 수 있을 성 싶었다고 나는 감히 말한다. 이 점에서 무슨 일에든 진리는 오직 하나 있고, 그 진리를 발견한 사람은 인간이 거기에 관해서 알 수 있는 모든 것을 알고 있다는 것, 또 예컨대 산수를 배운 아이가 그의 규칙들을 따라 더하기를 하고 나서, 그가 얻은 합계에 관하여는 인간 정신이 발견할 수 있는 모든 것을 발견했음을 확신할 수 있다는 것을 생각한다면, 아마 내가 공연히 뽐내고 있다고 여겨지지는 않을 것이다. 왜냐하면 결국 참된 순서를 따를 것과 우리가 찾는 모든 조건을 정확하게 매거할 것을 가르치는 방법은 산수의 규칙들에 확실성을 부여해주는 모든 것을 포함하고 있기 때문이다.

 그러나 이 방법이 나를 가장 만족시킨 점은 그것을 통하여 모든 일에서 내 이성을 완전하게는 아니지만 적어도 힘이 미치는 한 가장 잘 사용한다고 확신한 것이었다. 또한 나는 이 방법을 사용함으로써 내 정신이 대상을 차츰 더 분명하고 더 판명하게 생각하는 습관을 가지게 됨을 느꼈으며, 또 그 방법을 어떤 특수한 문제에만 국한시키는 일을 절대로 하지 않음으로써, 그것을 대수의 문제에 적용한 것처럼 다른 학문의 여러 난제에도 똑같이 유효하게 적용할 것을 기약하였다. 그렇다고 해서 나는 먼저 이 여러 학문들의 난제를 전부 검토하려 한 것은 아니다. 왜냐하면 바로 이렇게 하는 것이야말로 그 방법이 명하는 순서에 어긋나는 것이기 때문이다. 그러나 그 학문들의 원리들은 모두 철학에서 얻어 온 것인데 철학에서 나는 확실한 것을 전혀 찾지 못하고 있었음을 주의하고서 무엇보다도 먼저 철학에서 확실한 원리를 세우도록 힘써야 한다고 생각하였다. 또 이것은 세상에서 가장 중요한 일이요, 또한 속단과 편견을 가장 두려워해야 하므로, 그때 스물세 살이었던 나로서는 좀더 나이가 든 다음에야 그 일의 결말을 볼 것을 기도해야 할 것이라고 생각하였다. 또 그때까지 받아들인 모든 잘못된 의견들을 내 정신으로부터 깨끗이 지워버리기도 하며 많은 경험을 쌓아 나중에 내 추리의 재료가 되게도 하며, 항상 내가 정한 방법을 사용함으로써 더욱더 단단히 몸에 붙이기도 하여 많은 시간을 들여 그 일에 스스로 준비해야 한다고 생각하였다.

제 3 부
이 방법에서 나오는 도덕의 규칙

 그리고 끝으로 우리가 살고 있는 집을 다시 짓기 시작함에 앞서 집을 헐고 건축 재료와 건축가를 맞추어 두고, 혹은 자기 자신이 건축술을 배워 두고, 나아가 설계도를 면밀히 꾸며 두고 하는 것만으로는 부족하다. 이런 일 이외에 다시 집을 짓는 동안 편히 지낼 만한 곳을 따로 마련해야만 한다. 이와 마찬가지로 이성이 내 여러 판단에 결정을 내리지 못하게 하고 있는 동안에도 행동에는 결정을 내리지 못하는 상태에 있지 않도록, 또 이미 그때부터 될 수 있는 대로 가장 행복하게 살 수 있도록 임시로 하나의 도덕을 마련하였다. 그것은 셋 내지 네 개의 격률로 되어 있는 것인데, 이것을 나는 독자들에게 알리려 한다.
 첫째는 내 나라의 법률과 관습에 복종하여 하나님의 은총으로 내가 어렸을 적부터 배워 온 종교를 한결같이 지키며, 다른 모든 일에서는 함께 살아가야 할 사람들 가운데 가장 총명한 사람들이 실생활에서 보통 받아들이고 있는 가장 온건하고 가장 극단에서 먼 의견들을 따라 스스로를 다스리는 것이었다. 나는 자신의 의견을 모두 검토해 보려고 하여 그것들이 아무 가치도 없다고 여기기 시작하고 있었으므로, 가장 총명한 사람들의 의견을 따르는 것이 제일 좋다고 믿은 것이다. 또 페르시아 사람들과 중국 사람들 가운데도 우리 가운데 총명한 사람 못지않게 총명한 사람이 있을 터이지만, 내가 함께 살아가야 할 사람들을 따라 나를 규제하는 것이 제일 유익하리라 생각하였다. 또 무엇이 참으로 그들의 의견인가를 알기 위해서는 그들의 말보다 그들의 실제 행동을 주의해 보아야 한다고 생각하였다. 이것은 우리의 습속이 타락하여 자기가 믿는 바를 스스로 알지 못하기 때문이다. 또 어떤 일을 믿는 생각의 작용과 자기가 믿고 있다는 것을 아는 생각의 작용은 서로 다른 것이며, 이 양자는 각기 다른 하나 없이도 가능하기 때문이다. 그리고 한결같이 받아들여지고 있는 많은 의견 가운데서 나는 온건한 것들만을 택하였다. 온건한 의견은 언제나 실행하기에 가장 편하고 참으로 가장 좋은 것으로 여겨지지만, 모든 극단은 으레 좋지 못한 것이기 때문이요, 또한 실수할 경우에도 극단적인 의견 중 하나를 택하고 나서 나중에 그 반대의 극단을 따라야 했음을 깨닫는 것보다는 올바른 길에서 덜 벗어나기 때문이었다. 또 나는 특히 자신의 자유를 조금이라도 제한하게 될 모든 약속을 극단적인 것으로 여겼다. 이것은 사람들이 어떤 좋은 계획을 가지고 있을 때 마음이 약하여 생각을 바꾸는 일이 없게 하기 위하여, 혹은 좋고 나쁘고가 문제되지 않는 어떤 계획을 가지고 있을 때, 상거래의 안전을 위하여 사람들로 하여금 지키지 않으면 안 되는 맹서나 계약을 맺는 것을 허락하는 법률들을 내가 반대하는 때문이 아니다. 다만 세상에는 항상 같은 상태로 있는 것이 하나도 없음을 본 때문이요, 또 나 자신에 관해서 말하면, 내 판단을 더욱더 완전케 하려고 기약하고 있고, 그것들을 더욱 나쁜 것이 되게 하려고 하지는 않으므로, 만일 어떤 일을 한 때 옳다고 여겼는데, 그것이 옳지 않은 것이 될 때, 혹은 내가 그것을 옳은 것으로 여기지 않게 될 때, 여전히 그것을 좋은 것으로 보아야 한다면, 양식에 대하여 큰 과오를 저지르는 것이 된다고 생각한 때문이다.

　내 둘째 격률은 행동에 있어서 될 수 있는 대로 가장 확고하고 가장 결연한 태도를 취하며, 또 아무리 의심스런 의견이라 하더라도 일단 받아들이기로 결정했으면, 아주 확실한 것인 양 어디까지나 그것을 따르는 것이었다. 이 점에서는 숲 속에서 길을 잃은 나그네들을 본받아야 한다. 그들은 우왕좌왕하면서 더욱 미로에 빠져 들어서도 안 되고, 또 한 군데 머물러 있어서도 안 된다. 처음 우연한 생각으로 택한 방향일지라도 신통치 않은 이유로 바꿀 것이 아니라, 줄곧 그 방향으로만 걸어가야 한다. 왜냐하면 그렇게 함으로써 자기들이 바라는 곳에 바로 도착하지는 못하더라도 적어도 숲 한가운데 있는 것보다는 확실히 나은 어디엔가 도착하게 될 것이기 때문이다. 이와 마찬가지로 인생에 있어서의 행동들은 조금도 지체해서는 안 되는 경우가 있으므로, 우리의 능력이 가장 참된 의견들을 가려낼 수 없을 때에는 가장 옳게 보이는 것을 따라야 한다는 것은 아주 확실한 진리이다. 또 어느 것이 더 옳게 보이는지 전혀 알 수 없을 경우에는 그 중 하나를 취할 것을 결심하여야 한다. 그렇게 결심한 이유는 아주 참되고 확실한 것이었으므로 실생활에 관한 한 나중에 그것을 의심스러운 것으로 여겨서는 안 되고, 오히려 가장 참되고 확실한 것으로 여겨야 한다. 그때 이후 나는 이렇게 함으로써 어떤 때는 어떤 일을 좋은 것으로 여기고 행하다가 나중에는 나쁜 것으로 여겨 행하지 않는, 약하고 동요하기 쉬운 사람들의 마음을 늘 괴롭히는 모든 후회와 양심의 가책에서 벗어날 수 있었다.

 내 셋째 격률은 언제나 운명보다도 나를 이기며, 세계의 질서보다는 오히려 내 욕망을 바꾸려고 노력하는 것이었다. 또 일반적으로 우리가 완전히 지배할 수 있는 것은 우리의 생각밖에 없으므로, 우리의 외부에 것들에 관해서 최선을 다한 후에도 성공을 거두지 못한 모든 일은 우리에게 절대로 불가능하다고 믿는 습관을 붙이는 것이었다. 그리고 내가 얻을 수 없는 것을 조금도 바라지 않게 하고, 그리하여 스스로 만족할 수 있게 하는 데는 이 격률만으로 충분하다고 생각되었다. 왜냐하면 우리의 의지는 그 본성상 오성이 어떤 식으로든 가능한 것으로 보여 주는 것들만을 바라므로, 만일 외부에 있는 모든 선을 능력이 미치지 못하는 데 있는 것으로 여긴다면, 우리의 출생으로 말미암는 것으로 생각되는 선들을, 우리의 잘못 때문이 아니라 좋은 집안에 태어나지 못함으로써 얻지 못한다고 해도, 중국이나 멕시코의 왕국을 소유하지 않는다고 해서 섭섭하게 여기지 않는 것처럼, 섭섭하게 여기지는 않을 것이 확실하기 때문이다. 또 우리가 지금 다이아몬드만큼 잘 썩지 않는 물질로 된 몸을 가지거나 새처럼 날기 위하여 날개를 가지기를 원하지 않는 것처럼, 속담의 말대로 필연을 덕이 되게 하여, 앓고 있으면서 그대로 건강하거나 옥중에 있으면서 그대로 자유롭기를 원하지 않을 것도 확실하다. 그러나 모든 사물을 이러한 각도에서 보는 버릇을 가지게 되는 데는 오랜 훈련과 명상을 되풀이하는 것이 필요함을 나는 인정한다. 그리고 옛날에 운명의 지배를 벗어나 여러 가지 고통과 가난에도 불구하고 신들과 더불어 행복을 겨룰 수 있었던 철학자들의 비밀도 주로 여기에 있었다고 나는 믿는다. 왜냐하면 그들은 자연이 자기들에게 준 여러 가지 제한을 항상 헤아림으로써 자기의 생각밖에는 자기가 지배할 수 있는 것이 하나도 없음을 완전히 깨닫고 있으므로, 오직 이 한 가지 깨달음만으로 다른 사물들에 대한 애착을 전혀 가지지 않을 수 있었기 때문이다. 그리고 그들은 자기의 생각에 대하여 절대적인 지배권을 가지고 있었으므로, 이 점에서 그들은 이 철학을 가지고 있지 않아서 자연과 행운에서는 아무리 많은 혜택을 입고 있을지라도 자기가 원하는 모든 것에 대하여 절대로 이렇게 처리하지 못하는 어느 누구보다도 더 부유하고, 더 힘있고, 더 자유롭다고, 생각할 근거가 있었던 것이다.

끝으로 이 도덕의 결론으로 나는 이 세상에 있는 여러 종류의 직업을 훑어보고, 그 중 가장 좋은 것을 선택하려 하였다. 나는 남들의 직업에 관하여는 아무것도 말하고 싶지 않고, 내가 지금 종사하고 있는 일, 즉 내 이성을 개발하는 데 전 생애를 바치며, 진리 인식에서 스스로 부과한 방법을 따라 될 수 있는 데까지 전진을 계속하는 것이 제일 좋다고 생각하였다. 나는 이 방법을 사용하기 시작한 후로 더할 나위 없는 만족을 느껴 왔으므로, 이 세상에서 이보다 더 흐뭇하고 더 깨끗한 만족을 얻을 수 있다고는 생각하지 않았다. 그리고 이 방법을 통하여 나에게는 무척 중요한 것으로 여겨지지만 다른 사람들에게는 대체로 알려져 있지 않는 몇몇 진리를 매일 발견하였으므로, 여기서 얻은 만족은 내 정신을 온통 채워 다른 모든 것은 대수롭지 않게 여겨지기까지 했다. 그리고 위에서 말한 세 가지 격률은 나 자신을 교육하려는 계획에 기초를 둔 것일 따름이었다. 왜냐하면 하나님께서 참된 것을 거짓된 것으로부터 구별하는 어떤 빛을 우리들 각자에게 주셨으므로, 적당한 시기에 나 자신의 판단력을 가지고 다른 사람의 의견들을 음미할 것을 기약하고 있지 않았던들, 그 의견들로 내가 만족해야 한다고는 한 순간이라도 믿지 않았을 것이기 때문이다. 또 좀 더 좋은 의견이 있을 경우 그것들을 발견할 기회를 잃지 않을 희망이 없었더라면 그저 남의 의견을 따르면서 마음 편히 있을 수는 없었을 것이기 때문이다. 그리고 끝으로, 만일 내가 따른 길이 나에게 가능한 모든 인식을 확실히 얻게 해주는 것이요, 또한 내가 얻을 수 있는 모든 참된 선을 얻게 해주는 것이라고 생각하지 않았던들, 나는 내 욕망을 억제할 수도 없었을 것이요, 또 만족을 얻을 수도 없었을 것이다. 우리의 의지는 무엇이든지 오성이 좋다거나 나쁘다고 보여 줌에 따라서만, 혹은 따르고 혹은 피하기 때문에, 잘 행하기 위해서는 잘 판단하면 되는 것이요, 또 최선을 다하기 위해서는 즉 모든 덕과 우리가 얻을 수 있는 다른 모든 선을 전부 차지하는 데는 할 수 있는 한 가장 잘 판단하기만 하면 되는 것이다. 그리고 이에 대해서 확신을 가질 때 우리는 반드시 만족을 얻게 된다.

　이와 같이 이 격률들에 대해서 확신을 얻은 후, 이것들과 내 신념 속에서 항상 첫째 자리를 차지하고 있던 신앙의 여러 가지 진리를 제외하고, 내 의견의 나머지 모든 것에 대하여는 마음대로 내어 버릴 수 있다고 판단하였다. 그리고 이 일을 가장 잘 해내는 데는 이 모든 생각을 했던 난로방에 더 오래 머물러 있을 것이 아니라, 사람들과 이야기하는 것이 더 낫겠다고 생각하였으므로, 나는 겨울이 가기 전에 다시 여행을 떠났다. 그리고 그 후 만 9년 동안 세상에서 연출되는 모든 희극에서 배우가 되기보다는 오히려 구경꾼이 되려고 힘쓰면서 여기저기 떠돌아다니기만 했다. 그리고 한 가지 문제마다 의심스럽고 잘못 생각하기 쉬운 점에 대하여 특히 잘 살펴보면서 전에 내 정신 속에 스며 들어올 수 있었던 모든 오류를 말끔히 뽑아 버렸다. 그렇다고 해서 그저 의심하기 위해서 의심하고 항상 결정을 내리지 않은 태도를 취하는 회의론자들을 흉내 낸 것은 아니다. 왜냐하면 이와 반대로 내 계획 전체는 스스로 확신을 얻고, 동요하는 흙과 모래를 제쳐 버리고 바위나 진흙을 찾아내는 데로 향해 있었기 때문이다. 이 일에서 나는 아주 성공했다고 생각한다. 왜냐하면 내가 검토하고 있던 명제들의 그릇됨이나 불확실함을, 근거가 박약한 추측에 의해서가 아니라, 명석하고 확실한 추리에 의하여 발견하려고 노력하였으므로, 아무리 의심스러운 명제(命題)에 부딪쳐도 그 명제에 확실한 것이 전혀 없다는 결론을 얻는 경우도 있기는 했으나, 하여간 그 명제들로부터 언제나 아주 확실한 어떤 결론을 끌어낼 수 있었기 때문이다. 그리고 낡은 집을 헐 때 보통, 부서진 것들을 보관해 두었다가 새 집을 지을 적에 이용하듯이 내 의견들 중 기초가 튼튼하지 못하다고 판단되는 것들을 모조리 파괴하면서 나는 갖가지 관찰을 행하고 많은 실험을 쌓았는데, 이것은 후에 좀 더 확실한 것을 세우는 데 도움이 되었다. 그리고 또 나는 자신에게 과한 방법을 연습하는 것도 계속해갔다. 나는 모든 생각을 그 방법의 규칙들을 따라 전체적으로 이끌어가도록 조심을 했는데 또한 때때로 몇 시간을 할애하여, 특히 수학의 여러 문제와 또 내가 수학의 문제와 거의 같은 것이 되게 할 수 있었던 몇몇 다른 문제들을 푸는 데 그 방법을 적용하는 연습을 하였다. 이 다른 문제들을 수학의 문제와 거의 비슷한 것이 되게 하는 데는 그것들을 내가 보기에 충분히 확고하지 못한 다른 학문들의 모든 원리로부터 떠나게 하면 되었는데, 독자는 이 책에서 설명된 많은 문제에서 내가 이 일을 하고 있는 것을 볼 것이다. 그리고 이와 같이 함으로써 나는 겉으로는 흐뭇하고 깨끗한 생활을 하는 것 밖에는 달리 아무것도 할 일이 없고, 쾌락을 악으로부터 가려내는 데 조심하되 권태 없이 휴가를 보내기 위하여 온갖 깨끗한 오락을 즐기는 사람들과 다를 바 없이 생활하면서 내 계획을 추구하기를 그치지 않았고, 또 아마도 내가 책만 읽거나 학자들을 찾아다니기만 했을 경우보다도 더 진리 인식에 있어서 얻는 바가 있었다.

하지만 학자들 간에 흔히 논의되는 여러 가지 문제에 관하여 아직 내가 아무런 결정에도 이르기 전에, 또 세상에 널리 퍼져 있는 철학보다 더 확실한 철학의 기초를 찾기 시작하기도 전에 9년이라는 세월이 흘렀다. 그리고 우수한 정신을 가진 많은 사람들이 앞서 이러한 계획을 가졌으면서도 성공하지 못한 예는, 나로 하여금 거기에 많은 곤란이 있음을 짐작케 하였으며, 만일 내가 이 계획을 성취했다고 어떤 사람들이 이미 소문을 퍼뜨리고 있음을 알지 못했더라면, 아마 이렇게 일찍 이 계획에 손을 대지는 않았을 것이다. 무슨 근거로 그런 소문이 돌게 되었는지는 모른다. 만일 내 담화가 그런 소문에 어떤 도움이라도 되었다면 그것은 학문을 조금밖에 하지 않은 사람들보다도 더 솔직하게 내가 알지 못하는 것을 고백했기 때문일 것이며, 또 아마도 내가 아무런 학설도 자랑스럽게 내어 놓지 않고, 오히려 다른 사람들이 확실하다고 보는 많은 것을 내가 의심하는 이유들을 밝혔기 때문일 것이 분명하다. 그러나 나는 사람들이 나를 실상 이상으로 보기를 절대로 바라지 않을 만큼은 선량한 마음을 가지고 있었기 때문에 전력을 다하여 사람들이 나에게 준 명성에 합당한 자가 되려고 노력해야 한다고 생각하였다. 그리고 꼭 8년 전에 이 욕망이 나로 하여금 친지들이 있는 모든 곳을 피하여 여기6)로 올 결심을 하게 하였다. 이 나라에서는 오래 끈 전쟁이 아주 훌륭한 질서를 세우게 하여 그 군대는 사람들이 아주 안심하고 평화의 열매를 즐길 수 있도록 하는 데만 봉사하는 것 같다. 여기서 나는 남의 일에 호기심을 갖기보다는 자신의 일에 더 마음을 쓰는 아주 활동적인 위대한 국민들 속에서, 가장 인구가 많은 도시에서 얻을 수 있는 여러 가지 편의를 하나도 잃지 않으면서 가장 먼 사막에서만큼 호젓하게 숨어서 살 수 있었다.

---

6) 네덜란드

제 4 부
하나님 및 인간 영혼의 현존의 증명

 거기에서 내가 한 최초의 여러 성찰에 관하여 이야기해야 할지 나는 잘 모르겠다. 그것들은 너무 형이상학적이고 흔치 않은 것이어서 아마 누구에게도 흥미 있는 것이 못 될 것이기 때문이다. 하지만 내가 택한 기초가 충분히 확고한 것인지를 사람들이 판단할 수 있도록 이야기하지 않을 수 없을 것 같다. 앞서 말한 바와 같이, 나는 오래 전부터 실생활에서는, 매우 불확실한 것임을 알고 있는 의견들을 마치 의심할 것이 아닌 양 따르는 것이 가끔 필요함을 깨닫고 있었다. 그러나 이제는 내가 오로지 진리 탐구에 몰두하고자 하기 때문에, 이와 아주 반대되는 일을 해야 한다고 생각하였다. 즉 조금이라도 의심할 수 있다고 생각되는 모든 것을 절대로 거짓된 것으로 버린 후에 전혀 의심할 수 없는 어떤 것이 내 신념에 남지 않을지 보아야 한다고 생각하였다. 이리하여 때때로 감각이 우리를 속이기 때문에, 감각이 마음속에 그려 주는 대로 있는 것은 아무것도 없다고 상정하려 하였다. 그리고 기하학의 가장 단순한 문제에 관해서도 추리를 잘못하여 여러 가지 오류 추리를 하는 사람들이 있으므로, 나도 다른 누구 못지않게 잘못에 빠질 수 있다고 판단하고 내가 전에 논증으로 보았던 모든 추리를 잘못된 것으로 버렸다. 그리고 끝으로 깨어 있을 때에 가지는 모든 생각과 똑같은 것이 잠들고 있을 때에도 우리에게 나타나는데, 이때 참된 것은 하나도 없음을 생각하고 나는 여태껏 정신 속에 들어온 모든 것이 내 꿈의 환상보다 더 참되지 못하다고 가상(假想)하기로 결심했다. 그러나 금방 그 뒤에, 그렇게 모든 것이 거짓이라고 생각하고 싶어 하는 동안에도 그렇게 생각하는 나는 반드시 어떤 무엇이어야 한다는 것을 깨달았다. 그리고 <나는 생각한다, 그러므로 나는 있다>라는 이 진리는 아주 확고하고 확실하여, 회의론자들의 제아무리 터무니없는 상정(想定)들을 모두 합치더라도 흔들어 놓을 수 없음을 주목하고 나는 주저 없이 이것을 내가 찾고 있던 철학의 제1원리로 받아들일 수 있다고 판단하였다.

그 다음에 내가 무엇인지 주의하여 검토하고, 또 내가 신체를 전혀 가지고 있지 않으며, 도대체 세계도 없으며, 내가 있는 장소도 숫제 없다고 가상할 수 있으나, 그렇다고 해서 내가 전혀 없다고 가상할 수는 없고, 오히려 이와 반대로 다른 것들의 진리성을 의심하려고 생각하는 바로 이 사실로부터 내가 있다는 것이 아주 명백하고 아주 확실하게 귀결되며, 거꾸로 만일 내가 생각하기를 그치기만 하면, 설사 그 때까지 상상해온 나머지 모든 것이 참이라 하더라도 내가 있다고 믿을 아무 이유도 없다는 것을 알았다. 여기서 나는 내가 하나의 실체요, 그 본질 내지 본성은 오직 생각하는 것이요, 또 존재하기 위하여 아무 장소도 필요 없고, 어떠한 물질적인 것에도 의존하지 않는 것임을 알았다. 따라서 이 「나」, 즉 나를 나 되게 하는 정신은 신체와 전혀 다른 것이요, 또 신체보다 인식하기가 더 쉬우며, 설사 신체가 없다 하더라도 어디까지나 온전히 스스로를 보존하는 것이다.

그 다음에 나는 일반적으로 한 명제가 참되고 확실한 것이기 위해서 필요한 것이 무엇인지 생각해 보았다. 왜냐하면 방금 참되고 확실함을 내가 아는 하나의 명제를 발견했으므로, 그 확실성이 무엇에서 성립하고 있는지도 알아야겠다고 생각한 때문이다. 그리고 <나는 생각한다, 그러므로 나는 있다>라는 명제에서 내가 진리를 말하고 있음을 확신시키는 것은 생각하기 위해서는 있어야 한다는 것을, 내가 아주 명석하게 본다고 하는 것 외에는 아무것도 없음을 깨닫고, 나는 우리가 아주 명석하고 아주 판명하게 마음속에 품어 생각하는 것은 모두 참되다는 것을 일반적 규칙으로 인정할 수 있다고 판단하였다.

뒤이어 내가 의심하고 있었음을 반성하고, 또 따라서 의심한다는 것보다는 인식한다는 것이 더 큰 완전성임을 분명히 보았기 때문에, 내 존재는 아주 완전한 것이 못 됨을 반성하고 나보다 더 완전한 어떤 것에 대하여 생각하는 일을 어디로부터 배웠는가 찾기로 하였다. 그리고 그것이 사실상 더 완전한 어떤 본성을 가진 존재로부터 온 것임을 명증적으로 알았다. 외부에 있는 많은 다른 것들, 가령 하늘·땅·빛·열, 그 밖의 무수한 것들에 대해서 내가 가진 생각들이 어디로부터 오는지 아는 데 별로 어려움을 느끼지 않았다. 왜냐하면 나는 이 생각들 속에 이것들을 나보다 우월한 것이 되게 하는 것을 전혀 찾아볼 수 없으므로, 만일 이것들이 참되다고 하면, 이것들은 내 본성이 어떤 완전성을 가지고 있는 한에서 이 본성에 의존하는 것이요, 또 만일 이것들이 참되지 않다고 하면, 내가 이것들을 무로부터 얻었다, 즉 내가 결함을 가지고 있기 때문에 이것들이 내 속에 있다고 믿을 수 있었기 때문이다. 그러나 내 존재보다 더 완전한 존재의 관념에 대해서는 이럴 수가 없었다. 왜냐하면 그것을 무로부터 얻는다는 것은 분명히 불가능한 일이기 때문이다. 또 더 완전한 것이 덜 완전한 것의 결과이고, 또 이것에 의존한다는 것은 아무것도 없는 데서 무엇인가가 나온다는 것 못지않게 모순된 일이므로, 그것을 나 자신으로부터 얻을 수도 없었다.

그렇다고 하면 그것은 나보다 정말 더 완전한 그리고 자기 속에 내가 거기에 대해서 어떤 관념을 가질 수 있는 모든 완전성을 가지고 있는 어떤 본성7) 즉, 한 마디로 하나님에 의하여 내 속에 주어졌다고 할 수 밖에 없었다. 여기에 추가하여, 나는 내가 가지고 있지 않는 어떤 완전성들을 알고 있으므로, 나만이 현존(exister, 나는 여기서 스콜라 철학의 용법을 자유로이 사용하기로 한다)하는 유일의 존재가 아니라, 내가 거기 의존하며, 내가 가지고 있는 모든 것을 그로부터 얻은, 더 완전한 다른 어떤 존재가 필연적으로 있어야 한다고 생각하였다. 왜냐하면 만일 내가 유일의 존재요, 다른 모든 것으로부터 독립해 있고, 따라서 조금이나마 내가 완전한 존재로부터 분유(分有)하고 있는 이 모든 것을 나 자신으로부터 얻고 있다고 하면, 이와 똑같은 이유에서 내게 없음을 내가 알고 있는 나머지 모든 것을 나에게서 얻을 수 있었을 것이요, 그리하여 나 자신이 무한하고 영원하고 불변하고 전지전능한 존재요, 결국 내가 하나님 속에서 볼 수 있는 모든 완전성을 가지고 있는 것이 되겠기 때문이다. 왜냐하면 내가 바로 위에서 한 추리를 따라 내 본성으로써 가능한 한 하나님의 본성을 인식하기 위해서는, 내 속에서 그 관념을 발견하는 모든 것에 대하여 그것을 소유하는 것이 완전성인지 아닌지 살펴보기만 하면 되었으며, 또 어떤 불완전성을 보여 주는 것은 하나도 하나님 속에는 없고, 그 밖의 다른 모든 것이 하나님 속에 있었기 때문이다. 나는 의심·변화무상·슬픔, 그밖에 이와 비슷한 것들은 나 자신이 벗어나기를 원하는 것임을 미루어 하나님 속에는 있을 수 없음을 알았다. 그리고 또 나는 감각적이고 물체적인 많은 것의 관념을 가지고 있었다. 왜냐하면 나는 꿈을 꾸고 있으며, 내가 보거나 상상하는 것은 모두 거짓이라고 가정한다 하더라도, 그때의 관념들이 정녕 내 생각 속에 있음을 부인할 수는 없었기 때문이다. 그러나 나는 지성적 본성이 물체적 본성과는 전혀 다르

---

7) nature, <존재>라고 새기기도 함.

다는 것을 내 속에서 아주 명석하게 인식하고 있었기 때문에 모든 합성(合成)은 의존성을 나타내는 것이요, 또 의존성은 분명히 하나의 결함이라는 것을 살피고서 나는 여기서 이 두 가지 본성으로 합성된 것이 하나님 속의 완전성일 수는 없고, 따라서 하나님은 그런 것일 수 없다고 판단하였다. 그러나 세계 안에 어떤 물체, 아주 완전하지는 못한 어떤 지성들[8] 혹은 다른 본성들[9]이 있다고 하면, 그것들의 존재는 하나님의 힘에 의존하지 않을 수 없고, 또한 한순간도 하나님 없이 존속할 수 없다고 판단하였다.

그 다음에 나는 다른 진리들을 찾으려 하여 기하학자들의 대상을 살펴보았는데, 나는 이 대상을 하나의 연속적인 물체, 즉 길이나 높이나 넓이나 깊이에서 무한정 연장되어 있는 공간으로서, 갖가지 모양과 크기를 가질 수 있는 갖가지 부분으로 나뉠 수 있고, 또 온갖 모양으로 움직여지거나 옮겨질 수 있는 것이라 생각하였다. 기하학자들은 대상에 대해 이 모든 것을 가정하니 말이다. 나는 이 대상을 살펴보고 그들의 가장 단순한 논증을 몇 개 훑어보았다. 그리고 누구나가 이 논증들에 대해서 인정하는 큰 확실성은 내가 바로 위에서 말한 규칙을 따라 그것들을 명증적으로 파악하는 데에서만 성립한다는 것을 알았으며, 또 그 논증들 속에는 그 대상의 현존을 확신시켜 주는 것이라고는 아무것도 없다는 것도 알았다. 왜냐하면 가령 삼각형을 생각할 때, 그 세 각의 합이 2직각이어야 한다는 것을 나는 잘 알지만, 그렇다고 해서 세상에 삼각형이 있다고 확신시켜 주는 것을 전혀 보지 못했기 때문이다. 그런데 완전한 존재에 대해서 내가 가지고 있던 관념으로 되돌아와서 음미해 볼 때, 그 관념 속에는 마치 삼각형의 관념 속에

---

[8] intelligences, <지성적 존재자> 즉, 천사나 인간.

[9] natures, <존재자들>.

그 세 각의 합이 2직각과 같다는 것과, 또 구체적 관념 속에 그 모든 부분이 그 중심으로부터 똑같은 거리에 있다고 하는 것 못지않게, 아니 그보다 더 명증적으로 현존(l'existence)이 포함되어 있음을 발견했다. 또 따라서 이 완전한 존재(Etre parfait)인 하나님이 있다(est), 즉 현존한다(existe)는 것은 적어도 기하학의 어느 논증보다도 더 확실하다는 것을 나는 발견하였다.

 그러나 하나님이 있음을 아는 것이나 자기의 영혼이 무엇인지 아는 것이 어렵다고 믿고 있는 사람들이 많은데, 이것은 그들이 정신을 감각적 사물들보다 높이 끌어 올려 본 적이 없기 때문이요, 또 그들이 사물들을 고찰할 때에는 그저 상상하기만 하는 습관에 젖어 있으며, 상상이란 물질적인 것들에만 어울리는 사고방식이건만 상상할 수 없는 것은 모두 이해할 수 없는 것으로 보이기 때문이다. 이것은 여러 학원에서10) 철학자들마저 "먼저 감각 속에 있지 않았던 것은 아무것도 오성 속에 없다"고 하는 것을 격률로 삼고 있음을 미루어 명백하다. 그러나 하나님의 관념과 영혼의 관념이 결코 감각 속에 있지 않았다는 것은 확실한 일이다. 그리고 하나님과 영혼을 이해하기 위하여 상상력을 사용하려는 사람들은 소리를 듣거나 냄새를 맡기 위하여 눈을 사용하려는 사람들과 꼭 같은 일을 하고 있다고 생각된다. 다만 거기에는 시각은 청각이나 후각 못지않게 그 대상들의 진리를 확신시켜 주지만, 우리의 상상이나 감각은 오성이 개입하지 않으면 아무것도 우리에게 확신시켜 주지 않는다는 차이가 있다.

 끝으로 내가 제시한 이유들에 의하여 하나님의 현존과 영혼의 현존을 충분히 믿을 수 없는 사람들이 아직 있으면 더 확실하다고 아마 그들이 생각하는 다른 모든 것들, 가령 신체를 가지고 있다든가, 별들

---

10) 스콜라 철학에서.

과 지구가 있다든가, 이밖에 이와 비슷한 것들이 사실은 덜 확실하다는 것을 잘 알기를 나는 바라마지 않는다. 왜냐하면 우리는 이런 것들에 관하여 실제 생활에서 확신하고 있어서 그것들을 의심한다는 것은 엉뚱한 일로 보일지 모르지만, 형이상학적 확실성이 문제될 때에는, 이성이 없으면 몰라도, 우리가 잠들었을 때 어떤 다른 신체를 가지고 있으며 다른 별들과 다른 지구를 본다고 상상하지만, 사실상 이런 것들이 없음을 볼 때, 위에서 말한 것들에 관하여 전적으로 확신하기에 충분한 이유가 없는 것을 부인할 수 없기 때문이다. 꿈속에서 나타난 생각들이 가끔 다른 생각보다 더 생생하고 또렷함을 볼 때 그것들이 다른 것들보다 더 거짓된 것이라고 어떻게 알 수 있는가? 그리고 가장 좋은 정신을 가지고 있는 사람들이 아무리 이에 대해서 연구한다 하더라도, 만일 하나님의 현존을 전제하지 않는다면, 이 의심을 없애기에 충분한 이유를 내놓을 수 있다고 나는 믿지 않는다. 왜냐하면 첫째로, 내가 앞서 규칙으로 정한 것, 즉 우리가 아주 명석하고 아주 판명하게 이해한 것은 모두 참되리라는 것도 오직 하나님이 있으며, 즉 현존하며, 그가 하나의 완전한 존재이며, 또 우리 속에 있는 모든 것이 그에게서 왔기 때문에만 확실한 것이 되기 때문이다. 따라서 우리의 관념들과 개념들은 명석하고 판명한 것인 한 현실적인 것들이요, 또한 하나님으로부터 오는 것이기 때문에 참된 것이 아닐 수 없다. 또한 우리가 허위를 내포하는 관념과 개념을 가지는 일이 가끔 있는 것은 그것들 속에 혼동되고 희미한 요소가 있기 때문이요, 이것은 그것들이 무를 분유(分有)하고 있기 때문이다. 즉 우리가 아주 완전하지 못하여 그것들이 우리 속에서 혼란되어 있기 때문이다. 그리고 허위나 불완전성이 하나님께로부터 나온다는 것은 진리나 완전성이 무로부터 나온다는 것 못지않게 모순된 것임은 명백한 일이다. 그러나 만일 우리 속에서 현실적이고 참된 모든 것이 완전하고 무한한 존재로부터 온 것임을 우리가 전혀 모른다면, 우리의 관념들이 아무리 명석하고 판명하다 하더라도 그것들이 참되다고 하는 완전성을 가지고 있음을 확신할 아무런 이유도 우리는 갖지 못할 것이다.

그런데 하나님과 영혼에 대한 인식이 이와 같이 이 규칙을 우리에게 확실하게 해준 다음에는, 잠들었을 때 마음속에 들어오는 환상들이 깨어 있을 때 가지는 생각들의 진리성을 조금도 의심케 할 수 없다는 것을 알기란 어렵지 않은 일이다. 왜냐하면 잠들어 있을 때라도 아주 판명한 어떤 관념이 떠올랐다고 하면, 마치 어떤 기하학자가 어떤 새로운 논증을 발견했을 때처럼, 잠든 것이 그것의 진리임을 방해하지는 않을 것이기 때문이다. 그리고 꿈꿀 때에 가장 흔히 있는 오류는 꿈이 우리의 외부 감각과 같은 모양으로 우리에게 갖가지 대상을 보여 주는 데 있는데, 이 오류가 그러한 관념들의 진리성에 의심을 품을 기회를 준다는 것은 별로 문제 될 것이 없는 일이다. 그런 관념들은 잠들고 있지 않을 때에도 자주 우리를 속일 수 있기 때문이다. 이것은 황달을 앓고 있는 사람의 눈에는 모든 것이 누렇게 보이고, 아주 먼 데 있는 별들이나 다른 물체들이 실상보다 훨씬 작게 보이는 것과 같다. 결국 깨어 있건 잠들어 있건 우리는 이성의 명증이 없으면 아무것도 믿어서는 안 된다. 그리고 내가 여기서 이성의 명증이라 말하고, 결코 상상의 명증이거나 감각의 명증이라고 말하지 않는 것을 주의해야 한다. 가령 태양을 아주 명석하게 본다 하더라도 우리가 보는 태양의 크기가 그대로 그 실제의 크기라고 판단해서는 안 된다. 또 우리는 사자의 머리가 산양의 몸뚱이에 붙어 있는 동물을 판명하게 상상할 수 있지만, 그렇다고 해서 키마이라라고 하는 이러한 괴물이 세상에 있다고 결론지어서도 안 된다. 왜냐하면 이성은 우리가 그렇게 보거나 상상하는 것을 참된 것이라고 일러 주지 않기 때문이다. 그러나 이성은 우리의 모든 관념이나 개념이 진리의 어떤 기반을 가지고 있을 것임을 분명히 일러 준다. 그렇지 않고서는 전적으로 완전하고 전적으로 진실한 하나님이 그 관념들을 우리 속에 넣어 주셨다는 것은 있을 수 없는 일이기 때문이다. 그리고 우리의 추리들은 잠들어 있는 동안은 결코 깨어 있는 동안만큼 명확하지도 못하고 온전하지도 못하기 때문에, 깨어 있을 때만큼 혹은 그 이상으로 우리의 상상이 생생하고 또렷한 경우가 간혹 있기는 해도, 이성은 또한 우리가 완전하지 못하기 때문에 우리의 생각들이 모두 참된 것은 못 되며, 그래도 진리를 지닌 생각은 꿈속에서보다는 오히려 깨어 있을 때 틀림없이 얻게 된다고 일러 준다.

제 5 부
자연학의 문제의 순서

 나는 여기서 이야기를 계속하여 이 첫째 진리들로부터 내가 연역한 다른 진리들의 연쇄 전체를 제시하려 한다. 그러나 이렇게 하려면 학자들 사이에 논쟁이 벌어지고 있는 많은 문제에 관해서 말해야 하는데, 나는 이들과 말썽을 일으키고 싶지 않으므로 대체로 그 문제들이 무엇인가 하는 것만을 말하여 나보다 더 현명한 사람들로 하여금 이에 대하여 대중에게 더 자세히 알려 주는 것이 유익한 일인지 판단하게 하는 것이 낫겠다고 믿는다. 나는 이미 결심한 바를, 즉 하나님과 영혼의 존재를 증명함에 있어 바로 위에서 사용한 원리 이외에는 다른 어떤 원리도 가정하지 않고, 또 기하학자의 증명들이 전에 나에게 명석하고 판명하게 보였던 이상으로 명석하고 판명하게 보이지 않은 것은 어떤 것이든 참된 것으로 받아들이지 않는다는 결심을 항상 굳게 지켜 왔다. 하지만 나는 얼마 안 되는 동안에 철학에서 문제되는 주요한 난점 전부에 관하여 나를 만족시킬 수단을 발견했을 뿐 아니라, 하나님이 자연 속에 확고하게 세우고 우리의 정신 속에 관념을 확고하게 아로새겨 준 어떤 법칙들을 발견했다고 감히 말한다. 이 법칙들에 대해서 충분히 살펴보면, 그것들이 세상에 있는 혹은 세상에서 이루어지는 모든 것에서 정확하게 지켜지고 있음을 의심할 수 없다. 그리고 다시 이 법칙들로부터 따라 나오는 것을 고찰하면서 내가 전에 배운, 혹은 배우기를 원한 모든 것보다 더 유익하고 더 중요한 많은 진리들을 발견했다고 생각한다.

그러나 나는 그 중 주요한 것들을 한 논문에서 설명하려고 애쓴 적이 있는데 몇 가지 생각하는 바가 있어 공표하지 않고 있으므로, 그 논문에 포함된 것을 여기서 요약해서 말하는 것이 그것들을 세상에 알리는 데 제일 좋은 일이라 생각한다. 나는 그 논문에 포함된 물질적 사물들의 본성에 관하여 그에 앞서 내가 알고 있다고 생각한 모든 것을 포함시킬 계획을 가지고 있었다. 그러나 화가들이 입체의 갖가지 면 전부를 평면인 화면 속에 똑같이 잘 나타나게 할 수는 없으므로, 주요한 면들 중 하나를 택하여 그것에만 광선을 대고 나머지 면들은 그늘지게 하여, 광선을 받은 부분을 주시할 때, 그늘진 부분들이 눈에 들어올 수 있는 한에서만 화면에 나타나도록 하는 것과 꼭 마찬가지로, 내가 생각하고 있던 모든 것을 그 논문에 쓸 수는 없다고 생각하였으므로, 나는 빛에 관하여 내가 품고 있던 생각만을 충분히 설명해 보려 하였다. 그 다음에는 빛은 거의 모두 태양과 항성들로부터 나오므로 이 기회에 태양과 항성들에 관하여, 천공은 빛을 전달하는 것이므로 천공에 관하여, 유성들·혜성들 및 지구는 빛을 반사하므로 또한 이것들에 관하여, 그리고 특히 지상의 모든 물체가 혹은 빛깔이 있고 혹은 투명하고 혹은 빛을 발하는 것이므로 이것들에 관하여, 그리고 끝으로 인간은 이 모든 것을 바라보는 자이므로 인간에 관하여 좀 덧붙여 말하려 하였다. 또 이 모든 것을 조금 그늘지게 하여 이에 대해서 내가 판단한 것을 좀 더 자유롭게 말하고, 학자들 사이에서 받아들여지고 있는 의견들을 따르지도 않고 반대할 필요가 없도록 하기 위하여, 나는 현재 있는 이 세계 전체에 관하여는 그들의 논쟁에 맡기고, 하나님이 상상적 공간 속에 어디엔가 지금 한 새로운 세계를 구성하기에 충분한 물질을 창조하고, 이 물질의 갖가지 부분을 여러 가지 모양으로 질서 없이 움직여 시인들이 상상할 수 있는 바와 같은 혼란한 혼돈을 만들어 내고, 그 다음에는 다만 자연에 정상적 협력을 할 따름이고, 그가 세운 법칙을 따라 자연이 움직이게 한다고 가정할 때, 이러한 새로운 세계에서 일어날 것에 관해서만 이야기하기로 결심했다. 그리하여 첫째로 나는 전에 하나님과 정신에 관하여 말한 것을 제외하면, 세상에 이보다 더 명석하고 이해하기 쉬운 것이 하나도 없다고 여겨질 정도로 이 물질을 기술하고 묘사하려고 애썼다. 왜냐하면 나는 학원에서 논의되고 있는 형상들이나 성질들이 물질 속에 전혀 없고, 또 일반으로 이에 대한 인식이 우리의 정신에 본래부터 있지 않아 우리가 모르는 척할 수 있는 것이란 아무것도 없음을 분명히 상정하기까지 했기 때문이다. 뿐만 아니라 나는 자연의 법칙들이 무엇인가를 제시했다. 그리고 오직 하나님의 무한한 완전성이라는 원리에만 내 추리의 기초를 두고 조금이라도 의심할 여지가 있는 법칙들을 모두 증명하려고 힘썼고, 설사 하나님이 많은 세계를 창조했다 하더라도 또 그 법칙들은 그 어디서나 반드시 지켜지는 것들임을 밝히려고 힘썼다. 이것 다음에 나는 어떻게 이 혼돈한 물질의 제일 큰 부분이, 이 법칙들을 따라 어떤 모양으로 배치되고 정돈되어 우리들의 하늘과 비슷한 것이 될 수밖에 없었는가를 밝혔고, 그렇게 하는 가운데 또한 어떻게 그 부분들 중 어떤 것은 지구를 형성하게 되고, 어떤 것은 유성들과 혜성들을 형성하게 되고, 또 어떤 것은 태양과 항성들을 형성하게 되었는가를 밝혔다. 그리고 여기서 빛의 문제로 나아가 태양과 별들에서 발견되는 빛이 어떤 것이며, 어떻게 그곳으로부터 빛이 순식간에 하늘의 광대한 공간을 건너지르며, 또 어떻게 그것이 유성들과 혜성들로부터 지구로 반사되는가를 퍽 길게 설명하였다. 여기다가 나는 또한 이 하늘과 별들의 실체·위치·운동 및 그 갖가지 성질 전부에 관하여 많은 것을 추가하였다. 따라서 우리가 살고 있는 이 세계의 하늘과 별들에서는 내가 묘사한 세계의 하늘과 별들에서 아주 비슷하게 나타나 있지 않는, 혹은 적어도 아주 비슷하게 나타날 수 있지 않는 것을 전혀 찾아볼 수 없음을 알게 하기 위하여 충분히 말했다고 나는 생각했다. 여기로부터 나는 특히 지구에 관해서 이야기하는 데로 나아갔다. 나는 지구를 형성하고 있는 물질 속에 하나님이 어떠한 무게도 두지 않았음을 분명히 가정하기는 했으나, 어떻게 지구의 모든 부분이 정확하게 그 중심을 향하여 끌리고 있는가? 어떻게 지구의 표면 위에 물과 공기가 있어서, 하늘과 별들의 배치, 특히 달의 배치가 여기에 밀물과 썰물을 일으키고, 이것은 모든 점에서 바다에서 볼 수 있는 것과 비슷한가? 또 그 물이나 공기가 열대 지방에서 보는 바와 같이 동쪽에서 서쪽으로 흐르게 되었는가? 어떻게 산들·바다들·샘들과 냇물들이 자연히 형성되고, 광산에는 광물이 생기고, 들에는 식물들이 자라며, 또 일반적으로 혼합체 혹은 합성체라 불리는 모든 물체가 생기게 되었는가를 이야기하였다. 그리고 특히 별들 외에 빛을 내는 것은 불밖에 없으므로, 불의 본성에 속하는 모든 것을, 즉 어떻게 그것이 생기며, 어떻게 가꾸어지는가? 어떻게 불이 때로는 빛없이 열만을 가지고 있고 때로는 열없이 빛만을 가지고 있는가? 어떻게 그것은 갖가지 물체 속에 갖가지 빛깔과 이밖에 갖가지 다른 성질들을 끌어들일 수 있는가? 어떻게 그것이 어떤 물체는 녹이고 어떤 물체는 굳어지게 하는가? 어떻게 그것은 거의 모든 물체를 태워 재와 연기로 변하게 할 수 있는가? 그리고 끝으로 어떻게 이 재로부터 불이 오직 그 작용의 힘만으로 유리를 만들어 내는가를 아주 분명히 이해될 수 있도록 힘썼다. 재가 유리로 되는 이 변화는 자연 속에서 이루어지는 어느 변화 못지않게 놀라운 것으로 생각되었으므로 나는 특히 즐겨 이것을 논술하였다.

하지만 나는 이 모든 것으로부터 이 세계가 내가 말한 바와 같은 모양으로 창조되었다는 것을 결론으로 끌어내려고 하지는 않았다. 왜냐하면 처음부터 하나님이 이 세계를 그것이 있어야 할 모양대로 지었다고 하는 것이 훨씬 더 참되어 보이기 때문이다. 그러나 하나님이 지금 이 세계를 보존하고 있는 작용은 그가 이 세계를 창조한 작용과 아주 동일하다는 것은 확실하고, 또 신학자들 사이에 일반적으로 받아들여지고 있는 의견이다. 따라서 그가 태초에 혼돈 이외의 어떤 모양도 이 세계에 주지 않았다 하더라도, 자연의 법칙을 세우고 자연으로 하여금 그 습성대로 운동하도록 협력하였다고 한다면, 우리는 창조의 기적을 손상시킴이 없이 오직 이것만으로 순전히 물질적인 모든 것은 시간과 더불어 우리가 현재 그것들을 보는 바와 같게 되었다고 믿을 수 있다. 그리고 그것들의 본성은 이미 다 되어 있는 것으로만 보는 때보다 이와 같이 조금씩 생겨나는 것으로 볼 때 훨씬 더 이해하기 쉽다.

생명 없는 물체들 및 사물들에 관한 기술로부터 나는 동물들에 관한 기술에, 특히 인간에 관한 기술로 나아갔다. 그러나 그때 나는 이것 이외의 것들에 대해서와 같은 식으로, 즉 결과를 원인에 의하여 논증하면서, 또 어떤 종자로써, 어떤 모양으로 자연이 그것들을 산출하도록 되어 있는가를 밝히면서 이야기할 만큼 충분한 지식을 가지고 있지 못했으므로, 하나님이 우리들 중 한 사람과 전적으로 비슷하게 인간의 신체를 지었다고 상정함으로써 만족하였다. 즉, 손·발 같은 것의 외형에 있어서나 기관들의 내적 구조에 있어서나 내가 논술한 물질로만 인간의 신체를 조직하고, 그 속에 처음에는 이성적 정신도 또 식물적 정신이나 감각적 정신으로서 작용할 다른 어떤 것도 넣어 주지 않고, 다만 인체의 심장 속에 내가 설명한 바와 같은 빛없는 불을 켜 주었다고 상정하였다. 그리고 나는 이 불이, 꼴을 마르기 전에 밀폐시켜 두면 뜨겁게 해주는 불이나 새 포도주를 찌꺼기와 함께 발효시킬 때 포도주를 끓게 하는 불과 다른 성질을 가진 것으로는 도저히 생각할 수 없었다. 왜냐하면 이렇게 상정한 결과, 이 신체 속에 있을 수 있는 기능들을 검토해 볼 때, 나는 우리가 이에 대해서 생각하는 일 없이, 우리의 정신, 즉 신체와는 아주 구별되고, 앞서 말한 것처럼 그 본성이 오직 생각하는 것이기만 한 부분이 기여함이 없이 우리 속에 있을 수 있는 기능들을 모두 그대로 발견하였다. 그리고 이 기능들은 모두 이성 없는 동물들도 우리와 마찬가지로 가지고 있는 것들이다. 그러나 나는 생각에 의존하며, 우리가 인간인 한에서 우리에게만 속하는 기능들은 한 가지도 거기서 찾아볼 수 없었고, 다만 하나님이 이성적 정신을 창조하고, 내가 논술한 바와 같은 어떤 모양으로 그가 이 정신을 신체에 결합시켰다고 상정한 다음에야 나는 이 기능들을 모두 발견하였다.

그러나 내가 거기서 어떤 식으로 이 문제를 다루었는지 볼 수 있도록 여기서 심장 및 동맥들의 운동을 설명하려 한다. 이 운동은 동물들에게서 볼 수 있는 첫째의 그리고 가장 일반적인 것이므로, 다른 모든 것에 관하여 생각해야 될 것은 이것으로써 쉽게 판단할 수 있을 것이다. 그리고 이에 대해서 말하는 것을 이해하는 데 어려움이 없도록 나는 해부학을 잘 모르는 사람은 이것을 읽기에 앞서 수고스러운 대로 폐를 가지고 있는 어떤 큰 동물의 심장을 눈앞에서 절개해 볼 것을 권한다. 왜냐하면 그것이 모든 점에서 사람의 심장과 무척 닮았기 때문이다. 그리고 그 심장 속에 있는 두 개의 심실, 즉 심방을 들여다볼 것을 권한다. 첫째로 심장의 바른 쪽에 있는 심실, 거기엔 아주 큰 두 개의 관이 통하고 있다. 그 중의 하나는 대정맥으로서 혈액의 주요한 수용기관이요, 신체의 다른 모든 정맥이 가지라면 그 나무의 줄기와 같은 것이요, 또 하나는 동맥성 정맥인데 이것은 사실상 동맥이므로 그 명칭은 잘못된 것이지만, 하여간 이것은 심장에 그 근원을 가지고 거기서 나와서 많은 가지로 갈라지는데 이 가지들은 폐 속에서 사방으로 뻗어 있다. 그 다음에 심장의 왼편에 있는 심실은 역시 두 개의 관이 통하고 있으며, 이 관들은 앞에 말한 것만큼, 혹은 그보다 더 크다. 그 중 하나는 정맥성 동맥으로서, 사실은 정맥이므로 명칭은 잘못되어 있지만, 폐로부터 오는데, 폐에서는 많은 가지로 나뉘어 있으며, 이 가지들은 동맥성 정맥의 가지들 및 호흡할 때의 공기가 들어오는 기관(氣管)이라 하는 관의 가지들과 얽혀 있다. 다른 하나는 대동맥으로서 심장에서 나와 온 몸에 그 가지를 내보내고 있다. 또 나는 마치 조그마한 문처럼 이 두 개의 심실에 있는 네 개의 구멍을 열기도 하고 닫기도 하는 열한 개의 조그마한 판막을 주의하여 들여다볼 것을 권한다. 그 중 세 판막은 대정맥의 입구에 있어서 대정맥 속에 있는 혈액이 심장의 우심실로 흘러들어가는 것을 조금도 막을 수 없으나 거기서 나오는 일은 절대로 없도록 하고 있다. 동맥성 정맥의 입구에 있는 세 판막은 이와 아주 반대로 되어 있어서 이 심실 속에 있는 혈액이 폐로 가는 것을 허용하나 폐 속에 있는 혈액이 심실로 되돌아가지는 못하게 되어 있다. 그리고 이와 마찬가지로 정맥성 동맥의 입구에 있는 다른 두 판막은 폐의 혈액이 좌심실로 흐르는 것을 허용하나 되돌아오지는 못하게 한다. 그리고 대동맥의 입구에 있는 세 판막은 혈액이 심장으로부터 나가는 것을 허용하나 돌아오는 것은 막는다. 그리고 이 판막들의 수가 열하나 있는 이유로서는 정맥성 동맥의 입구가 그것이 자리 잡고 있는 장소 때문에 달걀 모양으로 되어 있어서 두 개로 잘 닫힐 수 있지만, 다른 입구들은 원형이어서, 셋이라야 더 잘 닫힌다고 하는 것 외에 다른 이유를 찾을 필요가 조금도 없다. 또 대동맥과 동맥성 정맥이 정맥성 동맥이나 대정맥보다 훨씬 더 질기고 단단하게 되어 있는 것, 정맥성 동맥과 대정맥은 심장으로 들어가기에 앞서 커져서 마치 2개의 주머니처럼 되어 있고 이것들은 심이(心耳)라고 불리는데, 심장의 살과 비슷한 살로 구성되어 있는 것, 심장 속에는 언제나 신체의 다른 어느 곳보다도 더 많은 열이 있는 것, 끝으로 핏방울이 심실에 들어가면 이 열에 의하여 심실이 급속히 부풀고 팽창하는데, 이것은 마치 일반적으로 어떠한 액체든 아주 뜨거운 용기 속에 한 방울 한 방울 떨어뜨릴 때와 같다는 것을 살펴보기를 권한다.

  왜냐하면 이렇게 한 다음엔 심장의 운동을 설명함에 있어 아래에 말하는 것 외에는 아무것도 말할 필요가 없기 때문이다. 즉, 심장의 심실에 혈액이 차 있지 않을 때에는 대정맥으로부터 우심실로, 또 정맥성 동맥으로부터 좌심실로 혈액이 반드시 흘러들어간다. 이것은 대정맥과 정맥성 동맥에는 언제나 혈액이 차 있고, 심장으로 들어가는 그 입구들은 그때 막혀 있을 수 없기 때문이다. 그러나 이렇게 해서 두 방울의 혈액이 제각기 하나의 심실로 들어가자마자 이 방울들은 그것들이 들어가는 입구가 아주 넓고, 또 그것들이 지나서 나가는 관들이 혈액으로 차 있기 때문에 아주 굵을 수밖에 없는데 심장 속에 있는 열 때문에 희박하게 되고 팽창하며, 또 이 팽창에 의하여 심장 전체를 부풀게 하여, 그것들이 지나서 나온 두 개의 관 입구에 있는 다섯 개의 조그마한 문을 밀어서 닫게 하며 그리하여 혈액이 더 이상 심장으로 내려오지 못하게 한다. 그리고 더욱더 희박해지면서 다른 두 혈관(동맥성 정맥과 대동맥)의 입구에 있는 여섯 개의 또 다른 문을 밀어서 열고 나감으로써 동맥성 정맥과 대동맥의 모든 가지를 심장과 거의 동시에 팽창시킨다. 이 직후 심장은 그 속에 들어온 혈액이 식기 때문에 수축하며, 그와 같이 또한 동맥들도 수축하며, 또 동맥의 여섯 판막은 다시 닫히고 대정맥과 정맥성 동맥의 다섯 판막이 다시 열려 다른 두 방울의 혈액을 통과시키는데, 이것들은 자기에 앞선 핏방울과 똑같이 심장과 동맥들을 다시 팽창시킨다. 그리고 이와 같이 심장 속에 들어가는 혈액이 심이라고 불리는 두 개의 주머니를 통과하기 때문에, 심이의 운동은 심장의 운동과 반대로 되어 심장이 팽창할 때 심이는 수축하게 되는 것이다. 그리고 수학적 논증의 힘을 인식하지 못하며, 참된 추리를 참된 것처럼 보이는 추리로부터 가려내는 일에 익숙하지 못한 사람들이 이것을 검토하지도 않고 함부로 부정하지 않도록 나는 방금 위에서 설명한 심장의 운동이 심장 속에서 우리가 눈으로 볼 수 있는 기관들의 배치, 손가락으로 느낄 수 있는 열, 실험에 의하여 알 수 있는 혈액의 성질만을 따라 필연적으로 생기되, 그것은 시계의 운동이 추와 바퀴의 힘·위치 및 모양을 따라 필연적으로 생기는 것과 똑같음에 주의하라고 하고 싶다.

 그러나 정맥의 혈액이 이렇게 쉴 새 없이 심장 속으로 흘러가는 데도 어떻게 마르지 않으며, 또 심장을 지나가는 모든 혈액이 동맥으로 들어가는데 왜 동맥이 혈액으로 지나치게 넘쳐나는 일이 절대로 없는가라고 묻는다면, 나로서는 이미 영국의 어떤 의학자[11])가 써 놓은 것 이외에 다른 말로 대답할 필요가 없다. 이 사람은 이 문제에 관하여 얼음을 깬 사람으로서, 동맥들의 끝에는 조그마한 통로가 많이 있고, 동맥들이 심장으로부터 받아들인 혈액은 여기를 통하여 정맥들의 작은 가지들 속으로 들어가며, 여기서 다시 심장으로 되돌아가는 것이요, 이리하여 혈액의 흐름은 계속적인 순환 이외의 아무것도 아님을

---

11) Harvey

처음으로 가르쳐 준 사람이므로 찬양하지 않으면 안 된다. 그는 이것을 외과의가 흔히 하는 실험을 통하여 아주 잘 증명하고 있다. 그 실험이란 팔의 정맥을 절개하고, 그 절개구의 위쪽을 적당한 정도로 강하게 졸라맴으로써 졸라매지 않았을 때보다 혈액이 더 많이 나오게 하는 것이다. 그리고 만일 절개구의 아래쪽을, 가령 절개구와 손 사이를 졸라매든가, 혹은 절개구의 위쪽을 아주 세게 졸라매면 정반대되는 일이 생길 것이다. 왜냐하면 어중간하게 졸라맨 끈은 이미 팔에 있는 혈액이 정맥들을 통하여 심장으로 돌아가는 것을 막을 수 있으나 혈액이 동맥들을 통하여 줄곧 다시 거기로 오는 것을 막을 수는 없기 때문이다. 동맥들은 정맥들보다 안쪽에 있고, 그 혈관막이 더 딴딴해서 누르기가 더 힘들고, 또 심장으로부터 오는 혈액은 손에서 정맥들을 지나 심장을 향하여 돌아갈 때보다 동맥들을 지나 손으로 흘러갈 때 더 힘차니 말이다. 그리고 이 혈액은 정맥들 중의 하나에 있는 절개구를 통하여 팔에서 흘러나오기 때문에, 끈 아래쪽에 즉 손 끝 쪽에 어떤 통로들이 반드시 있어야 하며, 여기를 통해서 혈액이 동맥들로부터 정맥에 들어갈 수 있다. 그는 또 혈액의 흐름에 관한 자신의 주장을, 정맥들을 따라 여러 군데에 있는 어떤 판막들이 혈액으로 하여금 신체의 중심으로부터 말단에로 가지 못하게 하나 말단으로부터 심장으로 되돌아갈 수는 있도록 배치되어 있음을 보여 줌으로써, 또 단 하나의 동맥이 베어졌을 때, 설사 심장의 아주 가까운 곳을 끈으로 세게 졸라매고 심장과 끈 사이를 벤다 하더라도, 신체 속에 있는 혈액이 아주 잠깐 동안에 몽땅 거기서 흘러나갈 수 있으며, 따라서 혈액이 심장이외의 다른 곳으로부터 흘러나온다고는 도저히 생각할 수 없음을 보여 주는 실험을 통하여 아주 잘 증명하고 있다.

그러나 혈액의 이러한 운동의 참된 원인이 내가 말한 바와 같은 것임을 보여 주는 다른 증거가 많이 있다. 그것은 첫째로 정맥들로부터 나오는 혈액과 동맥들로부터 나오는 혈액의 차이는, 혈액이 심장을 통과함으로써 희박해지고 증류된 것같이 되어, 심장을 막 나왔을 때에는 즉 동맥들 속에 있을 때에는, 심장으로 들어가는 조금 전 즉 정맥들 속에 있을 때보다 더 미세하고 더 활발하고 더 뜨겁다는 사실에서만 오는 것이다. 그리고 주의해서 살펴보면, 이 차이가 심장 근처에서만 잘 나타나고 심장에서 아주 먼 곳에서는 그렇게 잘 나타나지 않음을 발견할 것이다. 다음으로(둘째로) 동맥성 정맥과 대동맥을 조직하고 있는 막들이 딴딴한 것은 혈액이 정맥들에 대해서보다도 이 막들에 대해서 더 세차게 부딪친다는 것을 충분히 보여 주고 있다. 그리고(셋째로) 왜 좌심실과 대동맥이 우심실과 동맥성 정맥보다 더 넓고 더 큰가? 그것은 정맥성 동맥의 혈액이 심장을 지난 다음에는 폐 속에만 있었기 때문에 대정맥에서 금방 나온 혈액보다 더 미세하고, 또 더 세차고 더 쉽게 희박해지기 때문일 따름이다. 그리고(넷째로) 만일 의사들이 혈액의 성질이 변화됨을 따라 심장의 열에 의하여 혈액의 희박화가 전보다 혹은 더 세차게도 되고 덜 세차게도 되며, 또 빨라지기도 하고 더디게도 된다는 것을 알지 못한다면, 그들이 맥박을 짚음으로써 무엇을 알아낼 수 있는가? 그리고(다섯째로) 이 열이 어떻게 신체의 다른 부분에 전달되는가를 살피건대, 그것은 혈액이 심장을 통과함으로써 뜨겁게 되어 거기서 신체 전체로 퍼지는 때문이라고 보지 않으면 안 된다. 그렇기 때문에 신체의 어떤 부분에서 혈액을 제거하면 동시에 열을 제거하게 되는 것이다. 그리고 설사 심장이 불로 달군 쇠만큼 뜨거울지라도 줄곧 새 혈액을 보내지 않는다면 발과 손을 제대로 따뜻하게 해주지는 못할 것이다. 또 다음으로(여섯째로) 여기서 미루어 알 수 있는 것은, 호흡의 진정한 효용이 폐 속에 신선한 공기를 충분히 들여보냄으로써 심장의 우심실에서 희박화하고 마치 증기처럼 변화하여 폐로 온 혈액을 좌심실에 다시 떨어뜨리기 전에, 폐 속에서 농후화하고 다시 전과 같은 혈액으로 되게 한다고 하는 것이다. 이렇게 하지 않으면 혈액은 심장 속에 있는 불의 적절한 양분이 되지 못한다. 이것은 다음과 같은 사실에 의하여도 확인된다. 즉 폐가 없는 동물들에게는 심장 속에 심실이 하나밖에 없으며, 또 어머니의 태내에 갇혀 있는 동안 폐를 사용할 수 없는 태아들에게는 혈액을 대정맥에서 좌심실로 흘러가게 하는 한 개의 구멍과 폐를 통과하지 않고 동맥성 정맥에서 대동맥으로 흐르게 하는 한 개의 관이 있는 것이다. 다음으로(일곱째로) 소화인데, 만일 심장이 동맥들을 통하여 위 속에 열을 보내지 않고, 또 위 속에 들어와 있는 육류를 용해시키는 것을 돕는, 혈액 중에서 가장 유동적인 부분의 얼마를 보내지 않는다면 어떻게 위 속에서 소화라는 것이 생기겠는가? 그리고 육류의 즙이 아마도 하루에 백 번 혹은 이백 번 이상 심장을 거듭 통과함으로써 증류한다는 것을 생각하면 이 즙을 혈액으로 변환시키는 작용을 쉽사리 알 수 있지 않을까? 그리고(여덟째로) 영양 작용 및 신체 속에 있는 갖가지 체액의 산출을 설명하는 데는 혈액이 희박화하면서 심장에서 동맥들의 말단으로 지나갈 때의 힘이 그 혈액 중 어떤 부분을, 때마침 이 부분이 있게 된 신체의 부분들 사이에 머물러 있게 하고 거기서 그것이 밀어낸 다른 부분들의 자리를 차지한다는 것, 그리고 제각기 구멍의 크기가 다른 갖가지 채가 크기가 다른 낟알들을 가려내는 데 쓰이는 것은 누구나 알고 있는 것처럼 혈액들이 만나는 작은 구멍들의 위치·모양, 혹은 크기에 따라서 그 중 어떤 부분이 일정한 장소를 차지하여 간다는 것을 말하면 족하지 않을까? 그리고 끝으로 (아홉째로) 이 모든 것에서 가장 주목할 만한 것은 동물 정기(精氣)의 발생인데, 이것은 아주 미세한 공기와도 같은 것 혹은 오히려 아주 순수하고 아주 활발한 화염과도 같은 것이요, 줄곧 다량으로 심장에서 뇌 속으로 올라가며 거기서 신경들을 통하여 근육 속으로 들어가 신체의 모든 부분에 운동을 준다. 혈액의 부분들 중 가장 활동적이고 투과력이 가장 강한 것이 이러한 정기가 되는 데, 가장 적합한 부분들이 딴 곳으로는 안 가고 오히려 뇌로 가는 이유로는 다음과 같은 것 외에 다른 것을 상상할 필요가 없다. 즉 정기를 뇌로 보내는 동맥들은 모든 동맥 중 가장 직선적으로 심장으로부터 오고 있는 것이요, 또 심장의 좌심실을 나온 혈액의 부분들이 뇌를 향하여 흘러가는 경우처럼 많은 것이 동시에 동일한 방향으로 움직여 가려 하는데, 그 전부를 받아들이기엔 충분한 장소가 없을 때에는 자연의 규칙이기도 한 역학의 규칙을 따라 보다 약하고 보다 덜 활동적인 것들이 보다 더 강한 것들에 의하여 밀려나고, 보다 강한 것들만 뇌로 들어간다는 것이다.

 나는 이 모든 것을 전에 발표하려 한 논문에서 상당히 자세하게 설명하였다. 그리고 이어서 나는 다음과 같은 것을 밝혔다. 목을 베었을 때 그 머리에는 이제 생명이 없지만, 베인 직후에는 그래도 조금 움직이고 땅바닥을 물어 헤치는 것처럼, 동물 정기가 신체의 내부에 있으면서 신체의 부분들을 움직이는 힘을 가지기 위해서는 인간의 신체의 신경과 근육의 구조가 어떻게 되어 있어야 하는가? 잠을 깨게 하거나 잠을 들게 하거나 꿈을 꾸게 하는 데는 뇌 속에 어떤 변화가 일어나야 하는가? 어떻게 빛·소리·냄새·맛·열 및 외부의 대상의 다른 모든 성질이 감각 기관을 통하여 뇌 속에 갖가지 관념을 낳을 수 있는가? 어떻게 굶주림·목마름 및 다른 내적 정념들이 또한 뇌 속에 자기들의 관념을 보낼 수 있는가? 이 관념들을 받아들이는 장소인 공통 감각12)

---

12) sens commun : 뇌의 중심에 있는 조그마한 선, 모든 감각적 인상의 상(像)이

을 어떤 것으로 보아야 하는가? 관념들을 보존하는 기억이란 어떤 것인가? 그리고 관념들을 갖가지로 변화시키고 거기서 새로운 관념들을 구성하며 이렇게 함으로써 또한 동물 정기를 근육들 속에 들어가게 하여 우리들의 지체가 의지의 인도를 받지 않고 움직일 수 있을 때에 못지않게 갖가지 모양으로 또 감각에 나타나는 대상들 및 신체 안에 있는 내적 정념들을 따라 갖가지로 움직이게 하는 상상이란 무엇인가? 인간이 그 재주로 많은 뼈·근육·신경·동맥·정맥 및 이 밖에 각 동물의 신체 속에 있는 다른 모든 부분에 비하면 아주 적은 재료만을 가지고 얼마나 많은 갖가지 자동 기계, 즉 움직이는 기계를 만들 수 있는가를 알고, 또 이 신체가 하나님의 손으로 지어졌으므로 사람들이 만들어 낼 수 있는 어느 기계와도 비교할 수 없을 만큼 잘 질서가 잘 잡혀 있고, 그 자체 속에서 더 훌륭한 운동을 하는 하나의 기계로 보는 사람들에게는 위에서 말한 것이 조금도 이상하게 여겨지지 않을 것이다.

 그리고 나는 여기서 특별히 멈추어, 원숭이 혹은 이성이 없는 다른 어떤 동물의 기관과 같은 모양을 가지고 있는 기계가 있다고 하면, 그것들이 이 동물들과 아주 동일한 성질을 가지고 있지 않다는 것을 알 수단이 우리에게 전혀 없으며, 한편 우리들의 신체를 닮고 또 사실상 가능한 한 우리들의 행동을 흉내 내는 기계가 있다고 하더라도, 그렇다고 해서 그것들이 진정한 인간일 수 없음을 아는 아주 확실한 두 가지 수단을 우리가 언제나 가지고 있다는 것을 밝혔다. 이 두 가지 수단의 첫째는 그것들이 우리가 다른 사람한테 우리의 생각을 알게 할 때처럼, 말을 사용하거나 또 말을 꾸며서 다른 신호를 사용하거나 하는 일을 절대로 할 수 없다는 것이다. 어떤 기계가 말을 하도록, 심

    나타나는 곳.

지어는 그 기관 속에 어떤 변화를 일으키게 하는 물체적 작용을 따라 어떤 말을 하도록 만들어진 것을 생각해 볼 수는 있다. 우리가 그 기계의 어떤 곳에 손을 대면 말하고자 하는 것이 무엇인가를 묻는다든가, 다른 곳에 손을 대면 아프다고 소리 지른다든가, 이 밖에 이와 비슷한 일을 하는 것처럼 생각해 볼 수 있다. 그러나 그 기계가, 사람이라면 아무리 우둔해도 할 수 있는 것처럼 말들을 갖가지로 배열해서 자기 앞에서 말해지는 모든 것의 의미에 응답한다고는 생각할 수 없다. 그리고 둘째는, 그 기계들이 많은 일을 우리들 누구 못지않게 혹은 아마도 더 잘 한다 할지라도 다른 어떤 일은 결코 할 수 없어서, 이런 일들을 통해서 그것들이 인식에 의하여 움직이고 있는 것이 아니라, 다만 그 기관들의 배치에 의하여 움직이고 있음을 발견하게 된다는 것이다. 왜냐하면 이성은 보편적인 도구로서 모든 상황에 적절히 사용될 수 있지만, 이 기관들은 특수한 행동을 할 때마다 거기 필요한 어떤 특수한 배치가 있어야 하며, 따라서 우리의 이성이 우리로 하여금 행동하게 하는 것과 똑같은 모양으로 생의 모든 상황 속에서 행동하기에 충분한 갖가지 배치를 한 기계 속에 모두 한다는 것은 사실상 불가능한 일이기 때문이다. 그런데 이 두 가지 수단을 통하여 우리는 또한 사람과 짐승 사이의 차이를 알 수 있다. 왜냐하면 아무리 둔한 바보라 할지라도 또 백치라 할지라도, 갖가지 말을 함께 배열하고 그 말들로 이야기를 구성하여 자기의 생각을 남에게 알게 할 수 없는 사람은 하나도 없으며, 이와 반대로 다른 동물 가운데는 아무리 완전하고 또 아무리 훌륭한 소질을 가지고 태어났다 해도 이와 같은 일을 할 수 있는 것이 하나도 없다는 것은 매우 주목할 만한 일이기 때문이다. 이것은 그 기관에 결함이 있어서가 아니다. 왜냐하면 까치와 앵무새는 우리들처럼 말을 할 수 있으나, 우리들처럼 즉 그들이 말하는 것을 그들이 생각하고 있음을 나타내면서 말할 수는 없기 때문이다. 이에 반하여 사람은 귀머거리요 벙어리로 태어나서 남들처럼 말하는 데 쓰는 기관이 짐승만큼이나 혹은 그 이상 없을지라도 스스로 어떤 신호들을 생각해 내는 것이 보통이요, 이 신호들을 통하여 자기와 늘 함께 있어서 자기의 언어를 배울 만큼 시간적 여유가 있는 사람들에게 자기의 생각을 이해하게 하는 것이다. 그리고 이것은 짐승들이 사람들보다 이성을 적게 가지고 있음을 보여 줄 뿐만 아니라 또한 이성을 전혀 가지고 있지 않음을 보여 주는 것이다. 왜냐하면 말할 줄 아는 데는 이성이 아주 조금밖에 필요치 않음이 분명하기 때문이다. 그리고 동일한 종의 동물들 간에는 사람들 사이에서와 못지않게 불평등이 있고, 그 중 어떤 것은 다른 것보다 더 훈련을 잘 시킬 수 있으므로, 만일 그들의 영혼이 우리들의 영혼과 아주 다른 성질의 것이 아니라면 자기의 종 중 가장 완전한 원숭이나 앵무새가 가장 우둔한 아이 혹은 적어도 두뇌에 고장이 생긴 아이보다도 언어 사용이라는 점에서 비교도 되지 못한다는 것은 믿을 수 없는 일이다. 그리고 말과 자연적 동작을 혼동해서는 안 된다. 자연적 동작은 여러 가지 정념을 나타내는 것으로서 동물들 못지않게 기계에 의하여도 모방될 수 있는 것이다. 또 어떤 고대인들[13]처럼 우리가 짐승들의 언어를 알아듣지는 못하지만 짐승들 역시 말을 한다고 생각해서는 안 된다. 왜냐하면 만일 이것이 옳은 생각이라면, 짐승들이 우리들의 기관과 비슷한 기관을 많이 가지고 있으므로 저희들끼리만 아니라 또한 우리들과도 의사를 소통할 수가 있겠기 때문이다. 또 많은 동물들이 어떤 행동에서는 우리보다 더 많은 재주를 보여주지만 다른 행동에서는 전혀 보여주지 않는다는 것도 매우 주목할 만한 일이다. 따라서 그들이 우

---

13) Lucretius 같은 사람.

리보다 더 잘 한다는 것은 그들이 정신을 가지고 있음을 증명하는 것이 아니다. 왜냐하면 만일 그렇다면 그들은 우리들의 누구보다도 정신을 더 많이 가지고 있고 모든 일을 우리보다 더 잘 하겠기 때문이다. 그것은 오히려 그들이 정신을 전혀 가지고 있지 않으며, 그들 속에서 그들의 기관의 배치를 따라 움직이고 있는 것은 자연임을 증명하는 것이다. 그것은 마치 바퀴와 태엽만으로 만들어져 있는 시계가 우리가 우리의 온갖 재주를 기울이는 이상으로 정확하게 시간을 잴 수는 있는 것과 같다.

　이것 다음에 나는 이성적 정신을 논술하여, 그것이 내가 논한 다른 것들처럼 물질의 힘에서 끌어내어질 수는 결코 없고 특별히 창조된 것이 아닐 수 없음을 밝혔다. 또 어떻게 그것이 수족을 움직이기 위해서라면 몰라도 마치 수로 안내인이 배에 타고 있는 것처럼 사람의 신체 속에 깃들어 있는 것으로는 부족하고, 나아가 우리가 가지고 있는 것과 같은 감각과 욕망들을 가지며, 그리하여 하나의 참된 인간을 형성하는 데는 좀더 밀접하게 결합되어 있어야 하는가를 밝혔다. 또 나는 여기서 영혼의 문제에 대하여 좀 자세히 논하였는데, 이 문제는 가장 중요한 문제들 중 하나이기 때문이었다. 왜냐하면 하나님을 부인하는 사람들의 잘못을 나는 위에서 충분히 논파했다고 생각하는데 이 잘못 다음에는 짐승들의 영혼이 우리들의 영혼과 동일한 성질의 것이요, 따라서 이 세상에서의 삶 다음에는 파리나 개미와 마찬가지로 우리가 두려워할 것도 바랄 것도 전혀 없다고 상상하는 것보다도 약한 정신들을 덕의 곧은 길로부터 멀어지게 하는 잘못은 하나도 없기 때문이다. 이와 반대로, 짐승들의 영혼과 우리들의 영혼이 얼마나 다른가를 알 때, 우리는 우리의 영혼이 신체로부터 아주 독립된 성질의 것이요, 따라서 그것이 결코 신체와 함께 죽지 않는다는 것을 증명하는 이유들을 훨씬 더 잘 이해하는 것이다. 그리고 그것을 파괴하는 다른 원인들을 전혀 볼 수 없으므로, 우리는 자연히 이로부터 그것이 불사(不死)임을 판단하게 된다.

제 6 부
자연탐구를 전진시키는 데 필요한 것

 3년 전 일인데, 나는 마침내 이 모든 것을 포함하는 저술을 끝맺고 어떤 출판사에 넘기려고 수정하기 시작하고 있었다. 그때 마침 나는 내가 순종하며 또 나 자신의 이성이 내 사상에 대해서 가지는 권위보다 결코 못 하지 않은 권위를 내 행동에 대해서 가지는 사람들이 조금 전에 다른 어떤 사람이 발표한 자연학의 의견을 옳지 않다고 단정했다는 소식을 들었다. 나도 이 의견에 생각을 같이 했다고 말하려 하지는 않으나, 그들의 검열 이전에는 나는 그 속에 종교에 대해서나 국가에 대해서 유해하다고 생각될 수 있고 따라서 이성이 나에게 그 의견을 저술하라고 해도 그렇게 하지 않아야 할 아무것도 찾지 못했다. 그리고 나는 아주 확실한 논증을 할 수 있는 것이 아니면 새로운 의견을 결코 내 신념 속에 받아들이지 않으며, 또 단 한사람에게라도 불리하게 되는 일이 생길 수 있는 의견에 관하여는 아무것도 쓰지 않기로 항상 아주 조심해 왔으나, 위에 말한 일로 말미암아 나는 내 의견 가운데도 잘못된 것이 있지 않을까 두려워하였다. 이것은 나로 하여금 내 의견들을 발표하려는 결심을 변경하도록 하기에 충분하였다. 내가 전에 그러한 결심을 하게 된 여러 가지 이유가 매우 유력한 것이었으나, 책을 지어내는 일을 항상 싫어하는 내 천성이 책을 안 써내도 좋은 다른 충분한 이유들을 곧 찾게 한 것이다. 그리고 그 여러 이유와 또 다른 여러 이유를 내가 여기서 말하는데 흥미가 있을 뿐만 아니라 또한 아마 세상 사람들도 알고 싶어 하는 것이 아닌가 한다.

나는 내 정신에서 나온 것을 아주 대단한 것이라고 여겨본 적은 한 번도 없고, 또 내가 사용하는 방법의 다른 열매로서 얻은 것이라고는 이론적인 학문에 속하는 몇 가지 난점에 관하여 만족할 만한 답을 얻은 것뿐이요, 혹은 그 방법이 나에게 가르쳐 준 여러 이유로써 내 몸가짐을 다스리려고 힘썼다고 하는 것뿐이었던 동안에도 나는 거기 관하여 무엇이든 써야 한다고 생각하지는 않았다. 왜냐하면 도덕에 관하여는 사람마다 아주 충분한 지각이 있어서 만일 하나님이 군주로서 백성 위에 세웠든가, 그렇지 않으면 예언자가 되기에 충분한 은혜와 열정을 준 사람 아닌 다른 사람들에게도 도덕을 조금이라고 고치는 일이 허락된다면, 사람의 수만큼의 개혁자가 나타났을 것이기 때문이다. 또 내 여러 이론적 사색이 아주 내 마음에 드는 것이기는 했으나 다른 사람들은 아마도 더 마음에 드는 이론적 사색을 가졌을 것이라고 나는 생각했다. 그러나 자연학에 관한 몇 가지 일반적 원리를 획득하고 이것들을 갖가지 특수한 문제에 적용해 보기 시작하면서, 그것들이 어디까지 이끌어 줄 수 있으며, 또 그것들이 지금까지 사람들이 사용해 온 원리들과 얼마나 다른가를 알게 되자마자 나는 그것들을 숨겨둘 수 없고, 만일 숨겨둔다면 우리의 힘이 미치는 데까지 모든 사람의 전체적 행복을 위하여 힘쓰라고 하는 율법을 크게 범하는 것이라고 믿었다. 왜냐하면 그 일반적 원리들은 인생에 대해서 아주 유익한 여러 가지 인식에 도달하는 것이 가능하다는 것, 또 학원에서 가르치는 사변적인 철학 대신에 실제적인 철학을 찾아낼 수 있고, 이것에 의하여 우리가 불·물·공기·별·하늘 및 우리를 둘러싸고 있는 다른 모든 물체들의 힘과 작용을 마치 우리가 장인들의 갖가지 재주를 알듯이 분명하게 알고서, 장인들처럼 이것들을 모든 적절한 용도에 사용하고, 그리하여 마치 우리를 자연의 주인이요 소유자가 되게 할 수 있다는 것을 나로 하여금 보게 한 때문이다. 이것은 그저 아무 힘도 들이지 않고 땅의 소산과 또 그 모든 편의를 얻게 하는 무수한 기술의 발명을 위해서 바람직할 뿐만 아니라, 또한 주로 분명히 이 세상에서의 생의 첫째가는 선이요, 다른 모든 선의 기초가 되는 건강의 유지를 위해서도 바람직하다. 왜냐하면 정신조차도 체질 및 신체의 기관들의 배치에 아주 크게 의존하므로 전반적으로 사람들을 지금보다도 더 현명하고 더 유능하게 하는 어떤 수단을 발견할 수 있다면 바로 의학에서 그것을 찾아야 한다고 나는 믿기 때문이다. 지금 쓰이고 있는 의학이 아주 대단한 효용이 있는 것을 거의 가지고 있지 않음은 사실이다. 그러나 나는 그것을 경멸할 생각은 조금도 없지만 다만 아무도, 의학을 직업으로 삼고 있는 사람들도 의학에서 오늘날 알고 있는 모든 것이 앞으로 알아야 할 것에 비하면 거의 아무것도 아니라는 것을 인정하지 않는 사람은 없으며, 또 신체와 정신의 무수한 병 및 심지어는 아마도 노쇠에 관하여 그 원인들과 자연이 우리를 위하여 마련해 둔 요법을 충분히 알게 된다면, 이런 것들로부터 벗어날 수 있으리라고 나는 확신한다. 그런데 나는 이토록 필요한 학문의 탐구에 내 생애를 바치려는 계획을 세우고, 단명(短命)이나 실험의 부족에 의하여 방해를 받지 않는다면 틀림없이 그런 학문의 발견에 이르게 해주리라고 여겨지는 길을 만났다. 그리고 이 두 가지 방해에 대하여는, 내가 발견한 것이 극히 적을지라도 그 전부를 충실하게 대중에게 알리고, 우수한 정신을 가진 사람들로 하여금 더욱 앞으로 나아가도록 힘쓰게 하고, 각자 그들의 취미와 능력을 따라, 필요한 실험에 협력하게 하고, 그리고는 그들이 배우고 얻은 모든 것을 대중에게 알리도록 권하여, 뒤에 오는 사람들로 하여금 앞선 사람들이 이룩해 놓은 데서 시작하게 하고, 그리하여 많은 사람들의 생애와 업적을 합침으로써 우리들

각자가 따로따로 나아가는 것보다 훨씬 더 멀리 우리 모두가 함께 나아가는 것이 제일 좋은 대책이라고 나는 판단하였다.

또 실험에 관하여는 우리의 지식이 진전할수록 그것이 더 필요하다는 것을 나는 깨달았다. 무릇 처음에는 그 자체가 우리의 감각에 나타나고, 또 우리가 조금만 살펴보면 반드시 알게 되는 실험들을 이용하는 것이 그보다 더 드물고 까다로운 실험들을 찾는 것보다 낫다. 이러한 드문 실험들은 우리가 가장 흔한 일들의 원인을 아직 알지 못하고 있을 때에는 가끔 우리를 속이며, 또 그것들이 의존하는 조건들이 거의 언제나 아주 특수하고 세밀하여 파악하기가 아주 힘드니 말이다. 그러나 이 점에 관해서 내가 따른 순서는 다음과 같다. 첫째로, 나는 세계 안에 있는 혹은 있을 수 있는 모든 것의 원리들 즉 제1원인들을 일반적으로 찾으려 하였고, 이렇게 하기 위해서는 다만 세계를 창조한 하나님만을 고찰하며 또 그 원리들을 우리의 마음속에 본래부터 있는 진리의 어떤 씨앗으로부터만 끌어내었다. 이것 다음에, 나는 이 원인들로부터 끌어낼 수 있는 최초의 그리고 가장 정상적인 결과가 무엇인가를 살펴보았다. 이 일을 통하여 나는 하늘·별·지구 그리고 지구 위에 있는 물·공기·불·광물 및 모든 것 중 가장 흔하고 가장 단순하여 가장 알기 쉬운 다른 것들을 발견하였다고 생각한다. 그 다음에는 내가 좀더 특수한 것들로 내려가고자 했을 때 너무 갖가지 것이 내 앞에 나타났으므로 나는 결과로부터 원인으로 거슬러 올라가며, 또 많은 특수한 실험을 해보지 않는다면 지상에 있는 물체들의 형상들 즉 종들14)을 하나님의 뜻으로 지상에 있는 무한히 많은 다른 물체들로부터 가려내는 것이란 인간의 정신으로는 불가능하며 또한 따라서 그것들을 우리가 이용한다는 것도 불가능하다고 믿었다. 이것 다

---

14) 여기서는 <화학적 물질들>을 의미함.

음에는 전에 내 감각에 나타난 일이 있는 모든 대상으로 내 정신을 돌이켜 다시 훑어보았는데, 내가 발견한 여러 원리를 가지고서 충분히 쉽게 설명할 수 없는 것은 하나도 없었다고 감히 말할 수 있다. 그러나 또한 자연의 힘은 아주 풍부하고 광대하며, 또 이 원리들은 아주 단순하고 일반적인 것이어서 거의 어느 결과나 그것이 원리로부터 갖가지 방식으로 연역될 수 있음을 먼저 내가 알며, 나에게 가장 어려운 점은 보통 그것이 이 방식들 중 어느 방식으로 원리에 의존하는가를 발견하는 것임을 인정하지 않을 수 없다. 왜냐하면 이 점에 대해서 나는 설명하는 방식 중 어느 하나를 택함으로써 그 결과가 다르게 되는 몇 가지 실험을 다시 찾는 일 이외에 다른 대책을 알지 못하기 때문이다. 그리고 나는 이와 같이 하는 데 도움이 될 수 있는 대부분의 실험을 어떤 각도로 해야 하는지를 잘 본다고 여겨지는 처지에 이르렀다. 그러나 나는 또한 그러한 실험이 참으로 그 수가 많고, 내 손으로도 또 내 수입으로도, 설사 지금보다 천 배나 더 많이 가지게 된다 하더라도 그 전부를 하기에는 넉넉한 것이 못 됨을 안다. 따라서 이제부터 내가 그러한 실험을 할 수 있는 편의를 더 많이 가지느냐, 혹은 덜 가지느냐에 따라 자연의 인식이 혹은 더 전진하고 혹은 덜 전진할 것이다. 이것이 내가 쓴 논문에서 알리려는 것이요, 또 나는 대중이 그것에서 받을 수 있는 이익을 밝혀 인류 전체의 복리를 바라는 모든 사람 즉 외모로나 의견으로서만이 아니라 정말 유덕한 모든 사람으로 하여금 그들이 이미 해본 실험을 나에게 알려 주고 또 앞으로 해야 할 실험의 탐구에서 나를 도와 줄 것을 기대하였다.

 그러나 바로 그 후 여러 가지 다른 이유로 생각이 달라져서 얼마간의 중요성이 있다고 판단한 모든 것을, 내가 거기 관해서 진리를 발견하는 데 따라 계속하여 써두지만 인쇄하려 할 때만큼은 주의를 기울여야 한다고 생각하였다. 이것은 그것들을 잘 음미할 기회를 더 많이 가지기 위해서였는데, 틀림없이 우리는 자기 자신을 위해서만 하는 것에 대해서보다도 많은 사람이 보게 된다고 여겨지는 것에 대해서 언제나 더 세심한 주의를 기울이며, 또 내가 생각하기 시작했을 때 참된 것으로 여겨졌던 것들이 종이 위에 옮기려 할 때 잘못된 것으로 여겨진 일이 자주 있었기 때문이다. 또 내가 대중에게 이익을 줄 수 있다면 그렇게 할 기회를 결코 잃지 않기 위해서요, 또 내가 쓴 것들이 조금이라도 가치가 있다면, 내가 죽은 다음에 이것들을 보게 될 사람이 가장 적절하게 이용할 수 있게 하기 위해서였다. 그러나 나는 이것들이 내 생전에 출판되는 데 대해서 결코 동의해서는 안 된다고 생각하였는데, 이것들이 일으킬 수 있는 반대나 논쟁, 혹은 이것들이 나에게 줄지도 모르는 명성이 내가 나 자신을 교육하는 데 쓰려고 한 시간을 조금이라도 빼앗아 갈 기회를 주지 않기 위해서였다. 왜냐하면 사람마다 자기의 힘이 미치는 데까지 다른 사람들의 선을 얻어 줄 의무가 있으며, 또 아무에게도 쓸모가 없다는 것은 엄밀하게 말해서 아무 쓸데도 없다는 것이 옳은 말이기는 해도, 또한 우리의 배려는 현대를 넘어 더 멀리 미쳐야 하며, 자손에게 더 많은 다른 이익을 주기 위해서라면 살아있는 사람들에게 아마 약간의 이익을 주게 될 것들을 무시해도 좋다고 함도 옳은 말이기 때문이다. 사실 나는 내가 지금까지 배워 적은 것이 내가 모르는 것에 비하면 거의 아무것도 아니요, 또 배울 수 있다는 데 대해서 내가 희망을 버리지 않고 있음을 사람들이 알아주기를 진심으로 바란다. 왜냐하면 학문에 있어서 진리를 조금씩 발견하는 사람들의 경우는 부유하게 되기 시작한 사람들이 전에 가난했을 때보다 훨씬 적은 힘을 들이고도 큰 재산을 얻게 되는 경우와 거의 같기 때문이다. 혹은 그들은 군대 사령관에 비길 수도 있는데, 사령관의 힘은 승리에 따라 으레 커 가며, 한 전투에서 진 다음에 자기의 군대를 유지하려면 이긴 다음에 여러 도시와 지방을 점령하는 것 이상의 수완이 필요하다. 왜냐하면 우리가 진리의 인식에 도달하는 것을 방해하는 모든 곤란과 오류를 극복하려고 애쓰는 것은 전투를 하는 것이나 다름없는 것이요, 조금 일반적이고 중요한 문제에 관하여 어떤 그릇된 의견을 받아들이는 것은 전투에 지는 것이기 때문이다. 그릇된 의견을 받아들인 다음에 전과 같은 상태에 되돌아가는 데는 이미 확실한 원리들을 가지고 있어서 큰 전진을 하는 경우보다 훨씬 더 많은 재주가 필요하다. 내 경우에는 만일 내가 전에 학문에 있어서 몇 가지 진리를 발견했다면(이 책 속에 적힌 것들을 미루어 내가 몇 가지 진리를 발견했음을 독자들이 판단하기를 바라거니와), 그것은 내가 극복한 다섯 내지 여섯 개의 주요한 난문에 따라오며 또 의존하는 것일 따름이요, 또 이 난문들을 나는 다행히 내가 이긴 다섯 내지 여섯 번의 전투로 꼽는다고 말할 수 있다. 또한 나는 내 계획을 완전히 성취하는 데는 그와 비슷한 다른 전투에서 두 번 혹은 세 번만 승리를 거두면 된다고 생각하고 있다고 감히 말할 수 있다. 또 내 나이가 그다지 많지 않으므로 자연의 보통 흐름을 따르면, 이 목적을 달성하기에 충분한 시간적 여유를 아직 가질 수 있다고 감히 말할 수 있다. 그러나 나는 남은 시간을 잘 쓸 것을 바라는 만큼 또한 그 시간을 절약해야 한다고 믿는다. 그리고 만일 내가 내 자연학의 기초가 되는 것들을 공표했다면, 나는 틀림없이 시간을 잃어버릴 많은 기회를 가졌을 것이다. 왜냐하면 비록 그것들이 거의 모두 아주 명증적이어서 그것들을 이해하기만 하면 그것들이 참됨을 믿을 수 있을 정도요, 또 그 어느 것에 대해서나 내가 증명할 수 있다고 생각하기는 하나, 그것들이 다른 사람들의 갖가지 의견 전부와 일치할 수는 없기 때문에, 그것들이 초래할 여러 반대로 말미암아 내가 자주 쓸데없는 데 머리를 쓰게 될 것을 예견하기 때문이다.

 이러한 반대들은 내 여러 잘못을 아는 데도 유익하고, 또 내게 어떤 좋은 것이 있다고 하면 다른 사람들이 이것을 그 반대를 통하여 더 잘 이해하는 데도 유익하며, 또 많은 사람들은 단 한 사람보다 더 많이 보기 때문에, 당장 지금부터라도 나에게 있는 그 좋은 것을 이용하기 시작하여, 그들이 새로운 발견으로 나를 도와주리라고 말할 수 있을지도 모른다. 그러나 비록 내가 잘못에 빠지기가 극히 쉬움을 스스로 잘 알고 있고, 또 내 머리에 떠오르는 처음 생각들을 거의 언제나 믿지 않기는 해도, 사람들이 나에게 반대한 것들에 관해서 내가 가지고 있는 경험은 나로 하여금 거기서 무슨 이익을 기대하지 않게 한다. 왜냐하면 나는 이미 자주 내가 내 친구로 여긴 사람들의 판단뿐만 아니라, 또한 내가 보기에 나를 좋게 여기지도 않으며 나쁘게 여기지도 않는 사람들의 판단을 음미해 보았고, 또 내 친구들에게는 애정 때문에 보이지 않는 것을 악의와 질투로 해서 들추어내려고 무척 애쓰고 있음을 내가 알고 있는 사람들의 판단도 음미해 보았기 때문이다. 그러나 내 주제로부터 아주 먼 것이 아니면, 내가 전적으로 예견하지 않은 어떤 것을 반대한 경우는 극히 드물었다. 따라서 내 의견의 비판자로서 나 자신보다 더 엄격하고 더 공정하다고 여겨진 사람을 거의 본 적이 없다. 그리고 또 나는 학원에서 행해지고 있는 논쟁을 통해서, 지금까지 알려져 있지 않던 어떠한 진리가 발견된 것을 한 번도 본 적이 없다. 왜냐하면 각자가 이기려고 힘쓰고 있는 동안은 쌍방의 여러 이유를 헤아리기보다는 그럴듯해 보이는 것을 내세우는 데 더 정신을 쏟기 때문이다. 그리고 오랫동안 좋은 변호사 노릇을 했다고 해서 그 후 더 나은 판사가 되는 것은 아니다.

다른 사람들이 내 생각들을 전해 들음으로써 얻게 될 이익도 그리 큰 것이 못 될 것이다. 나는 내 생각들을 그다지 멀리까지 밀고 나가지 못했고, 또 이것들을 실제에 적용하기에 앞서 많은 것을 첨가해야 하니 말이다. 그리고 이 일을 할 수 있는 사람이 있다고 하면, 그것은 다른 누구보다도 오히려 나 자신일 것이라고, 자랑삼아서가 아니라, 말할 수 있다고 생각한다. 세상에는 내 정신과는 비교가 안 될 정도로 우수한 정신이 많이 있을 수 없다는 것은 아니다. 다만 어떤 일을 다른 사람으로부터 배우는 것이, 자기 스스로 그것을 생각해 내는 때보다 더 잘 이해하고 자기의 것으로 할 수는 없겠기에 말이다. 우리가 지금 문제 삼고 있는 일에 있어서는 이것이 아주 참된 것이어서, 나는 아주 우수한 정신을 가진 사람들에게 내 의견 중 어떤 것을 가끔 설명하였는데, 그들에게 이야기하고 있는 동안은 그들이 내 의견을 아주 판명하게 이해하고 있는 것 같았으나, 그들에게 그것을 이야기해 보라고 하면 거의 언제나 그것을 바꾸어 말해서 도저히 내 의견이라고 할 수 없게 된 것을 보곤 했다. 이 기회에 나는 여기서 후세 사람들에게 나 자신이 발표하지 않은 것들에 대해서는 아무리 내게서 나왔다고 사람들이 말할지라도 믿지 말도록 부탁하고 싶다. 또 그 저서가 전혀 남아 있지 않는 고대 철학자들의 경우, 사람들이 그들에게 돌리고 있는 터무니없는 말에 대해서 나는 조금도 놀라지 않으며, 그렇다고 해서 그들의 사상이 아주 불합리했었다고 판단하지도 않는다. 그들은 그들의 시대에 가장 훌륭한 정신을 가졌던 사람들이요, 다만 사상이 잘못 전해졌을 뿐이니 말이다. 그리고 그들의 추종자들 중 아무도 그들을 능가한 경우가 거의 한 번도 없었음을 우리는 안다. 또 나는 오늘날 아리스토텔레스를 따르는 사람들 중 가장 열렬한 사람들이, 자연에 관해서 아리스토텔레스보다 더 많이 알지 못해도 그만큼

만 알기만 해도 행복하다고 믿으리라는 것을 확신하고 있다. 그들은 마치 나무에 달라붙어 있어서 나무보다 더 높이 올라가려고 하지는 않고, 꼭대기까지 기어오른 다음에는 가끔 다시 내려오는 담쟁이와 같다. 그들이 떠받드는 저자의 책 속에 명쾌하게 설명되어 있는 모든 것을 아는 데 만족하지 않고, 더 나아가 그 저자가 한 마디도 말하지 않았고 또 아마 한 번도 생각조차 하지 않은 많은 난제의 해결을 거기서 찾는 이 사람들은 다시 내려가는 것으로, 즉 아예 연구를 하지 않는 경우보다 어느 모로 더 무지하게 되는 것으로 생각된다. 하지만 그들의 철학하는 방식은 아주 평범한 정신을 가진 사람들에게는 아주 편한 것이다. 그들이 사용하는 여러 가지 구별과 원리들의 애매함으로 말미암아 그들은 무엇이든지 다 아는 것처럼 대담하게 이야기할 수 있고, 가장 날카롭고 유능한 사람에 대해서도 그들의 모든 주장을 고집하되 논파되지 않을 수도 있으니 말이다. 이 점에서 그들은 눈 뜬 사람과 유리하게 싸우기 위하여 그 눈 뜬 사람을 아주 컴컴한 동굴 깊숙이 끌어들이는 소경과 같다고 생각된다. 그리고 그들에게는 내가 사용하고 있는 철학의 원리들을 공표하지 않는 것이 유리하다고 말할 수 있다. 왜냐하면 이 원리들은 사실상 매우 단순하고 명백하여, 내가 이것들을 공표함으로써 나는 그들이 싸우려고 내려간 그 동굴에 마치 몇 개의 창을 열어 주고 햇빛이 들어가게 하는 것과 다름없는 일을 하게 되기 때문이다. 그러나 가장 우수한 정신을 가진 사람들도 이 원리들을 알려고 하지 않을 것이다. 왜냐하면 그들이 모든 것에 관해서 말할 줄 알며 또 박학하다는 명성을 얻기를 원한다면, 진리를 찾기보다는 오히려 그럴듯한 것으로 만족함으로써 더 쉽게 그 목적을 달성할 수 있을 것이기 때문이다. 그럴듯한 것은 온갖 문제에서 큰 힘을 들이지 않고도 찾아내어질 수 있지만, 진리는 몇 가지 소수의 문제에서 조금씩 밖에는 발견되지 않으며, 또 그 밖의 문제에 관해서 이야기 하게 될 때에는 모른다고 솔직하게 고백하지 않을 수 없게 하는 것이다. 진리를 조금 인식하고 있는 것은 모르는 것이 하나도 없다고 허영을 부리는 것보다 나은 것임은 틀림없는 일이지만 만일 그들이 이와 같이 그러한 허영을 버리고 소수의 진리 인식을 택한다면, 그리고 내 계획과 비슷한 계획을 추구하고자 한다면, 이를 위하여 나로서는 이 서설에서 이미 말한 것 외에 아무것도 더 말할 필요가 없다. 왜냐하면, 만일 그들이 내가 이룩한 것보다 더 앞으로 나아갈 수 있다면, 그들은 또한 더 유력한 이유에서 내가 발견했다고 생각하는 모든 것을 그들 스스로 발견할 수 있을 것이기 때문이다. 또 나는 무엇이든지 순서를 따라 음미했기 때문에 아직 내가 발견해야 할 것으로 남아 있는 것이 지금까지 내가 부딪칠 수 있었던 것보다는 그 자체 더 어렵고 더 감춰진 것임이 확실하며, 또 그들로서는 그것을 나에게서 배우느니보다 그들 스스로 알게 됨으로써 훨씬 더 큰 기쁨을 가지게 될 것이다. 또 그들이 처음에는 쉬운 것들을 찾고, 조금씩 순서를 따라 좀 더 어려운 다른 것들로 나아감으로써 얻게 되는 습관은 내 모든 가르침보다도 더 도움이 될 것이다. 나 자신에 관해서 말하건대, 만일 내가 젊었을 적에 그 후 내가 증명한 바 있는 모든 진리를 배웠다면, 그리고 그 진리들을 배우는 데 아무 힘도 들이지 않았다면, 아마 나는 그 밖의 다른 어떤 진리도 알지 못했을 것이요, 또 적어도 새로운 진리들을 찾아내려고 힘씀을 따라 언제나 그 진리들을 찾는 데 있어 내가 가지고 있다고 생각하는 습관과 숙련을 결코 얻지도 못했을 것이라고 나는 믿는다. 요컨대, 다른 누구도 일을 시작한 사람보다 더 잘 성취할 수 없는 어떤 일이 세상에 있다고 하면, 그것은 바로 내가 하고 있는 일이다.

물론 이 일에 도움이 되는 실험에 관해서 말하면, 한 사람으로는 그 전부를 할 수 없을 것이다. 그러나 기술자나 혹은 돈을 줌으로써 이러한 이득에 대한 희망이라고 하는 아주 유효한 수단에 의하여, 이쪽에서 시키는 모든 일을 정확하게 해내는 사람들의 손이라면 몰라도 자기의 손 이외의 다른 손을 유익하게 사용할 수도 없을 것이다. 왜냐하면 호기심이나 지식욕에서 도와주겠다고 자진해서 나서는 사람들은 흔히 자기가 실제로 할 수 있는 것 이상의 것을 약속하며, 또 여러 가지 훌륭한 제안을 하지만 그 어느 것에도 결코 성공하지 못할 뿐만 아니라, 반드시 그 대가로 어떤 어려운 문제들에 대한 설명이나 혹은 적어도 쓸데없는 인사치레와 담론을 바라는데, 이렇게 해주려면 적지 않은 시간을 낭비하게 되는 법이다. 그리고 다른 사람들이 이미 해본 실험들에 관해서 말하면, 그들이 그것들을 전해 주려고 할 경우일지라도(실험을 비밀이라고 부르는 사람들은 결코 그것들을 전하지 않지만) 그 대부분은 복잡한 조건이나 쓸데없는 요소들로 되어 있어서, 거기서 진리를 읽어 낸다는 것은 매우 어려운 일이다. 뿐만 아니라, 그 실험들을 행한 사람들이 자기의 원리에 일치하는 것처럼 보이게 하려고 노력한 때문에 그것들은 거의 모두가 아주 서투르게 설명되었거나 심지어 아주 잘못되어 있어서, 그 중에는 쓸모 있는 것이 있다 할지라도, 시간을 들여 골라낼 만한 가치는 없다. 그러므로 가장 위대하고 대중에게 가장 유익한 것들을 발견할 수 있다고 확실히 알고 있는 어떤 사람이 세상에 있다고 하면, 그리고 이런 이유 때문에 다른 사람들이 온갖 수단으로 그를 도와 그 계획을 완성시키려고 노력한다고 하면, 사람들이 그를 위하여 할 수 있는 일이라고는 그에게 필요한 비용을 대주는 것과 그의 시간이 어느 누구의 방해도 받지 않게 하는 것밖에 다른 일이 없다고 나는 생각한다. 그러나 나 자신은 비상한 일을 약속하려 할 만큼 스스로 지나친 생각을 하지도 않으며, 대중이 내 계획에 대하여 많은 관심을 가질 것이라고 상상할 만큼 헛된 생각에 파묻히지도 않으며, 또 내 분수에 넘는 호의를 누구에게서 받으려고 할 만큼 비루한 마음을 품고 있지도 않다.

 이 모든 고려가 함께 합쳐져 나는 3년 전 내 수중에 있던 논문을 공표할 생각이 전혀 없었으며, 또 내가 살아있는 동안은 아주 일반적이고 또 내 자연학의 기초를 알게 할 수 있는 다른 어느 논문도 세상에 내어 놓지 않기로 결심하였다. 그러나 그 후 두 가지 다른 이유가 생겨 여기에 몇 가지 특수한 시론[15])을 쓰고 내 행동과 계획에 대한 약간의 설명을 세상에 발표하지 않을 수 없게 되었다. 그 첫째는, 만일 이렇게 하지 않으면, 내가 전에 몇 가지 저작을 출판하려던 의도를 알고 있는 많은 사람들은 책을 내지 않게 된 원인이 사실 이상으로 나에게 불리한 것이리라고 상상할 수 있으리라는 것이다. 왜냐하면 나는 명예를 지나치게 사랑하지도 않으며, 또 감히 말할 수 있다면, 내가 무엇보다도 소중히 여기는 마음의 평안을 해친다고 판단하는 한 명예를 증오까지 하지만, 한편 나는 내 행동을 무슨 죄인 양 숨기려 한 적이 한 번도 없었고, 내 행동이 세상 사람들에게 알려지지 않도록 많은 조심을 하지도 않았기 때문이다. 이렇게 하는 것은 나를 해치며, 또 내가 찾는 마음의 완전한 평화에 어긋나는 어떤 불안을 낳은 것이기 때문이었다. 그리하여 나는 사람들에게 알려지거나 알려지지 않는 데 대해서 항상 무관심하게 지내온 터이지만, 어떤 평판을 얻게 되는 것을 막을 수는 없었으므로, 적어도 나쁜 평판만큼은 얻지 않도록 최선을 다해야 되겠다고 생각하였다. 이 책을 쓰지 않을 수 없게 된 다른 이유는 무수한 실험이 나에게 필요한데, 실험은 다른 사람의 도움

---

15) 굴절광학·기상학·기하학의 세 시론.

없이는 할 수 없기 때문에, 내가 나 자신을 교육하려는 계획이 점점 늦어짐을 날마다 볼 때, 비록 대중이 내 문제에 큰 관심을 가져주기를 바랄만큼 나 스스로 잘 났다고 생각하지는 않지만, 나보다 오래 살게 될 사람들에게 후일 만일 내가 어떤 점에서 그들이 내 계획에 기여할 수 있는지 알려주는 일을 지나치게 무시하지 않았던들, 내가 한 일보다 훨씬 더 좋은 많은 것을 남겨 줄 수 있었을 것이라고 비난받을 만큼 나 자신을 소홀히 여기고 싶지도 않은 것이다.

그리고 많은 논쟁을 일으킬 것도 없고, 내 원리에 관하여 내가 원하는 것 이상으로 공표하지 않아도 되고, 그러면서도 내가 학문에 있어서 무엇을 할 수 있고 무엇을 할 수 없는가를 아주 분명히 보여줄 몇 가지 문제를 쉽사리 선택할 수 있다고 나는 생각하였다. 이 점에서 성공했는지는 나로서는 말할 수 없으며, 또 나 자신이 내 저작에 관하여 말함으로써 남의 판단을 앞지를 생각도 전혀 없다. 다만 사람들이 내 저작을 잘 검토해 주기를 바라며, 또 될수록 많이 검토하게 하기 위하여 내 저작에 대해서 어떤 반대론을 가진 사람은 누구나 수고스러운 대로 그것을 내 출판사에 보내 주기를 간절히 부탁한다. 그러면 출판사를 통해서 내가 그 반대론을 알고, 동시에 답변을 붙이도록 노력하련다. 이렇게 함으로써 독자들은 반대론과 답변을 함께 보고 진리에 관하여 더욱 쉽게 판단을 내리게 될 것이다. 왜냐하면 나는 거기다가 결코 긴 답변을 하려 하지는 않으며, 다만 내 여러 잘못을 알게 되면 아주 솔직히 인정하고, 혹은 잘못을 찾을 수 없으면, 그저 내가 쓴 것을 변호하기 위하여 필요하다고 내가 믿는 것을 말하되, 거기다가 어떠한 새로운 문제에 대해서도 설명을 첨가하지 않음으로써 이 문제에서 저 문제로 끝없이 논하게 되지 않으려는 때문이다.

《굴절광학》과 《기상학》의 처음 부분에서 내가 이야기한 문제들 가운데 어떤 것들은 내가 가설이라 부르면서도 증명하려 하지 않는 것으로 보여서 이상하게 여겨진다면, 책 전체를 주의 깊게 읽는 인내를 가져 주었으면 하며, 그리하면 만족을 얻으리라고 생각한다. 왜냐하면 여러 가지 이유가 거기서는 서로 밀접하게 연관되어 있는데, 나중 것들은 그 원인인 처음 것들에 의하여 증명되어 있고, 또 처음 것들은 그 결과인 나중 것들에 의해서 증명되어 있기 때문이다. 그리고 이 점에서 내가 논리학자들의 이른바 순환 논증의 과오를 범하고 있다고 생각해서는 안 된다. 왜냐하면 실험이 그 결과들의 대부분을 매우 확실한 것이 되게 하고 있으므로, 그로부터 내가 이 결과들을 연역하는 원인들은 결과들을 증명하기보다는 오히려 결과들을 설명하는 데 도움이 되며, 이와 정반대로 원인들이야말로 결과들에 의하여 증명되고 있기 때문이다. 그리고 내가 이 원인들을 가설이라고 부른 것은 다만 나로서는 그것들을 내가 위에서 설명한 제1원리들로부터 연역할 수 있다고 생각하지만, 그런 연역을 결코 하고 싶지 않다는 것을 사람들이 알도록 하기 위해서였을 따름이다. 또 이 연역을 안 하는 것은 다른 사람이 20년에 걸쳐 생각한 모든 것을 거기에 관해서 두세 마디 말만 듣고 곧장 다 안다고 상상하는 사람들, 또 더욱 날카롭고 민첩할수록 그만큼 더 잘못하기 쉽고 진리를 파악하기가 더 어렵게 되기 쉬운 사람들이 내 원리라고 믿는 것 위에 어떤 엉뚱한 철학을 세울 기회를 가지게 되고, 그리고는 그 잘못을 나에게 돌리게 되는 일이 없도록 하기 위해서다. 왜냐하면 전적으로 내 것인 의견들에 관해서 말하건대, 나는 그것들이 새로운 것이라 하여 핑계하는 일은 결코 하지 않기 때문이다. 내 의견들의 근거를 잘 생각해 본다면, 그것들은 아주 단순하고 또 상식에 아주 잘 일치하기 때문에, 동일한 문제에 관해서 있을 수 있는 다른 어느 의견보다도 덜 이상하고 덜 기묘하다는 것을 발견하게 되리라고 나는 확신한다. 그리고 나는 이 의견들 중 어느 것에 대해서도 내가 최초의 발견자라고는 결코 자랑하지 않는다. 그것은 전에 누가 그런 의견을 말해서도 아니요, 또 아무도 말하지 않아서도 아니라, 다만 이성이 그것들을 나에게 납득시켰기 때문에 받아들이게 된 것을 자랑할 따름이다.

 기술자들이 ≪굴절광학≫에서 설명된 발명을 금방 실행할 수 없다고 해서 그 발명이 신통치 못한 것이라고 말할 수 있다고는 믿지 않는다. 왜냐하면 내가 기술한 기계들을 조금도 흠이 없도록 만들고 조정하려면 재주도 있고 익숙해지기도 해야 되므로, 만일 기술자들이 대뜸 잘 해낸다고 하면 나는 어떤 사람이 좋은 악보를 받기만 하고서 하루 안에 비파를 훌륭하게 탈 줄 알게 되는 것에 못지않게 놀라겠기 때문이다. 그리고 내가 내 스승들의 언어인 라틴어가 아니고 내 나라의 언어인 프랑스어로 책을 쓰는 것은, 나면서부터 가지고 있는 전적으로 순수한 이성만을 사용하는 사람들이 옛날 책만을 믿는 사람들보다 내 의견들을 더 바르게 판단하리라고 기대하기 때문이다. 또 나는 양식을 가지고 있는 동시에 꾸준히 연구하는 사람들만이 내 심판관이 되기를 바라는데 이런 사람들은 통속의 언어로 내 논거를 설명했다고 해서 이 논거를 거부할 만큼 라틴어를 편애하지는 않을 줄로 확신한다.

 끝으로, 여기서 앞으로 내가 학문에서 가지게 될 진보에 관하여 자세히 이야기할 생각도 없고, 성취할 것을 확신하지 않는 어떤 약속도 대중에게 할 생각은 전혀 없다. 그러나 다만 의학을 위하여 현재까지 얻은 것들보다도 더 확실한 규칙들을 끌어낼 수 있는 어떤 자연 인식을 얻으려고 힘쓰는 데만 내 여생을 보내기로 결심했다는 것, 그리고 다른 모든 계획, 특히 어떤 사람들에게 유익하면 다른 사람들에게는 해를 끼치는 계획들은 내 취미에 정확히 맞지 않는 것이므로, 어떤 형편으로 내가 그런 일을 하지 않을 수 없게 된다 하더라도 내가 그 일에 성공할 수 있다고는 결코 생각하지 않는다는 것만을 말해 두기로 한다. 이렇게 말함으로써 나는 세상에서 나를 중요한 사람이 되게 하는 데 도움이 될 수 없음을 내가 잘 아는 하나의 선언을 하는 것이거니와, 또한 나는 그런 사람이 되었으면 하는 생각은 조금도 없다. 그리고 나는 이 지상에서 가장 명예스러운 직책을 나에게 주는 사람보다도 아무 방해도 받지 않고 내 여가를 즐길 수 있도록 호의를 베풀어 주는 사람들을 항상 더 고맙게 여길 것이다.

제 1 철학에 관한

성　찰(省察)

하나님의 현존 및
인간의 영혼과 육체의 실재적 구별을 논증함

파리 신학부에 보내는 편지

'가장 현명하고 가장 고명한 신성한
파리 신학부의 학부장 및 박사님들에게'

제가 이 책을 여러분에게 헌정하는 것은 매우 정당한 이유에서이며, 여러분께서 이 책의 의도를 이해하시면, 이 책을 보호하는 매우 정당한 이유를 가지시리라고 확신하므로 이 책을 여러분께서 좋다고 인정하시기를 바라면서, 제가 이 책에서 의도한 것을 간단히 말씀드리는 것이 좋다고 생각합니다.

저는 항상 하나님과 영혼이라는 두 가지 문제는 신학보다도 오히려 철학에 의해서 논증될 문제들 중 가장 주요한 것이라고 여겨 왔습니다. 왜냐하면 신자인 우리들에게는 인간의 영혼이 육체와 함께 멸하지 않는다는 것과 하나님이 계시다는 것이 신앙에 의하여 믿으면 되는 것이지만, 비신자(非信者)에게는 이 두 가지 것을 먼저 자연적 이성에 의하여 증명해 주지 않으면 어떠한 종교나 또 거의 어떠한 도덕상의 덕도 받아들이게 할 수 없다고 생각하기 때문입니다. 그리고 이 세상에서는 덕행보다도 악행이 자주 큰 상을 받으므로, 만일 하나님을 두려워하지도 않고 내세에 대한 기대도 가지지 않는다면, 이득보다 의로운 것을 택할 사람은 거의 없을 것입니다. 그런데 하나님의 계심을 믿어야 한다는 것은 그것이 성서의 가르침인 때문이요, 한편 성서를 믿어야 한다는 것은 그것이 하나님께로부터 온 때문이라는 것은 전적으로 옳은 말입니다. 이것은 신앙이 하나님의 선물이므로, 다른 것들을 믿게 하기 위하여 은혜를 주시는 하나님은 또한 그가 계심을 우리로 하여금 믿게 하기 위하여 은혜를 주실 수 있기 때문입니다. 그러나 이것을 순환론이라고 판단하는 비신자들에게는 이런 논의를 내어 놓을 수 없습니다.

그리고 사실 제가 알기로는 여러분과 또 다른 모든 신학자들은 하나님의 현존이 자연적 이성에 의하여 증명될 수 있다고 확신하고 계실 뿐만 아니라 또한 하나님에 대한 인식은 많은 피조물에 대해서 우리가 가지고 있는 인식보다 훨씬 더 분명하고 또 얻기가 쉬워, 그것을 가지고 있지 않은 사람은 책망을 받아 마땅하다는 것이 성서로부터 추론됩니다. 이것은 ≪지혜서≫ 제13장에 있는 다음의 말씀으로 보아 분명합니다. 거기에는 "그들은 용서받을 수 없다. 만일 그들이 세계를 탐지할 수 있는 지식을 쌓을 능력이 있다면 어찌하여 세계를 만드신 분을 일찍이 찾아내지 못했는가?"라고 적혀 있습니다. 또 ≪로마 사람들에게 보낸 편지≫ 제1장에는 "사람들이 무슨 핑계를 대겠습니까?"라는 말씀이 있습니다. 그리고 또 같은 곳에 "사람들이 하나님에 관해서 알 만한 것은 하나님께서 밝히 보여 주셨기 때문에 너무나도 명백합니다"라고 하신 말씀에 의해서, 하나님에 관하여 알 수 있는 모든 것은 다른 어떤 곳도 아니라 우리 자신의 정신 속에서만 찾으면 되는 근거들에 의하여 밝혀질 수 있다고 알려주고 있습니다. 그래서 저는 어찌해서 이런가, 또 어떤 길을 가면 세상의 모든 사물보다 하나님을 더 쉽고 더 확실하게 인식할 수 있는가를 탐구하는 것은 저와 무관한 일이 아니라고 생각하였습니다.

그리고 영혼에 관하여는, 많은 사람들은 그 본성을 아는 것이 쉽지 않다고 생각하였으며, 심지어 어떤 사람들은 인간적 근거에서는 영혼이 육체와 함께 멸함을 인정하지 않을 수 없고, 오직 신앙만이 이와 반대되는 것을 가르쳐 준다고까지 감히 말하였습니다. 그러나 레오

10세의 주재 아래 열린 라테라노 공회의는 그 제8회기16)에서 이들을 이단이라 선고하고, 크리스천 철학자들에게 이들의 주장을 논파하고 온힘을 다하여 진리를 증명하라고 분명히 명하고 있으므로 저도 감히 이 일을 하기로 한 것입니다.

뿐만 아니라 많은 비신자들이 하나님이 계시다는 것과 인간의 영혼이 육체와는 전혀 다르다는 것을 믿으려 하지 않는 것은 지금까지 아무도 이 두 가지 것을 증명하지 못한 때문이라고 그들이 말하고 있음을 저는 알고 있습니다. 물론 저는 이들과 의견을 같이하지는 않으며, 오히려 반대로 이 두 문제에 관하여 위대한 사람들이 내어 놓은 거의 모든 논거는 잘 이해되기만 하면 논증의 힘을 가지고 있다고 생각하며, 또 이미 다른 사람이 내어 놓지 않은 새로운 논거를 생각해 낸다는 것은 불가능하다고 확신하고 있습니다. 그러나 한번은 모든 논거 가운데 가장 훌륭한 것을 주의 깊게 찾아내어 아주 엄밀하고도 명확하게 해명하여, 이것이야말로 참된 논증이라고 앞으로 모든 사람이 인정되도록 한다면, 철학에 있어서 이보다 더 유익한 일은 없다고 생각합니다. 그리고 끝으로 제가 뭇 학문에 있어서 온갖 어려운 문제를 풀기 위하여 어떤 방법을 개발했음을 알고 있는 여러 사람들로부터 저더러 이 일을 하라는 강력한 요청을 받았습니다. 진리보다 더 오랜 것은 아무것도 없으므로, 이 방법은 결코 새로운 것이 아닙니다마는, 그들은 가끔 제가 이 방법을 다른 분야에서 사용하여 좋은 성과를 올린 것을 알고 있습니다. 그래서 저는 이 문제에 대해서 어떤 일을 시도하는 것이 제 의무라고 생각하였습니다.

그런데 제가 성취한 모든 것은 이 논문에 들어 있습니다. 하지만 저

---

16) 1513년 로마의 라테라노(Laterano)교황 궁전에서 열려, 개개인의 정신은 신체의 죽음과 동시에 멸한다는 아베로에즈(Averroës)파의 생각을 이단이라고 선고했다.

는 이 문제를 증명하기 위하여 내어 놓을 수 있는 근거를 모두 여기에 수록하려고 하지는 않았습니다. 그렇게 하는 것은 아주 확실한 근거가 하나도 없을 때에만 필요하다고 생각한 때문입니다. 다만 저는 첫째가는 그리고 주요한 근거들만을 추구하였으며, 이제 이것들을 가장 확실하고 가장 명증적인 논증으로 감히 제시하는 것입니다. 여기서 덧붙여 말하자면, 저는 이것들보다 더 훌륭한 근거를 발견할 수 있는 어떤 길도 인간의 정신에게는 열려 있지 않다고 생각합니다. 이렇게 말씀드리는 것은 여기에서의 문제의 중요성과 그 모든 것이 관련되어 있는 하나님의 영광이 저로 하여금 평소의 습관과는 달리 좀더 자유롭게 말하지 않을 수 없게 하는 때문입니다. 그런데 저는 이 여러 근거를 확실하고 명증적인 것이라고 생각하고 있기는 하지만, 그렇다고 해서 그것들이 누구에게나 이해될 수 있는 것이라고는 믿지 않습니다. 오히려 사정은 기하학의 경우와 꼭 같습니다. 기하학에서도 아르키메데스, 아폴로니우스, 팝포스 및 그 밖의 많은 사람들이 많은 논증을 남겼는데, 또 이것들은 모든 사람에 의하여 아주 명증적이고 확실한 것으로 여겨지고 있습니다. 이것들을 하나하나 고찰해 볼 때 그 속에는 쉽게 인식할 수 없는 것은 하나도 들어 있지 않고 또 귀결이 전제와 밀접하게 연결되어 있지 않은 것은 하나도 들어 있지 않으니 말입니다. 그러나 이것들은 좀 길게 연결되어 있고, 정신을 전적으로 집중시키는 독자를 요구하므로 극소수 사람들에서만 이해할 수 있습니다. 이와 마찬가지로 제가 여기서 사용하는 논증들도 확실성과 명증성에서는 기하학의 논증들에 못지않거나 그것들을 능가하는 것이라고 생각하지만, 많은 사람들이 충분히 이해할 수 있는 것이라고는 생각하지 않습니다. 첫째로, 이 논증들 역시 좀 길고 서로 의존하고 있기 때문이고, 둘째로 이것이 더 주요한 이유입니다마는 선입견에서 아주 벗어난 그리고 자신을 감각의 영향으로부터 쉽사리 벗어나게 할 수 있는 정신을 요구하기 때문입니다. 그리고 사실 형이상학 연구에 적합한 사람은 기하학 연구에 적합한 사람만큼 많지는 않습니다. 또 다음과 같은 차이도 있습니다. 즉 기하학에서는 확실한 증명을 할 수 없는 것은 결코 논술되지 않는 법이라고 누구나 믿고 있으므로, 기하학에 정통하지 않은 사람들은 참된 논증을 거부하는 과오를 범하기보다는 거짓된 논증들을 이해하고 있는 척하고 싶어서 시인하는 과오를 더 자주 범합니다. 이와 반대로 철학에는 무슨 문제든지 두 편으로 갈라져 논쟁할 수 있다고 누구나 믿고 있기 때문에, 진리를 찾는 사람은 극히 적고 대다수 사람은 감히 가장 훌륭한 논증을 공격함으로써 재사(才士)라는 명성을 얻으려 하고 있습니다.

 이런 까닭에 제가 내어 놓는 근거가 아무리 유력하다 할지라도 하여간 철학에 속하는 것이므로 여러분이 보호해 주지 않으면, 큰 효과를 얻을 수 있다고 기대되지 않습니다. 그런데 귀학부에 대해서는 모든 사람이 깊은 존경의 염(念)을 품고 있고, 또 소르본느의 이름은 큰 권위를 가지고 있으므로, 신앙의 문제에서 신성한 공회의 다음으로 귀학부만큼 신뢰를 받고 있는 단체가 없을 뿐만 아니라 또한 인간적인 철학에서도 귀학부 이상으로 명찰(明察)과 견실성(堅實性) 및 판단을 내림에 있어서 공평함과 신중함을 지니고 있는 곳이 아무 데도 없다고 믿고 있습니다. 그러므로 여러분이 이 책에 관하여 배려하시되 먼저 잘못된 점을 고쳐 주시고 —— 이것은 제가 인간으로서 약할 뿐만 아니라 무지하다는 것도 잘 알고 있어서 이 책 속에 아무 잘못된 점도 없다고는 말할 수 없기 때문입니다 —— 다음에는 부족한 점이 있으면 더 첨가하시고, 불완전한 것이 있으면 완전하게 하시고, 좀 더 설명해야 할 부분에 대해서는 여러분께서 몸소 충분한 설명을 붙이시거나 이렇게 하는 일을 저에게 맡겨 주시며, 끝으로 하나님이 계시다는 것, 인간의 영혼은 육체와 다르다는 것을 증명하는 이 책의 추리들이 더할 나위 없이 엄밀한 논증이라고 여겨질 정도의 명료성에까지 도달한 다음에——저는 이 추리들이 그러한 명료성에 도달할 수 있다고 확신합니다——여러분께서 바로 이것을 선언하고 세상에 증언해 주신다면, 하나님과 영혼의 문제에 관하여 지금까지 있었던 모든 오류가 얼마 안 가서 사람들의 마음에서 사라지게 되리라는 것을 의심하지 않습니다. 왜냐하면 진리 자체가 모든 재능 있는 사람들과 학식 있는 사람들로 하여금 여러분의 판단에 쉽게 동의하게 할 것이기 때문입니다. 또 여러분의 권위는 학식이 있고 재능이 있다기보다는 거만하기 마련인 무신론자들로 하여금 반대할 생각을 버리게 할 것이며, 나아가서는 아마 이 책 속에 있는 추리가 모든 사람들에게 논증으로 인정되고 있음을 보고, 자기들이 그것을 이해하지 못하고 있다고 여겨지지 않기 위하여 자진해서 그것을 변호하려고까지 하게 할 것입니다. 그리하여 다른 모든 사람은 이렇게 많은 증인이 있음을 보고 쉽사리 승복할 것이며, 또 세상에서 하나님의 현존 및 인간의 영혼과 육체의 실재적 구별을 감히 의심하는 사람은 하나도 없게 될 것입니다.

이렇게 되는 것이 얼마나 유익한가 하는 것은 여러분께서 비길 데 없는 지혜를 가지고 계시기 때문에, 누구보다도 잘 판단해 주실 것입니다. 항상 가톨릭교회의 가장 든든한 주석이었던 여러분에게 제가 이 이상 하나님과 종교에 관하여 더 많은 말을 한다는 것은 주제넘은 일이 되겠습니다.

독자에게 드리는 서언

하나님과 인간의 정신에 관하여 나는 이미 조금 전에 1637년 프랑스어로 간행된 ≪이성을 잘 인도하고 뭇 학문에서 진리를 찾기 위한 방법서설≫에서 약간 언급한 바 있다. 나는 거기서 이 문제들을 철저히 다루지는 않고, 다만 지나가는 길에 언급하여, 독자들의 판단을 듣고 후일 그것들을 어떻게 다루는 것이 좋을지 알려고 했을 따름이다. 사실 이 문제들은 아주 중요한 것으로 여겨졌기 때문에, 한번만 아니라 여러 차례 논할 필요가 있다고 생각되었다. 그리고 이 문제들을 설명하기 위하여 내가 밟아가는 길은 기왕에 거의 아무도 지나간 적이 없고, 또 보통의 길에서 너무 멀리 떨어져 있기 때문에, 프랑스어로 쓰이고 누구에게나 널리 읽힐 책에서 자세히 논하는 것은 무익한 일이라고 생각하였다. 그렇게 하면 우둔한 사람들까지도 그 길을 자기들도 밟아가야 한다고 믿을 것이었다.

그런데 그때 나는 내가 쓴 것들 속에서 잘못된 점을 발견한 사람은 누구나 그것을 나에게 알려 달라고 부탁했는데, 위에 말한 문제에 관하여는 주목할 만한 반론이 둘밖에 나오지 않았다. 위에 말한 두 가지 문제를 더욱 엄밀하게 논하기에 앞서 여기서 그 반론에 대하여 간단히 답변하련다.

첫째 반론은 인간의 정신이 자기 자신을 살펴볼 때 자기 자신을 하나의 생각하는 것으로서 밖에는 의식하지 않는다고 해서 그 본성 즉 본질이 오직 생각한다고 하는 데만 있다── 이 오직이란 말로 해서, 아마도 역시 정신의 본성에 속한다고 볼 수 있는 다른 모든 것이 배제된다── 는 것이 귀결되지는 않는다고 하는 것이다. 이 반론에 대하여 나는 다음과 같이 답변한다. 내가 거기서 다른 모든 것을 제외하려 한 것은 사물의 진리의 순서(이것을 그때 문제삼은 것은 아니다)를 따라서가 아니라, 다만 내 의식의 순서를 따라서였다고, 따라서 그 의미는 내 본질에 속하는 것으로 내가 명백히 아는 것은 내가 생각하는 자라고 하는 것, 즉 생각하는 능력을 자기 속에 가지고 있는 자라고 하는 것뿐이었다고. 그러나 나는 아래에서 어찌하여 내가 다른 아무것도 내 본질에 속하지 않음을 인식한다는 것으로부터 또한 사실상 다른 아무것도 내 본질에 속하지 않는다는 것이 귀결되는가를 밝힐 것이다.

둘째 반론은, 내가 내 속에 나보다 더 완전한 것의 관념을 가지고 있다고 해서 이 관념 자체가 나보다 더 완전하지는 않으며, 더군다나 이 관념에 의하여 표상되는 것이 현존하는 것도 아니라고 하는 것이다. 그러나 여기 대해서는 다음과 같이 답변한다. 여기서 이 관념이라는 말에는 두 가지 뜻이 있다. 즉 그것은 질료적으로 오성의 작용이라고 볼 수도 있고, 이 의미에 있어서는 그것이 나보다 더 완전하다고 할 수 없으나, 한편 객관적으로 이 작용에 의하여 표현된 것이라고도 볼 수 있으며, 이 경우에는 비록 오성의 외부에 현존하는 것으로 상정될 수는 없어도 그 본질로 인하여 나보다 더 완전한 것일 수 있다. 그러나 나보다 더 완전한 것의 관념이 내 속에 있다고 하는 것만으로부터 어떻게 그것이 참으로 현존한다는 것에 귀결되는가 하는 것은 아래에서 자세히 밝힐 것이다.

그 밖에 나는 두 편의 무척 긴 반박문을 보았다. 그러나 그것들은 위의 문제에 관한 내 근거들보다도 오히려 결론을 무신론자들이 흔히 쓰는 문구에서 빌려 온 의론(議論)에 의하여 공격한 것이었다. 그런데 이 의론은 내 추리를 이해하는 사람들에게는 아무 힘이 없기 때문에 또 많은 사람들의 판단이란 희미하고 비합리적이요, 일단 어떤 의견을 받아들이면 그것이 아무리 거짓되고 이치에 어긋난 것이라 할지라도 나중에 이 의견에 대한 참되고 견고한 반박을 들어도 오히려 이 의견을 더 옳게 여기기 쉬운데, 만일 내가 답변한다면 먼저 이 의론이 무엇인지 말해야만 하기 때문에 나는 여기서 저들의 비판에 답변하기를 원치 않는다. 다만 일반적으로 다음과 같이 말해 두기로 한다. 하나님의 현존을 공격하기 위하여 무신론자들이 내어 놓는 의론은 언제나 다음의 두 가지 것 중 하나에 의존한다. 하나는 인간적인 정념들을 하나님께 돌리는 것이요, 다른 하나는 하나님이 하실 수 있는 일과 하셔야 할 일을 결정짓고 이해하려고 할 만한 많은 힘이 우리의 정신 속에 있다고 자부하는 것이다. 그리하여 우리가 오직 우리의 정신은 유한하지만, 하나님은 이해를 초월하여 계시고 무한하다고 생각해야 한다는 것을 잊지만 않는다면, 그들이 논하는 모든 것은 우리에게 아무 어려움도 일으키지 않을 것이다.

 이제 나는 사람들의 판단을 알게 되었으므로, 여기서 다시 하나님과 인간 정신의 문제를 논함과 동시에 제1철학 전체의 기초를 논하고자 한다. 이렇게 함에 있어 나는 대중의 칭찬을 얻고자 하지도 않으며, 많은 독자가 생길 것을 바라지도 않는다. 이 책을 읽기를 내가 원하는 사람들은 오직 나와 함께 진지하게 사색하고, 정신을 감각으로부터 또 모든 선입견으로부터 해방시킬 수 있고 또 이렇게 하고자 하는 사람들뿐이요, 이러한 사람들의 수가 아주 적다는 것을 나는 잘 알고 있다. 한편 내 추리의 순서와 연결을 이해하려 하지 않고, 또 흔히 많은 사람들이 하는 것처럼 그저 하나하나의 어구에 구애되어 흠잡는 데 열중하는 사람들은 이 책을 읽어도 별로 큰 이익을 얻지 못할 것이다. 그리고 이런 사람들은 아마 많은 점에서 하찮은 이의를 내세울 기회를 얻을 수는 있을지라도 무게 있고 답변할 가치가 있는 반론은 도저히 내어 놓지 못할 것이다.

 그러나 나는 그 밖의 다른 사람들에게 모든 점에서 금방 만족을 주겠노라고 약속하지는 않으며, 또 어떤 사람에게든 곤란을 일으킬 수 있는 것을 모두 예견할 수 있다고 나 자신을 지나치게 믿지도 않는다. 그래서 나는 먼저 이 여러 성찰에서 나로 하여금 진리의 확실하고 명증적인 인식에 도달케 했다고 여겨지는 여러 고찰을 전개하고, 나를 설득시킨 여러 근거로써 다른 사람들도 설득할 수 있는지 확인해 보려 한다. 그리고 그 다음에 나는 지능과 학식이 뛰어난 몇 분의 반론에 답변하기로 한다. 나는 이 성찰들을 인쇄에 넘기기 전에 검토하도록 이 분들에게 보냈었다. 이 분들이 내어 놓은 반론들은 그 종류도 많고 내용도 여러 가지로 다르므로, 적어도 중요한 문제로서 이 분들이 이미 건드리지 않은 것이 다른 어떤 사람의 머리에 쉽사리 떠오르는 일은 거의 없으리라고 본다. 그러므로 나는 독자들에게 위에서 말한 모든 반론과 나의 답변을 읽지 않고서는 이 성찰들에 대하여 판단을 내리지 않도록 거듭 간청하는 바이다.

다음 여섯 성찰의 요약

첫째 성찰에서는 우리가 모든 것에 관하여, 특히 물질적인 것들에 관하여, 학문의 기초로서 우리가 지금까지 가지고 있던 것 외에 다른 것을 전혀 가지고 있지 않는 한, 의심할 수 있는 이유를 제시한다. 그런데 전반적인 회의(懷疑)의 효용은 대뜸 분명하게 나타나지는 않지만, 다음과 같은 점에서 매우 크다. 즉 그것은 우리를 모든 선입견으로부터 해방시켜 주며 정신을 감각으로부터 떼어내는 데 있어 가장 쉬운 길을 열어 주며 끝으로 이렇게 하고 나서 우리가 참된 것으로 본 것을 더 이상 의심할 수 없도록 해준다.

둘째 성찰에서는 자기의 고유한 자유를 사용하여, 조금이라도 그 현존에 관하여 의심할 수 있는 모든 것이 전혀 현존하지 않는다고 상정하는 정신은 그러면서도 자기 자신은 현존하지 않을 수 없음을 깨닫는다. 이것 역시 효용이 매우 큰 것으로, 이렇게 함으로써 정신은 자기 자신에게 속하는 것, 즉 지성적 본성에 속하는 것을 쉽사리 구별할 수 있게 된다. 그러나 이 둘째 성찰에서 영혼의 불사를 증명하는 논거를 기대하는 사람들이 있을지도 모르므로 나는 여기서 그들에게 다음과 같은 것을 알려 주어야 한다고 생각한다. 즉 나는 엄밀하게 논증할 수 없는 것은 어떤 것도 논술하지 않으려고 노력했으므로, 기하학자들이 으레 사용하는 순서, 즉 찾고 있는 명제에 관해서 결론을 내리기 전에 그 명제에 필요한 조건을 모두 내놓는 순서를 따르지 않을 수 없었다.

그런데 영혼의 불사를 인식하기 위하여 먼저 요구되는 가장 중요한 첫째 조건은 영혼에 대하여 가능한 한 분명한 그리고 물체의 모든 개념과 전적으로 구별되는 개념을 형성하는 것이다. 이 일은 바로 이 둘째 성찰에서 행해졌다. 그러나 이 밖에 우리가 명석하고 판명하게 이해하는 것은 모두 우리가 이해하는 그대로 참되다고 하는 것도 알아야 한다. 이것은 넷째 성찰에 가기까지는 증명될 수 없었다. 또 물체적 본성에 대하여 판명한 개념을 가져야 하는데, 이런 개념은 일부는 이 둘째 성찰에서 그리고 일부는 다섯째 및 여섯째 성찰에서 형성된다. 그리고 끝으로 이 모든 것으로부터 다음과 같은 결론이 나온다. 정신과 신체를 파악하는 경우에서와 같이 서로 다른 실체로서 명석하고 판명하게 파악되는 것은 모두 실재적으로 구별되는 실체이다. 이것은 여섯째 성찰에서 나온 결론이다. 이 결론은 또한 여섯째 성찰에서, 우리가 어떤 물체나 다 가분적(可分的)인 것이라고만 생각하고, 반대로 어떤 정신이나 다 불가분의 것으로만 생각한다는 것에 의하여 확인된다. 사실 우리는 아무리 작은 물체라도 그 절반을 생각할 수 있으나 정신에 대해서는 그 절반을 생각할 수 없다. 따라서 이 두 가지 것의 본성은 그저 서로 다르기만 할 뿐만 아니라 또한 어떤 점에서는 아주 정반대된다는 것이 인정된다. 그러나 여기 대해서는 이 책에서 더 이상 논하지 않았다. 이것은 위와 같은 성찰만으로 신체의 소멸로부터 영혼의 사멸이 귀결되지 않음을 밝히고, 사람들에게 내세에 대한 희망을 주기에 충분하거니와, 또한 영혼의 불사를 결론짓게 하는 전제들은 자연학 전체의 설명에 의존하기 때문이다. 즉 첫째로 무릇 모든 실체, 다시 말하면 하나님께 창조되지 않고서는 현존할 수 없는 모든 것은 그 본성상 불멸이요, 바로 이 하나님에 의하여 무가 되지 않는 한, 결코 없어질 수 없다는 것을 알지 않으면 안 된다. 그리고 다음으로 물체는 일반적으로 볼 때 하나의 실체요, 따라서 결코 소멸하지 않는다는 것, 그러나 인간의 신체는 다른 물체들과 다른 한, 다만 지체들의 어떤 일정한 배치와 이 밖에 이와 비슷한 우유성(偶有性)들만으로 구성되어 있다는 것, 이와 반대로 인간의 영혼은 그와 같은 우유성들만으로 되어 있는 것이 아니라, 하나의 순수한 실체라는 것을 주의하지 않으면 안 된다. 왜냐하면 설사 정신의 모든 우유성이 변화한다 할지라도, 가령 어떤 다른 것을 생각하고 다른 것을 바라고 다른 것을 감각한다 할지라도, 그 정신이 다른 것이 되는 것은 아니지만, 인간의 신체는 그 부분들 중 어떤 것의 모양이 달라지기만 해도 다른 것이 되고 말기 때문이다. 이것으로부터 신체는 쉽사리 소멸하지만, 정신은 그 본성상 불사라고 하는 것이 귀결된다.

 셋째 성찰에서는 하나님의 현존을 증명하기 위한 내 주요한 논증을 나로서는 충분히 자세하게 설명했다고 생각한다. 그러나 독자들의 정신을 될수록 감각으로부터 떠나게 하기 위하여, 나는 거기서 물체적인 것들로부터 얻은 비유를 사용하기를 원치 않기 때문에, 아마도 애매한 점이 많이 남아 있을 줄 안다. 하지만 이것들은 나중에 반론에 대한 답변에서 깨끗이 제거될 것이다. 가령, 우리 속에 있는 최고로 완전한 존재의 관념은 참으로 큰 객관적 실재성을 지니고 있기 때문에, 또한 최고로 완전한 원인으로부터 생겨 나오지 않을 수 없다는 것은 이해하기가 매우 어려운 문제이다. 그러나 나는 이것을 답변 속에서, 아주 완전한 기계의 관념이 그것을 만든 사람의 정신 속에 있는 경우와 비교함으로써 해명하였다. 즉, 이 관념에 나타난 기교는 어떤 원인, 즉 그 기계 제작자의 지식이나 그에게 그 관념을 가지게 한 어떤 다른 사람의 지식을 가져야 하는 것과 마찬가지로 우리들 속에 있는 하나님의 개념도 하나님 자신을 원인으로 가져야 하기 때문이다.

 넷째 성찰에서는 우리가 명석하고 판명하게 지각하는 것은 모두 참되다는 것이 증명된다. 동시에 허위의 근거가 어디에 있는가도 설명된다. 이것은 이에 앞서 말한 것들을 확인하기 위해서도 또 뒤에 말한 것들을 이해하기 위해서도 반드시 알아야만 하는 것이다. 그러나 거기서 내가 문제 삼고 있는 것은 결코 죄, 즉 선악의 추구에 있어서 범하게 되는 잘못이 아니라 진위의 판별에 있어서 생기는 잘못만이라고 하는 것, 또 거기서 고찰되는 것은 신앙 혹은 실생활에 관한 일이 아니라 자연적인 빛에 의하여 인식되는 사변적인 진리뿐이라고 하는 것을 주의해야 할 것이다.

다섯째 성찰에서는 일반적으로 생각된 물체적 본성이 설명되며, 또 새로운 근거에 의하여 하나님의 현존이 논증된다. 이 근거에도 아마 몇 가지 난점이 있을 줄 알지만, 이것들은 나중에 반론에 대한 답변에서 해결될 것이다. 끝으로 기하학적 논증의 확실성도 하나님의 인식에 의존한다는 것이 어찌하여 참인가 하는 것을 밝혔다.

마지막으로 여섯째 성찰에서는 상상력의 작용과 구별되는 오성의 작용, 그 구별의 여러 표적이 기술된다. 인간의 정신은 육체로부터 참으로 구별되지만, 정신과 육체는 밀접하게 결합되어 일체를 이루고 있음이 밝혀진다. 감각으로부터 생기기 쉬운 모든 오류가 드러나고, 오류를 피하는 수단이 제시된다. 그리고 끝으로 물질적 사물의 현존을 결론지을 수 있는 모든 근거가 제시된다. 이 근거들이 증명하는 것, 즉 세계가 정말 있다는 것, 인간은 육체를 가지고 있다는 것, 그 밖에 이와 비슷한 것들을 증명하기 위하여 이 근거들이 매우 유익하다고 생각한 때문이 아니다. 건전한 정신을 가진 사람으로서 이런 것들을 진심으로 의심한 사람은 한 사람도 없었다. 오히려 자세히 살펴볼 때, 이 근거들은 우리의 정신과 하나님의 인식에 이르게 하는 근거들만큼 견고하지도 않고 분명하지도 않다는 것을 알게 되기 때문이다. 따라서 우리의 정신과 하나님의 인식에 이르게 해주는 근거들이야말로 인간의 정신이 알 수 있는 모든 것 가운데 가장 확실하고 가장 명증적인 것이다. 오직 이 한 가지 것을 증명하려는 것이 이 여섯 성찰에서 내가 의도한 것이다. 그러므로 이 책에서 간혹 언급한 다른 문제는 여기서 들지 않기로 한다.

성 찰 1
의심할 수 있는 것들에 관하여

 이미 여러 해 전에 나는 깨달은 바 있다. 어릴 적부터 나는 많은 거짓된 것을 참된 것으로 받아들여 왔고, 그 후 내가 그것들 위에 세운 것은 극히 의심스러운 것이므로 학문에 있어서 언젠가 확고부동한 것을 세우려고 한다면 일생에 한번은 전에 받아들였던 모든 의견을 송두리째 무너뜨리고 처음부터 토대를 쌓기 시작해야 한다고. 그러나 이것은 아주 큰일이라고 여겨졌으므로 나는 이 일을 하기에 더 적합한 때가 오지 않으리라 생각될 정도로 성숙한 연령에 이를 때까지 기다렸다. 그리하여 오랫동안 연기해 왔으므로 아직도 주저하여, 남아 있는 시간을 헛되이 보낸다면, 이제부터는 과오를 범하는 것이 될 것이다.
 그래서 다행히 오늘 내 정신은 모든 염려에서 해방되고 평온한 여가를 얻어 홀로 조용히 들어 앉아 있으므로, 진지하고도 자유롭게 전에 내가 가졌던 모든 의견을 온통 무너뜨리는 일을 해보려 한다. 그런데 그렇게 하기 위해서는 그 의견들이 모두 거짓된 것임을 증명할 필요는 없을 것이고, 또 아마 나는 그 일을 해내지 못할 것이다. 그러나 이미 이성은 전적으로 확실하고 의심할 수 없는 것이 아닌 것들에 대하여는, 명백히 거짓된 것에 대한 경우만큼 조심하여 동의를 삼가야 한다고 나를 설득하므로, 그 의견들 중 어느 하나 속에 조금이라도 의심할 이유가 있으면, 이것만으로 그 모든 의견을 버리기에 충분할 것이다. 이렇게 하는 데는 그 의견들을 하나하나 검토할 필요가 없다. 이것은 끝없는 일이 될 것이다. 토대가 무너지면 그 위에 세운 것이 온통 저절로 무너지므로, 전에 내가 가졌던 모든 의견들이 의지하고 있던 원리 자체를 따져 보려 한다.

지금까지 내가 참되다고 여겨 온 모든 것을 나는 감각으로부터[17] 혹은 감각을 통하여[18] 받아들였다. 그런데 나는 이 감각들이 가끔 속인다는 것을 경험하였다. 한번이라도 우리를 속인 것에 대하여는 결코 전폭적인 신뢰를 하지 않는 것이 현명한 일이다.

그러나 아주 작은 것과 아주 먼 곳에 있는 것들에 관하여는 감각이 가끔 우리를 속이지만, 감각을 통해서 알게 된 것들 가운데도 도저히 의심할 수 없는 것이 많다. 가령 내가 지금 여기 있다는 것, 난롯가에 앉아 있다는 것, 겨울옷을 입고 있다는 것, 이 종이를 쥐고 있다는 것, 이 밖에 이와 비슷한 것은 도저히 의심할 수 없다. 나의 이 손과 이 몸이 내 것이라는 것을 어떻게 부정할 수 있을까? 이것을 부정하는 것은 마치 내가 미친 사람들 축에 끼여 들어가려는 것이나 다름없다. 그들은 검은 담즙에서 올라오는 나쁜 증기 때문에 뇌가 아주 뒤집혀져서 알거지이면서도 임금이라고 우겨대고, 벌거벗고 있으면서도 자줏빛 옷을 입고 있다느니, 머리가 진흙으로 되어 있다느니, 자기의 몸 전체가 호박이라느니, 유리로 되어 있다느니 고집하는 것이다. 그러나 그들은 미쳤을 따름이요, 만일 그들의 흉내를 낸다면, 나는 그들 못지않게 미친 사람 취급을 받을 것이다.

하지만 나는 인간이다. 그래서 밤에는 으레 잠을 자고 꿈속에서는 미친 사람들이 깨어 있을 때에 머리 속에 그리는 것과 똑같은 것을 모두 그리고 때로는 그보다 더 엉뚱한 것을 그린다. 밤에 잠들어 있을

---

[17] 가령, 시각에 의하여.

[18] 가령, 부모나 선생을 통하여.

때 나는 옷을 벗고 침대에 누워 있건만, 깨어 있을 때처럼 내가 여기 있다고, 옷을 입고 있다고, 난롯가에 앉아 있다고 몇 번이나 믿었던가? 그러나 지금 이 종이를 보고 있는 내 눈은 분명히 깨어 있다. 움직이고 있는 이 머리는 잠들어 있지 않다. 나는 어떤 의도를 가지고 또 의식하면서 이 손을 펴며, 또 이것을 감각하고 있다. 잠들어 있을 때에는 모든 것이 이렇게 판명하지는 않을 것이다. 그러나 여기 대해서 주의 깊게 생각해 볼 때, 나는 잠들어 있을 때, 이와 비슷한 착각에 가끔 속았던 것이 생각난다. 이러한 생각을 곰곰이 하고 있노라면, 깨어 있는 것과 잠들어 있는 것을 확실히 구별할 수 있는 표적이 전혀 없음을 보고 나는 몹시 놀란다. 그 놀람이 어찌 큰지 나는 지금 꿈꾸고 있다고 믿을 지경이다.

  그러면 지금 우리가 꿈을 꾸고 있다고 하자. 그리고 저 개별적인 것들, 즉 우리가 눈을 뜨는 것, 머리를 움직이는 것, 손을 펴는 것 및 이와 비슷한 것들은 참된 것이 아니라고 하자. 또 아마 우리는 손도 몸 전체도 전혀 가지고 있지 않다고 하자. 그러나 잠들어 있을 때에 보이는 것은 현실적으로 있는 것을 모방하지 않고서는 만들 수 없는 화상(畵像)과 같은 것이므로 적어도 이 일반적인 것들, 즉 눈·머리·손·몸 전체는 공상적인 것이 아니라 참된 것으로 현존한다는 것을 인정하지 않으면 안 된다. 왜냐하면 사실 화가들은 세이렌19) 사튀로스20)를 더할 나위 없이 기괴한 모양으로 그리려고 노력할 때에도, 그것들에 전혀 새로운 본성을 부여할 수는 없고, 다만 갖가지 동물의 여러 부분을 이리저리 뒤섞을 따름이기 때문이다. 혹은 설사 그들이 비슷한 데가

---

19) Seiren : 반인반어(半人半魚)의 바다의 마녀.
20) Satyros : 말의 귀와 꼬리, 산양의 다리를 가진 반인반수(半人半獸)의 숲의 괴물.

전혀 없을 만큼 신기하고 따라서 전혀 허구요 허위라 할 만한 것을 생각해 낸다 하더라도 적어도 그것을 구성하는 빛깔들은 참된 것이 아닐 수 없다.

그리고 똑같은 이유에서, 비록 이 일반적인 것들, 즉 눈·머리·손 및 이와 비슷한 것들이 공상적인 것일 수 있다고 하더라도, 적어도 이보다 더 단순하고 보편적인 것들은 참되고 현존한다는 것, 그리고 우리의 생각 속에 있는 사물의 상(像)들은 참된 것이든, 거짓된 것이든, 모두 위에서 말한 신기한 것이 참된 빛깔로 구성되어 있는 것과 꼭 마찬가지로, 이와 같은 보편적인 것들로써 만들어져 있다는 것을 인정하지 않으면 안 된다.

이러한 종류에 속한다고 생각되는 것은 물체적 본성 일반 및 그 연장(延長), 그리고 연장을 가지고 있는 것들의 모양, 이것들의 양, 즉 이것들의 크기와 수, 또 이것들이 있는 장소, 이것들이 지속하는 시간 등이다.

그러므로 이로부터 다음과 같은 결론을 내려도 무방할 것이다.── 자연학·천문학·의학 및 이 밖에 복합된 것들의 고찰에 의존하는 모든 학문은 매우 의심스러운 것들이지만, 대수학·기하학 및 이런 성질의 학문들은 극히 단순하고 극히 일반적인 것들만을 취급하고, 또 이런 것들이 자연 속에 있는가 없는가 하는 것은 문제 삼지 않기 때문에 확실하고 의심할 수 없는 어떤 것을 내포하고 있다고. 왜냐하면 내가 깨어 있건, 잠들어 있건 2에 3을 더하면 언제나 5이고, 4각형은 네 변밖에 가지지 못하며, 또 이와 같이 분명한 진리들이 허위의 혐의를 받을 수 있다고는 생각되지 않기 때문이다.

하지만 내 정신 속에는 하나의 오래된 의견, 즉 모든 것을 하실 수 있는 하나님이 계시고, 이 하나님에 의하여 내가 현재 있는 바와 같이 창조되었다는 의견이 새겨져 있다. 그렇다면 이 하나님은 사실 땅도, 하늘도, 연장을 가진 어떤 것도 모양도 크기도 장소도 전혀 없이 모든 것을 내가 보는 그대로 있는 것처럼 생각하게 했는지도 모른다. 뿐만 아니라 나는 다른 사람들이 자기가 아주 완전히 알고 있다고 생각하고 있는 일에 있어서 잘못을 저지르고 있다고 가끔 판단하거니와, 이와 마찬가지로 내가 2에 3을 더할 때마다, 혹은 사각형의 변을 셀 때마다, 또 혹은 이보다 더 쉬운 것을 상상할 수 있다면 이것을 할 때마다, 하나님께서 잘못하도록 하시는 것은 아닐까. 그러나 하나님은 지극히 선하시다고 하기 때문에, 내가 이렇게 속는 것을 원치 않았을 것이다. 하지만 항상 속도록 나를 만들었다는 것이 하나님의 선하심에 어긋나는 것이라면, 내가 가끔 속는 것을 허용한다는 것도 역시 하나님의 선하심에 어긋나는 것이지만, 나는 하나님이 이것을 허용한다는 것을 의심할 수 없다.

 모든 것이 불확실하다는 것을 믿을 바에는, 차라리 그렇게도 유력한 하나님이 계시다는 것을 부정하려는 사람도 더러 있을 것이다. 그러나 여기서는 그들에 대하여 반대하지 않기로 하자. 또 여기서 하나님에 관하여 말하고 있는 것은 모두 하나의 우화라고 해두자. 하지만 그들이 상정하는 바에 의하면, 내가 현재와 같은 상태로 존재하게 된 것은 혹은 운명에 의하여21) 혹은 우연에 의하여22) 혹은 사물들의 연속적 연결에 의해서23)인데, 어떻든 실수를 한다든가 속는다든가 하는 것은 일종의 불완전성이라고 여겨지므로, 내 기원의 작자로 보이는 것이 무력하면 할수록, 내가 항상 속을 정도로 더욱 불완전하리라는

---

21) 스토아학파의 생각.

22) 에피쿠로스학파의 생각.

23) 고대 아리스토텔레스학파의 생각.

것은 확실한 일이다. 이러한 의론에 대하여 나로서는 대답할 것이 아무것도 없고, 다음과 같이 고백할 수밖에 없다. 즉 내가 전에 참되다고 믿은 것들 가운데 지금 내가 의심할 수 없는 것은 하나도 없는 바, 이렇게 의심함은 무시나 경솔함 때문이 아니요, 아주 유력하고 숙고된 이유에서이며, 따라서 내가 무엇인가 확실한 것을 찾고자 한다면, 이러한 의론에 대하여도 분명히 잘못된 것들에 대해서처럼 조심하여 이제부터는 동의를 삼가야 되겠다고.

 그러나 이런 말을 하는 것만으로는 부족하고, 이런 것들을 항상 염두에 두도록 마음을 쓰지 않으면 안 된다. 왜냐하면 오래된 의견들이 줄곧 되돌아와서는 이를테면 오랜 습관과 친숙하게 된 연줄로 말미암아 이 의견들에 매여 있는 나의 쉽게 믿는 마음을 내 의사에 거역하면서까지 점령하기 때문이다. 그리고 내가 이 의견들을 사실 있는 그대로라고 생각하는 동안은 즉 방금 위에서 말한 것처럼 좀 의심스럽기는 하나 그래도 매우 그럴듯하기도 하여, 그것을 부정하기보다는 믿는 것이 훨씬 더 합당하다고 생각하고 있는 동안은, 나는 결코 그 의견들에 동의하고 신뢰하는 습관에서 빠져 나오지 못할 것이다. 그러므로 여기서 의지를 아주 반대 방향으로 돌려 나 자신을 속이고 얼마 동안 이 의견들이 거짓되고 공상적인 것이라고 가상하기로 하자. 그리하여 마침내 쌍방의 편견의 무게가 평형을 얻도록 하여, 다시는 삐뚤어진 습관이 내 판단을 사물들에 대한 올바른 인식에서 빗나가지 않도록 하련다. 나는 이렇게 하는 것은 조금도 부당한 일이 아니라고 생각한다. 왜냐하면 이렇게 한다고 해도 아무 위험도 잘못도 생기지 않으리라는 것을 나는 알고 있으며, 또 지금 내가 문제 삼고 있는 것은 행동에 관한 것이 아니라 전적으로 인식에 관한 것이므로, 아무리 불신을 일삼아도 지나치지는 않음을 알고 있기 때문이다.

그러므로 나는 진리의 원천인 최선의 하나님이 아니라, 더할 나위 없고 유능하고 교활한 어떤 악한 영(靈)이 온갖 재주를 부려 나를 속이려 하고 있다고 가정하련다. 하늘·공기·땅·빛깔·모양·소리 및 모든 외적인 것은 악한 영이 내 쉽사리 믿는 마음을 움켜쥐기 위하여 사용하는 환영이요 속임수일 따름이라고 생각하련다. 또 나 자신은 손도 없고 눈도 없고 살도 없고 피도 없고 아무 감각 기관도 없고, 다만 잘못하여 이 모든 것을 가지고 있다고 생각하는 것이라고 생각하련다. 나는 완강하게 이 생각을 견지하련다. 이렇게 하면 어떤 참된 것을 인식하는 것이 내 힘에 겨운 일이라 할지라도 거짓된 것에 결코 동의하지 않는다는 것만은 확실히 내가 할 수 있는 일이다. 이런 까닭에 나는 저 기만자가 아무리 유능하고 교활하더라도 나에게 아무 것도 강요하지 못하도록 조심하련다.

그러나 이것은 힘든 기도요, 조금만 게을러도 나는 평소의 생활 태도로 되돌아간다. 이것은 마치 꿈속에서 공상적인 자유를 즐기고 있는 죄수가 자기가 꿈을 꾸고 있는 것이 아닌가 의심하기 시작할 때, 잠을 깨게 되는 것을 두려워하고, 달콤한 환상을 그대로 즐겨 가기를 갈망하는 것과 같다. 이와 마찬가지로 나도 슬그머니 옛 의견들에 다시 잠겨 들어가 그 잠에서 깨는 것을 불안하게 여긴다.──그 안락한 휴식 다음에 고통스러운 각성이 계속되고, 빛 속에서가 아니라, 오히려 방금 위에서 제기된 난문들의 빠져 나오기 어려운 암흑 속에서 지내야만 하지 않을까 두려워하면서.

성 찰 2
인간의 정신의 본성에 관하여;
정신은 신체보다 인식되기가 더 쉽다는 것

어제 내가 한 성찰은 나를 아주 많은 의심 속으로 던졌으므로 나는 이제 그것들을 잊을 수가 없다. 또 나는 어떻게 그 의심들을 해소시킬 수 있는지 모른다. 나는 갑자기 깊은 물속에 빠져 허우적거리며 발을 밑바닥에 대지도 못하고 헤엄을 쳐서 수면에 떠오르지도 못하는 것과 같은 형편에 처해 있다. 그렇지만 나는 힘을 내련다. 그리고 어제 들어선 길을 그대로 따라가련다. 즉 조금이라도 의심할 수 있는 것은 그것이 아주 거짓된 것임을 내가 확실히 알고 있는 경우처럼 모두 멀리 하련다. 그리고 마침내 어떤 확실한 것을 인식하게 될 때까지, 혹은 다른 것은 못 해도 적어도 확실한 것은 하나도 없다고 하는 것만은 확실한 것으로 인식할 때까지 이 길을 계속하여 더듬어 가련다.

아르키메데스는 지구 전체를 그 장소로부터 다른 곳으로 이동시키기 위하여 하나의 확고부동한 점밖에는 아무것도 필요하지 않다고 하였다. 그와 같이 나도 다행히 단 한 가지 것이라도 확실하고 의심할 여지없는 것을 발견한다면, 큰 희망을 품어도 괜찮을 듯싶다.

그러므로 나는 내가 보는 모든 것이 거짓되다고 가정한다. 망상으로 가득 찬 기억이 나에게 보여 주는 것은 모두 결코 존재한 적이 없었다고 믿기로 한다. 아무 감각기관도 가지고 있지 않다고 생각하기로 한다. 물체·모양·연장·운동·장소는 환영(幻影)일 따름이라고 믿기로 한다. 그렇다면 참된 것은 무엇인가? 아마 이 한 가지, 즉 확실한 것은 하나도 없다는 것이리라.

 그러나 방금 위에서 내가 든 것들과는 다른 것으로서 조금도 의심할 수 없는 것은 하나도 없다는 것을 나는 어떻게 아는 것일까? 어떤 하나님이, 혹은 하나님이라 부르는 것이 마땅치 않으면 어떤 이름으로 불러도 괜찮은데, 어떤 전능자가 이러한 생각들을 내 속에 넣어 주는 것은 아닐까? 그러나 왜 나는 하나님을 끌어들이는 것일까? 나 자신이 이러한 생각들의 창조자일 수 있는데. 그렇다면 적어도 나는 어떤 것이 아닐까? 그러나 나는 이미 내가 어떤 감각 기관과 신체를 가지고 있다는 것을 부정하였다. 하지만 나는 여기서 무엇이 귀결될까 하면서 주저한다. 나는 신체나 감각 기관에 매여 있어서 이것들 없이는 현존할 수 없는 것이 아닐까? 그러나 나는 세계 안에는 아무것도 없으며, 하늘도 땅도 정신도 물체도 없다고 나 자신을 설득하였다. 그렇다고 하면 나도 없다고 설득한 것이 아니었던가? 결코 그렇지는 않다. 내가 나 자신에게 어떤 것을 설득했다고 하면 확실히 나는 있었다. 그러나 누군지는 모르지만 아주 유능하고 아주 교활한 기만자가 있어서, 온갖 재주를 부려 항상 나를 속이고 있다. 그렇지만 그가 나를 속인다고 하면, 내가 있다는 것은 의심할 여지가 없는 일이다. 그가 마음껏 나를 속이게 하라. 그러나 내가 나 자신을 어떤 무엇이라고 생각하고 있는 동안은 그는 결코 나를 아무것도 아닌 것이 되게 할 수는 없다. 이리하여 여기 대해서 충분히 생각하고 모든 것을 주의 깊게 살펴보고 나서 다음과 같이 결론짓지 않을 수 없다. <나는 있다, 나는 현존한다>라는 명제는 내가 이것을 말할 때마다 혹은 정신에 의하여 파악할 때마다 필연적으로 참이라고.

 그러나 나는 이제 필연적으로 현존하는 내가 무엇인지 아직 충분히 이해하고 있지 않다. 따라서 이제부터는 어떤 다른 것을 경솔하게 나라고 생각하지 않도록, 그리하여 모든 인식 가운데 가장 확실하고 가장 명증적이라고 내가 주장하는 이 인식에 있어서조차 길을 잃지 않도록 조심하지 않으면 안 된다. 그러므로 이러한 사색을 시작하기 전에는 내가 나를 무엇이라고 믿고 있었는지 한번 살펴보련다. 그리고 예전에 내가 가졌던 의견들 가운데서 위에 말한 이유들에 의하여 조금이라도 틀렸다고 생각될 수 있는 것은 모조리 제거해 가고자 한다. 이렇게 하면 결국 남는 것은 확실하고 흔들리지 않는 것뿐일 터이다.

그러면 전에 나는 나 자신을 무엇이라고 생각했던가? 물론 한 인간이라고 생각하였다. 그러나 인간이란 무엇인가? 이성적 동물이라 할 것인가? 그렇지 않다. 왜냐하면 그렇게 하면 그 다음에는 동물이란 무엇인가, 이성적이라 함은 무엇인가 물어야 하며, 그리하여 한 문제로부터 많은 어려운 문제에 빠져 들게 되기 때문이다. 지금 나는 이러한 까다로운 문제에 시간을 허비할 생각은 없고, 또 그럴 여유도 없다. 여기서 나는 오히려 전에 나란 무엇인가를 고찰했을 때마다 저절로 내 본성에 인도되어 내 정신 속에 떠오른 것이 무엇이었던가에 주의해 보고자 한다. 그때 맨 먼저 떠오른 것은, 내가 얼굴·손·팔 및 모든 지체로 된 기계 전체를 가지고 있다는 것이었다. 이 기계는 시체에서도 볼 수 있는 것으로서, 나는 이것을 신체라는 이름으로 불렀다. 그 다음에 내 정신 속에 떠오른 것은 내가 영양(榮養)을 섭취하며 걸어 다니며 감각하며 생각한다는 것이었다. 나는 이 모든 활동을 영혼에 관련시켜 생각하고 있었다. 그러나 이 영혼이 무엇인가에 대하여는 주의하지 않거나, 혹은 그것이 바람이나 불이나 공기와 비슷한 미세한 어떤 것으로서 신체의 투박한 부분들 속에 퍼져 있다고 상상하고 있었다. 그러나 신체 즉 물체에 관하여 나는 조금도 의심하지 않고 그 본성을 판명하게 알고 있다고 생각하고 있었다. 그 본성을 내가 정신에 의하여 어떻게 이해하고 있는가를 있는 그대로 기술하려 했다면, 아마 나는 다음과 같이 설명했을 것이다. 물체란 어떤 모양으로 한정되어 있는 것, 즉 어떤 장소에 의하여 둘러싸이고 다른 모든 물체를 거기서 배제하면서 어떤 공간을 채우는 것, 촉각·시각·청각·미각 혹은 후각에 의하여 지각되는 것, 여러 가지 방식으로 움직이지만 결코 자신에 의하여 움직이지는 않고 어떤 다른 것이 닿아서 움직여지는 것이라고. 왜냐하면 자기 자신을 움직이는 힘, 감각하며 생각하는 힘을 가진다는 것은 결코 물체의 본성에 속하지 않는다고 나는 판단했으며, 또한 그런 능력이 어떤 물체(즉, 신체) 속에 있는 것을 보고 놀라마지 않았기 때문이다.

그러나 지금 나는 어떤 극히 유능하고, 그리고 이렇게 말할 수 있다면, 악의 있는 기만자가 온갖 힘을 다하여 나를 속이고 있다고 가정하고 있다. 이때 나는 무엇인가? 나는 위에서 물체의 본성에 속한다고 한 모든 것들 가운데 무엇인가를 조금이라도 가지고 있다고 확인할 수 있을까? 나는 여기 대해서 주의하고, 생각하고, 다시 되돌아와서 생각해 본다. 그러나 내가 가지고 있다고 주장할 수 있는 것을 하나도 찾지 못한다. 나는 공연히 같은 일을 하고 피곤해진다. 그러면 영혼에 속하는 것으로 본 것들 중 어떤 것이 내 속에는 없을까? 영양을 섭취한다든가 걷는다든가 하는 일은 어떨까? 그러나 내가 지금 신체를 가지고 있지 않다면, 영양을 섭취할 수도 없고 걸을 수도 없다. 감각하는 일은 어떨까? 물론 이것도 신체가 없으면 생기지 않는다. 또 꿈속에서는 감각하고 있는 줄 알았지만, 나중에 사실은 정말 감각한 것이 아니었다고 알게 된 것이 많았다. 그러면 생각하는 일은 어떤가? 나는 여기서 생각이야말로 나에게 속하는 것임을 발견한다. 이것만은 나에게서 떼어낼 수 없다. 나는 있다, 나는 현존한다. 이것은 확실하다. 그러나 얼마 동안인가? 물론 내가 생각하고 있는 동안이다. 왜냐하면 만일 내가 생각하기를 아주 그친다면, 그 순간 나는 또한 존재하기를 즉 현존하기를 그치겠기 때문이다.

지금 내가 승인하는 것은 필연적으로 참된 것뿐이다. 그러므로 엄밀히 말한다면 나는 다만 하나의 생각하는 것 즉 하나의 정신, 하나의 오성 혹은 이성일 따름이다. 나는 이 용어들의 의미를 전에는 미처 몰랐다. 그런데 나는 하나의 참된 것 즉 참으로 현존하는 것이다. 그러나 어떤 것인가? 나는 말했다. 하나의 생각하는 것이라고.

이 밖의 또 무엇인가? 상상력을 발휘해 보자. 나는 지체들이 모인 것, 즉 인체라고 불리는 것이 아니다. 또 이 지체들 속에 퍼져 있는 어떤 미묘한 공기도 아니요, 바람도 불도 증기도 기식(氣息)도 아니요, 내가 상상할 수 있는 어떤 것도 아니다. 왜냐하면 나는 이 모든 것을 무라고 상정하였으며, 또 이 상정을 바꾸지 않더라도 역시 나는 어떤 것이기 때문이다. 그러나 나에게 알려져 있지 않다고 해서 무라고 내가 상정하고 있는 바로 이것들이 사실은, 내가 알고 있는 바로 이 나와 다른 것이 아닐 수 있지 않을까? 나는 여기 대해서 아무 것도 모른다. 나는 지금 이 점에 관해서 다툴 생각이 없으며 나에게 알려져 있는 것들에 대해서만 판단을 내릴 수 있다. 나는 내가 있다는 것을 알고 있으며, 내가 있음을 내가 알고 있는 이 나란 무엇인가에 대해 묻고 있다. 그런데 이렇게 엄밀한 의미에서 생각된 나 자신에 대한 인식이 그 현존을 아직 내가 알지 못하고 있는 것들에 의존하지 않는다는 것, 따라서 상상력에 의하여 구상(構像)된 그 어떤 것에도 의존하지 않는다는 것은 매우 확실한 일이다. 그리고 이 상상이라든가 구상이라는 낱말은 나에게 있어서는 내 잘못을 알려 주는 것일 뿐이다. 왜냐하면 만일 내가 나를 무엇이라고 상상한다면 사실 나는 구상하기(즉,

마음에 그려보기) 때문이다. 상상한다는 것은 물체적인 것의 모양 혹은 상을 바라보는 것일 따름이니 말이다. 그런데 이미 나는 내가 있다는 것, 그리고 위에 말한 모든 상들 및 일반으로 물체의 본성에 관계되는 모든 것이 망상일 따름일 수 있다는 것을 확실히 알고 있다. 그렇기 때문에 "나란 무엇인가를 좀 더 판명하게 알기 위하여 상상력을 사용해 보련다"고 말하는 것은, "지금 나는 확실히 깨어 있고, 참된 것을 더러 보고 있기는 하나, 아직 충분히 분명하게 보지는 못하니까 노력해서 잠들어 보자, 꿈속에서는 좀 더 참되고 분명한 모습이 나타날 것이다"라고 말하는 것에 못지않게 이치에 맞지 않는 일이다. 이리하여 나는 상상력을 통해서 내가 이해할 수 있는 것은 그 어느 것이나 내가 나 자신에 관해서 가지고 있는 이 인식에는 속하지 않는다는 것, 또 정신으로 하여금 그 본성을 아주 판명하게 파악하게 하려면 될 수 있는 대로 주의하여 정신으로 하여금 상상력을 멀리하게 해야 한다는 것을 확실히 안다.

그러나 그렇다면 나는 무엇인가? 하나의 생각하는 것이다. 그러면 생각하는 것이란 무엇인가? 그것은 의심하고 이해하고 긍정하고 부정하고 의지하며 의지하지 않으며 또한 상상하며 감각하는 것이다. 이 모든 것이 나에게 속한다고 할진대, 확실히 이것은 적은 것이 아니다. 그러나 왜 이것들이 속하지 않는 것인가? 지금 거의 모든 것을 의심하고, 그러나 몇 가지 것을 이해하고, 이 한 가지 것만은 참된 것으로 긍정하고, 다른 모든 것을 부정하고, 더 많은 것을 알려고 하며, 속기를 원하지 않으며, 자신의 뜻을 거역하면서까지 많은 것을 상상하며, 또 감각으로부터 온 많은 것을 인정하는 것은 바로 이 나 자신이 아닌가? 이 모든 것 속에는 설사 내가 늘 잠들고 있다 하더라도, 또 나를 지은 이가 온갖 힘을 다하여 나를 속인다고 할지라도, 내가 있다고 하는 것만큼 참된 것이 전혀 없을 것인가? 내 생각과 구별될 수 있는 것이 한 가지라도 있을까? 혹은 나 자신으로부터 분리되어 있다고 할 수 있는 것이 한 가지라도 있을까? 왜냐하면 내가 의심하고 이해하고 의지하는 것임은 아주 명백하여, 이것을 더 분명히 설명하기 위하여 보탤 것은 하나도 없기 때문이다. 그런데 나는 또한 상상하는 힘도 가지고 있다. 왜냐하면 앞서 상정한 바와 같이 비록 상상된 것들이 모두 참되지 않다고 하더라도 상상하는 힘 자체는 참으로 있고, 내 생각의 일부를 이루고 있기 때문이다. 끝으로 나는 또한 감각하는 자이다. 즉 물체적인 것들을 마치 감각 기관을 통한 것으로서 받아들이는 것이다. 사실 나는 빛을 보며 소리를 들으며, 열을 느낀다. 그러나 "이것들은 거짓이다. 나는 잠자고 있으니까"라고 말할 수 있을지도 모른다. 하지만 내가 보며 들으며, 몸이 따뜻해짐을 느낀다고 생각하고 있다는 것은 확실하다. 이것이야말로 본래 내 속에서 감각된다고 일컬어지는 것이다. 그리고 이것은 엄밀한 의미에서 다름 아닌 생각이다.

이로부터 나는 내가 무엇인지를 좀 더 잘 알기 시작한다. 그러나 아직 나에게는 물체적인 것들, 즉 그 상이 생각에 의하여 만들어지고 또 감각에 의하여 곧장 파악될 수 있는 것들이 저것, 즉 무엇인지 좀 애매하지만 나 자신에 속하면서 상상력에 의해서는 파악될 수 없는 것보다 훨씬 더 판명하게 인식되는 것처럼 생각되며, 또 그렇게 생각하지 않을 수 없다. 의심스럽고, 알려져 있지 않고, 나하고는 관계가 없다고 내가 인정하는 것들이 참되게 인식되어 있는 것보다도, 그리고 결국 나 자신보다도 더 분명하게 나에게 인식된다는 것은 참으로 기이한 일이기는 해도 말이다. 그러나 나는 왜 이렇게 되는지 잘 알고 있다. 내 정신은 방황하기를 좋아하며, 진리의 울타리 속에 가만히 있지 못한다. 그래도 괜찮다. 다시 한 번 정신의 고삐를 늦추어 주자. 그리고 조금 뒤에 적당한 시기를 보아 고삐를 잡아당길 때 좀 더 쉽게 통어(統御)할 수 있도록 하자.

 그러면 모든 것 가운데 가장 판명하게 이해된다고 흔히 생각되고 있는 것, 즉 우리가 만지고 우리가 보는 물체를 먼저 고찰해 보자. 그러나 물체 일반을 고찰하지는 않으련다. 왜냐하면 그러한 일반적 개념은 으레 아주 혼란스러운 것이기 때문이다. 그래서 여기서는 하나의 특수한 물체를 고찰하련다. 가령 여기 있는 밀랍을 예로 들어 생각해 보자. 이 밀랍은 조금 전 벌집에서 끄집어 낸 것이다. 그것은 아직 제 맛을 잃지 않고 있으며, 벌이 따온 꽃의 향기를 아직 얼마쯤 간직하고 있다. 그 빛깔, 그 모양, 그 크기는 명백하다. 그것은 단단하고, 차갑고, 쉽사리 만질 수 있으며, 또 두들기면 소리가 난다. 요컨대 어떤 물체를 가능한 한 인식하기 위하여 필요한 모든 것이 이 밀랍에 갖추어져 있다. 그러나 이렇게 말하고 있는 동안에 불을 가까이 가져가 보자. 곧 남아 있던 맛은 빠지고, 향기는 사라지고, 빛깔은 변하고, 모양은 없어지고, 크기는 더하여지고, 액체가 되고, 뜨거워지고, 거의 만질 수도 없고, 두들겨도 소리가 나지 않는다. 그래도 여전히 같은 밀랍인가? 그렇다. 아무도 이것을 부정할 수 없다. 그렇다면 이 밀랍 조각에서 그처럼 판명하게 인식했던 것은 무엇인가? 확실히 그것은, 내가 감각으로 파악한 어떤 것도 아니다. 왜냐하면 미각이나 시각이나 촉각이나 청각에 의하여 감지했던 모든 것은 변했으나 그 밀랍은 그대로 존속하고 있으니 말이다.

 아마 그것은 내가 지금 생각하고 있는 것이었다. 즉 그 밀랍은 결코 그 꿀의 단 맛도 꽃의 향기도, 그 흰 빛깔도, 그 모양도, 그 소리도 아니라, 조금 전에는 그렇게, 지금은 이렇게 나에게 나타나는 물체였던 것이다. 그러나 이렇게 내가 상상하는 이것은 엄밀히 말해서 무엇인가? 주의하여 살펴보자. 그리고 밀랍에 속하지 않는 것을 제거하면 변화하기 쉬운 어떤 것만이 남는다. 그런데 이 구부리기 쉽고 변화하기 쉽다는 것은 무엇인가? 이 밀랍이 둥근 모양에서 사각형으로, 혹은 사각형에서 삼각형으로 변화할 수 있음을 내가 상상한다는 것인가? 결코 그렇지는 않다. 왜냐하면 나는 밀랍이 이와 같이 무수히 변화하는 것임을 이해하기는 하지만, 이 무수한 변화 자체를 상상에 의하여 모조리 더듬을 수는 없고, 따라서 밀랍에 관한 이러한 이해는 상상에 의하여 얻어지는 것이 아니기 때문이다.

그러면 연장(延長)을 가졌다는 것은 무엇인가? 밀랍의 연장도 인식되지 않은 것이 아닐까? 왜냐하면 밀랍은 녹으면 커지고, 끓으면 더욱 커지며, 열을 더 가하면 더욱더 커지니 말이다. 따라서 밀랍이 무엇인지 올바르게 판단하려면, 연장이라는 점에서도 그것이 내가 여태껏 상상에 의하여 파악했던 것보다 훨씬 더 많이 변화할 수 있는 것이라고 생각하지 않으면 안 된다. 그러므로 나는 이 밀랍이 무엇인가를 상상에 의해서가 아니라, 정신 즉 오성(悟性)에 의해서만 파악한다는 것을 인정하지 않을 수 없다. 나는 여기서 이 개별적인 밀랍에 관하여 말하고 있다. 밀랍 일반에 관하여는 이것이 더 분명하기 때문이다. 그런데 정신에 의해서만 파악되는 이 밀랍이란 도대체 무엇인가? 물론 그것은 내가 보고 내가 만지고 내가 상상하는 밀랍과 동일한 것이요, 처음부터 내가 밀랍이라고 알고 있었던 것과 동일한 것이다. 그러나 여기서 주의해야 할 것은 그것을 파악하는 작용은 시각의 작용도 촉각의 작용도 상상의 작용도 아니다. 전에는 그렇게 생각되었다 하더라도 결코 그렇지 않고, 오직 정신의 통찰이라고 하는 것이다. 그리고 이 통찰은 그 내용을 이루고 있는 것에 대하여 내가 주의하는 정도에 따라 앞서와 같이 불완전하고 혼란한 것일 수도 있고, 지금처럼 명석하고 판명한 것일 수도 있다.

하지만 나는 내 정신이 얼마나 약하고 잘못에 빠지기 쉬운가를 생각할 때 놀라지 않을 수 없다. 왜냐하면 나는 이 모든 것을 입 밖에 내어 말하지는 않고 마음속에서만 고찰한다 할지라도 역시 말에 사로잡혀 일상생활의 말에 거의 속아 넘어가기 때문이다. 즉 우리는 밀랍이 우리 앞에 있을 때 밀랍 자체를 본다고 말하지, 빛깔이나 모양으로 미루어 밀랍이 거기 있다고 판단해서는 말하지 않는다. 따라서 나는 밀랍은 눈의 시각에 의하여 인식되며 정신의 통찰만으로 인식되는 것이 아니라고 결론을 내리기가 일쑤다. 그런데 내가 문득 창 너머로 길을 지나가는 사람들을 바라본다고 하면, 밀랍의 경우와 마찬가지로 사람들 자체를 본다고 말한다. 하지만 내가 본 것은 모자와 옷뿐이요, 그 밑에는 자동 기계가 숨어 있을 수도 있지 않을까? 그러나 나는 그것들이 정말 사람들이라고 판단하며, 이와 마찬가지로 나는 내가 눈으로 본다고 믿고 있던 것도 오직 내 정신 속에 있는 판단의 능력만으로 이해하는 것이다.

자기의 지식을 보통 사람들보다 더 높이 끌어올리려 하는 사람은 보통 사람들이 말하는 형식으로부터 의심할 꼬투리를 찾는 것을 부끄럽게 여겨야 할 것이다. 나는 더 나아가 밀랍이 무엇인가를 내가 더 완전하게 그리고 더 명증적으로 지각한 것은 내가 처음에 밀랍을 바라보고, 그것을 외부 감각에 의하여 혹은 적어도 이른바 공통 감각에 의하여, 즉 상상의 능력에 의하여 인식한다고 믿은 때인지, 그렇지 않고 오히려 지금 즉 밀랍이란 무엇인가 또 어떤 모양으로 인식될 수 있는가 면밀하게 검토한 후인지 살펴보려고 한다. 여기 대해서 의심하는 것은 확실히 어리석은 일일 것이다. 처음의 지각에는 무엇이 판명했으며, 또 어떤 동물이라도 가지고 있다고 생각되지 않는 것이 있었던가? 그러나 내가 밀랍을 그 외적 형태로부터 구별하고, 이를테면 그 옷을 벗겨 있는 그대로 고찰할 때, 비록 내 판단 속에 아직 잘못이 생길 수 있을지라도 나는 인간의 정신이 없이 그와 같이 밀랍을 지각할 수는 없다.

그러나 이 정신 자체에 대하여, 즉 나 자신에 대하여, 나는 무엇이라고 말할 것인가? 지금까지 나는 내 속에 정신 이외의 아무것도 인정하지 않고 있으니 말이다. 이 밀랍을 그렇게도 판명하게 지각하고 있는 듯싶은 이 나에 대해서 나는 무엇이라고 말할 것인가? 나는 나 자신을 밀랍보다도 더 참되고 확실하게 인식할 뿐만 아니라, 또 더 판명하게 그리고 더 명증적으로 인식하는 것이 아닐까? 왜냐하면 만일 내가 밀랍을 본다고 하여 그것이 있다고 판단한다고 할진대, 확실히 더 명증적으로, 내가 그것을 본다고 하는 것으로부터 내가 있다, 즉 나 자신이 현존한다는 것으로 귀결되기 때문이다. 내가 보고 있는 것이 사실은 밀랍이 아닐 수 있으며, 또 내가 아무것도 볼 수 없도록 눈을 아예 가지지 않을 수도 있으나, 내가 볼 때, 혹은 본다고 내가 생각할 때(나는 이 두 가지를 구별하지 않는다), 생각하는 나 자신이 아무것도 아니라는 것은 전혀 있을 수 없으니 말이다. 마찬가지로 내가 밀랍을 만짐으로써 그것이 있다고 판단한다고 하면, 역시 같은 것, 즉 내가 있다는 것으로 귀결된다. 그리고 내가 상상함으로써 밀랍이 있다고 판단하거나, 혹은 다른 어떤 근거에서 그렇게 판단한다 해도 역시 마찬가지 것으로 귀결된다. 그리고 내가 여기서 밀랍에 관하여 깨달은 것은 내 밖에 있는 다른 모든 것에도 들어맞는다.

그런데 밀랍에 대한 인식이 시각이나 촉각에 의해서만 아니라, 또한 다른 여러 가지 원인에 의하여 나에게 생긴 후 더 한층 판명한 것으로 여겨진다고 하면, 나 자신은 얼마나 더 판명하게 나에게 인식될 것인가? 왜냐하면 밀랍이나 다른 어떤 물체의 인식에 도움이 되는 모든 이유는 또한 동시에 내 정신의 본성을 더 분명하게 하겠기 때문이다. 그리고 정신 자체 속에는 그 본성에 대한 지식을 더욱 판명하게 해주는 것이 이 밖에도 무척 많이 있으므로, 위에 말한 바와 같은 물체에 의존하는 것들은 문제 삼을 것이 못 된다.

그리하여 결국 나는 내가 바랐던 곳으로 되돌아왔다. 즉 물체들도 본래 감각이나 상상의 능력에 의하여 파악되는 것이 아니라 오직 오성에 의하여 파악된다는 것, 또 만지거나 봄으로써 파악되는 것이 아니라 오직 이해함으로써 파악된다는 것이 분명하므로, 나는 내 정신보다도 더 쉽게 그리고 명증적으로 나에게 파악되는 것은 하나도 없다는 것을 분명히 인식한다. 그러나 오래된 의견을 갑자기 버린다는 것은 거의 불가능한 일이므로, 여기서 머물러 긴 시간을 성찰에 바쳐 이 새로운 인식을 내 기억 속에 더욱 깊게 아로새기는 것이 좋을 것이다.

성 찰 3
하나님에 관하여; 그는 현존하신다는 것

 이제 나는 눈을 감고, 귀를 막고, 모든 감각을 멀리하고, 물체적인 것들의 모든 상을 생각으로부터 지워 버리고, 그러나 이것은 거의 불가능한 일이므로, 적어도 이 상들을 헛되고 거짓된 것으로서 무시하련다. 그리하여 오직 나 자신에게만 이야기하고 내 속을 깊이 살펴봄으로써 조금씩 나 자신을 나에게 더 잘 알려지게 하고 더 낯익은 것이 되게 하련다. 나는 하나의 생각하는 것이다. 즉 의심하고, 긍정하고, 부정하며 약간의 것을 알고 많은 것을 모르며, 바라고 바라지 않으며 또 상상하고, 감각하는 어떤 것(存在)이다. 왜냐하면 앞서 내가 깨달은 바와 같이 설사 내가 감각하고 상상하는 것들이 내 밖에서는 아마도 무라고 할지라도 내가 감각 및 상상이라고 부르는 이 사고방식만큼은, 그것이 하나의 사고방식인 한 확실히 내 속에 있음을 내가 확신하기 때문이다. 그리고 이 몇 마디 말로써 나는 내가 참으로 알고 있는 것을 혹은 지금까지 내가 알고 있다고 생각한 모든 것을 요약했다고 믿는다.
 그러면 이제부터는 내가 아직 깨닫지 못한 것이 내 속에 있는지 주의하여 살펴보련다. 내가 하나의 생각하는 것임을 나는 확신하고 있다. 그렇다면 나는 어떤 일에 대해서 확신을 가지는 데 필요한 것이 무엇인지도 알고 있는 것이 아닐까? 그런데 이 최초의 인식 속에는 내가 알고 있는 것에 대한 명석하고 판명한 지각 이외에는 아무것도 없다. 그리고 이와 같이 내가 명석하고 판명하게 파악한 것이 한번이라도 거짓일 수 있다면, 물론 그러한 지각은 나에게 진리를 확신시키기에 충분한 것이 못 될 것이다. 그러므로 내가 아주 명석하게 그리고 아주 판명하게 지각한 것은 모두 참되다고 하는 것을 이제 일반적 규칙으로 세울 수 있다고 생각한다.

 하지만 전에 내가 매우 확실하고 명백하다고 인정한 것으로서 그 후 의심스러운 것이라고 알게 된 것이 많다. 무엇이 그런 것들이었는가? 땅·하늘·별들, 이 밖에 내가 감각을 통하여 알게 된 모든 것이었다. 그러면 나는 이것들에 대해서 무엇을 명석하게 지각하고 있었는가? 물론 이것들의 관념 자체, 즉 이것들에 대한 생각이 내 정신에 나타났었다고 하는 것이다. 그리고 이러한 관념들이 내 속에 있다는 것에 대해서는 나는 지금도 부정하지 않는다. 그러나 이것과는 달리 내가 긍정하고 있던 것, 또 그것을 믿는 습관 때문에 내가 명석하게 인지하고 있다고 생각한 것으로서 사실은 내가 전혀 인지하지 않은 것이 있었다. 그것은 내 외부에 이러한 관념들을 보내는 사물들이 있고, 또 이 관념들은 이 사물들을 전적으로 닮고 있다는 것이었다. 이 점에서 나는 스스로 속고 있었다. 혹은 이 점에서 내 판단이 옳았다고 해도, 그것은 결코 인식에 의한 것이 아니었다.

 그러나 산술이나 기하학에 관하여 아주 단순하고 쉬운 것, 가령 2에 3을 더하면 5가 된다고 하는 것 및 이 밖에 이와 비슷한 것을 내가 고찰하고 있었을 때, 나는 적어도 이것들을 참되다고 긍정할 만큼 명료하게 직관하고 있었던 것이 아닐까? 확실히 나는 나중에 이것들에 관해서도 의심할 수 있다고 판단하기는 했으나 이것은 하나님과 같은 어떤 전능자라면, 다시없이 명백하다고 여겨지는 것들에 관해서도 속을 수 있는 본성을 나에게 줄 수 있었다고 하는 생각이 내 마음에 떠올랐기 때문일 따름이었다. 그러나 하나님의 전능에 관한 선입견이 내 마음 속에 나타날 때마다 나는 만일 하나님이 원하시기만 하면, 내가 정신의 눈으로 극히 명증적으로 직관한다고 생각하는 것들에 있어서조차 잘못을 저지르게 하는 것은 하나님에게는 쉬운 일이라고 고백하지 않을 수 없다. 그러나 한편 나는, 내가 아주 명석하게 지각하는 것들을 바라볼 때마다 이것들에 의하여 완전히 설득되어 불현듯 다음과 같이 외치지 않을 수 없다. 누구든지 나를 속일 수 있거든 속여 보라. 그러나 내가 나를 어떤 무엇이라고 생각하고 있는 동안은 결코 나를 무가 되도록 할 수는 없을 것이다. 혹은 내가 있다고 하는 것이 지금 참이라고 할진대, 내가 현존한 적이 없었다고 하는 것이 언젠가 참된 것이 될 수는 없을 것이다. 또 혹은 2에 3을 더할 때 5보다 크게 되거나 적게 될 수는 없으며, 이 밖에 이와 비슷한 일, 즉 거기서 내가 명백한 모순을 발견할 수 있는 일이 생길 수는 없을 것이라고.

 그리고 확실히 나에게는 어떤 하나님이 기만자라고 보아야 할 아무 이유도 없고, 또 도대체 한 하나님이 있는지 없는지도 아직 충분히 알려져 있지 않으므로, 그저 저러한 선입견에 기초를 둔 의심의 이유는 매우 박약하며, 또 이를테면 형이상학적(억지)이다. 그러나 이러한 이유까지도 제거될 수 있도록 될수록 빠른 시일 안에 하나님이 있는지 없는지, 또 있다면 기만자일 수 있는지 없는지 검토해 보지 않으면 안 된다. 이 두 가지를 알지 못한다면, 다른 어떤 것에 대해서도 확신을 가질 수 없다고 생각되기에 말이다. 그리고 내가 따르기로 한 성찰의 순서 —— 내 정신 속에서 내가 맨 처음에 발견한 개념으로부터 점차로 그 다음에 발견되는 개념으로 넘어가는 —— 를 중단함이 없이 이것을 검토할 수 있도록 나는 먼저 내 모든 생각을 몇 가지 종류로 나누고, 그 중의 어느 종류 속에 본래 진리 혹은 허위가 있는지 살펴보지 않으면 안 된다.

내 생각들 가운데 어떤 것들은 이를테면 사물의 상들이요, 오직 이것들에 대해서만 본래 관념이라는 이름이 어울린다. 가령 내가 어떤 사람, 혹은 어떤 키마이라,24) 혹은 하늘, 혹은 어떤 천사, 혹은 하나님을 표상할 때처럼. 그런데 다른 것들은 이 밖에 다른 어떤 형상들을 가지고 있다. 가령 내가 무엇을 원할 때, 두려워할 때, 긍정하거나 부정할 때 나는 물론 언제나 어떤 사물을 내 생각의 대상으로 파악하지만, 또한 이러한 생각을 통하여 그 사물의 관념에 무엇인가 더 보태고 있는 것이다. 이러한 생각의 종류 가운데, 어떤 것은 의지 혹은 감정이라 불리고, 어떤 것은 판단이라고 불리운다.

이제 관념들에 관해서 말하건대, 이것들을 오직 그 자체로만 보고 다른 것들과 관련시키지 않으면, 본래 거짓된 것일 수 없다. 왜냐하면 내가 산양을 상상하건, 키마이라를 상상하건, 상상한다는 것 자체는 그 어느 경우나 똑같이 참된 것이기 때문이다.

또한 의지 자체나 감정 자체에서도 허위가 끼어들 수 있을 것을 두려워할 필요가 없다. 왜냐하면 내가 아무리 사악한 일을 바랄 수 있고, 심지어 어디에도 없는 것을 바랄 수 있기는 해도, 내가 그런 것을 바란다는 것은 참된 것이 아닐 수 없기 때문이다.

이제 남는 것은 판단뿐인데, 여기서야말로 나는 잘못하지 않도록 주의하지 않으면 안 된다. 그런데 판단에 있어서 저지르기 쉬운 중요하고 가장 흔한 오류는 내 속에 있는 관념이 내 밖에 있는 사물과 닮았다, 혹은 일치하고 있다고 내가 판단하는 데에서 성립한다. 왜냐하면 만일 내가 관념들을 오직 내 생각의 양식으로만 보고, 이것들을 내 밖에 있는 것에 관련시키지 않는다면 이것들이 나에게 잘못을 저지르게 할 수는 거의 없을 것이기 때문이다.

---

24) chimaera : 머리는 사자이고 몸은 양인 괴물.

그런데 이 관념들 중 어떤 것들은 생득적(生得的)인 것이고, 또 다른 어떤 것들은 밖으로부터 나에게 온 외래적(外來的)인 것이고, 또 다른 어떤 것들은 나 자신이 만들어 낸 것들이라고 나는 생각한다. 왜냐하면 나는 사물이란 무엇인가, 진리란 무엇인가, 생각이란 무엇인가를 이해하고 있는데, 이런 이해를 나는 다름 아닌 내 본성으로부터 얻고 있는 듯싶기 때문이다. 그러나 지금 내가 어떤 소리를 듣는다든가 태양을 본다든가 열을 느낀다든가 하면, 나는 지금 이 시간까지 이런 감각들이 내 밖에 있는 어떤 것으로부터 나오는 것이라고 생각해 왔다. 그리고 끝으로 세이렌이라든가 히포그리푸스25)라든가, 이 밖에 이와 비슷한 것들은 나 자신이 만들어 낸 것이다. 그러나 아마도 나는 모든 관념이 외래의 것이라고도, 혹은 생득의 것이라고도, 혹은 내가 만들어 낸 것이라고도 생각할 수 있을 것이다. 나는 아직 관념들의 참된 기원을 분명히 찾지 못했으니 말이다.

 그러나 여기서는 주로 내 밖에 있는 것들로부터 오는 것으로 나에게 보이는 관념들을 살펴보지 않으면 안 된다. 그리고 어떤 이유로 내가 이 관념들이 외부의 사물들을 닮고 있다고 생각하는지 탐구하지 않으면 안 된다. 첫째로 나는 자연에 의하여 이렇게 가르쳐진 것 같다. 둘째로 나는 관념들이 내 의지에 의존하지 않으며, 따라서 또한 나 자신에 의존하지 않음을 경험한다. 실상 이 관념들은 내 의지에 거역해서까지 나타난다. 가령, 지금 나는 원하건 원하지 않건 열을 느낀다. 그리고 이렇게 되는 데는 이 감각 즉 열의 관념이 나와는 다른 어떤 것으로부터, 즉 내 곁에 있는 불의 열로부터 온다고 나는 생각한다. 그리고 이 어떤 것이 다른 어떤 것보다도 오히려 자기와 닮은 것을 내 속에 보낸다고 내가 판단하는 것은 극히 당연한 일이다.

---

25) 프랑스어로는 hippogriffe: 독수리의 머리와 날개에 말의 몸을 가진 괴물.

이제는 이 이유들이 충분히 확고한 것인지 보기로 하자. 내가 "자연에 의하여 이렇게 가르쳐졌다"고 말할 때, 이것은 그저 내가 어떤 자발적 경향에 의하여 그것을 믿게 되었다는 것을 의미할 따름이요, 그것의 참됨이 어떤 자연의 빛에 의하여 나에게 명시되었다는 것을 의미하는 것은 아니다. 이 두 가지 것 사이에는 큰 차이가 있다. 즉, 자연의 빛에 의하여 나에게 명시된다는 것은 모두, 가령, 내가 의심한다는 것으로부터 내가 있다는 것이 귀결된다든가, 이 밖에 이와 비슷한 것들은 절대로 의심할 수 없는 것이다. 이 빛만큼 신뢰할 수 있는 능력, 그리고 이 빛에 의하여 명시된 것을 참된 것이 아니라고 가르칠 수 있는 능력은 달리 있을 수 없다. 한편, 자연적 경향에 관해서 말하면, 선을 선택해야 할 때에 이 경향이 나를 악으로 몰아갔던 것을 자주 보았다. 그래서 나는 다른 문제에서도(참과 거짓이 문제될 때에도) 다시는 이 경향을 신뢰할 것이 아니라고 생각한다.

다음으로, 이 관념들이 내 의지에 의존하지는 않는다고 해도, 그렇다고 해서 그것들이 반드시 내 밖에 있는 것들로부터 와야 한다는 것은 확실치 않은 일이다. 왜냐하면 방금 위에서 말한 경향은 내 속에 있기는 해도 내 의지와는 다른 것으로 생각되는데, 이와 마찬가지로 아마 내 속에는 또 다른 능력이 있어서, 이것이 나에게는 아직 충분히 알려져 있지는 않으나, 이 관념들을(외부 사물들의 도움을 받지 않고) 만들어 낼 수 있을지도 모르기 때문이다. 마치 내가 잠자고 있을 때에 어떠한 외부 사물들의 도움도 받지 않고 그런 관념들이 형성된 것을 지금까지 늘 본 것처럼. 그리고 끝으로 이 관념들이 나와는 다른 것들로부터 나왔다고 하더라도 그렇다고 그것들이 반드시 이것들을 닮아야만 한다는 법은 없다. 오히려 그와 반대로 많은 경우 나는 이 양자 사이에 큰 차이가 있음을 자주 보았다. 가령 나는 태양에 대해서 서로 다른 두 가지 관념을 내 속에서 발견한다. 그 중의 하나는 감각에서 생긴 것이요, 위에서 내가 외래의 것이라고 한 종류에 속하는 것인데, 이것에 의하면 나에게는 태양은 극히 작은 것으로 보인다. 다른 하나는 천문학상의 여러 이유에서 가지게 된 것, 즉 내가 타고난 어떤 생득 개념에서 가지게 되었거나, 혹은 어떤 다른 방식으로 나 자신에 의하여 형성된 것으로서, 이것에 의하면 태양은 지구보다 몇 배나 더 커 보인다. 물론 이 두 관념은 어느 것이나 내 밖에 있는 동일한 태양을 닮고 있는 것일 수는 없다. 그리고 이성은 태양 자체로부터 직접 나온 것으로 보이는 관념이 태양을 가장 닮지 않은 것임을 나에게 확신시킨다.

이 모든 것은 지금까지 내가 나와는 다른 것들이 내 밖에 있고, 그것들이 내 감각 기관을 통하여, 혹은 다른 어떤 수단으로 그 관념들 혹은 형상(形象)들을 내 속에 보낸다고 믿은 것은 확실한 판단에 의해서가 아니라, 그저 어떤 맹목적인 충동에 의해서였음을 충분히 증명하고도 남음이 있다. 그러나 내 속에 그 관념이 있는 것들 가운데 내 밖에 정말 현재하는 것이 있는지를 찾는 데는 또 하나 다른 길이 있다. 즉, 그 관념들이 단순히 어떤 사고방식인 한 나는 그것들 사이에 아무런 차이도 인정하지 않으며, 그것들은 모두 나에게서 나오는 것으로 생각된다. 그러나 그 중의 어떤 관념은 이것을, 다른 관념은 저것을 나타내고 있는 한, 그 관념들은 서로 크게 다르다고 하는 것이 분명하다. 왜냐하면 사실, 실체를 나에게 나타내어 주는 관념은 그저 양태, 즉 우유성만을 보여 주는 관념보다 틀림없이 더 큰 어떤 것이요, 이를테면 더 많은 객관적 실재성[26]을 자기 속에 포함하고 있기

---

26) réalité objective : 관념에 나타나는 한에 있어서의 실재성. 이런 의미에서 <표상적 실재성>이라 번역해도 좋겠다.

때문이다. 또 그것에 의하여 내가 하나님을 이해하는 관념, 즉 영원하고 무한하고 전지전능하며, 자기 이외의 모든 것의 창조자인 하나님을 이해하는 관념은 유한한 실체들을 나에게 보여 주는 관념들보다도 확실히 더 많은 객관적 실재성을 자기 속에 포함하고 있다.

 그런데 이제 작용적(efficiente)이고 전체적인 원인 속에는 적어도 그 결과 속에 있는 만큼의 실재성이 있어야 한다는 것은 자연의 빛에 의하여 명백하다. 결과는 그 원인으로부터가 아니면 어디로부터 그 실재성을 얻을 수 있는가? 또 원인은 자기 속에 실재성을 가지고 있지 않다면, 어떻게 실재성을 결과에게 줄 수 있는가? 여기서 무로부터는 아무것도 생길 수 없다는 것뿐만 아니라, 또한 더 완전한 것, 즉 더 많은 실재성을 자기 속에 포함하고 있는 것은 덜 완전한 것으로부터 생길 수 없다는 것이 귀결된다. 그리고 이것은 현실적 즉 형상적 실재성27)을 가지고 있는 결과에 있어서만 아니라, 또한 그저 객관적 실재성만이 고려되는 관념에 있어서도 분명히 참되다. 예컨대, 전에는 없었던 돌이 이제 있기 시작한다는 것은 그 돌 속에 있는 모든 것을 혹은 형상적으로 혹은 우월적으로28) 자기 속에 가지고 있는 것에 의하여 그것이 산출되지 않고서는 불가능하다. 또 전에는 덥지 않았던 것 속에 열이 도입된다는 것은 적어도 열과 동등한 완전성을 가진 것에 의하지 않고서는 불가능하며, 다른 경우에도 마찬가지다. 그러나 이뿐 아니라 열 혹은 돌의 관념이 내 속에 있는 것도 열 혹은 돌 속에 있다고 내가 생각하는 것과 적어도 동등한 실재성을 자기 속에 포함하고 있는 어떤 원인에 의하여 내 속에 넣어지지 않는다면 불가능한

---

27) 사물이 그 자체에 있어서 가지고 있는 실재성.

28) 원인이 결과와 똑같은 실재성을 가질 때 원인은 결과를 <형상적>으로 포함한다고 하며, 원인이 결과보다 더 많은 실재성을 가지면 원인이 결과를 <우월적으로> 포함한다고 한다.

일이다. 왜냐하면 이 원인은 자기의 현실적 즉 형상적 실재성의 어떤 것도 내 관념 속에 옮겨 넣어 주지는 않아도, 그렇다고 해서 이 원인이 덜 실재적일 것이라고 생각해서는 안 되며, 오히려 모든 관념은 내 생각의 한 양태로서 내 생각으로부터 받는 형상적 실재성 이외에는 다른 어떤 형상적 실재성도 자기로부터 요구하지는 않는다는 것이 그 본성이라고 생각해야 되기 때문이다. 그런데 어떤 관념이 다른 어떤 객관적 실재성보다 오히려 어떤 특정한 객관적 실재성을 내포한다는 것은 분명히, 그 관념이 객관적으로 내포하고 있는 실재성과 적어도 동등한 실재성을 형상적으로 내포하는 어떤 원인에 의하지 않고서는 불가능한 일이다. 왜냐하면 그 원인 속에 없던 어떤 것이 관념 속에 있다고 상정한다면 관념은 이것을 무로부터 얻게 되는 것이 될 터이지만, 어떤 사물이 관념에 의하여 객관적으로(즉, 표상에 의하여) 오성 속에 있는 그 존재 방식은 아무리 불완전하다 하더라도 확실히 아주 무는 아니요, 따라서 그 관념이 무로부터 나온다고 하는 것은 있을 수 없기 때문이다.

 또한 나는 내가 내 관념들 속에서 고찰하는 실재성은 그저 객관적인 것이므로 이 실재성은 이 관념들의 원인 속에서 형상적으로 있을 필요는 없고, 객관적으로 있기만 하면 된다고 억측해서는 안 된다. 왜냐하면 이 객관적 존재 방식이 관념에 관념 자체의 본성상 합치하는 것처럼, 형상적 존재 방식은 관념의 원인에(적어도 최초의 주요한 원인에), 원인의 본성상 합치하기 때문이다. 그리고 한 관념이 다른 관념으로부터 생길 수는 있지만, 이것은 무한히 거슬러 올라갈 수는 없고 마침내 최초의 관념에 이르게 된다. 이 관념의 원인은 이를테면 원형(原型)이라 할 것으로, 관념들 속에는 그저 객관적으로만 있는 실재성 즉 완전성 전체가 거기에는 형상적으로, 즉 실제로 내포되어 있다. 이리하여 자연의 빛은 나에게 다음과 같은 것을 분명히 알게 해준다. 즉 내 속에 있는 관념들은 마치 영상(映像)과 같은 것이요, 그것들은 거기서 나온 사물들의 완전성을 잃기는 쉬우나, 이 사물들보다 더 큰 것, 더 완전한 것을 포함할 수는 절대로 없다.

 이 모든 것을 오래 그리고 주의 깊게 음미하면 할수록 이것들이 참됨을 나는 더욱 명석하게 그리고 더욱 판명하게 인식한다. 그러나 결국 무엇을 나는 이것들로부터 결론지으려 하는가? 그것은 다른 것이 아니라, 만일 내가 가지고 있는 관념들 중 어떤 것의 객관적 실재성이 대단히 커서 그 실재성이 형상적으로도 또 우월적으로도 내 속에는 없고, 따라서 나 자신이 그 원인일 수 없다는 것을 확신할 수 있을 정도라면, 여기서 필연적으로 나 혼자만이 세계 안에 있는 것이 아니요, 이 관념의 원인인 다른 어떤 것도 있다는 것으로 귀결된다고 하는 것이다. 한편, 만일 그러한 관념이 내 속에 전혀 없다면, 나와는 다른 어떤 것의 현존을 나에게 확신시켜 주는 논증을 나는 하나도 가지지 못할 것이다. 왜냐하면 나는 모든 것을 아주 면밀하게 검토했건만, 지금까지 그러한 논증을 이 밖에는 하나도 발견하지 못했기 때문이다.

 그런데 내가 가지고 있는 관념들 가운데는 이제 아무 곤란도 없는, 나 자신을 나에게 보여 주는 관념 이외에, 하나님을 나타내는 것, 무생(無生)의 물체적인 것들을 나타내는 것, 천사를 나타내는 것, 동물을 나타내는 것, 그리고 끝으로 나와 동류인 다른 사람들을 나타내는 것이 있다. 그러나 다른 사람들, 혹은 동물들, 혹은 천사들을 나타내는 관념에 관해서 말한다면, 설사 나 이외에는 세상에 다른 사람이 하나도 없고 또 동물도 하나도 없고 천사도 전혀 없다고 할지라도 이것들의 관념은 나 자신과 물체적 사물들과 하나님에 대해서 내가 가지고 있는 관념들의 복합에 의하여 형성될 수 있음을 나는 쉽사리 이해한다. 그리고 물체적인 사물들의 관념에 관해서 말하면, 이 관념들 가운데는 나 자신으로부터 나왔다고 생각될 수 없을 정도로 큰 것은 하나도 없다. 왜냐하면 만일 이 관념들을 좀 더 자세히 검토해 보면, 또 어제 밀랍의 관념을 검토한 바와 같은 방식으로 그 하나하나를 검토해 보면, 거기서 내가 명석하고 판명하게 지각하는 것이 극히 적음을 발견하기 때문이다. 그것들은 물론 크기, 즉 길이·넓이·깊이에 있어서의 연장, 이 연장을 한정함으로써 생기는 형체, 갖가지 모양의 물체들이 서로 간에 차지하는 위치와 운동의 변화요. 여기에 실체·지속(持續) 및 수를 추가할 수 있다. 이 밖의 것들, 즉 빛·빛깔·소리·냄새·맛·열·차가움 및 다른 촉각적 성질들은 아주 불명료하고 혼란스럽게만 내 생각 속에 나타나므로, 나는 이것들이 참인지 거짓인지, 다시 말하면 이 성질들에 관해서 내가 품는 관념들이 실제로 현존하는 것들의 관념인지 아닌지 잘 모른다. 왜냐하면 본래의 의미에 있어서의 허위 즉 형상적 허위는 오직 판단 속에만 있다고 나는 위에서 말한 바 있지만 어떤 관념이 숫제 있지도 않은 것을 마치 있는 것처럼 나타내고 있을 때에는 어떤 다른 종류의 허위 즉 질료적 허위가 그 관념들 속에 있기 때문이다. 그래서 가령 더위와 추위에 대해서 내가 가지는 관념들은 너무나 명석·판명하지 않으므로, 추위가 더위의 결여진지, 더위가 추위의 결여인지, 혹은 이 두 가지가 다 실재적 성질인지, 둘 다 그렇지 않은지를 나는 이 관념들로부터는 분간할 수 없다. 그런데 무릇 관념은 어떤 무엇의 관념이므로 만일 추위가 다름 아닌 더위의 결여라고 하는 것이 참이라고 하면 추위를 마치 실재적이고 적극적인 어떤 것인 양 나에게 나타내는 관념은 거짓이라 해도 부당한 일이 아닐 것이요, 다른 경우에도 이와 마찬가지다. 이 관념들에 대해서는 확실히 나 자신 아닌 다른 작자를 상정할 필요가 없다. 왜냐하면 이 관념들이 거짓인 경우에는, 즉 아무것도 나타내고 있지 않은 경우에는, 그것들이 무로부터 나왔다는 것, 즉 오직 내 본성에 어떤 결함이 있고, 내 본성이 전혀 완전하지 못하기 때문에 내 속에 있다고 하는 것을 자연의 빛이 나에게 알려 주기 때문이다. 그리고 이 관념들이 참인 경우에도 그것들은 나에게 극히 적은 실재성밖에 보여 주지 않아 그것들이 나타내는 사물과 비존재를 거의 분간할 수 없을 정도이므로 왜 그것들이 나 자신으로부터 생길 수 없는지 나는 전혀 알 수 없다.

그러나 물체적 사물들에 대해서 내가 가지고 있는 명석하고 판명한 관념들 가운데 어떤 것, 가령 실체·지속·수, 이 밖에 이와 비슷한 것들은 나 자신에 대해서 내가 가지고 있는 관념으로부터 끌어낼 수 있는 것이라 생각된다. 왜냐하면 내가 돌은 하나의 실체라고, 즉 그 자체 현존할 수 있는 것이라고 생각하고, 한편 나도 하나의 실체라고 생각할 때, 물론 나는 내가 하나의 생각하는 것으로서 연장을 가지고 있지 않고, 이와 반대로 돌은 연장을 가진 것으로서 생각하는 일을 전혀 하지 않는다는 것, 따라서 이 두 개념 사이에는 뚜렷한 차이가 있다는 것을 이해하기는 해도 실체인 점에서 이 양자는 일치하고 있다고 생각되기 때문이다. 이와 마찬가지로 내가 지금 있다는 것을 생각하고, 또 전에도 있었음을 상기할 때, 또 많은 갖가지 생각을 품고 이 생각들의 수를 알고 있을 때, 나는 지속 및 수의 관념을 획득하며, 이렇게 한 후로는 이 관념들을 다른 어떤 것에도 적용할 수 있다.

이 밖에 물체적 사물들의 관념을 구성하고 있는 다른 모든 성질, 즉 연장·모양·위치·운동은 내가 하나의 생각하는 것일 따름이기 때문에 내 속에 형상적으로 포함되어 있지는 않다. 그러나 그것들은 실체의 어떤 양태(樣態)일 따름이요, 한편 나는 실체이기 때문에 우월적으로는 내 속에 포함될 수 있다고 생각된다.

따라서 이제 남은 것은 오직 하나님의 관념뿐이요, 이 관념 속에 나 자신으로부터 오지 않은 어떤 것이 없는지 고찰하지 않으면 안 된다. 하나님이라는 이름으로 내가 이해하는 것은 무한하고, 독립해 있고, 모든 것을 알고, 모든 것을 할 수 있고, 나 자신을 창조하였고, 또한 나 이외에 다른 것이 있다고 하면 그 모든 것을 창조한 하나의 실체이다. 실로 이 모든 성질은 주의 깊게 살펴볼수록 나 혼자로부터만 나왔다고는 할 수 없는 것이다. 따라서 위에 말한 것으로부터 하나님은 반드시 현존한다고 결론짓지 않으면 안 된다. 왜냐하면 나는 하나의 실체라고 하는 것으로부터 실체의 관념이 내 속에 있기는 해도 나는 유한한 존재이기 때문에, 하나의 무한한 실체의 관념이 참으로 무한한 어떤 실체로부터 나와서 내 속에 있게 되지 않는 한, 나는 그러한 관념을 가질 수 없을 것이기 때문이다.

또 나는 무한한 것을 참된 관념에 의하여 지각하는 것이 아니라, 마치 정지를 운동의 부정으로써 지각하고, 어둠을 밝음의 부정으로써 지각하듯 유한한 것의 부정으로써만 지각한다고 생각해서는 안 된다. 이와 반대로 무한한 실체 속에는 유한한 실체 속보다 더 많은 실재성이 있다는 것, 따라서 무한자, 즉 하나님의 개념은 유한자 즉 나 자신의 개념보다도 어느 의미에서 먼저 내 속에 있음을 내가 명백히 이해하기에 말이다. 왜냐하면 내가 의심하고 바라고 한다는 것을 내가 이해하는 것은, 즉 무엇인가가 나에게 결여되어 있고 내가 아주 완전하지는 못하다는 것을 내가 이해하는 것은, 보다 완전한 어떤 존재의 관념이 내 속에 있고, 이것과 비교하여 내 결함을 인정하지 않는다면 불가능하기 때문이다.

또 아마 하나님에 대한 관념은 위에서 더위와 추위 및 이 밖에 이와 비슷한 것들의 관념에 관해서 말한 것처럼 질료적으로 거짓된 것이요, 따라서 무로부터 나올 수 있다고 할 수는 없다. 왜냐하면 이와 반대로 이 관념은 아주 명석하고 아주 판명하며, 다른 어느 관념보다도 더 많은 객관적 실재성을 포함하고 있으므로, 이 관념보다도 더 참된 관념, 거짓된 것이 아닐까 하는 의혹을 면하고 있는 관념은 다시없기 때문이다.

 나는 말한다. 이 최고로 완전하고 무한한 존재의 관념은 더할 나위 없이 참되다. 왜냐하면 그러한 존재는 현존하지 않는다고 혹 말할 수 있을지 몰라도 그 관념이 조금 전에 내가 추위의 관념에 관해서 말한 것처럼 실재적인 것을 전혀 나에게 보여 주지 않는다고 가상(假想)할 수는 없기 때문이다. 또 이 관념은 아주 명석하고 아주 판명하다. 왜냐하면 실재적이고 참된 것으로서, 또 어떤 완전성을 지니고 있는 것으로서 내가 명석하고 판명하게 지각하는 모든 것이 이 관념 속에 포함되어 있기 때문이다.

 또 내가 무한자를 파악하고 있지 않다는 것, 혹은 하나님 속에는 내가 이해할 수도 없고, 내 생각이 미칠 수도 없는 것이 무수히 있다는 것도 여기에 방해가 되지 않는다. 왜냐하면 유한자인 나에게 파악되지 않는다는 것은 무한자의 본성에 속하는 것이기 때문이다. 그리고 내가 바로 이것을 잘 이해함으로써 내가 명석하게 지각하며, 어떤 완전성이 그 속에 있음을 내가 알고 있는 모든 것이, 또 아마도 내가 모르는 무수한 다른 것이, 혹은 형상적으로 혹은 우월적으로 하나님 속에 있다고 판단함으로써, 내가 하나님에 대해서 가지는 관념이 내 속에 있는 모든 관념 가운데 가장 참되고, 가장 명석하며 가장 판명하기에 충분하다.

 그러나 아마 나는 내가 이해하고 있는 이상의 어떤 것인지도 모른다. 그리고 내가 하나님께 돌리고 있는 모든 완전성은 아직은 자기 자신을 온전히 나타내어 현실성에 도달하지는 않았지만, 잠세적(潛勢的)으로는 어떤 모양으로 내 속에 있는지도 모른다. 사실 나는 내 지식이 조금씩 증대하고 있음을 이미 경험하고 있으며, 그것이 증대하여 무한에까지 이르는 것을 막는 것이 하나도 없음을 본다. 그리고 이와 같이 증대했을 때, 그것에 의하여 신적 본성의 다른 모든 완전성에 도달하는 것을 막는 것이 또한 하나도 없음을 본다. 그리고 끝으로 이러한 모든 완전성에 도달하는 힘이 내 속에 있다고 하면, 이 힘이 내 속에 그 완전성들의 관념들을 생기게 할 수 있다고 생각된다. 하지만 이런 일은 하나도 있을 수 없다. 즉 첫째로, 내 지식이 차츰 증대해 간다는 것, 아직 현실적으로는 있지 않는 많은 것이 잠세적으로는 내 속에 있다는 것이 참이기는 하나 이런 것들은 신성(神性)의 관념에 어울리지 않는다. 이 관념 속에는 한갓 잠세적으로만 있는 것이 전혀 없으니 말이다. 그리고 차츰 증대해 간다는 것 자체가 불완전성의 가장 확실한 증거이다. 다음으로 비록 내 지식이 더욱더 증대해 간다고 해도, 그렇다고 해서 나는 그것이 현실적으로 무한한 것이 되리라고는 절대로 생각할 수 없다. 내 지식은 더 이상 증대할 수 없는 데까지는 도달할 수 없으니 말이다. 그러나 나는 하나님은 현실적으로 무한하며, 그 완전성에는 아무것도 더할 수 없다고 판단한다. 그리고 끝으로, 나는 한 관념의 객관적 존재는 본래 무에 지나지 않는 한갓 잠세적 존재에 의하여 산출될 수는 없고, 오직 현실적 즉 형상적 존재에 의해서만 산출될 수 있다고 생각한다.

실로 이 모든 것 속에는 주의 깊게 고찰하는 자에게 자연의 빛에 의하여 명백하지 않은 것은 하나도 없다. 그러나 주의를 좀 게을리 하여 내 정신의 눈이 감각적인 것들의 상에 의하여 흐려지면, 나는 나보다 더 완전한 존재의 관념이 반드시 실제에 있어서 더 완전한 존재로부터 나와야 할 이유를 쉽사리 상기하지 못한다. 그러므로 나는 더 나아가 이 하나님의 관념을 가지고 있는 나 자신이 하나님이 숫제 없는 경우에도 존재할 수 있었는지를 탐구하려고 한다.

그러면 나는 묻는다. 도대체 나는 누구에게서 내 현존을 얻었는가? 아마 나 자신으로부터, 혹은 내 부모로부터, 혹은 하나님보다는 덜 완전한 다른 어떤 것으로부터일 것이다. 하나님보다 더 완전한 것은 물론이거니와 그와 동등한 정도로 완전한 것조차 우리는 상상할 수 없으니 말이다.

그러나 만일 내가 나 자신으로부터 나왔다고 하면, 나는 의심하는 일도 없었을 것이요, 무엇을 바라는 일도 없었을 것이며, 결국 아무 부족도 없었을 것이다. 왜냐하면 나는 내 속에 나에 대한 어떤 관념이 있는 완전성을 모두 나 자신에게 주었을 것이요, 그리하여 나 자신이 하나님이었을 것이기 때문이다.

또 내게 결여되어 있는 완전성이 이미 내 속에 있는 완전성보다 획득하기가 더 어려울 것이라고 생각해서는 안 된다. 왜냐하면 오히려 이와 반대로, 나, 다시 말하면 하나의 생각하는 것, 즉 생각하는 실체가 무로부터 나온다는 것이 내가 모르는 많은 것의 인식, 한갓 이 실체의 우유성에 지나지 않는 인식을 획득하는 것보다 훨씬 더 어려웠으리라는 것은 명백한 일이기 때문이다. 그리하여 확실히 만일 내가 저 한층 더 큰 완전성, 즉 생각하는 실체인 나 자신을 생기게 한다는 완전성을 나 자신으로부터 얻었다면, 이보다 더 쉽게 얻을 수 있는 완전성, 즉 이 실체의 우유성인 많은 지식을 나에게 거부하지는 않았을 것이다. 또한 나는 하나님의 관념 속에 포함된다고 내가 보는 다른 어떤 완전성도 나에게 거부하지 않았을 것이다. 왜냐하면 이 완전성들 가운데는 획득하기가 더 어려워 보이는 것이 하나도 없기 때문이다.

그리고 만일 획득하기 어려운 완전성이 있었다고 하면, 확실히 그런 것으로 보였을 것이다. 왜냐하면 나는 내 힘이 거기서 끝나는 것을 경험하겠기 때문이다.

 그리고 아마 나는 지금 내가 있는 것처럼 항상 있었다고 가정해도 위의 추리의 힘을 피할 수는 없고, 하나님이 내 현존을 있게 한 존재라고 하는 것이 필연적임을 인식하지 않을 수 없다. 왜냐하면 내 생애의 시간 전체는 무수한 부분으로 나뉠 수 있고, 그 각 부분은 다른 부분에 전혀 의존하지 않으므로 내가 조금 전에 있었다고 하는 것으로부터 지금 내가 있다는 것은 귀결되지 않기 때문이다. 이러기 위해서는 어떤 원인이 지금 이 순간에 나를 다시 한 번 창조하는 일, 다시 말하면 나를 보존하는 일이 있어야 한다.

 사실, 시간의 본성을 주의하여 살피는 사람들에게는 어떤 것이나 그것이 지속되는 각 순간에 보존되려면, 그것이 아직 있지 않았을 때에 새로 창조되는 데 필요했던 것과 똑같은 힘과 작용이 필요하다는 것은 명백하다. 따라서 보존과 창조는 다만 우리들의 사고방식에 있어서만 다를 뿐이요, 실지로는 조금도 다르지 않다는 것도 역시 자연의 빛에 의하여 명백한 일들 중의 하나다.

 그러므로 여기서 나는 나 자신에게 묻지 않으면 안 된다. 나는 지금 있는 나를 조금 뒤에도 있게 할 수 있는 어떤 힘을 가지고 있는가라고. 그런데 나는 하나의 생각하는 것 이외의 아무것도 아니므로, 혹은 적어도 여기서 내가 문제 삼고 있는 것은 나 자신 속에서 생각하는 부분이므로, 만일 그러한 힘이 내 속에 있었다고 하면 확실히 나는 그것을 의식했을 것이다. 그러나 나는 그런 것이 있는 것을 전혀 경험하지 못하고 있다. 따라서 나는 이 사실로부터 내가 나와는 다른 어떤 존재에 의존하고 있음을 분명히 인식한다.

그러나 이 존재는 하나님이 아닐지도 모른다. 그리고 나는 부모나 하나님만큼은 완전하지 못한 어떤 다른 원인에 의하여 만들어졌는지도 모른다. 하지만 이런 일은 결코 있을 수 없다. 왜냐하면 이미 앞에서 말한 바와 같이, 원인 속에는 적어도 결과 속에 있는 것만큼은 있어야 한다는 것이 아주 분명한 일이기 때문이다. 따라서 나는 하나의 생각하는 것이요, 또 내 속에 하나님에 대한 어떤 관념을 가지고 있으므로, 결국 무엇이 내 원인이 되건 그것 역시 하나의 생각하는 것이요, 내가 하나님께 돌리는 모든 완전성의 관념을 가지고 있는 것임을 인정하지 않으면 안 된다. 그리고 더 나아가 그것이 그 자신으로부터 나오는 것인지, 그렇지 않으면 다른 어떤 것으로부터 나오는 것인지를 물을 수 있다. 만일 그것이 그 자신으로부터 나온다면, 위에 말한 여러 이유로 해서 그것 자신이 하나님임은 분명하다. 왜냐하면 그것은 자기 자신에 의하여 존재하는 힘을 가지고 있으므로, 또한 틀림없이 자기 속에 그 관념이 있는 모든 완전성을, 즉 하나님 속에 있다고 내가 생각하는 모든 완전성을 현실적으로 소유하는 힘도 가지고 있을 것이기 때문이다. 이렇지 않고 만일 그것이 어떤 다른 원인으로부터 나온다고 하면, 다시 이 원인에 대해서도 마찬가지로 그 자신으로부터 나오는 것인지, 그렇지 않으면, 다른 것으로부터 나오는 것인지 묻게 되고, 이리하여 결국에는 궁극의 원인에 이르게 될 것인데, 이 원인은 다름 아닌 하나님일 터이다. 그리고 이 경우 무한히 거슬러 올라갈 수 없다는 것은 아주 명백한 일이다. 왜냐하면 특히 여기서 문제되고 있는 것은 그저 전에 나를 만들어 낸 원인이 아니라, 오히려 현재 나를 보존하고 있는 원인이기 때문이다.

또 아마도 여러 원인이 협력해서 나를 만들어 냈으며, 나는 이 원인들 중 하나로부터 내가 하나님께 돌리고 있는 완전성들 중 하나의 관념을 받았으며, 다른 원인으로부터 다른 완전성의 관념을 받았으며, 따라서 이 모든 완전성은 우주 속에 어디엔가 있을 터이지만, 그렇다고 해서 그것들이 반드시 어떤 한 가지 것 즉 하나님 속에 함께 결합되어 있지는 않다고 상상할 수도 없다. 왜냐하면 이와 반대로 통일성·단순성, 즉 하나님 속에 있는 모든 것의 불가분리성이야말로 하나님 속에 있다고 내가 이해하는 주요한 완전성들 중의 하나인 때문이다. 그리고 확실히 하나님 속의 모든 완전성의 이 통일의 관념은 또한 다른 모든 완전성의 관념을 나로 하여금 품게 하는 다른 어떤 원인에 의하여서가 아니면 내 속에 넣어질 수 없었다. 왜냐하면 이 원인은 나로 하여금 이 모든 완전성이 어떤 것인지 동시에 알게 하지 않고서는, 또한 이 모든 완전성이 결합되어 있고 불가분리임을 이해하게 하지도 못 했을 것이기 때문이다.

 끝으로 부모에 관해서 말하면, 내가 지금까지 그들에 대하여 생각한 모든 것이 참되다 하더라도 분명히 그들은 나를 보존하고 있는 것이 아니요, 또 내가 하나의 생각하는 것인 한 결코 나를 만들어 낸 것도 아니다. 오히려 그들은 다만 나 즉 정신(지금 나는 정신만을 나라고 보고 있다)이 그 속에 들어 있다고 내가 판단하는 이 질료 속에 어떤 자질을 넣어 주었을 뿐이다. 따라서 여기서는 부모에 관하여 아무런 곤란도 있을 수 없다. 그리고 도리어 다음과 같이 결론짓지 않으면 안 된다. 내가 현존한다는 것, 그리고 최고로 완전한 존재 즉 하나님의 관념이 내 속에 있다는 것만으로 하나님의 현존이 극히 명증적으로 논증된다고.

 이제 남은 일은 어떤 모양으로 내가 이 관념을 하나님으로부터 얻었는가 검토하는 것뿐이다. 나는 이 관념을 감각을 통하여 받지 않았다. 또 이 관념은 감각적인 사물들이 감각의 외부 기관에 나타날 때, 혹은 나타난다고 여겨질 때, 이 감각적 사물들이 흔히 그렇듯 기대하지도 않았는데 불현듯 나에게 생긴 것도 아니다. 또한 그것은 순전히 내 정신이 만들어 낸 것도 아니다. 왜냐하면 나로서는 거기서 아무것도 빼지 못하고 또 아무것도 보탤 수 없기 때문이다. 따라서 나 자신의 관념을 내가 타고났듯이, 이 관념도 내가 타고난 것이라고 말할 수밖에 없다.

그리고 확실히 하나님이 나를 창조함에 있어 마치 공예가가 자기의 작품에 자기의 도장을 찍듯 자기의 관념을 내 속에 넣었다고 하는 것은 조금도 이상한 일이 아니다. 또 이 도장이 작품 자체와 다른 어떤 것이어야 할 필요도 없다. 그러나 하나님이 나를 창조했다고 하는 이 한 가지 일만으로부터 내가 어떤 의미에서 하나님의 형상과 모습대로 지어졌다는 것, 그리고 하나님의 관념을 자기 속에 간직하고 있는 이 하나님의 유사물은 내가 나 자신을 지각할 때에 쓰는 것과 동일한 능력에 의하여 나에게 지각된다는 것을 확실히 믿을 수 있다. 다시 말하면 나 자신을 살펴볼 때 내가 하나의 불완전하고, 다른 것에 의존하는 것이요, 더욱 크고 더욱 좋은 것을 끝없이 갈구해 마지않는 것임을 인식할 뿐만 아니라, 또한 동시에 내가 의존하고 있는 것이, 그 속에 이 더욱 큰 것들을 모두 그저 무한정하고 가능적으로만 아니라 실제로 무한히 자기 속에 가지고 있으며, 그리하여 이것이 하나님임을 인식한다. 그리고 내가 여기서 하나님의 현존을 증명하는 데 사용한 논증의 힘 전체는 다음과 같은 점에 있다. 즉, 하나님이 정말 현존하지 않는다면, 내가 내 본성이 현재와 같은 것일 수 없다는 데에, 즉 내가 내 속에 하나님의 관념을 가진다는 것이 있을 수 없다는 데에 있다. 여기서 하나님은 그 관념이 내 속에 있는 그 하나님, 다시 말하면 내가 파악할 수는 없어도 어떤 모양으로 그 관념을 가질 수 있는 모든 완전성을 가지고 있고, 어떤 결함도 지닐 리가 없는 하나님이다. 이로부터 하나님은 기만자일 수 없음이 아주 분명하다. 기만이 어떤 결함에 의존함은 자연의 빛에 의하여 명백하기 때문이다.

그러나 이것을 좀 더 주의 깊게 검토하고, 또 이것으로부터 끄집어 낼 수 있는 다른 모든 진리를 고찰하기에 앞서 여기서 잠깐 머물러 하나님 자체를 관상(觀想)하고, 그 속성들을 조용히 헤아려 보고, 이 찬란한 빛의 아름다움을, 거기 눈이 부신 내 정신이 견딜 수 있는 데까지 응시하고, 찬탄하고, 숭경하는 것이 옳다고 생각된다.

왜냐하면 신의 장엄에 대한 이 관상 속에만 내세의 더할 나위 없는 정복(淨福)이 있음을 우리는 신앙에 의하여 믿지만, 또한 그와 같이 지금도 이와 같은 관상에 의하여, 물론 비교가 안될 만큼 덜 완전한 것이지만, 이 세상에서 우리가 얻을 수 있는 가장 큰 만족을 누릴 수 있음을 경험하기 때문이다.

성 찰 4

참과 거짓에 관하여

  나는 이 여러 날 동안 정신을 감각으로부터 떼어내는 데 아주 익숙해졌고, 또 물체적인 것들에 관하여 확실하게 아는 것은 매우 적은데, 인간의 정신에 관하여는 그보다 훨씬 많은 것이 인식되며, 하나님에 관해서는 더욱더 많은 것이 인식됨을 아주 면밀하게 관찰했으므로, 이제는 아무 어려움 없이 내 생각을 상상력의 대상이 되는 것들로부터 떠나게 하여, 순수한 오성의 대상이 되는 것, 그리고 모든 물질로부터 분리된 것으로 향하게 할 수 있을 것이다.
  확실히 나는 인간의 정신에 관하여 그것이 하나의 생각하는 것이고, 길이·넓이·깊이에 있어서 연장을 가지고 있지 않고, 물체에 속하는 것을 전혀 가지고 있지 않는 것인 한, 어느 물체적 사물의 관념과는 비교가 안 될 만큼 판명한 관념을 가지고 있다. 또 내가 의심한다는 것, 즉 내가 불완전하며 의존적이라는 것에 주의할 때, 하나의 독립해 있고 완전한 존재, 즉 하나님의 관념이 아주 명석하고 판명하게 내 정신에 나타난다. 그리고 이런 관념이 내 속에 있다는 것, 혹은 이런 관념을 가지고 있는 내가 있다는 한 가지 사실로부터 나는 하나님이 현존한다는 것과 내 존재 전체가 모든 순간에 그에게 의존한다는 것을 아주 명증적으로 결론짓는다. 그리하여 나는 인간의 정신에 의하여 이보다 더 명증적이고, 또 이보다 더 확실하게 인식되는 것은 아무것도 없다고 확신한다. 그리고 이제 참된 하나님(그 속에 지식과 지혜의 모든 보물이 간직되어 있는 하나님)에 대한 이 관상으로부터 다른 모든 것의 인식으로 나아가는 길이 바라보이는 듯싶다.

 즉, 첫째로, 나는 하나님이 나를 속인다는 것은 절대로 있을 수 없다고 본다. 왜냐하면 무릇 속인다는 것 속에는 어떤 불완전성이 들어 있기 때문이다. 또 속일 수 있다는 것은 명민(明敏)하거나 혹은 힘이 있는 것을 드러내는 표적인 듯싶기도 하지만, 속이려고 하는 것은 의심할 여지없이 악의(惡意)나 약함을 드러내는 것이니, 따라서 하나님 속에 있을 수는 없는 것이다.

 그 다음에, 나는 내 속에 어떤 판단 능력이 있음을 경험하거니와 분명히 나는 이것을 내 속에 있는 다른 모든 능력과 마찬가지로 하나님께로부터 받았다. 그리고 하나님은 나를 속이려고 하지 않으므로, 내가 이 능력을 올바로 사용할 때에도 잘못하도록 이 능력을 나에게 주시지는 않았다는 것이 확실하다. 이 점에 관해서는, 그러니까 나는 절대로 잘못하는 법이 없다는 귀결이 거기서 나오는 것처럼 보이지만 않는다면, 아무런 의심도 남지 않았을 것이다. 만일 내 속에 있는 모든 것을 하나님으로부터 얻었다고 하면, 그리고 하나님께서는 나에게 잘못하는 능력을 전혀 주시지 않았다고 하면, 나는 결코 잘못하지 않을 듯싶으니 말이다. 사실 내가 하나님에 관해서만 생각하고, 내 정신을 전적으로 하나님에게로 집중하고 있는 동안은 내 속에 오류 혹은 허위의 원인을 전혀 찾아 볼 수 없다. 그러나 곧 뒤이어 나 자신에게로 돌아오면, 나는(그렇게 잘못을 저지르지 않을 것 같으면서도) 무수한 오류에 빠질 수 있음을 경험한다. 그리고 그 원인을 찾아보면, 내 속에는 하나님, 즉 최고로 완전한 존재의 실재적이고 적극적인 관념만이 아니라, 또한 무, 즉 모든 완전성으로부터 말할 수 없이 먼 데 있는 것의 어떤 소극적인 관념도 있다는 것, 나는 마치 하나님과 무 사이의 중간자, 최고 존재와 비존재 사이의 중간자로서, 최고 존재에 의하여 창조된 한에 있어서는 나를 속이거나 나를 오류로 이끌어가는 것이 내 속에 전혀 없으나, 내가 또한 어느 모로 무 즉 비존재에 참여하는 한에 있어서는, 다시 말하면 나 자신이 최고 존재가 아니고 무수한 결함을 지니고 있는 한에 있어서는 잘못한다 해도 조금도 이상하지 않다는 것을 알 수 있다.

그리하여 오류란 그것이 오류인 한 하나님에게 의존하는 어떤 실재적인 것이 아니라, 다만 하나의 결함일 따름이라는 것, 따라서 잘못하는 데는 이 목적을 위하여 하나님이 주신 능력 같은 것은 필요 없고, 참을 거짓으로부터 가려내게 하기 위하여 하나님이 나에게 주신 능력이 나에게 무한하지 않기 때문에 잘못한다는 것을 나는 확실히 이해한다.

하지만 나는 이것만으로는 전적으로 만족할 수 없다. 왜냐하면 오류란 한갓 부정이 아니라 오히려 하나의 결여이기 때문이다.[29] 즉 내 속에 있어야 할 인식이 빠져 있는 것이다. 그리고 하나님의 본성에 주의할 때, 그 유(類)에 있어서 불완전한 어떤 능력, 즉 본래 그것에 있어야 할 완전성을 결여하고 있는 능력을 하나님이 내 속에 두었다는 것은 있을 수 없는 일로 여겨진다. 만일 장인(匠人)의 솜씨가 훌륭하면 할수록 그가 만든 작품이 더욱 완전할진대, 만물의 최고의 창조자에 의하여 만들어진 것이 모든 점에서 완벽하지 않을 수 있겠는가? 또 하나님이 나를 조금도 잘못하지 않게끔 만들 수 있었다는 것은 의심할 여지가 없는 일이요, 또 그가 항상 가장 좋은 것을 원하신다는 것도 의심할 수 없는 일이다. 그렇다면 내가 잘못한다는 것은 전혀 잘못하지 않는다는 것보다 나은 것일까?

---

29) '부정'이란 그저 어떤 것이 없음을 의미하고, '결여'란 본래 있을 것이 없음을 의미한다. 인간의 경우, 날개가 없는 것은 '부정'이요, 시각이 없는 것은 '결여'이다.

좀 더 주의하여 살펴볼 때, 먼저 내 마음에 떠오르는 것은 그 이유를 내가 알지 못하는 것을 하나님이 지으셨다고 해도 나는 결코 놀라서는 안 된다는 것과, 또 하나님이 왜 그리고 어떻게 지으셨는지 파악할 수 없는 것이 이 밖에 많이 있음을 내가 경험한다고 해서 하나님의 현존을 의심해서는 안 된다고 하는 것이다. 왜냐하면 나는 내 본성이 극히 빈약하고 제한되어 있지만, 이에 반하여 하나님의 본성은 광대하고 헤아릴 수 없고 무한하다는 것을 이미 알고 있기 때문에, 여기서 또한 나로서는 그 원인을 도저히 알 수 없는 무한히 많은 것을 하나님께서는 하실 수 있음을 충분히 알기 때문이다. 그리고 오직 이 한 가지 이유로부터 나는 흔히 사람들이 목적으로부터 끌어내는 원인의 유(類) 전체가 물리적 즉 자연적 사물들에 있어서는 아무 소용도 없다고 확신한다. 왜냐하면 하나님의 오묘한 목적들을 알아낼 수 있다고 생각하는 것은 주제넘은 일이기 때문이다.

또 다음과 같은 생각도 떠오른다. 하나님의 지으신 것들이 완전한가 어떤가를 탐구할 때에는 언제나, 어떤 한 가지 피조물을 따로 떼어 고찰해서는 안 되고, 모든 피조물을 함께 전체적으로 고찰하지 않으면 안 된다. 왜냐하면 단독으로는 아주 불완전하다고 여겨져서 당연한 것도 이 우주 전체의 부분으로서는 다시 없이 완전한 것일 수 있기 때문이다. 그리고 내가 모든 것을 의심하려고 한 후에 지금까지 확실히 안 것은 내 현존과 하나님의 현존뿐이기는 해도, 그러나 또한 하나님의 무한하신 능력을 깨달은 후로 나는 다른 많은 것이 하나님에 의하여 만들어졌으리라는 것, 혹은 적어도 만들어질 수 있었으리라는 것, 따라서 내가 모든 존재의 총체에 있어서 부분의 위치를 차지하고 있다는 것을 부정할 수 없다.

이것에 이어, 내가 범하는 오류들(이것들만이 내 속에 불완전성이 있음을 드러낸다)이 어떤 것인가를 고찰해 볼 때 나는 이것들이 동시에 작용하는 두 개의 원인에 의존한다는 것, 즉 내 속에 있는 인식의 능력과 선택의 능력 즉 의지의 자유에, 다시 말하면 오성과 동시에 의지에 의존한다는 것을 발견한다. 왜냐하면 오성만으로는 아무것도 긍정하지도 않고 부정하지도 않으며, 다만 (사물들의) 관념들을 파악할 따름이요, 이 관념들은 내가 판단을 내릴 때의 재료일 따름이기 때문이다. 그런데 이렇게 엄밀한 의미에서의 오성 속에는, 본래의 의미에 있어서의 오류는 전혀 없다. 그리고 세상에는 아마 내가 그 관념을 가지고 있지 않는 것이 무수히 있을 터이지만, 그렇다고 해서 본래는 그러한 관념들이 나에게 결여되었다고 말할 것이 아니라, 다만 부정적으로 내가 그 관념들을 가지고 있지 않다고만 말해야 한다. 왜냐하면 하나님은 현재 나에게 주신 것보다 더 큰 인식 능력을 나에게 주셔야만 했다는 것을 증명할 수 있는 아무런 근거도 없기 때문이다. 그리고 나는 아무리 하나님을 노련한 장인으로 생각한다 해도 그렇다고 해서 하나님이 몇몇 작품에 넣을 수 있는 모든 완전성을 그의 작품 하나하나에 모조리 넣어야 했다고는 생각하지 않는다. 나는 또 하나님께서 나에게 충분히 광대하고 완전한 의지, 즉 자유 의지를 주시지 않았다고 불평할 수도 없다. 의지가 어떤 한계 안에도 갇혀 있지 않음을 나는 분명히 경험한다. 그리고 여기서 매우 주목할 만하다고 여겨지는 것은 내 속에는 의지만큼 완전하고 큰 것은 하나도 없으므로, 그것이 더 완전하고 더 큰 것이 될 수 있다고는 생각될 수 없다는 것이다.

 이해의 능력을 고찰해 보면 나는 그것이 나에게 극히 작고 극히 한정된 것임을 대뜸 인정하며, 동시에 그보다 훨씬 더 크되 가장 크고 무한하기까지 한 능력의 관념을 형성한다. 그리고 이러한 능력의 관념을 내가 형성하여 가질 수 있다고 하는 것으로부터 이 능력이 하나님의 본성에 속한다는 것을 안다. 이와 마찬가지로 기억의 능력, 혹은 이 밖의 다른 어떤 능력을 검토해 보아도 나에게는 매우 빈약하고 국한되어 있지만 하나님에게는 광대하지 않은 것이 하나도 없다. 오직 의지만은 혹은 의지의 자유만은 내 속에서도 극히 커서 그보다 더 큰 것의 관념을 가질 수 없음을 나는 경험한다. 따라서 내가 하나님의 형상과 모습을 지니고 있음을 나에게 알게 해주는 근거는 주로 의지이다. 왜냐하면 의지는, 나에게 있어서보다 하나님에게 있어서, 의지와 결합하여 이것을 더욱 굳게 하고 더욱 유효하게 하는 인식과 힘의 점에서 보나, 또 더욱더 많은 것에 미치기 때문에 대상의 면에서 보나, 비교가 안 될 정도로 크기는 하지만, 그러나 그 자체에 있어서 형상적으로 또 엄격하게 본다면 더 커 보이지 않기 때문이다. 의지의 본질은 우리가 어떤 일을 할 수 있거나, 혹은 할 수 없는 데(즉 긍정하거나 부정할 수 있고, 추구하거나 기피하는 데)에만 있다. 혹은 오히려 오성이 우리에게 제시하는 것을 긍정 혹은 부정할 때, 즉 추구 혹은 기피할 때, 우리가 아무런 외부의 힘에 의해서도 결정되어 있지 않다고 느끼고 그렇게 하는 데에만 있다. 내가 자유롭기 위해서는 반대되는 두 가지 것의 어느 쪽을 택해도 좋다는 것은 필요치 않다. 오히려 이와 반대로, 내가 한쪽에 기울어지면 기울어질수록 참된 것과 선한 것이 그쪽에 있음을 명증적으로 이해해서이건, 혹은 하나님이 내 생각의 내부를 그쪽으로 향하게 해서이건, 더욱 자유롭게 나는 그쪽을 선택한다. 확실히 신의 은총도 자연적 인식도 결코 자유를 감소시키지는 않고, 오히려 증대케 하고 강화한다. 따라서 나를 어느 한쪽으로 몰아가는 이유가 전혀 없을 때에 내가 경험하는 저 비결정(非決定)은 가장 낮은 단계의 자유요, 결코 의지에 있어서의 완전성을 나타내는 것이 아니라, 오히려 인식에 있어서의 결함, 즉 어떤 부정을 나타내는 것이다. 왜냐하면 만일 내가 무엇이 참이고 무엇이 선인지를 언제나 분명히 알았더라면, 어떤 판단을 내려야 하는가, 혹은 어느 것을 선택할 것인가에 대해서 주저하지 않았을 것이요, 그리하여 아무리 자유로워도 결코 비결정의 상태에 있을 수는 없을 것이기 때문이다.

이 모든 것으로부터 나는 다음과 같은 것을 인정한다. 즉 내가 하나님으로부터 받은 의지의 힘은 매우 광대하고 또 그 유에 있어서 완전하기 때문에 그 자체로는 결코 오류의 원인이 아니라는 것, 또 이해의 힘도 내가 이것을 하나님으로부터 받았으므로 내가 이해하는 모든 것을 나는 으레 올바르게 이해할 터이요, 이 이해에 있어서 내가 잘못한다는 것은 있을 수 없기 때문에, 역시 오류의 원인이 아니라는 것. 그러면 내가 범하는 오류는 어디서 생기는 것일까? 그것은 오직 한 가지 일로부터 즉 의지는 오성보다 훨씬 더 넓은 범위에 미치는 것인데 내가 의지를 오성과 같은 한계 안에 머물게 하지 않고, 내가 이해하고 있지도 않은 것까지 미치게 하는 일로부터 생긴다. 이런 것에 대하여 의지는 비결정의 상태에 있으므로 쉽사리 참과 선으로부터 떨어져 나와 그리하여 나는 잘못하고 죄를 범하는 것이다.

예컨대, 이 며칠 동안 도대체 어떤 것이 이 세계 안에 현존하는가 하는 것을 검토하고, 또 이 문제를 검토한다고 하는 것 만으로부터 나 자신이 현존한다는 것이 명증적으로 귀결됨을 알았을 때, 나는 내가 그렇게 명석하게 이해하는 것은 참이라고 판단하지 않을 수 없었는데, 이것은 어떤 외부의 힘에 의하여서가 아니라, 오히려 오성 속에 있는 큰 빛을 따라 의지 속에 큰 경향성이 생긴 때문이었다. 그리하여 내가 덜 비결정적일수록 더욱 자발적으로 또 더욱 자유로이 이렇게 믿었다. 그런데 지금 나는 내가 어떤 생각하는 것인 한에 있어서 현존함을 알고 있을 뿐만 아니라 또한 내 정신에는 물체적 본성에 대한 어떤 관념이 나타나 있다. 그래서 나는 내 속에 있는, 혹은 오히려 나 자신인 이 생각하는 본성이 이 물체적 본성과는 다른 것인지, 혹은 이 두 가지 것이 동일한 것인지 의심하게 된다. 그리고 나는 여기서 이 두 가지 의견 중 어느 한쪽을 특별히 받아들일 만한 이유가 아직 내 오성에 나타나지 않았다고 가정한다. 따라서 나는 어느 의견을 긍정할 것인지, 혹은 부정할 것인지, 또 혹은 이 문제에 대해서 아무 판단도 내리지 않을 것인지 전적으로 비결정의 상태에 있다.

그리고 이 비결정은 오성이 전혀 인식하고 있지 않는 것에만 미치는 것이 아니라, 일반으로 의지가 거기 대해서 숙고하고 있는 바로 그때에도 오성이 충분히 명석하게 인식하고 있지 않는 모든 것에도 미친다. 왜냐하면 비록 아무리 그럴듯한 억측이 나를 어느 한쪽으로 기울어지게 할지라도 그것이 한갓 억측이요, 확실하고 의심할 수 없는 이유가 아니라는 오직 한 가지 인식만으로 나는 그와 반대되는 것을 판단하게 되기도 하기 때문이다. 이것은 내가 요 며칠 동안 충분히 경험한 바이다. 즉 나는 전에는 극히 참되다고 믿었던 모든 것에 대해서 어느 모로 의심할 수 있음을 깨달았다는 단 한 가지 이유만으로, 아주 거짓된 것이라고 상정한 것이다.

그런데 어떤 일에 대하여 내가 충분히 명석하고 판명하게 지각하고 있지 않을 때 판단을 내리기를 삼가면, 내 태도는 옳고 내가 잘못하지 않는다는 것은 분명하다. 그러나 내가 긍정하거나 부정한다면, 이때 나는 의지의 자유를 올바르게 사용하고 있는 것이 아니다. 그리고 만일 거짓된 것을 긍정하면, 나는 잘못을 저지르고 있음이 명백하며 또 설사 진리를 따라 판단한다 해도 그것은 우연일 따름이요, 나는 여전히 과오를 범하고 있는 것이다. 왜냐하면 오성의 인식이 언제나 의지의 결정에 앞서야 함을 자연의 빛이 우리에게 가르쳐 주기 때문이다.

그리고 자유 의지의 이 그릇된 사용 속에 오류의 형상을 구성하는 결여가 있다. 즉 결여는 활동 속에서 나타나거니와 어디까지나 나에게서 나오는 활동 속에 내재하는 것이요, 내가 하나님으로부터 받은 능력 속에 내재하는 것은 아니며, 또 하나님에게 의존하는 한에 있어서의 활동 속에 내재하는 것도 아니다. 사실 나는 하나님이 현재 나에게 주신 것보다 더 큰 이해력, 즉 더 큰 자연의 빛을 주시지 않았다고 불평할 아무런 이유도 가지고 있지 않다. 무한히 많은 것을 이해하지 못한다는 것은 유한한 오성의 본질에 속하며, 유한하다는 것은 창조된 오성의 본질에 속하는 것이다. 오히려 나는 하나님이 거저 주신 것에 감사해야 하며, 하나님이 주시지 않은 것을 하나님에게 빼앗겼다거나, 하나님이 나로부터 다시 찾아갔다고 생각해서는 안 된다. 나는 또한 하나님이 나에게 오성보다도 더 넓은 범위에 미치는 의지를 주셨다고 불평할 이유도 가지고 있지 않다. 의지는 오직 한 가지 것, 이를테면 불가분의 것으로 되어 있어서, 그 본성은 그것으로부터 아무것도 제거되는 것을 허용하지 않는 것이라고 여겨지니 말이다. 그리고 확실히, 의지가 광대하면 할수록 그것을 주신 자에게 더욱더 감사해야 할 것이다. 그리고 끝으로 또한 나는 내가 거기서 잘못하는 의지의 작용을 일으킴에 있어, 즉 판단을 형성함에 있어 하나님이 나에게 협력한다고 불평해서도 안 된다. 이러한 작용은 하나님께 의존하는 한 전적으로 참되고, 절대로 선하며, 또 이러한 작용을 내가 일으킬 수 있다는 것은 일으킬 수 없는 것보다 나에게 있어서 어느 의미로는 더욱 큰 완전성이니 말이다. 그런데 결여에 관해서 말하면, 오직 그 속에만 허위 및 죄의 형상적 근거가 있거니와, 이 결여는 하나님의 협력을 조금도 필요로 하지 않는다. 결여는 실재적인 것이 아니요, 또 이것을 하나님에게 마치 그 원인인 양 관련시킨다면, 이것은 결여라 할 것이 아니라 그저 부정이라고 해야 하기에 말이다. 사실 하나님이 명석하고 판명한 인식을 내 오성 속에 넣어 주시지 않은 것들에 대하여, 동의하거나 혹은 동의하지 않는 자유를 하나님이 나에게 주셨다는 것은 결코 하나님의 불완전성이 아니다. 오히려 내가 이러한 자유를 잘 사용하지 않고 정확하게 이해하고 있지 않는 것들에 대하여 판단을 내린다는 것이야말로 틀림없이 내 속에 있는 하나의 불완전성이다.

하지만 내가 여전히 자유롭고 또 유한한 인식을 가졌더라도 나로 하여금 결코 잘못하지 않도록 하는 것은 하나님에게는 쉬운 일이었으리라고 생각된다. 즉 하나님이 내 오성 속에 내가 언젠가는 숙고해야 할 모든 것에 대한 명석하고 판명한 인식을 주시든가, 혹은 명석·판명하게 이해하고 있지 않은 것에 대해서는 결코 판단을 내려서는 안 된다는 것을 내 기억 속에 깊이 아로새겨 결코 내가 이것을 잊지 않게만 해주시면 되었던 것이다. 그리고 내가 나 자신만을 고찰하되 마치 세상에 나밖에 없는 양 생각하는 한에서, 만일 하나님이 나로 하여금 결코 잘못하지 않도록 지으셨다고 한다. 나는 현재의 나보다 훨씬 더 완전했으리라는 것을 나는 잘 안다. 그러나 그렇다고 해서 나는 우주의 어떤 부분은 오류를 면하고 있지만 다른 부분은 그렇지 않은 경우가 모든 부분이 한결같은 경우보다, 우주 전체로서는 어느 의미에서 더 큰 완전성을 지니고 있다는 것을 부정할 수 없다. 그리고 나는 하나님이 나를 세계 안에 두시되 그 속에서 가장 고귀하고 가장 완전한 역할을 담당케 하려 하시지 않았다고 불평할 권리가 전혀 없다.

또 나는 위에서 말한 첫째 수단, 즉 내가 숙고할 수 있는 모든 것에 대한 명증적 인식에 의존하는 수단으로는 오류를 막을 수가 없으나, 적어도 다른 수단 즉 그 진리가 분명치 않은 모든 것에 대하여는 판단을 내리기를 삼가야 함을 상기하는 데 의존하는 수단으로 오류를 막을 수 있다. 왜냐하면 비록 내 본성이 약하여 언제나 하나의 동일한 생각을 줄곧 내 정신 속에 간직할 수는 없음을 내가 경험하지만, 주의를 기울인 그리고 자주 거듭되는 성찰에 의하여 필요가 있을 때마다 그 생각을 상기하고, 그리하여 다시는 오류에 빠지지 않는 습관을 얻게 될 수 있기 때문이다. 그리고 바로 이 점에 인간의 가장 크고 주요한 완전성이 있으므로 나는 오늘의 성찰에 의하여 오류 및 허위의 원인을 찾아냄으로써, 적지 않은 수확을 거두었다고 생각한다.

그리고 확실히 오류 및 허위의 원인으로서는 내가 설명한 것 외에는 있을 수 없다. 내 의지를 내 인식의 한계 안에 붙들어 두고 오성에 의하여 명석·판명하게 의지에 나타나는 것에 대해서만 판단을 내리도록 하기만 하면, 내가 잘못한다는 것은 있을 수 없기 때문이다. 무릇 명석하고 판명한 지식은 그 어느 것이나 틀림없이 실재적인 것이요, 따라서 무로부터 나올 수 없고 필연적으로 그 창조자는 하나님이다. 곧 최고로 완전하고, 결코 기만자일 수 없는 하나님이다. 따라서 그러한 지식 혹은 판단은 참이라고 결론짓지 않으면 안 된다.

그리고 오늘 나는 결코 잘못하지 않기 위해서는 무엇을 피해야 하는가를 알았을 뿐만 아니라, 또한 진리에 도달하기 위해서는 무엇을 해야 하는가도 알았다. 왜냐하면 내가 완전히 이해하는 모든 것에 충분히 주의하고, 이것들을 내가 불분명하게 또 불명료하게 밖에는 파악하지 못하는 다른 것으로부터 분리시키기만 하면, 나는 틀림없이 진리에 도달할 것이기 때문이다. 앞으로는 이렇게 하도록 조심하여 노력하자.

성찰 5

물질적 사물의 본질에 관하여 ;
그리고 다시 하나님에 관하여,
그는 현존하신다는 것

 하나님의 속성에 관하여, 또 나 자신의 본성, 즉 내 정신의 본성에 관하여 탐구할 것이 많이 남아 있다. 그러나 이에 대해서는 다른 기회에 다시 한 번 문제 삼아 보련다. 지금 (진리에 도달하려면 무엇을 피해야 하고 무엇을 해야 하는가를 깨달은 후) 내가 해야 할 주요한 일은 지난 여러 날 동안 내가 빠져 들어갔던 모든 회의로부터 빠져 나오려고 애쓰고 물질적인 것들에 관하여 확실한 것을 찾을 수 있는가를 보는 것이다.
 그러나 이러한 물질적인 것들이 내 외부에 있는가를 검토하기에 앞서 내 속에 있는 한에 있어서의 그것들의 관념을 고찰하고, 그 중 어느 것이 판명하고 어느 것이 혼란스러운 것인가를 보지 않으면 안 된다.
 첫째로, 나는 양(量) —— 철학자들이 흔히 연속량이라고 부르는 것 —— 을 판명하게 상상한다. 즉 이 양 속에 있는 혹은 오히려 이 양을 지니고 있는 물건 속에 있는 길이·넓이·깊이에 있어서의 연장을 판명하게 상상한다. 그리고는 이 양 속에 갖가지 많은 부분을 셀 수 있고, 이 부분들 하나하나에 온갖 크기·모양·위치 및 운동을 귀속시킬 수 있다. 그리고 끝으로 이 운동들 하나하나에 온갖 지속을 할당할 수 있다.

 그리고 내가 이것들을 일반적으로 고찰할 때, 나는 판명하게 인식할 뿐만 아니라, 또한 조금만 주의하면 수·모양·운동 및 이와 비슷한 것들에 관하여 무수히 많은 특수한 것들을 지각한다. 이때 이것들의 진리는 너무나 명백하고, 또 내 본성과 무척 잘 어울리므로, 이것을 내가 처음으로 발견할 때에도, 어떤 새로운 것을 배운다기보다는 오히려 이미 전에 알고 있던 것을 상기하는 듯 여겨진다. 즉 이미 내 속에 있었는데, 전에는 정신의 눈을 돌리지 않았던 것에 처음으로 주의하는 듯이 여겨진다.

 그리고 여기서 특히 주의해야 한다고 생각되는 것은, 내 생각 밖에서는 어디에도 현존하지 않으면서도 무라고 할 수 없는 것들의 관념이 내 속에 무수히 있다는 것이다. 이런 것들을 생각하고 안 하고는 내 자유지만, 그것들은 내가 공상적으로 만들어 낸 것이 아니라 참되고 불변하는 본성을 지니고 있다. 예컨대 삼각형을 상상할 때 아마 내 생각의 외부에는 세계 어디에도 이런 도형이 없을지라도, 또 지금까지 한 번도 있었던 적이 없을지라도, 그 도형에는 어떤 본성 혹은 형상 즉 일정한 본질이 있고, 이것은 불변하고 영원하여 결코 내가 생각해 낸 것이 아니요, 또 내 정신에 의존하는 것도 아니다. 이것은 이 삼각형의 갖가지 특성, 즉 그 세 각의 합은 두 직각과 같다는 것, 가장 큰 각에는 가장 큰 변이 대응한다는 것 및 이 밖에 이와 비슷한 것들이 논증될 수 있는 것으로부터 분명해지는 것이다. 이 특성들은 전에 내가 삼각형을 상상했을 때에는 결코 의식되지 않았다 하더라도 지금은 내가 원하건 원하지 않건 아주 분명히 인지되는 것이요, 따라서 내가 그것들을 생각해 내었다고는 할 수 없다.

 또 나는 가끔 삼각형 모양의 물체들을 보았기 때문에 이 삼각형의 관념은 밖에 있는 것으로부터 감각 기관을 통하여 내 속에 들어왔을 것이라고 반대해 보아도 소용없다. 왜냐하면 나는 삼각형 이외의 도형으로서 감각을 통해서 내 속에 들어온 것이 아닐까 하는 의혹을 전혀 가질 수 없는 것을 내 정신 속에 무수히 형성할 수 있고, 또 이 도형들에 대하여도, 삼각형의 경우에 못지않게 그 갖가지 특성을 논증할 수 있기 때문이다. 그리고 확실히 이 특성들은 내가 명석하게 인식하기 때문에 모두 참되다. 따라서 이것들은 어떤 것이요, 한갓 무가 아니다. 왜냐하면 참된 것은 모두 어떤 것임이 분명하고, 또 내가 명석·판명하게 인식하는 것은 이미 모두 참됨을 위에서 충분히 논증했기 때문이다. 그리고 비록 내가 이것을 논증하지 않았다 하더라도 이것들을 명석·판명하게 지각하는 한, 이것들을 참된 것으로 보지 않을 수 없는 것이 내 정신의 본성이다. 또 나는 전에 감각의 대상에 몹시 집착하고 있었을 때에도 모양·수, 이 밖에 산술과 기하학에 속하는 것들에 관하여 내가 명석·판명하게 인식한 진리는 모든 진리 중 가장 확실한 것으로 보고 있었음을 상기한다.

 그런데 지금 내 생각으로부터 어떤 것의 개념을 끌어낼 수 있다는 것 만으로부터, 이것에 속하는 것으로 내가 명석·판명하게 지각하는 모든 것이 사실상 이것에 속한다는 것이 귀결된다고 하면, 이로부터 또한 하나님의 현존을 증명하는 논증을 얻을 수 없을 것인가? 확실히 나는 하나님의 관념을, 즉 최고로 완전한 존재의 관념을 어떤 모양 혹은 어떤 수의 관념 못지않게 내 속에서 발견한다. 또 나는 항상 현존한다는 것이 하나님의 본성에 속한다는 것을, 어떤 모양 혹은 수에 대하여 내가 논증하는 것이 그 모양 혹은 그 수의 본성에 속한다는 것을 이해하는 경우 못지않게 명석·판명하게 이해한다. 따라서 설사 지난 여러 날 동안에 내가 성찰한 모든 것이 참되지 않다 하더라도 하나님의 현존은 내 정신 속에서 지금까지 수학의 모든 진리가 확실했던 것에 못지않게 확실하다고 여기지 않을 수 없다. 물론 이것은 얼핏 보아 전혀 명백해 보이지 않고 오히려 궤변인 듯싶기도 하다. 왜냐하면 나는 다른 모든 것에서 현존을 본질로부터 구별하는 습관이 있어서, 하나님의 현존도 그의 본질로부터 분리될 수 있고, 그리하여 하나님은 현실적으로 존재하지 않는다고 생각할 수 있다고 쉽사리 믿어 버리기 때문이다. 그러나 이에 대해서 좀더 주의하여 생각해 보면, 나는 하나님의 현존이 그의 본질로부터 분리될 수 없다는 것은 삼각형의 본질로부터 그 세 각의 합이 2직각이라는 것이 분리될 수 없고, 또 산의 관념으로부터 골짜기의 관념이 분리될 수 없는 것 못지않게 명백함을 발견한다. 따라서 현존 없는 (즉 어떤 완전성을 결여하고 있는) 하나님을 생각하는 것은 골짜기 없는 산을 생각하는 것처럼 모순이다.

  그러나 골짜기 없는 산을 생각할 수 없는 것처럼 현존 없는 하나님을 생각할 수 없다 하더라도, 내가 골짜기 있는 산을 생각한다는 것만으로부터 도대체 이 세상에 산이 있다는 것이 귀결되지 않는 것처럼, 하나님을 현존하는 것으로 생각한다고 해서 곧 이로부터 하나님이 현존한다는 귀결은 나오지 않을 것도 같다. 왜냐하면 내 생각은 사물들에 대하여 아무런 필연성도 부여하지 않기 때문이다. 그리고 도대체 날개를 가진 말이 없건만 날개 달린 말을 내가 상상할 수는 있듯이, 아마도 도대체 하나님이 현존하지 않는데, 머리 속에서만 하나님에게 현존을 결부시키고 있는지도 모른다. 하지만 이럴 수는 없고, 바로 이러한 생각 속에야말로 궤변이 숨어 있다. 왜냐하면 골짜기 없는 산을 내가 생각할 수 없다는 것으로부터는 어디엔가 산과 골짜기가 있다는 것이 귀결되지 않고, 다만 산과 골짜기가 있건 없건, 어느 모로나 서로 분리될 수는 없다는 것이 귀결될 따름이지만, 한편 내가 하나님을 현존하지 않는 것으로 생각할 수 없다고 하는 것으로부터는 현존이 하나님으로부터 분리될 수 없고, 따라서 하나님은 참으로 현존한다는 것이 귀결되기 때문이다. 한갓 내 생각이 이렇게 하는 것이 아니오, 또 내 생각은 사물들에다가 아무런 필연성도 부여하지 않는다. 이와 반대로 여기서의 문제의 필연성이, 즉 하나님의 현존의 필연성이 이렇게 생각하도록 내 생각을 결정하는 것이다. 왜냐하면 날개 달린 말을 상상하건 날개 없는 말을 상상하건 내 자유지만, 현존 없는 하나님(즉 최고의 완전성이 없는 최고로 완전한 존재)을 생각한다는 것은 내 자유로 되는 것이 아니기 때문이다.

 또 여기서 다음과 같이 말해도 안 된다. 즉 하나님은 모든 완전성을 가지고 있다고 상정한 다음에는 현존이 완전성의 하나이므로, 물론 나는 필연적으로 하나님이 현존한다는 것을 인정해야 하지만, 처음의 상정은 필연적인 것이 아니었다. 마치 모든 사각형이 원에 내접한다고 생각할 필연성은 없지만, 일단 이렇게 생각하기로 하면 마름모꼴이 원에 내접한다고 인정하지 않으면 안 되는데, 이것이 분명히 거짓인 것처럼. 왜 이렇게 말하면 안 되는가? 하나님에 대하여 생각하게 되는 일이 전혀 없다 하더라도 최초의 그리고 최고의 존재에 대하여 생각하게 되고, 그의 관념을 이를테면 내 정신의 보고로부터 끄집어내려고 할 때마다 나는 필연적으로 그에게 모든 완전성을 (설사 내가 그 전부를 헤아릴 수도 없고 그 하나하나에 주의를 기울일 수 없다 해도) 귀속시키지 않으면 안 되기 때문이다. 그리고 이 필연성은 (현존이 하나의 완전성임을 내가 깨달은 다음에) 나로 하여금 이 최초의 그리고 최고의 존재는 정말 현존한다고 결론짓게 하는 데 충분하다. 이것은 마치 내가 전혀 삼각형을 상상하지 않아도 되지만, 세 각으로만 되어 있는 직선 도형을 고찰하려 할 때마다, 나는 필연적으로 이 도형에다가 그 세 각의 합이 2직각보다 크지 않다는 것을(비록 이때 내가 바로 이것을 생각하지는 않는다 하더라도) 결론짓게 하는 모든 것을 귀속시켜야 하는 것과 같다. 그런데 어떤 도형이 원에 내접하는가를 검토해 볼 때 모든 4변형이 거기 포함된다고 생각할 필연성은 조금도 없다. 이와 반대로 내가 명석·판명하게 이해하는 것 외에는 아무것도 받아들이려고 하지 않는 한, 나는 이런 일을 가상조차 할 수 없다. 따라서 바로 이러한 거짓된 상정과 내가 나면서부터 가지고 있는 참된 관념 사이에는 큰 차이가 있다. 그리고 이러한 관념들 중 첫째가는 주요한 것은 하나님의 관념이다.

왜냐하면 사실 나는 이 관념이 오직 내 생각에만 의존하는 허구의 어떤 것이 아니라, 참되고 불변하는 어떤 본성의 상임을 여러 가지 모양으로 이해하기 때문이다. 즉 첫째로, 오직 하나님 외에는 그 본질에 현존이 필연적으로 속하는 것을 하나도 생각할 수 없기 때문이다. 다음으로 이러한 하나님을 둘 혹은 그 이상 생각할 수 없기 때문이다. 또 이러한 하나님이 한 분 지금 현존한다고 하면 그는 또한 필연적으로 영원한 옛날부터 있었을 것이요, 또 미래에도 영원히 있을 것을 내가 분명히 보기 때문이다. 그리고 끝으로 이 밖에도 내가 거기서 아무 것도 줄게 할 수 없고 또 변화시킬 수도 없는 것을 하나님 속에서 무수히 보기 때문이다.

그러나 결국 어떠한 증명이나 논증을 사용한다 해도, 내가 명석·판명하게 지각하는 것만이 언제나 나를 온전히 설득하는 힘이 있다고 하는 데로 귀착한다. 그리고 이렇게 내가 지각하는 것들 가운데는 누구에게나 명료하게 인식되는 것도 있지만, 또 좀더 자세히 고찰하고 주의 깊게 연구하는 사람에게만 발견되는 것도 있다. 하지만 이런 것들도 일단 발견된 후에는 전자에 못지않게 확실한 것으로 여겨진다. 이것은 마치 직각 삼각형에서 밑변 위의 정사각형이 다른 두 변 위의 정사각형의 합과 같다는 것이, 그 저변이 이 삼각형의 가장 큰 각에 대응하고 있다는 것만큼 쉽게 드러나지는 않지만, 일단 알려지기만 하면 후자 못지않게 믿어지는 것과 같다. 그런데 하나님에 관해서는 만일 내 정신이 어떠한 선입견에 의하여도 흐려 있지 않다면, 그리고 내 생각이 감각적인 것들의 상에 의하여 조금도 흐트러져 있지 않다면, 나는 아무것도 하나님보다 먼저 또 더 쉽게 인식하지 못했을 것이다. 왜냐하면 최고의 존재가 있다는 것, 즉 오직 그것에만 그 본질에 현존이 속하는 하나님이 현존한다는 것보다도 더 자명한 일이 또 있을까?

 그리고 이것을 잘 지각하기 위하여 나는 정신을 기울여야 했지만, 이제 나는 이것에 대하여, 가장 확실한 것 같은 다른 모든 것 못지않게 확신을 가질 뿐만 아니라, 또한 다른 모든 것의 확실성이 다름 아닌 이것에 의존하며, 또 이것 없이는 아무 것도 완전하게 알려지지는 않는다는 것을 깨닫는다.

 사실 나는 어떤 것을 아주 명석·판명하게 이해하고 있는 동안은 그것이 참되다고 믿지 않을 수 없는 본성을 지니고 있지만, 또한 정신의 눈을 항상 동일한 한 가지 것에 고정시켜 이것을 명석하게 지각하지 못하는 본성도 지니고 있어서, 전에 내렸던 판단의 기억이 되살아나는 일이 자주 있다. 그리고 왜 내가 이렇게 판단했는지 그 이유를 주의하여 살피지 않는 경우에는 나에게 다른 이유들이 나타나, 만일 내가 하나님을 모른다면 쉽사리 내 의견을 버리게 할 것이다. 그리하여 나는 어떤 것에 대해서도 결코 참되고 확실한 지식을 가지지 못하고 그저 막연하고 변하기 쉬운 의견들을 가질 것이다.

가령 삼각형의 본성을 고찰할 때, 나는 기하학의 원리를 어느 정도 알고 있으므로, 그 세 각의 합이 2직각이라는 것을 명증적으로 인식하며, 또 그 논증에 주의하는 동안은 그것이 참됨을 믿지 않을 수 없지만, 정신의 눈을 그 논증으로부터 딴 데로 돌리자마자 비록 그 논증을 매우 명석하게 이해했었다는 것을 아무리 잘 상기한다 해도, 만일 내가 하나님을 알지 못한다면, 그 논증이 참된 것인지 아닌지에 대하여 의심하는 일이 쉽사리 일어날 수 있다. 왜냐하면 나는 가장 명증적으로 이해하고 있다고 믿고 있는 것들에 있어서도 가끔 잘못을 저지르도록 자연에 의하여 지어졌다고 생각할 여지가 있기 때문이다. 내가 참되고 확실하다고 본 것 가운데 나중에 다른 이유에 의하여 거짓이라고 다시 판단하게 된 것이 많았음을 상기할 때 특히 그렇다.
　그러나 이제 나는 하나님이 있다는 것을 알고 있다. 또한 동시에 다른 모든 것이 하나님께 의존한다는 것, 하나님은 결코 기만자가 아니라는 것을 이해하며, 이것으로부터 내가 명석·판명하게 지각하는 것은 모두 필연적으로 참이라는 결론도 얻었다. 그러므로 비록 이것을 참되다고 판단하게 된 이유에 대하여 충분히 주의를 하지 않는다고 해도 오직 내가 이것을 명석·판명하게 이해했음을 상기하고 있기만 하면, 여기 반대되는 어떠한 이유로도 이것에 대해서 나로 하여금 의심케 할 수 없다. 그리하여 나는 이것에 대하여 참되고 확실한 지식을 가진다. 그리고 바로 이 지식은 전에 내가 논증한 기억이 있는 다른 모든 것 즉 기하학의 진리들 및 이와 비슷한 것들에게도 미친다. 어떤 반론을 펴서 나로 하여금 이것들을 의심하게 할 수 있단 말인가? 내가 자주 잘못을 저지르도록 내 본성이 되어 있다고 말할 터인가? 그러나 내가 명석·판명하게 인식하고 있는 것에 있어서는 결코 잘못 판단하지 않음을 나는 이미 알고 있다. 전에는 참되고 확실하다고 알고 있던 것인데 나중에 거짓임을 알게 된 것이 많다고 말할 터인가? 그러나 나는 이것들을 하나도 명석·판명하게는 알고 있지 않았다. 도리어 나에게 진리를 확신케 해주는 이 규칙을 모르고 있었기 때문에, 다른 원인들에 의하여 그것들을 믿게 되었고 나중에 이 원인들이 그리 탐탁하지 못함을 발견했을 따름인 것이다.

 그러면 또 무슨 반대가 있을까? (앞서 내가 나 자신에게 반문한 것처럼) 나는 꿈을 꾸고 있을 것이다. 즉 내가 지금 생각하고 있는 모든 것은 잠자고 있을 때에 머리에 떠오르는 것 이상으로 참된 것이 못 된다고 말할 터인가? 그러나 잠자고 있다 하더라도, 내 정신에 명증적으로 나타나는 것은 모두 절대로 참되다. 그리하여 나는 모든 지식의 확실성과 진리성이 오직 참된 하나님의 인식에만 의존함을 분명히 본다. 따라서 내가 하나님을 알기 전에는 다른 어떤 것도 완전히 알지 못했다. 이제 하나님을 알게 되자 하나님 자체에 관해서뿐만 아니라 또한 순수 수학의 대상인 물체적 본성에 관해서도 무한히 많은 것이 분명하고 확실한 것이 될 수 있다.

성 찰 6

물질적 사물의 현존 및
정신과 신체의 실재적 구별에 관하여

 이제 남은 것은 물질적인 것이 있는가 없는가를 검토하는 일이다. 확실히 나는 적어도 다음과 같은 것을 알고 있다. 물질적인 것들은 순수 수학의 대상으로서는 존재할 수 있다. 이런 것으로서는 내가 그것들을 명석·판명하게 지각하니까. 왜냐하면 하나님에게는 내가 명석·판명하게 지각하는 모든 것을 만들어 내는 능력이 있다는 것은 조금도 의심할 수 없는 일이요, 또 하나님이 어떤 일을 하실 수 없다고 내가 판단한 것은 그 일을 내가 판명하게 지각하려면 모순을 범하게 되기 때문이었다.
 또 나는 물질적인 것들을 고찰할 때에는 상상의 능력을 사용한다는 것을 경험하는데 이 사실로부터 물질적인 것들이 있다는 귀결이 나옴 직하다. 자세히 살펴보면, 상상은 인식 능력에 생생하게 나타나는, 따라서 현존하는 물체에 대한 그 인식 능력의 어떤 적용 이외의 다른 아무것도 아니기 때문이다.
 이것을 분명하게 하기 위하여 나는 먼저 상상의 작용과 순수한 오성의 차이를 검토해 보기로 한다. 가령 삼각형을 상상할 때 나는 그것이 세 개의 선에 의하여 구성된 하나의 도형임을 이해할 뿐만 아니라, 또한 동시에 이 세 개의 선을 마치 정신의 눈에 현존하는 양 직관한다. 그리고 이것이야말로 내가 상상이라고 부르는 것이다. 그런데 만일 내가 천각형에 대하여 생각하려고 하면, 물론 나는 삼각형이 세 변으로 구성되는 도형임을 이해하는 것과 마찬가지로 그것이 천 개의 변으로 구성되는 것임을 잘 이해하기는 해도, 삼각형의 세 변의 경우처럼 그 천 개의 변을 상상하지는 못한다. 즉 마치 정신의 눈에 현전하는 양 직관하지는 못한다.

물론 이 경우에도 물체적인 것을 생각할 때마다 무엇인가를 상상하는 습관에 의하여 어떤 도형을 막연히 표상하지만, 이 도형은 천각형이 아님이 분명하다. 왜냐하면 이 도형은 만각형이나 혹은 더 많은 변을 가진 도형을 생각할 때에 내가 표상하는 도형과 조금도 다르지 않으며, 또 이 도형은 천각형을 다른 다각형과 구별해 주는 특성을 발견하는 데 아무 소용도 없기 때문이다.

그런데 오각형이 문제인 경우에는 물론 나는 이 도형을 천각형의 경우와 마찬가지로 상상의 도움 없이도 이해할 수 있다. 그러나 또 이 도형을 상상할 수도 있다. 즉 정신의 눈을 그 다섯 개의 변에, 그리고 동시에 이 변들에 의하여 둘러싸인 공간으로 향하게 함으로써 상상할 수도 있다. 여기서 나는 상상하기 위해서는 정신의 어떤 특별한 긴장이 필요하지만, 이해하기 위해서는 사용하지 않는다는 것을 분명히 인식한다. 그리고 이 새로운 정신의 긴장이야말로 상상의 작용과 순수한 오성의 작용의 차이를 명백하게 보여 주는 것이다.

또 나는 내 속에 있는 이 상상의 힘이 이해의 능력과 다른 한, 나 자신의 본질에 대해서, 즉 내 정신의 본질에 대해서 반드시 필요한 것이 아님을 깨닫는다. 왜냐하면 설사 내가 전혀 그런 힘을 가지고 있지 않더라도 나는 언제나 여전히 현재의 나와 다름없는 나일 것이 틀림없기 때문이다. 이로부터 상상의 힘은 나와는 다른 어떤 것에 의존한다는 귀결이 나온다. 그리고 만일 어떤 물체가 현존하고, 이것에 내 정신이 결부되어 마음 내킬 때에 이것을 주시할 수 있다고 하면, 바로 이런 모양으로 내가 물체적인 것들을 상상하는 일이 생긴다는 것을 쉽사리 이해한다.

 따라서 이러한 사고방식은 오직 다음과 같은 점에서 순수한 오성 작용과 다르다. 즉 이해할 때에는 정신이, 이를테면 자기를 자기 자신에게 향하게 하여, 정신 자체에 내재하는 관념들 중 어떤 것을 고찰하지만, 상상할 때에는 이와 반대로 정신이 자기를 물체로 향하게 하여, 거기서 자기 자신이 형성한 혹은 감각을 통하여 받아들인 관념에 일치하는 어떤 것을 직관한다. 거듭 말하거니와 만일 정말 물체가 있다고 하면, 나는 상상은 바로 이런 모양으로 성립할 수 있음을 쉽게 이해한다. 그리고 상상의 작용을 설명하는 데는 이만큼 안성맞춤인 방식이 없기 때문에, 이로부터 나는 개연적으로 물체는 있다고 추측한다. 그러나 이것은 오직 개연적으로만 추측하는 것이요, 모든 점을 면밀히 검토해도 내 상상 속에 있는 물체적 본성에 대한 판명한 관념으로부터는 어떤 물체의 현존을 필연적으로 결론짓게 하는 어떠한 논증도 끌어낼 수 없다고 생각된다.

 그런데 나는 순수 수학의 대상인 이 물체적 본성 이외에 이것만큼 판명하게는 아니지만, 다른 많은 것, 즉 빛깔·소리·맛·고통 및 이 밖에 이와 비슷한 것을 상상하는 습관을 가지고 있다. 그리고 이것들은 감각에 의하여 훨씬 더 잘 지각되며, 감각으로부터 기억의 도움을 빌어 상상에까지 이른 듯이 보이므로, 이것들에 관하여 더욱 적절히 논하려면, 또한 동시에 감각에 관해서도 논해야 하며, 또 내가 감각이라고 부르는 이 사고 방식에 의하여 지각되는 것으로부터 물체적인 것의 현존의 증명에 도움이 되는 어떤 확실한 논증을 끌어낼 수 있는지 없는지를 보지 않으면 안 된다.

그래서 첫째로 나는 전에 내가 감각에 의하여 지각한 것으로서 참되다고 생각한 것은 어떤 것인지, 또 어떤 이유로 그렇게 생각했는지를 돌이켜보련다.

그 다음에는 나중에 이것들을 의심하게 된 것이 무슨 이유에서였는지를 검토하련다. 그리고 끝으로 이것들에 대하여 지금은 어떻게 생각해야 할 것인가를 고찰하련다.

첫째로 나는 머리·손·발 및 이 밖에 다른 모든 지체를 가지고 있음을 감각하였다. 그리고 이 지체들로 구성된 이 신체를 나 자신의 부분인 양, 혹은 오히려 내 전체인 양 여겼다.

또 나는 이 신체가 다른 많은 물체 사이에 놓여 있고, 이 물체들로부터 갖가지 유리한 혹은 불리한 영향을 받을 수 있다는 것도 감각하였다. 그리고 이 유리한 영향을 어떤 쾌락의 감각에 의하여 불리한 영향을 고통의 감각에 의하여 인지하였다.

또 나는 고통과 쾌락 외에 내 속에서 배고픔·목마름 및 이 밖에 이와 비슷한 욕망을 감각했으며, 또한 기쁨·슬픔·노여움 및 이 밖에 이와 비슷한 정념에로 향하는 어떤 신체적 경향도 감각하였다. 그리고 외부에서는 물체들의 연장·모양·운동 외에 물체들 속에서 그 딴딴함·따스함 및 이 밖의 모든 촉각적 성질을 감각하였다.

다시 나는 거기서 빛·빛깔들·냄새·맛·소리를 감각하였으며, 이것들의 갖가지 차이에 의하여 하늘·땅·바다 및 이 밖의 모든 물체를 서로 구별하였다.

그리고 확실히 이 모든 성질의 관념들이 내 생각에 나타났고, 또 오직 이 관념들만을 내가 직접 생생하게 감각했기 때문에, 이 관념들이 거기서 나온 물체들을 내가 감각하고 있다고 믿은 것은 근거 없는 일이 아니었다. 왜냐하면 이 관념들이 내 승인을 받지 않고 내 속에 들어왔음을 내가 경험했으며, 따라서 어떤 대상이나 내 감각 기관에 나타나지 않았다면 아무리 내가 그것을 감각하려 해도 감각할 수 없고, 또 내 감각 기관에 나타나 있을 때에는 감각하지 않으려 해도 감각하지 않을 수 없었기 때문이다.

 또 감각을 통하여 내가 가지게 된 관념들은 나 자신이 성찰함으로써 만들어 낸 그 어느 관념보다도, 혹은 내 기억 속에 새겨져 있다고 내가 인정하는 그 어느 관념보다도 훨씬 더 생생하고 선명하며 또 그 나름으로 훨씬 더 판명하므로 그것들이 나 자신으로부터 나올 수는 없을 듯싶었다.

 따라서 그것들은 반드시 어떤 다른 사물들로부터 내 속에 들어오는 것이라고 생각되었다. 그리고 이 사물들에 대하여 나는 이 관념들이 나에게 준 지식밖에 가지고 있지 않았으므로, 이 사물들은 이 관념들을 닮았으리라고 생각할 수밖에 없었다.

 또 나는 내가 이성보다도 오히려 감각을 사용하였음을 상기한 때문에 그리고 내가 스스로 만들어 낸 관념이, 감각을 통하여 내가 가지게 된 관념만큼 선명하지 않고, 전자의 대부분이 후자의 여러 부분으로 구성되어 있음을 본 때문에, 진작 내 감각 속에 있지 않았던 관념은 그 어느 것이나 내 오성 속에 없다는 것을 쉽게 믿어 버렸다.

 또한 내가 어떤 특별한 권리를 가지고 내 것이라고 부른 이 신체가 다른 어떤 물체보다도 더욱 나에게 속한다고 믿은 것도 어떤 근거가 있는 일이었다.

 왜냐하면 나는 다른 물체들로부터 분리되는 것처럼 내 신체로부터 분리될 수는 없었기 때문이요, 또 모든 욕망과 모든 정념을 신체 속에서 그리고 신체를 위하여 감각했기 때문이요, 끝으로 쾌락과 고통을 신체의 부분들 속에서 맛보았지만 신체 밖에 놓여 있는 다른 물체 속에서는 맛보지 못했기 때문이다.

  그러나 왜 이 무엇인지 내가 모르는 고통의 감각으로부터 마음속에 슬픔이 생기며, 쾌락의 감각으로부터는 기쁨이 생기는가, 혹은 왜 배고픔이라고 하는 이 무엇인지 모르는 위의 괴로움은 나로 하여금 먹고 싶어 하게 하며, 목마름은 나로 하여금 마시고 싶어 하게 하는가, 그리고 또 이 밖에 이와 비슷한 것에 관하여 나는 자연이 나에게 그와 같이 가르쳤다고 말하는 것밖에는 달리 설명할 수 없었다. 왜냐하면 위의 이 괴로움과 먹으려는 의지 사이에는, 혹은 고통을 주는 감각과 이 감각으로부터 생기는 슬픈 생각 사이에는 (적어도 내가 이해할 수 있는) 유사성은 전혀 없기 때문이다.

  이와 마찬가지로 내가 감각의 대상에 대하여 판단한 다른 모든 것도 자연에 의하여 가르쳐진 것같이 생각되었다. 이런 대상들에 대하여 항용 내가 내리는 판단들은 내가 이 판단들을 내리지 않을 수 없는 이유를 헤아리기 전에 형성되니 말이다.

  그러나 그 후 많은 경험은 감각에 대해서 내가 가졌던 모든 신뢰를 차츰 무너뜨렸다. 왜냐하면 멀리서는 둥글게 보인 탑이 가까이서는 사각인 것이 분명하게 된 일, 또 그 탑 꼭대기에 세운 거대한 조상이 아래서 올려다보면 그다지 커 보이지 않았던 일이 자주 있었기 때문이다.

  그리하여 나는 이와 같은 무수한 경우에 외부 감각의 판단이 잘못됨을 발견하였다. 비단 외부 감각만 아니라 내부 감각도 그러했다. 왜냐하면 고통보다 더 내적인 감각이 없으련만, 나는 전에 다리와 팔이 절단된 사람들로부터 아직도 가끔 그 잃어버린 신체의 부분 속에 고통을 느끼는 것 같다는 이야기를 들었기 때문이다.

  따라서 내가 신체의 어떤 부분에서 고통을 느낀다 해도 바로 그 부분이 나에게 고통을 주었다고 확신할 수는 없을 것 같이 생각되었다.
 이와 같이 의심할 수 있는 여러 이유에다가 나는 최근 두 개의 매우 일반적인 이유를 추가하였다. 그 첫째는 내가 깨어 있을 때에 감각한다고 믿고 있는 것으로서, 또한 내가 잠자고 있을 때에 감각한다고 믿을 수 없는 것은 하나도 없고, 또 내가 잠자고 있을 때에 감각한다고 생각하는 것이 내 외부에 있는 것으로부터 나에게 온다고 믿을 수는 없으므로, 내가 깨어 있을 때에 감각한다고 생각하는 것에 관하여도 구태여 이렇게 믿을 필요가 없다는 것이었다.
 둘째는, 내 존재의 작자를 아직 모르므로, 혹은 모른다고 가상하므로 가장 참된 것으로 나에게 보이는 것에 있어서도 내가 잘못을 저지르도록 내 본성이 되어 있을 수 있다는 것이다.
 그리고 지금까지 나에게 감각적인 것들의 진리성을 믿게 한 이유들에 관해서는, 거기에 대해서 답변하는 데 많은 곤란이 없었다. 왜냐하면 이성이 나에게 제지한 많은 것으로 자연이 나를 몰아가는 듯싶었으므로, 나는 이 자연의 가르침에 크게 신뢰해서는 안 된다고 믿었기 때문이다.
 또 설사 내가 감각을 통하여 가지게 된 관념들이 내 의지에 의존하는 것은 아니라 해도 그렇다고 해서 나는 그것들이 나와는 다른 것들로부터 나오는 것이라고 결론지어서는 안 된다고 생각하였다.
 아마 내 속에 어떤 능력이(비록 그것이 지금까지 나에게 알려지지는 않았다고 해도) 있어서 그런 관념들을 만들어 내고 있는지도 모르니 말이다.
 그러나 이제 나 자신과 내 기원의 작자를 더욱 잘 알기 시작하게 되자 나는 감각이 우리에게 가르치는 듯싶은 모든 것을 온통 의심할 것도 아니라고 생각한다.

그리고 첫째로 내가 명석·판명하게 이해하는 것은 모두 내가 이해하는 그대로 하나님에 의하여 만들어질 수 있다는 것을 알고 있기 때문에, 어떤 한 가지 것이 다른 것과 다르다는 것이 확실하게 되는 데는 그것이 이 다른 것 없이 명석·판명하게 이해되는 것으로 충분하다. 이것들은 적어도 하나님에 의하여 따로따로 정립될 수 있으니 말이다. 또 내가 이것들을 서로 다른 것으로 판단하기 위해서는, 어떤 힘에 의하여 이렇게 분리되는가 하는 것은 문제가 되지 않는다.

따라서 내가 현존함을 내가 확실히 알고 있다는 것, 그런데 내가 내 본성 즉 내 본질에 속하는 것으로서 필연적으로 인정하는 것은, 내가 하나의 생각하는 것이라는 것으로부터 나는 내 본질이 오직 내가 하나의 생각하는 것이라는 점에 있다고 정당하게 결론짓는다. 그리고 아마(곧 뒤에 말하는 바와 같이, 확실히) 나는 하나의 신체를 가지고 있고, 나는 이 신체에 밀접하게 결합되어 있지만, 한편 나는 내가 오직 하나의 생각하는 것으로서 연장을 가지고 있지 않는 한에 있어서 나 자신에 대한 명석·판명한 관념을 가지고 있고, 다른 한편으로는 신체가 한갓 연장을 가지고 있을 뿐이요, 생각하는 것이 아닌 한에 있어서 신체에 대한 판명한 관념을 가지고 있기 때문에 내가(즉, 내 영혼이) 내 신체와 판연히 다른 것이요, 신체 없이 존재할 수 있다는 것이 확실하다.

더 나아가 나는 내 속에 아주 특수한 생각의 능력, 즉 상상하는 능력과 감각하는 능력을 발견하며, 이것들 없이 나는 전체로서의 나를 명석·판명하게 이해할 수 있지만, 나 없이, 즉 그 속에 이것들이 내재하는 오성적 실체 없이는 이것들을 이해할 수 없다. 왜냐하면 이 능력들은, 우리가 이것들에 대해서 가지고 있는 개념 속에, 혹은 (스콜라 철학의 용어로) 그 형상적 개념 속에 어떤 오성 작용을 내포하고 있고,

이것으로부터 나는 마치 물체의 운동 및 이 밖의 양태가 그 물체 자체로부터 구별되듯, 이 두 가지 능력이 나와 구별되는 것을 지각하기 때문이다.
　나는 또한 내 속의 다른 여러 능력도 인지한다. 가령 장소를 옮기는 능력, 여러 모양으로 자세를 취하는 능력 및 이와 비슷한 것들인데, 위에 말한 것들과 마찬가지로, 이것들도 그 속에 내재하는 어떤 실체 없이는 이해될 수 없고, 따라서 이 또한 실체 없이는 현존할 수도 없다. 그러나 만일 이러한 능력들이 현존한다고 하면, 이것들은 어떤 물체적 실체 즉 연장을 가진 실체에 내재해야만 하는 것이요, 오성적 실체에 내재하는 것이 아님은 명백하다. 이 능력들에 대한 명석·판명한 개념 속에는 확실히 어떤 연장이 내포되어 있지만 오성 작용은 전혀 내포되어 있지 않으니 말이다.
　또 내 속에는 어떤 수동적 능력이 있다. 즉 감각하는 능력, 다시 말하면, 감각적인 것들의 관념들을 받아들이며 인식하는 능력이 있다. 그러나 만일 이러한 관념들을 형성하고 만들어 낼 수 있는 어떤 능동적인 능력이 내 속에 혹은 다른 것 속에 없다면 이 능력은 나에게 아무 소용이 없었을 것이요, 또한 나는 이것을 전혀 사용할 수도 없었을 것이다. 그런데 이 능동적 능력은 (내가 하나의 생각하는 것인 한에 있어서) 내 속에 있을 수 없다.
　왜냐하면 그것은 내 생각을 전혀 예상하지 않으며, 또 감각적인 것들의 관념은 내가 협력하지 않아도 오히려 가끔 내 뜻을 거역하면서까지 나에게 표상되기 때문이다.
　그러므로 그것은 나와는 다른 어떤 실체 속에 있다고 하지 않을 수 없다. 그리고 이 실체 속에는(내가 위에서 주의한 바와 같이) 그 능력에 의하여 산출되는 관념들 속에 객관적으로 있는 실재성 전체가 형상적으로 혹은 우월적으로 내포되어 있다. 그리고 이 실체는 하나의 물체, 즉 그 속에는 관념들 속에 객관적으로 (또 표상에 의하여) 들어 있는 모든 것이 형상적으로 (또 실제로) 들어 있는 물체적 본성이든가, 혹은 하나님 자신이든가, 또 혹은 물체보다 더 고귀한 그리고 그 속에 이 모든 것이 우월적으로 내포되어 있는 어떤 피조물30)이다.

그런데 하나님은 결코 기만자가 아니므로 그가 이 관념들을 스스로 직접 나에게 보내 주지도 않고, 또 그 속에 이 관념들의 실재성이 형상적으로 내포되어 있지도 않고 다만 우월적으로만 내포되어 있는 어떤 피조물을 통하여 간접적으로 보내 주지도 않는다는 것이 아주 명백하다.

왜냐하면 하나님은 나에게 이것이 사실이라는 것을 알게 하는 능력을 전혀 주시지 않았고, 오히려 이 관념들이 물체적인 사물들로부터 나와서 나에게 보내어졌다고 믿는 큰 경향을 주셨으므로, 만일 이 관념들이 물체적 사물들과는 다른 것으로부터 나왔다고 하면, 어떻게 하나님이 기만자가 아니라고 생각할 수 있는지 나는 알 수 없기 때문이다.

따라서 물체적 사물들이 현존한다고 말하지 않으면 안 된다.

하지만 아마도 이 물체적인 것들은 우리가 감각으로 파악하는 대로 있지는 않을 것이다. 왜냐하면 감각에 의한 파악은 많은 점에서 극히 불명료하고 혼란되어 있기 때문이다. 그러나 적어도 거기서 내가 명석·판명하게 이해하는 것, 즉 일반적으로 말해서, 순수 수학의 대상 속에서 파악되는 것은 모두 정말 거기에 있다는 것을 인정하지 않으면 안 된다.

그런데 이 밖의 것들에 관해서 말하면, 그 중 어떤 것은 특수한 일들,

---

30) 천사 같은 것.

예컨대 태양의 크기는 이만하고 그 모양은 이렇다고 하는 경우와 같은 것이요, 또 어떤 것은 이만큼 명석하지도 판명하지도 않은 일들, 가령 빛·소리·고통 및 이 밖에 이와 비슷한 것들이다.

그런데 비록 이런 것들이 극히 의심스럽고 불확실한 것이기는 하지만, 하나님은 결코 기만자가 아니라는 것, 따라서 내 의견들 속에 무슨 잘못이 있으면, 또한 반드시 이것을 고칠 수 있는 어떤 능력을 나에게 주셨으리라는 것만으로도 나는 이런 것들에서도 진리에 도달할 수 있다는 확실한 희망을 품을 수 있다.

실상 자연이 나에게 가르쳐 주는 것이 얼마간의 진리를 지니고 있다는 것은 조금도 의심할 수 없는 일이다. 왜냐하면 내가 지금 일반적인 의미에서 자연이라 하는 것은 하나님 자체, 혹은 하나님이 피조물들 속에 세운 질서 이외의 다른 아무것도 아니요, 또 특수한 의미에서 내가 자연이라 하는 것은 하나님이 나에게 주신 모든 것의 복합체 이외의 다른 아무것도 아니기 때문이다.

그런데 이 자연이 나에게 무엇보다도 명백하게 가르쳐 주는 것은 내가 하나의 신체를 가지고 있다는 것, 즉 내가 고통을 느낄 때에는 불편하고, 배가 고프거나 목이 마를 때에는 먹거나 마셔야 하는 신체를 가지고 있다는 것이다. 따라서 나는 이것에 얼마간의 진리가 있다는 것을 의심해서는 안 된다.

자연은 또한 나에게 이러한 고통·배고픔·목마름 등의 감각을 통하여 마치 뱃사공이 배를 타고 있는 것처럼 내가 내 신체 속에 깃들이고 있을 뿐만 아니라, 매우 밀접하게 결합되어 있고, 이를테면 혼합되어 있어서 신체와 더불어 일체를 이루고 있음도 가르쳐 준다. 왜냐하면 만일 그렇지 않다면, 하나의 생각하는 것일 따름인 나는 몸이 상처를 입었을 때에도 고통을 느끼지 않고, 마치 뱃사공이 자기 배의 어딘가가 망가졌을 때 시각에 의하여 그것을 지각하는 것처럼, 순수 오성에 의하여 그 상처를 지각할 따름일 것이요, 또 내 몸이 먹거나 마셔야만 할 때에도 이것을 그저 이해하기만 할 따름이요, 배고픔이나 목마름의 혼란된 감각을 가지지 못할 것이기 때문이다. 사실 배고픔·목마름·고통 등의 감각은 정신과 신체가 결합되고 혹은 혼합됨으로써 일어나는 어떤 혼란된 사고방식이다.

또 자연은 내 신체의 주위에 다른 많은 것들이 있다는 것, 그리고 그 중의 어떤 것은 내가 추구해야 할 것이요, 어떤 것은 기피해야 할 것임을 나에게 가르쳐 준다. 그리고 확실히 내가 여러 가지 서로 다른 빛깔·냄새·맛·소리·따스함·딴딴함 등을 감각하는 사실로부터 나는 이러한 갖가지 감각 기관의 지각들의 출발점이 되는 물체들 속에는, 이 지각들을 닮고 있지는 않지만, 여기 대응하는 어떤 다양성이 있다고 당연히 결론짓는다.

그리고 또한 이 감각 기관의 지각들 중 어떤 것은 나에게 쾌적하고 어떤 것은 불쾌하다는 사실로부터 내 신체(혹은 오히려 신체와 영혼으로 구성되어 있는 한에 있어서의 나 자신의 신체)가 나를 둘러싸고 있는 다른 물체들로부터 혹은 유리하고 혹은 불리한 영향을 받을 수 있다는 것이 확실하다.

그러나 이 밖에 자연이 나에게 가르쳐 준 것 같지만 사실은 그렇지 않고, 다만 경솔하게 판단을 내리는 습관에 의하여 내 정신 속에 들어온 것들이 많이 있다.

따라서 이것들이 어떤 허위를 내포한다는 것은 쉽게 일어날 수 있는 일이다. 가령 내 감각에 자극을 주는 것이 전혀 없는 공간은 온통 비어 있다든가, 뜨거운 물체 속에는 내 속에 있는 뜨거움의 관념을 닮은 어떤 것이 있다든가, 희거나 검은 물체 속에는 내가 감각하는 대로의 흰 성질 혹은 검은 성질이 있다든가, 쓰거나 단 물체 속에는 내가 맛보는 대로의 맛이 있다든가, 이 밖에 이와 비슷한 일, 그리고 별들·탑들 및 이 밖에 먼 곳에 있는 다른 물체들이 멀리서 내 눈에 보이는 대로의 크기와 모양을 가지고 있다고 생각하는 것이 그런 것들이다.

그러나 이런 것에 있어서 내가 충분히 판명하게 파악하지 않는 것이 하나도 없도록 하기 위해서는, "자연이 어떤 것을 나에게 가르쳐 주었다"고 내가 말할 때, 그것이 무엇을 의미하는지 엄밀하게 정의하지 않으면 안 된다. 나는 여기서 자연을 하나님이 나에게 주신 모든 것의 집합체 혹은 복합체라는 의미보다도 더 좁은 의미에서 생각한다.

왜냐하면 이 복합체는 오직 정신에만 속하는 많은 것 —— 가령 한번 행해진 것은 행해지지 않았을 수는 없다고 내가 파악한다든가, 이 밖에 자연의 빛에 의하여 내가 인식하는 것들—— 을 내포하지만, 여기서는 이런 것이 문제가 되는 것이 아니요, 또 이 복합체는 오직 물체에만 관계되는 많은 것 —— 가령, 물체는 아래로 향하려 한다든가, 이 밖에 이와 비슷한 것들—— 을 내포하지만 이런 것도 문제되지 않으며, 다만 정신과 신체의 합성체로서의 나에게 하나님이 주신 것들만이 문제이기 때문이다. 따라서 이 자연은 고통의 감각을 주는 것을 피하고 쾌락의 감각을 주는 것을 찾을 것을 가르치지만 더 나아가 이 갖가지 감각의 지각으로부터 우리의 외부에 있는 것들에 관하여 오성에 의한 충분한 음미 없이 어떤 결론을 내려도 좋다고 가르치지는 않는다고 생각된다. 왜냐하면 이런 것들에 관하여 진리를 인식하는 것은 오직 정신에만 속하는 일이요, 정신과 신체의 합성체에 속하지는 않기 때문이다.

그리하여 비록 별이 작은 횃불의 불길 이상으로 내 눈을 자극하지는 않지만, 그렇다고 해서 별이 횃불보다 크지 않다고 믿게 하는 실재적 혹은 적극적 경향이 내 속에 있는 것은 아니다. 그러나 나는 어렸을 적부터 아무 근거 없이 그렇게 판단해 왔다. 또 불에 접근하면 열을 느끼고, 너무 접근하면 아픔을 느끼거니와, 그렇다고 해서 불 속에 이 열을 닮은 어떤 것, 혹은 이 아픔을 닮은 어떤 것이 있다고 믿게 하는 근거는 전혀 없고, 다만 불 속에는 그것이 무엇이든 어떻든 내 속에 열 혹은 아픔의 감각을 일으키는 어떤 것이 있다고 믿게 하는 근거가 있을 따름이다.

또한 어떤 공간 속에 감각을 자극하는 것이 하나도 없을지라도 그렇다고 해서 거기엔 아무 물체도 없다고 결론지을 수는 없다. 도리어 나는 이 경우, 또 이 밖에 이와 비슷한 많은 경우에 나에게 자연의 질서를 전도하는 버릇이 있었음을 본다.

왜냐하면 감각 즉 감각 기관의 지각은 본래 정신을 그 일부분으로 하는 합성체에게 무엇이 유익하고 무엇이 해로운지 정신에게 알려 주기 위하여 자연이 나에게 준 것이요, 여기까지는 그것이 매우 명석·판명하지만, 나는 더 나아가 이 감각 기관의 지각을 마치 우리들의 외부에 있는 물체들의 본질이 무엇인가를 직접 인식하는 데 있어 확실한 규칙들인 양 사용하고 있기 때문이다. 그런데 물체의 본질에 관하여 그것은 극히 애매하고 혼란된 것 밖에는 아무것도 나에게 가르쳐 주지 않는다.

그런데 나는 이미 위에서 하나님의 선하심에도 불구하고 내가 잘못된 판단을 내리는 일이 있는 것은 어찌해서인가 충분히 검토하였다. 그런데 하나의 새로운 어려움이 나타난다. 그것은 자연이 나에게 추구하라고 혹은 기피하라고 가르치는 것들에 관해서요, 또 내부 감각에 관해서다. 왜냐하면 때때로 나는 이런 것들에서 오류를 발견했고, 그리하여 내가 내 자연에 직접 속았기 때문이다.

예컨대 어떤 음식물의 맛이 아주 좋은 데 속아 넘어가서 그 속에 들어 있는 독도 함께 먹는 경우에 그러했다. 물론 이 경우 자연은 나로 하여금 맛 좋은 음식물을 먹고 싶어 하게 한 것이지, 자기도 모르게 들어 있는 독을 먹고 싶게 한 것은 아니다.

따라서 이로부터 내가 결론을 내릴 수 있는 것은 내 자연은 모든 것을 아는 것이 아니라는 것뿐이다. 그리고 확실히 이것은 조금도 놀랄 것이 아니다. 인간은 그 본성이 유한하므로 또한 제한된 완전성만이 그에게 어울리니 말이다.

그러나 우리가 자연에 의하여 이끌려가는 일에서도 우리는 자주 잘못을 저지른다. 가령 병자가 자기에게 금방 해가 되는 것을 먹거나 마시고 싶어 하는 경우에 그렇다.

아마 이런 경우 그들이 잘못하는 것은 그들의 자연이 부패한 때문이라고 말할 사람이 있을지도 모른다. 그러나 이것은 곤란을 제거하지 못한다. 왜냐하면 병자도 건강한 사람 못지않게 참으로 하나님의 피조물이요, 따라서 병자가 하나님으로부터 속는 자연을 받았다고 하는 것은 건강한 사람이 속는 자연을 받았다고 하는 것 못지않게 모순된 일로 보이기 때문이다. 그리고 바퀴와 추로 구성된 시계가 비록 잘못 만들어져서 정확하게 시간을 알려 주지 않을 때에도 모든 점에서 제작자의 욕구를 만족시키고 있을 때 못지않게 자연의 모든 법칙을 정확하게 지키고 있는 것처럼 인간의 신체에 관해서도 내가 이것을 뼈·신경·근육·혈관·혈액 및 피부로 되어 있는 하나의 기계로——비록 그 속에 정신이 전혀 들어 있지 않아도 의지의 명령 없이, 따라서 정신의 도움 없이, 현재와 같은 모든 운동을 할 수 있도록 조직된 기계로——본다면, 나는 다음과 같은 것을 쉽게 인정할 수 있다.

즉, 이 신체에 있어서는 가령 수종병(水腫病)에 걸려 있을 때, 목이 말라 괴롭고, 이것은 정신에다가 목마름의 감각을 전달하는 것이 보통이고, 이 목마름에 의하여 목구멍의 신경과 그 밖의 부분을 움직여 마실 것을 찾게 하여 마침내 병을 더치게 하는 것은, 이러한 결함이 전혀 없을 때 그와 같은 목구멍의 마름에 의하여 자기에게 유익하도록 물을 마시게 되는 것과 꼭 같이 자연스러운 일이라고. 그리고 제작자가 의도한 시계의 용도를 생각하면, 시간을 정확하게 알려 주지 않는 시계는 자기의 자연에서 빗나갔다고 말할 수 있고, 또 이와 마찬가지로 인간의 신체라고 하는 기계를, 보통 그 속에서 생기는 모든 운동을 할 수 있도록(하나님에 의하여) 형성된 것이라고 본다면, 물을 마시는 것이 신체를 보존하는 데 해로울 때 목이 마르는 신체도 자기의 자연으로부터 빗나갔다고 생각할 수 있다. 하지만 여기서 내가 말하는 자연의 의미는 앞서 말한 자연의 의미와 크게 다르다는 것을 곧 알 수 있다.

즉 여기서 내가 말하는 자연[31]은 병자를 건강한 사람의 관념과, 잘못 만들어진 시계를 잘 만들어진 시계의 관념과 비교하는 내 생각에 전적으로 의존하는 하나의 명명일 따름이요, 이 말이 적용되고 있는 것[32]에 대해서는 외적인 명명일 따름이지만, 앞서 말한 자연[33]은 사물들 속에서 정말 찾아볼 수 있는, 따라서 어떤 진리를 가지고 있는 어떤 것이다.

그러나 확실히 수종병에 걸려 있는 신체는 물을 마실 필요가 없는데 목이 마르다고 하여 그 자연이 부패하고 있다고 말할 때 이것은 하나의 외적 명명에 지나지 않지만, 합성체, 즉 그러한 신체에 결합되어

---

31) 목적론적 자연
32) 병자나 잘못 만들어진 시계
33) 기계적 자연

있는 정신에 있어서는 물을 마시는 것이 자기에게 해로운데 목마름을 느끼는 것은 한갓 명명이 아니라 자연의 진정한 오류다. 따라서 어찌하여 하나님의 선하심이 이렇게 생각된 (인간의) 자연이 속는 것을 막지 않는가를 탐구하는 일이 아직 남아 있다.

이것을 음미하기 시작하며 내가 첫째로 깨달은 것은 정신과 신체 사이에 신체는 그 본성상 언제나 가분적이오, 정신은 전혀 불가분적이라고 하는 큰 차이가 있는 점이다.

사실 정신을 살펴볼 때 오직 하나의 생각하는 면의 나 자신을 살펴볼 때, 나는 거기서 어떤 부분도 가려낼 수 없고 도리어 내가 하나의 단일한 전체임을 이해한다. 그리고 정신 전체가 신체 전체와 하나가 되어 있는 것처럼 보이기는 하지만, 발이나 팔, 혹은 다른 어떤 부분이 내 신체로부터 분리되어도 그렇다고 내 정신으로부터 무엇인가가 떼어내어지는 것은 아님이 확실하다.

또 의지하는 능력, 감각하는 능력, 이해하는 능력이 정신의 부분들이라고 말할 수도 없다. 왜냐하면 의지하는 것도 감각하는 것도 이해하는 것도 동일한 하나의 정신이기 때문이다. 그러나 물체적인 것 즉 연장을 가진 것들에서는 이와 다르다. 그것들 가운데는 내 생각에 의하여 쉽사리 여러 부분으로 분할될 수 없는 것, 따라서 가분적인 것으로 이해할 수 없는 것은 하나도 없다.

이 한 가지 사실만으로도 정신이 신체와 전혀 다르다는 것을 설사 내가 이미 다른 곳[34]에서 배우지 못했다 해도 나에게 가르치는 데는 충분할 것이다.

다음으로 내가 깨달은 것은 정신이 신체의 모든 부분으로부터 직접 영향을 받는 것이 아니고 오직 뇌로부터만, 혹은 아마도 뇌의 가장 작

---

34) 성찰2.

은 한 부분, 즉 공통 감각이라고 불리는 능력이 활동하는 부분35)으로부터만 직접 영향을 받는다고 하는 것이다. 이 부분은 동일한 상태에 있게 될 때마다 그 동안에 신체의 다른 부분들이 갖가지 상태에 있게 되더라도, 정신에 동일한 것을 보여 준다. 이것은 무한히 많은 경험에 의하여 증명되지만, 이 증명들을 하나하나 설명할 필요는 없다.

이 밖에 또 내가 깨달은 것은 물체의 본성상, 물체의 한 부분이 그것으로부터 좀 떨어진 곳에 있는 부분에 의하여 움직여질 수 있다면, 또한 그 부분은 반드시, 비록 이 떨어진 곳에 있는 부분이 전혀 작용하지 않아도, 중간에 있는 어떤 부분에 의하여도 움직여질 수 있다는 것이다. 예컨대 팽팽하게 당긴 한 오라기의 끈 ABCD에서 마지막 부분 D를 잡아당기면 처음 부분 A가 움직이고, D를 가만히 두고 중간의 부분인 B나 C를 잡아당겨도 역시 A가 움직인다. 마찬가지로 발에 고통을 느낄 때, 자연학은 나에게 이 감각은 발에 분포되어 있는 신경에 의하여 생기며, 이 신경들은 발로부터 뇌까지 끈처럼 퍼져 있고, 발에서 끌리면 그것들이 도달하고 있는 뇌의 가장 깊은 부분도 끌며, 이 부분 속에 어떤 운동을 일으키는데, 이 운동이 마치 고통을 발에 있는 양 정신으로 하여금 느끼게 하도록 자연에 의하여 조직되어 있다는 것을 가르쳐 준다. 그러나 이 신경들은 발로부터 뇌에 도달하려면, 다리·허리·등·목을 통과해야 하기 때문에, 이 신경들 중 발에 있는 부분이 건드려지지 않고, 중간에 있는 어떤 부분이 건드려지기만 해도, 뇌 속에는 발이 상처를 입었을 때와 똑같은 운동이 생기고, 그 결과 정신은 발이 상처를 입었을 때와 똑같은 고통을 느끼지 않을 수 없게 될 수 있다. 다른 모든 감각에 있어서도 이와 같이 생각하지 않으면 안 된다.

---

35) 송과선(松果腺)

끝으로 내가 깨달은 것은 정신에 직접 영향을 주는 뇌의 부분에서 생기는 모든 운동은 각기 한 가지 감각만을 정신에 전달하기 때문에, 각 운동이 그 운동에 의하여 전달될 수 있는 모든 감각 중 건강한 사람의 보존에 가장 적합하고 가장 유익한 것을 전달하는 것 이상으로 바람직한 일은 없다는 것이다. 그런데 경험은 자연이 우리에게 준 감각들이 모두 그런 것이라는 것을 우리에게 알려준다. 따라서 감각들 속에는 하나님의 힘과 선하심이 드러나지 않게 하는 것은 하나도 없다.

 그리하여 예컨대, 발에 있는 신경들이 격렬하게, 또 보통 이상으로 움직일 때, 그 신경들의 운동은 척수를 지나 뇌의 가장 깊은 부분에 도달하고, 거기서 정신에 어떤 것, 즉 고통을 마치 발에 있는 것처럼 감각케 하며, 이 감각에 의하여 정신은 그 고통의 원인을 발에 해로운 것으로서 될 수 있는 한 제거하도록 자극받는다.

 물론 하나님은 뇌 속에 있는 이 운동이 어떤 다른 것을 정신으로 하여금 느끼게 하도록 인간의 본성을 구성할 수 있었다. 가령 이 운동이, 뇌 속에 있는 한에서, 혹은 발에 있는 한에서, 혹은 발과 뇌의 중간의 어떤 곳에 있는 한에서, 자기 자신을 감각하게 하든가, 혹은 이 밖에 다른 어떤 것을 감각하게 할 수 있었을 것이다. 그러나 이 모든 것은 그 어느 것이나 위에 말한 것(발에서 느끼는 고통)만큼 신체의 보존에 이바지하지 못했을 것이다.

 이와 마찬가지로 우리가 물을 마셔야만 할 때에는 목구멍이 마르게 되고, 신경이 움직이고, 이 신경을 통하여 뇌의 가장 깊은 부분이 움직인다. 또 이 운동이 정신으로 하여금 갈증을 느끼게 한다. 이것은 이 경우, 물을 마셔야 한다는 것을 아는 것만큼 건강의 유지에 더 유익한 일은 없기 때문이다. 다른 경우에도 이와 마찬가지다.

이로부터 하나님의 더할 나위 없는 선하심에도 불구하고, 정신과 신체의 합성체로서의 인간의 본성이 가끔 속지 않을 수 없다는 것은 아주 명백하다.

왜냐하면 만일 어떤 원인이, 발에 상처를 입었을 때 흔히 일어나는 것과 아주 같은 운동을 발에서가 아니고, 발에서 뇌에 퍼져 있는 신경의 어떤 부분에서, 혹은 뇌 자체 속에서 일으키면, 고통은 마치 발에 있는 것처럼 감각되고, 따라서 감각은 자연적으로 속기 때문이다.

뇌 속에 있는 어떤 동일한 운동은 언제나 동일한 감각밖에는 정신 속에 일으킬 수 없고, 또 이 운동은 다른 곳에 있는 어떤 다른 원인보다도 발을 상하게 하는 원인에 의하여 훨씬 더 자주 일어나므로, 이 운동이 언제나 다른 부분의 고통보다도 발의 고통을 정신에 전달한다는 것이 당연한 일이기 때문이다.

또 목구멍의 건조가 언제나, 보통 때처럼 물을 마시는 것이 신체의 건강을 위하여 필요한 때에만 생기는 것이 아니라, 수종증 환자에서 보는 바와 같이 이와 정반대되는 이유에서 생기는 일이 가끔 있기는 해도, 이렇게 보통 아닌 경우에 속이는 것이 신체가 건강할 때 항상 속이는 것보다는 훨씬 더 좋은 일이다. 다른 경우에도 이와 마찬가지다.

그리고 확실히 이러한 고찰은 그저 내 본성이 빠지기 쉬운 모든 오류를 알아차리는 데만 아니라, 또한 이 오류들을 쉽게 피하고 바로잡는 데도 큰 도움이 된다. 왜냐하면 나는 모든 감각이 신체의 보존에 관한 일들에 있어서 거짓된 것보다 오히려 참된 것을 더 자주 전달해 줌을 알고 있고, 또 하나의 동일한 것을 검토하기 위하여 거의 언제나 이 감각들 중 많은 것을 사용할 수 있으며, 더 나아가 현재를 과거에 결부시키기 위하여 기억을 사용할 수도 있고, 내 오류의 모든 원인을 이미 찾아낸 오성을 사용할 수도 있으므로, 이제부터는 날마다 내 감각에 나타나는 것들이 거짓이 아닌가 걱정할 필요가 없다. 그리고 지난 며칠 동안의 모든 과장된 회의를 우스운 것으로 일축하지 않으면 안 된다. 특히 수면에 관련된 일반적 회의를 일축해야 한다.

앞서 나는 각성과 수면을 구별하지 않았지만 이제는 이 두 가지 것 사이에 다음과 같은 뚜렷한 차이를 인정하기에 말이다. 즉 깨어 있을 때 우리에게 일어나는 것들은 우리의 기억에서 생애의 다른 모든 활동과 결부될 수 있지만, 꿈속에 나타나는 것들은 결코 그렇게 될 수 없다.

사실 만일 누군가가 내가 깨어 있을 때, 마치 꿈속에서처럼 홀연히 나타났다가 홀연히 꺼져 어디서 왔는지도 어디로 갔는지도 모른다고 하면, 그 사람을 정말 사람이라고 판단하느니 오히려 유령이나 혹은 내 뇌 속에 형성된 환상이라고 판단하는 것은 까닭 없는 일이 아닐 것이다. 그러나 어디서 왔는지, 어디에 있는지, 언제 왔는지 내가 판명하게 아는 것들, 또 아무 단절 없이 내가 그것에 대해서 가지고 있는 감각을, 내 생애의 나머지 모든 것과 결부시킬 수 있는 것들을 지각할 때에는, 나는 이런 것들이 잠 속에서가 아니라 내가 깨어 있을 때에 나타나는 것이라고 전적으로 확신한다. 그리고 내 모든 감각·기억·오성을 동원하여 이것들을 검토하고 나서, 그 어느 것에 의하여도 다른 것들과 모순되는 것이 하나도 나에게 알려지지 않는다면, 이것들의 진실성을 나는 조금도 의심해서는 안 된다. 왜냐하면 하나님이 기만자가 아니라는 것으로부터, 내가 이 점에서 결코 속지 않는다는 것이 필연적으로 귀결되기 때문이다.

그러나 실생활의 필요는 우리가 이런 것들을 세심하게 검토할 시간 여유를 가지기 전에 결단을 내리지 않을 수 없게 하므로, 인간의 생활은 개개의 일에서 자주 오류에 빠지게 된다고 고백하지 않으면 안 된다. 그리고 우리의 본성이 약함을 인정하지 않으면 안 된다.

데카르트 연구

-데카르트의 중심사상과 현대적 정신의 형성-

제1편 데카르트의 중심사상

제1장 주체성의 문제

몇 해 전까지 우리나라에서는 주체성의 문제가 활발히 또 때로는 심각하게 논의되었고 주체성 확립이 촉구되었다. 이웃 나라 일본에서도 20여 년 전까지 주체성의 문제가 많이 논의되었다고 한다. 국세가 미약하고 외세의 간섭을 많이 받는다고 여겨질 때 뜻있는 식자(識者)들은 주체성의 문제를 생각하고 주체성 확립을 바라는 것 같다. 요사이는 우리 주변에서 이 주체성의 문제가 그리 많이 논의되고 있지는 않는 듯이 보인다. 그러나 이 문제는 지금도 우리의 반성과 노력을 요구하는 문제라 하겠다.

그런데 데카르트 철학의 제1원리인 *Cogito, ergo sum*은 주체성의 기본적 방향을 원초적으로 시사하는 것이 아닌가 생각된다. 어떻게 보면 당연하기도 하고 잠꼬대 같기도 한 이 말은 여러 가지 의미로 이해되기도 하고 또 파악되기도 하지만, 근본적으로 주체성 확립의 일면을 지니고 있다고도 여겨진다. *Cogito, ergo sum*이라는 원리 위에 현대 철학이 건설되었다고 하면, 우선 그 원리는 중세적 세계관과의 결별을 의미하는 것이 아닐까? 그리하여 그것은 첫째로 신 중심의 그리고 권위주의의 우주관과 사회 체제를 해체시키고 나아가서는 자연을 정복하여 인간이 자연의 주인이 되려는 현대적 인간의 주체성 확립의 선언이 아닐까?

물론 일반으로 '주체성'이라는 말을 민족이나 국가의 그것으로 의식되고 문제되는 것이 보통이다. 그리고 데카르트를 주체성의 철학자라고 할 수 있다면 그때의 주체성은 민족·국가의 그것이 아니고 보편적 인간의 그것이다. 그러나 그가 의연한 주체성을 가지고 독자적 사색을 전개해 나아갈 때, 우리는 거기서 주체성의 원초적인 모습을 발견한다. 또 나는 생각한다, 그러므로 나는 있다라고 하여, 생각·사색·정신적 활동을 나의 근거·존재 이유로 내세운 것은 나의 주체성, 나아가서는 인간의 주체성이 생각의 주체성에서 비롯하며 또 그 위에 세워져야 함을 제시한 중대한 발언이라 하겠다.

외국인의 철학이나 외래 사상을 연구할 때 우리는 모름지기 확고한 주체성을 가지고, 혹은 받아들이고 혹은 거부도 해야 할 것이요, 또 국가·민족적으로는 의연한 주체성을 가지고 정책도 수립하고 외교 관계도 맺어야 할 것인데, 도대체 주체성은 근본적으로 어떤 것이며 또 어떤 것이어야 하는가를 생각함에 있어, 우리는 데카르트의 *Cogito, ergo sum*이라는 원리의 의미를 음미할 필요가 있고 또 유익하다고 생각한다. 이러한 각도에서 *Cogito, ergo sum*에 관련하여 데카르트의 철학관, 방법적 회의 및 데카르트가 생각한 진리의 원천 등을 아울러 고찰해 보려 한다.

제2장 데카르트의 철학관

1. 참된 원리들의 탐구인 철학

데카르트는 그의 《철학의 원리》를 프랑스어로 옮긴이에게 편지를 써 보내고 그것을 그 책의 서문으로 삼았는데, 이 서문은 데카르트의 철학관이 표명된 유일한 글이다. 그 글에는 다음과 같은 말이 있다.

"철학이라는 말은 지혜의 탐구를 의미한다. 지혜란 그저 처세를 잘하는 것일 뿐만 아니라, 생활을 해 나아가기 위해서나 건강의 유지 및 모든 기술의 발견을 위해서나, 인간이 알 수 있는 모든 사물의 완전한 지식을 의미한다. 이 지식이 그런 것이 되려면, 그것이 제1원인들로부터 연역되는 것이 필요하다. 따라서 이러한 지식을 획득하려면—— 이렇게 하는 것이 본래 철학이라 하는 것이거니와—— 이 제1원인들, 즉 원리들의 탐구로부터 시작하지 않으면 안 된다. 그리고 이 원리들은 두 가지 조건을 가져야 한다. 하나는 그것들이 아주 명석하고 명증적이어서, 인간의 정신이 주의 깊게 그것들을 고찰할 때 그것들의 진리성을 의심할 수 없어야 하는 것이요, 다른 하나는 다른 사물들의 인식이 이 원리들에 의존하며, 따라서 다른 사물들 없이도 이 원리들은 인식될 수 있지만, 거꾸로 이 원리들 없이 다른 사물들이 인식될 수는 없다고 하는 것이다."36)

이 말은 철학에 대한 데카르트의 근본적 견해를 잘 요약하고 있다. 데카르트는 맨 먼저 철학을 <지혜의 탐구>(l'étude de la Sagesse)라고 간단히 정의하고 있다. 여기서 <탐구>라 한 것은 étude 라는 말로 표현되어 있는 것으로 미루어, 정신의 훈련·습작·활동의 과정을 의미하는 것으로 생각된다. 그런데 이어 "지혜란 ……인간이 알 수 있는 모든 사물의 완전한 지식을 의미한다"라는 구절이 있어, 데카르트가 철학을 모든 학문의 총체로 보았다고 생각할 수도 있다. 그러나 이 구절에서 우리는 <완전한>이라는 말에 주의하고자 한다. 철학은 이 세상의 모든 것을 남김없이 아는 것은 아닐 터이다. 즉 천문학·지리학·화학·역학 등 모든 학문을 모은 것이 철학인 것은 아닐 터이다. 그러

---

36) *Oeuvres de Descartes* (Publiés par Charles Adam & Paul Tannery. 앞으로 이 책은 '*AT*'라는 약자로 표시하기로 한다), IX-2, *Principes de la philosophie*, p.2.

나 모든 학문이 인간의 지식으로서 <완전한> 것이 되려면 철학이 없어서는 안 되리라 생각한다. 철학은 다른 모든 학문이 인간의 지식으로서 성립하는 기초 내지 원리를 제시하고 혹은 밝혀 주는 것이다. 도대체 인간 세계의 어디에 <완전한> 것이 있느냐고 반문할 수도 있겠지만, 데카르트는 인간 지식의 전체적 관련성을 파악하는 독자적 견해를 품고 있었던 것이다. 또 철학이 원리들의 탐구로부터 시작되지 않으면 안 되고 이 원리들은 명증적인 것이어야 한다고 말하고 있는 것은 데카르트가 절대로 의심할 수 없는 원리에서 출발하여 인간의 모든 지식 즉 학문의 체계를 확립하려 한 의도를 반영하고 있다.

데카르트는 우리의 모든 지식을 다섯 단계로 나누어 본다.37) 첫째 단계는 아무런 성찰을 하지 않고도 얻을 수 있는 아주 명석한 생각들(notions)만을 포함한다. 둘째 단계는 감각의 경험이 알게 해주는 모든 것을 포함한다. 셋째 단계는 다른 사람들과의 담론(談論)이 우리에게 가르쳐 주는 것을 포함한다. 넷째 단계는 우리에게 좋은 교훈을 줄 수 있는 사람들이 쓴 책을 읽음으로써 얻게 되는 지식이다. 우리들이 흔히 가지고 있는 지혜는 이 네 가지 수단만으로 얻는 것이다. 왜냐하면 신적 계시는 우리를 단계적으로 인도하지 않고 단숨에 틀림없는 신앙에로 우리를 끌어 올려 주는 것이므로 이상의 것들과 동열(同列)에 둘 수 없기 때문이다. 지혜에 이르는 다섯째 단계는 이상의 네 가지 것에 비하여 훨씬 더 높고 확고한 단계이다. 그것은 제1원인들과 참된 원리들을 찾는 것이다. 이것들로부터 우리가 알 수 있는 모든 것의 이유를 연역할 수 있다. 이러한 일에 힘쓴 사람들이 특별히 철학자라 불려 왔다고 데카르트는 말하고 있다.38) 형이상학 내지 제1철학이

---

37) *Ibid.*, pp.4~6 참조.

38) *Ibid.*, p.5.

라는 좁은 의미에서의 철학뿐만이 아니라, 인간이 알 수 있는 모든 것이 철학의 내용이 될 수 있는 것은, 그와 같은 원리들의 인식과 밀접한 내적 연관성을 가짐으로써이다.

데카르트는 가장 높은 단계의 지혜에서 인간 생활의 최고선이 성립한다고 보며, 《철학의 원리》에서 제시된 원리들이야말로 이 지혜에 도달하게 할 수 있는 것이라고 자부하고 있다.39) 그리고 그의 철학의 제1원리와 거기서 연역된 원리들에 관하여 다음과 같이 말하고 있다. "모든 것을 의심하고자 하는 사람도, 그가 의심하고 있는 동안은 자기가 있다는 것을 의심할 수 없다는 것, 그리고 이와 같이 추리하는 그것, 즉 자기 자신에 대하여는 의심할 수 없으면서도 나머지 모든 것에 대하여는 의심하는 것은 우리가 우리의 신체라고 부르고 있는 그것이 아니라, 우리의 정신 혹은 우리의 생각(pensée)이라고 부르는 것임을 고찰하고 이 생각의 존재, 즉 현존을 제1원리로 삼았고, 이것으로부터 아주 명백하게 다음과 같은 것들을 연역하였다. 즉 한 신이 있으며, 그는 세계에 있는 모든 것을 지은이요, 또 그는 모든 진리의 원천이므로 우리들의 오성을, 그것이 아주 명석하게 그리고 아주 판명하게 지각하는 것들에 대해서 내리는 판단에서 잘못을 저지를 수 있는 성질의 것으로서는 결코 창조하지 않았다는 것. 이것들이 비물질적 사물들, 즉 형이상학적 사물들에 관하여 내가 사용하는 원리의 전부인데, 이것들로부터 나는 명백하게 물체적 사물, 즉 자연학적 사물들의 원리들, 즉 길이·넓이 및 깊이에 있어서 연장된 물체들이 있으며, 이것들은 갖가지 모양을 가지고 있고 또 갖가지 모양으로 운동한다는 것을 연역하였다. 결국 이것들이야말로 내가 거기서 다른 사물들의 진리를 연역해내는 원리의 전부이다."40) 요컨대 <내가 있다>는 것, 그

---

39) *Ibid.*, p.9.

리고 <나는 정신 내지 생각>이라는 것 —— 이것이 데카르트의 제1 원리요, 여기서 금방 나오는 둘째의 중대한 원리는 신이 있다는 것과 이 <신은 진리의 원천>이라고 하는 것이다. 그리고 이 원리들로부터 자연학의 원리가 연역된다는 것이다.

 하여간, 인간의 모든 지식은 가장 높은 단계의 지혜를 지향해야 하는 것이요, 이 지혜야말로 최고선이다. 데카르트는 말한다. "이 최고의 선이란, 신앙의 빛없이 자연적 이성에 의하여 고찰하는 한, 제1원인들에 의한 진리의 인식, 즉 지혜 이외의 다른 아무것도 아니요, 이 지혜의 탐구가 철학이다."41) 그런데 이 자연적 이성은 데카르트에게 있어서 인간의 모든 지식을 꿰뚫고 흐르는 인간 정신의 근본적 능력으로 생각되었던 듯싶다. 형이상학이나 자연학이나 도덕이나 그 모든 인식의 근저에는 동일한 이성의 힘이 깔려 있다. 이 이성을 데카르트는 고래(古來)의 관례를 따라 <자연의 빛>(la lumière naturelle)이라고 부른다. 하여간 신에서부터 자연의 모든 사물에 이르기까지 만물은 자연의 빛인 이성에 의하여 인식된다. 이렇게 사물에 이르기까지 만물은 자연의 빛인 이성에 의하여 인식된다. 이렇게 볼 때 데카르트의 철학은 시종 일관하여 이성에 대한 신뢰로 차 있다고 할 수 있을 것이다. 그리고 자연에 관한 모든 지식이 제1원리들의 인식에 근거하고 모든 진리의 원천인 이성의 빛에 의하여 얻어진다고 하면, 그 모든 지식들 역시 광범한 의미에서의 철학의 내용의 일부가 될 수도 있다. 이리하여 데카르트에게 있어서 인간의 모든 지식은 하나의 유기적 전체로서 통일성을 지니는 것이요, *Cogito, ergo sum*의 확실성의 기초 위에 <하나의 놀라운 학문>(une science admirable)이 되는 것이다.

---

40) *Ibid.*, pp.9~10.

41) *Ibid.*, p.4

2. 철학의 효용

이러한 철학의 가치와 효용에 대하여 데카르트는 다음과 같이 명확하게 말하고 있다. "철학은 인간의 정신이 알 수 있는 모든 것에 미치므로, 오직 철학만이 우리를 가장 미개하고 야만적인 자들과 구별케 하는 것임을 믿어야 한다. 또 어느 나라나 그 국민들이 더 잘 철학할수록 더 개화하고 세련되는 것이요, 참된 철학자들을 가진다는 것은 한 국가 안에 있을 수 있는 가장 큰 선임을 믿어야 한다. 뿐더러 각 개인에게서도, 이 연구에 종사하는 사람들과 함께 생활하는 것이 유익할 뿐만 아니라, 또한 자기 스스로도 이에 종사하는 것이 무엇보다도 좋은 일이다. 이것은 마치 자기 자신의 눈으로 보면서 길을 걸어가며, 또 여러 가지 색채와 빛의 아름다움을 즐기는 것이 눈을 감고 남의 인도를 받는 것보다 훨씬 더 나은 일임과 같다. 하기는 이 후자의 경우도 눈을 감고 혼자서만 길을 더듬어가는 것보다는 나아도 말이다. 철학함이 없이 산다는 것은 눈을 감고 한 번도 떠보려 하지 않는 것과 다름없는 것이다. 그리고 우리의 시야에 펼쳐지는 모든 사물을 보는 즐거움은 철학에 의하여 발견하는 것들의 인식이 주는 만족에 결코 비할 바가 못 된다. 그리고 끝으로 이 연구는 우리의 눈의 사용이 우리의 보행을 인도하는 것 이상으로 우리의 행동을 규제하고 이 인생에 있어서 우리를 이끌어가는 데 필요한 것이다. 사나운 짐승들은 그저 신체만 보존하면 되므로 먹을 것을 얻는 데 항상 골몰한다. 그러나 인간은 그 주요한 부분이 정신이므로 정신의 참된 양식인 지혜의 탐구를 주요한 관심사로 해야 할 것이다."[42]

데카르트의 이와 같은 철학관에 비추어 볼 때, 그가 모든 사회적 명

---

42) *Ibid.*, pp.3~4.

예를 버리고 오로지 철학 연구에 깊은 사명감과 큰 보람을 느끼고 일생을 거기에 전념한 것은 매우 당연한 일이라 하겠다. 또 종교 문제에 관한 태도 표명에 있어서 보수적이었던 것은 비겁해서가 아니라, 그와 같은 철학 연구에 대한 사명감 때문에 종교 전쟁의 회오리바람 속에서 헛되이 목숨을 잃지 않으려는 조심에서였다고 생각된다.

3. 학문 연구의 순서

데카르트는 우리가 스스로 학문을 해 나아갈 때에 따라야 할 순서를 다음과 같이 설명하고 있다.[43] 맨 처음에 위에 말한 다섯 가지 단계 내지 방법 중 처음의 네 가지 방법에 의하여 얻을 수 있는 통속적이고 불완전한 지식밖에 가지고 있지 않는 사람은 무엇보다도 먼저, 자기 생활의 행동을 규제하기에 충분한 도덕을 세우는 데 힘써야 한다. 이것은 지체(遲滯)를 허락하지 않는 일이요, 또 우리는 무엇보다도 잘 살도록 힘써야 하기 때문이다. 이렇게 도덕을 세운 후에는 논리학을 공부해야 한다. 이 논리학은 스콜라 철학의 논리학이어서는 안 된다. 왜냐하면 그것은 본래 이미 알고 있는 것을 남에게 이해하게 하거나 혹은 심지어 알지 못하는 일들에 관하여 아무 판단도 없이 많은 말을 하는 수단을 가르치는 변증법일 따름이요, 그리하여 양식을 증대시키기는커녕 오히려 양식을 타락시키는 것이기 때문이다. 우리는 이런 논리학이 아니라, 우리가 알지 못하는 진리들을 발견하기 위하여 이성을 올바르게 인도하는 것을 가르쳐 주는 논리학을 공부해야 한다. 그리고 이 논리학에서는 익히는 일이 중요하므로 수학의 문제와 같이

---

43) *Ibid.*, pp.13~14,

쉽고 단순한 문제들을 오래 두고 실제로 연습하는 것이 좋다. 이런 문제들에서 진리를 발견하는 습성을 어느 정도 지니게 되었을 때, 비로소 참된 철학의 연구를 시작해도 괜찮은 것이다.

철학의 첫째 부분은 형이상학으로서 인식의 원리를 포함하는 바, 신의 주요 속성, 우리들이 마음(영혼 혹은 정신)의 비물질성, 우리들 속에 있는 모든 명석하고 단순한 생각들(notions)의 해명이 이에 속한다. 철학의 둘째 부분은 자연학이다. 여기서는 물질적 사물들의 참된 원리들을 찾아낸 후에, 전 우주가 어떻게 구성되어 있는가를 전반적으로 검토하고 다음에는 특히 이 지구와 그 주위에서 가장 흔히 볼 수 있는 모든 물체, 즉 공기·불·물·자석 및 이밖의 광물들의 본성이 어떤 것인가를 검토한다. 그리하고 나서 또한 식물 및 동물의 본성, 특히 인간의 본성을 검토하지 않으면 안 된다. 이리하여 철학 전체는 마치 한 그루의 나무와 같아서 그 뿌리는 형이상학이요, 그 줄기는 자연학이요, 그 가지는 다른 모든 학문이며 이것들 가운데 주요한 것은 결국 의학·기계학 및 도덕이다. 이상과 같은 것이 데카르트가 구상하는 하나의 웅대한 철학 체계였다.

데카르트 철학의 연구에서는 그의 자연학에서 형이상학에로 나아가는 것이 데카르트 자신의 사색의 역사에 일치하는 것이요, 따라서 우리가 따라야 할 올바른 순서라는 것이 리아르의 주장이다.44) 데카르트는 1627년과 1628년에 이미 광학상의 훌륭한 발견을 몇 가지 한 적이 있고, 또 청년 시절부터 만년에 이르기까지 자연 과학적 진리의 발견에 열심을 기울였다. 또 여러 가지 실험을 한 것도 사실이다. 그리고 형이상학에 대해서는 자연 연구에 대한 관심보다는 나중에 눈을 뜨게 되었다고 생각할 수 없는 것은 아니다. 그러나 데카르트의 철학

---

44) Louis Liard, *Descartes* (Baillière, 1882) 참조.

체계 전체는 깊은 내적 연관성을 가지고 있고 그 전체의 이를테면 초석은 형이상학이고, 또 동일한 하나의 연구 태도와 방법이 일관하여 그 학문 전체를 지탱하고 성립시키고 있는 점에서는 그의 형이상학에서부터 출발하여 자연학으로 나아가는 것이 옳지 않을까고도 생각된다. 아믈랭은 이러한 견지를 취하였다.45) 아믈랭은 데카르트의 생애에서 자연 연구가 형이상학적 탐구에 앞섰다고 하는 리아르의 주장에 반대한다. 논리적으로는 형이상학적 사색이 기초가 되고, 그 위에 서서 자연학을 연구했다고 보아야 할 것이지만 철학 연구에서 그의 형이상학을 먼저 다룰 것인가, 그렇지 않고 자연학부터 시작해야 할 것인가 하는 문제는 매우 미묘하여 쉽사리 결정짓기 힘들다. 그러나 데카르트의 철학 체계의 내적 연관성의 관점에서 보면, 아믈랭의 견해가 옳지 않을까 한다.

제3장 방법적 회의

1. 우리는 어른이 되기 전에 아이였으므로, 또 우리의 이성을 온전히 사용하지 못하여, 우리의 감각에 주어진 사물들에 대해서 갖가지 모양으로 판단해 왔기 때문에 이러한 판단들로부터 해방되려면 조금이라도 불확실하다고 생각되는 모든 것에 대해서 일생에 한번은 의심해 보는 길밖에 다른 도리가 있을 것 같지 않다.

2. 무엇이 아주 확실하고 가장 알기 쉬운가를 더욱 분명하게 찾아내기 위해서는 조금이라도 의심이 가는 모든 것을 거짓된 것으로 보고 버리는 것이 더욱 유익한 것이다.

---

45) Octave Hamelin, *Le système de Descartes* (Alcan, 1911) 참조.

3. 그러나 누가 우리를 지었건, 그리고 그가 아무리 전능하고 우리를 속이기를 좋아한다고 할지라도 우리는 우리가 잘 알지 못하는 것을 믿기를 삼감으로써 우리가 결코 속지 않도록 조심하는 자유를 우리 속에 경험한다.46)

이상은 《철학의 원리》(*Les principes de la philosolhie*)의 제 1, 2, 6항이다. 제 1 항이 시사하는 바와 같이, 또 주지하는 바와 같이, 회의는 데카르트의 철학적 사색의 출발점이었다. 의심할 수 있는 모든 것을 의심함으로써, 과연 조금도 의심할 수 없는 것이 있는가를 찾아내는 것이 데카르트 철학의 첫째 과제였다. 철저한 회의에 의하여 과거의 모든 불확실한 지식 체계들을 붕괴시키고 아주 새로운 그리고 다시는 흔들리는 일이 없는 확고부동의 기초를 세우려는 것이 그의 염원이었다.
 이렇게 하면 인간의 지식이 확실한 진보의 길에 들어서서 마침내 인류가 밝고 건전한 이성적 세계를 이룩하게 되리라고 확신했던 것이다. 사실 데카르트도 시대적 정신인 합리주의의 생각을 따라 세상의 진보에 대하여는 낙관적 견해를 품고 있었던 것 같다. 하지만 이러한 모든 아름다운 꿈은 피땀 어린 사색과 과학적 탐구에 의하여 과거의 유습과 그릇된 사고방식을 뿌리째 뽑아 버리고, 확실하고 명석한 것만을 진리로 받아들이는 습관을 붙이는 새로운 사고방식을 확립하는 힘겨운 작업을 통해서만 바랄 수 있는 것이었다. 데카르트는 스스로 이 작업을 자기에게 과하였다. 그리고 인류 사상의 역사상 그 누구보다도 심각한 회의를 밀고 나아가 마침내 아무도 의심할 수 없는 근본 원리, 그 위에 인간의 모든 지식이 자리 잡을 수 있는 가장 튼튼한 토

---
46) *AT*, IX-2, pp.25~27.

대를 발견하였다. 그러면 데카르트는 무엇을 어떻게 어디까지 의심해 보았는가?

이 물음에 대하여는 그의 《성찰》(Les méditations métaphysique touchant la première philosophie)의 첫째 성찰이 가장 생채(生彩) 있는 답을 제공해 준다. 여기서 데카르트는 의심할 수 있는 모든 것과 자기가 과거에 가졌던 모든 견해를 모조리 문제 삼고 뒤집어엎으면 결국 그 모든 것을 전복하게 된다고 하여, 그 자신이 과거에 믿던 모든 것이 거기에 의거하는 원리 자체를 전복하는 일에 착수한다. 그리하여 그는 먼저 감각을 통하여 우리가 가지게 되는 지식의 불확실성을 깨닫는다. 그는 말한다. "지금까지 내가 가장 참되다고 여겨온 모든 것을 나는 감각으로부터, 혹은 감각을 통하여 받아들였다. 그런데 이 감각들은 가끔 속인다는 것을 나는 경험하였다. 그리고 한번이라도 우리를 속인 것에 대하여 결코 전폭적인 신뢰를 하지 않는 것이 현명한 일이다."47) 여기서 <감각으로부터>(des sens)라 함은 빛깔을 본다거나 소리를 듣는다든가 하는 시각 혹은 청각 같은 감각에 직접 의거하는 것이요, <감각을 통하여>(par les sens)라 함은 자기가 가지고 있는 기억상(記憶像)이나 남의 감각에 의거하는 것처럼 간접적으로 감각에 의거함을 의미한다. 어떻든 감각은 우리를 속이기 쉬운 것이요, 신뢰할 수 없는 인식의 수단이다. 이 점에서 데카르트는 소크라테스와 플라톤의 인식론적 사상을 계승하고 있다. 플라톤은 《테아이테토스》(Theaitetos)에서 <감각 즉 인식>이라는 설을 논박한 바 있다.

감각이 참된 인식의 원천이 될 수 없는 이유를 추구하면서 데카르트의 사색은 차츰 깊이를 더해 간다. 너무 작거나 너무 먼 곳에 있는 물

---

47) *AT*, IX-1, *Méditations*, p.14.

건들에 관해서는 감각이 때때로 우리를 속인다 할지라도, 역시 감각을 통하여 가졌으면서도 전혀 의심할 수 없는 것이 많이 있을 법하다. 가령, 내가 지금 여기 있고, 난롯가에 앉아 있으며, 가운을 입고 있으며, 이 종이를 손에 쥐고 있으며 하는 따위가 그런 것들이다. 이 손과 이 몸이 내 것임을 어떻게 부정할 수 있을까? 이것을 부정하는 것은 마치 내가 미친 사람들 축에 끼어 들어가려는 것이나 다름없다. 미친 사람들은 검은 담즙에서 올라오는 나쁜 연기 때문에 뇌가 아주 뒤집혀서, 알거지이면서 임금이라고 우겨대며, 벌거벗고 있으면서 자줏빛 옷을 입고 있다느니, 혹은 자기의 몸이 유리로 되어 있다느니, 하면서 고집한다. 그들은 정녕 미쳤으며 만일 내가 그들을 본뜬다고 하면 나 자신도 미친 사람 취급을 받을 것이다.

  그러나 여기서부터 데카르트의 사색은 환상과도 같은 세계로 끌려 들어간다. 그는 "하지만, 나는 인간이다"[48]라고 말하면서 사색의 날개를 펼친다. 나도 인간이므로 밤이 되면 잠을 자야하고 또 꿈도 꾸는데, 그 꿈속에서는 미친 사람이 깨어 있을 때에 가지는 망상과 같은 것들 혹은 그보다도 더 엉뚱한 일들을 머리에 그린다. 밤에 잠들어 있을 때, 나는 옷을 벗고 침대에 누워 있지만, 깨어 있을 때처럼, 내가 일어나 있고, 옷을 입고 있고, 난롯가에 앉아 있다고 믿은 적이 얼마나 많았던가? 내가 지금 깨어 있어서 이 종이 조각을 쳐다보고 있다는 것, 나는 어떤 의도를 가지고 또 의식하면서 이 손을 펴며, 또 이것을 감각하고 있다는 것, 이런 일들은 틀림없는 사실인 듯도 싶다. 그러나 이에 대해서 주의 깊게 생각해 보면, 나는 잠들어 있을 때, 이와 비슷한 착각에 의하여 가끔 속았던 것이 생각난다. 이러한 생각을 곰곰이 하고 있노라면 깨어 있는 것과 잠들어 있는 것을 확실히 구별할

---

48) *Ibid.*, p.14.

수 있는 표적이 전혀 없음을 보고 놀라지 않을 수 없다. 그 놀라움이 어찌 큰지, 나는 지금 꿈꾸고 있다고 믿을 지경이다.

　우리가 깨어서 활동하고 있으면서도 사실은 이 생활과 활동이 모두 하나의 꿈에서 되어지고 있는 것이 아닌가 하는 생각이 불현듯 드는 때가 있다. 이런 일은 우리의 의식이 어떤 흐뭇한 만족의 상태에 있을 때 흔히 일어나는 현상이거니와, 데카르트가 각성(覺醒)과 꿈을 분간할 수 없음을 느끼는 것은 그저 우리의 의식의 이완 상태에서만이 아니다. 그는 각성과 꿈의 무차이 및 동일성을 근본적으로 정립해 보고 있다. 인식론적으로는 이것이 충분한 타당성을 지니고 있다고 볼 수 있다.

　그러나 데카르트의 사색은 일보 전진하여 이러한 불투명한 우리의 의식 속에도 어떤 확실한 것들이 드러나지 않나 살펴본다. 이제 우리는 우리가 꿈을 꾸고 있는 것이라 하자. 또 지금 우리가 눈을 뜨고 있다는 것, 머리를 움직이고 있다는 것, 손을 뻗치고 있다는 것 같은 특수한 사실들이 헛된 착각이라고 가정하자. 뿐만 아니라 우리의 손이나 몸도 사실은 우리가 가지고 있는 것이 아니라고 생각하자. 그렇다 하더라도 잠잘 때에 꿈에서 본 것들이 마치 정말 현실에 있는 것들의 모양을 따지 않고서는 그려질 수 없는 그림과 같은 것이요, 따라서 적어도 눈이라든가 머리라든가 손이라든가 또는 몸 전체라든가 하는 일반적인 것들은 공상적인 것이 아니고, 참되고 현실적으로 존재하는 것임을 승인하지 않으면 안 된다. 왜냐하면 화가들이 세이레네스(Seirenes), 사튀로스(Satyros)를 극히 기묘한 모양으로 그리려고 애쓸 때에도 이것들에다가 아주 새로운 형상이나 성질을 붙여 줄 수는 없고, 다만 갖가지 동물들의 부분들을 여러 가지 모양으로 뒤섞는 데 지나지 않기 때문이다. 또 설사 화가가 아주 기상천외의 상상력을 발휘하여 우리가 여태까지 그와 비슷한 것을 본 적도 없는, 따라서 아주 허구요 허망이라 할 수 있을 만큼 새로운 어떤 것을 고안해 낸다고 하더라도 적어도 그 그림을 구성하는 빛깔만큼은 현실에 있는 것이 아닐 수 없다.

 이와 마찬가지 이유에서 설사 이 일반적인 것들, 즉 눈·머리·손, 그리고 이밖에 이와 비슷한 것들이 공상적인 것이라 하더라도 이런 것들보다도 좀 더 단순하고 보편적인 것들이 현실적으로 존재하며, 우리들의 생각 속에 자리 잡는 모든 사물의 상들은, 참된(즉, 현실적인) 것이건 거짓된(즉, 공상적인) 것이건, 앞서 본 바와 같이, 전혀 새로운 것들이 현실의 빛깔에서 구성되는 것처럼, 그러한 단순하고 보편적인 것들이 섞여서 구성되었다는 것을 승인하지 않으면 안 된다. 이런 종류의 것들은 어떤 것인가 하면, 일반적으로 물체의 본성 전부, 그리고 그 연장이요, 또 연장이 있는 것들의 형체, 그 양이나 크기 및 그 수요, 그것들이 존재하는 장소, 그것들이 지속하는 시간, 그리고 이밖에 이와 비슷한 것들이다.

 이런 까닭에 여기서 미루어, 자연학·천문학·의학, 그리고 이밖에 복합된 물건들을 고찰하는 다른 모든 학문들은 매우 의심스럽고 불확실한 것이지만, 이에 반하여 산술·기하학 그리고 이 밖에 이와 비슷한 것들, 즉 극히 단순하고 극히 일반적인 것들만을 다루며 이런 것들이 과연 있는가 없는가를 깊이 따지지 않는 학문들은, 어떤 확실하고 의심할 수 없는 것들을 포함하고 있다는 결론을 내려도 그리 잘못된 일이 아닌 성싶다. 왜냐하면 내가 깨어 있건, 잠들고 있건, 둘에 셋을 더하면 다섯이 되고, 또 사각형은 네 개 이상의 변을 가지는 법이 없으니 말이다. 이만큼 명백한 진리들을 거짓된 것이고 불확실한 것이라고 의심해 볼 도리는 없을 것 같다. 그러나 내가 둘에 셋을 더할 때마다, 혹은 사각형의 변을 셀 때마다, 또는 이보다 더 쉬운 일을 할 때마다 내가 잘못을 저지르는 수도 있지 않을까? 데카르트는 여기서 일종의 신앙 고백을 하면서도 회의는 끝까지 밀고 나아간다. 모든 것을 하실 수 있는 신이 계시고, 그 신에 의해서 내가 현재와 같은 모양으로 창조되었다고 하는 의견을 나는 오래 전부터 내 마음 속에 가지고 있었다. 그러나 이 신이 사실은 땅도, 하늘도, 연장을 가진 어떤 것도, 모양도, 크기도, 장소도 전혀 없는데, 나에게 이 모든 것이 있는 것처럼 생각하게 했는지도 모른다. 신은 가장 선하신 분이므로 이렇게까지 내가 극히 단순한 사물들에 관하여도 속는 것을 원하지는 않을 것이다. 그러나 내가 가끔 이러한 아주 단순한 문제에서조차 잘못을 저지른다는 것은 확실한 사실이다. 하기는 다른 모든 것이 불확실하다는 것을 믿을 바에는, 차라리 그렇게도 유력한 신이 계시다는 것을 부정하려는 사람도 더러 있을 것이다. 그리고 여기서 신에 관하여 말하고 있는 것은 모두 거짓이라고 가정해 두자. 신의 현존을 부정하는 사람들은 내 현존이 운명이나 숙명에 의하여, 혹은 우연에 의하여, 혹은 사물들의 연쇄에 의하여 생기게 되었다고 설명할 터이지만, 여기 대해서는 뭐라고 대답할 것이 없다. 데카르트는 이런 설명을 못마땅하게 여기는 듯한 어조로 말하고 있다. 그러나 내가 그릇 생각하거나 잘못을 범하는 것은 어떻든 어떤 불완전성이라 여겨지기 때문에 내 존재를 창조한 분이 무력하면 할수록 그만큼 나는 불완전하고 늘 잘못을 범하리라는 것이 확실하다. 아무튼 나는 한때 내가 참된 것이라고 생각했던 것들 가운데 이제 와서는 내가 의심할 수 없는 것이란 하나도 없음을 고백하지 않을 수 없다. 그리고 이것은 무사려(無思慮)나 경솔 때문이 아니요, 곰곰이 숙려(熟慮)한 바 있는 강력한 이유에서이다. 그러므로 만일 내가 학문에 있어서 무엇인가 항구적이고 확실한 것을 찾아내기를 원한다면, 명백히 거짓인 것에 못지않게, 내가 한때 참된 것이라고 여겼던 것들에 대해서도 동의하기를 삼가지 않으면 안 된다.

 이런 것들을 늘 마음에 두고 의심하지 않으면 안 된다. 무릇 습관이 된 의견은 짓궂게 되돌아와서는 나 자신을 점령하고 얽어매니 말이다. 이러한 의견이 조금 의심스럽기는 하나, 그래도 참된 것인 듯 보이는 점도 있어서 그것을 부정하느니보다는 옳다고 믿는 것이 현명하다고 생각하고 있는 동안은 그 의견에 동의하고 그것을 신뢰하는 습관에서 벗어나는 일은 절대로 없을 것이다. 그러므로 나는 내 의지를 정반대의 방향으로 돌려, 그러한 의견이 전적으로 거짓이요, 공상적인 것이라고 가상하고 어떠한 좋지 못한 관습도 물리치고 내 판단을 사물들에 대한 올바른 지각으로부터 빗나가는 일이 없도록 하는 것은 조금도 주제 넘는 일이 아니다. 더구나 이것은 행위에 관한 문제에서가 아니라, 인식에 관한 문제에서이기 때문에, 아무리 불신의 생각을 한다 하더라도 지나친 일이라 할 수는 없는 것이다.

 회의하는 일에 대하여 신학자들에게 변명하는 듯싶은 말을 하면서 이만큼 사색의 길을 골똘히 걸어온 데카르트는 문득 하나의 악령에 생각이 미친다. 진리의 원천인 최선의 신이 아니라 교활하기 짝이 없고 악의 있는, 그러면서도 최고의 힘을 가진 어떤 악령(malin génie)이 그 온갖 힘을 다하여 나를 속이려 한다고 가정하자. 하늘·공기·땅·빛깔들·형체들·소리들, 이 밖의 모든 외적인 것들은 이 악령이 나의 쉽사리 믿는 마음을 움켜잡기 위하여 사용하는 환영일 따름이라고 생각하자. 또 나 자신은 손도 없고, 눈도 없고, 살도 없고, 피도 없고, 아무런 감각도 가지고 있지 않으며, 다만 잘못 생각하여 이 모든 것을 가지고 있다고 믿고 있는 것으로 보자.

끝까지 이 성찰을 지켜 나아가련다. 그리하여 무슨 진리를 인식한다는 것은 내 힘이 미치지 못하는 것일지라도 적어도 거짓된 것에 동의하지 않고, 또 아무리 이 위대한 기만자가 교활하다 해도, 그가 나에게 억지로 무슨 생각을 하게 하는 일이 없도록 내 정신을 가다듬으련다.

이렇게 단단히 각오를 하면서도 데카르트는 우리의 과거의 습관이 얼마나 짓궂은 것인가를 절감하며, 갖가지 고난이 얽힌 이성적 사고의 생활보다 안이한 옛 생각에 젖어 지내기를 택하는 세상 사람들의 모습을 응시한다. 회의는 고달프다. 좀 불확실해도 옛 신앙이나 관습에 의지하는 것이 얼마나 편한 일인가! 그러나 진리 탐구의 용사(勇士)는 이 관습에, 자기가 예전에 가졌던 낡은 견해에 머물러 있을 수 없다. 그는 모든 것을 근저에서부터 의심하고 뿌리째 뒤흔들어 보지 않으면 안 된다. 그리해야만 새롭고 참된 진리의 빛을 발견하고, 확실한 지식으로만 구성되는 학문의 체계를 세워볼 희망이 있다. 데카르트의 회의는 바로 이러한 의의와 사명을 지니고 있다.

데카르트는 처음부터 이러한 사명감을 가지고 뚜렷한 목적에 의식을 가지고 있었다고 할 수 있겠다. 그리하여 데카르트의 회의는 어느 회의론자의 그것에 못지않게 심각하고 철저한 터이지만, 결코 회의 자체에 머무는 것이 아니다.

1620년 봄부터 9년 동안, 여행하면서 회의하며 사색했던 일에 관하여 쓴 《방법서설》에서 그는 다음과 같은 회고의 말을 하고 있다. "……무슨 문제에서나 의심스럽고 잘못 생각하기 쉬운 점에 대하여 특히 잘 살펴보면서, 전에 내 정신 속에 스며들어올 수 있었던 모든 오류를 말끔히 뽑아 버렸다. 그렇다고 해서 나는 그저 의심하기 위하여 의심하는 그리고 늘 비결정의 태도를 취하는 회의론자들을 흉내 내지는 않았다.

 이와 반대로 내 계획 전체는 나 스스로 확신을 얻고 동요하는 흙과 모래를 젖혀 버리고 바위나 진흙을 찾아내는 데로 향해 있었기 때문이다."49) 이 말에서 우리는 데카르트의 회의의 의도를 분명히 알 수 있다. 그것은 <회의를 위한 회의>가 아니요, 조금도 의심할 수 없는 확실한 것을 흔들림 없는 토대 위에 세우려는 목적을 가진 <방법으로서의 회의>이다. 곧 <방법적 회의>(doute méthodique)이다. 데카르트는 이러한 회의를 통하여 우리의 학문을 반석 같은 기초 위에 세울 희망을 품고 있었고, 또 자기야말로 이러한 위대한 일을 하는 사명을 맡았다고 크게 자부하고 있었다. 그리고 어느 회의론자보다도 더 결연히 회의에 직면하여 모든 것을 의심하되 가장 철저히 의심하였으며, 그리고는 인간에게 가능한 회의의 궁극에 이르러 마침내 그 모든 회의를 극복하였다.

 악령의 가설은, 회의론에 최대의 힘을 빌려 준 것이거니와, 이제 다시 없이 확실한 *Cogito, ergo sum*의 원리 앞에서, 광명한 태양 빛에 사라지는 안개와도 같이 말끔히 제거되고야 만다. 이 악령이라 하는 것은 우주의 어떤 비합리적인 요소가 우리의 정신으로 하여금 맛보게 하는 폭력을 인격화한 것이라고 해석할 수도 있으려니와,50) 이러한 악령을 극복하는 *Cogito*의 원리의 확립에서 우리는 데카르트의 합리주의적 정신의 완전한 승리를 보는 것이다.

---

49) *AT*, VI, *Discours de la méthode & Essais*, pp.28~29.
50) Hamelin의 해석.

제4장 *Cogito, ergo sum*의 의미

1. *Ergo sum*의 발견

성찰의 이틀째로 접어들면서 데카르트는 어제 깊은 회의에 빠져, 어떻게 하면 그 회의를 해결할 수 있을 것인가? ……마치 소용돌이치는 실연 속에 갑자기 빠진 것처럼 낭패하여 발을 밑바닥에 댈 수도 없고, 또 수면 위에 헤엄쳐 나올 수도 없는 상태에 있었다. 그러나 그는 다시 물 위로 떠올라, 어제 걸어가던 같은 길을 계속해서 걸어가기로 결심한다. 같은 길을 끝까지 걸어가야만 무슨 서광이 비쳐 올 것이라 믿은 것이다. 그리하여 조금이라도 의심할 여지가 있는 것은 무엇이나 전혀 거짓된 것임을 내가 확실히 알고 있는 양 제쳐 놓으면서 전진하려고 한다. 그리고 무엇인가 확실한 것을 인식할 때까지, 그렇지 않으면 다른 일은 못 하더라도 적어도 다음의 한 가지 것, 즉 확실한 것은 아무것도 없다는 것을 확실한 것으로 인식하는 데 이르기까지 전진할 것을 다짐한다. 아르키메데스는 δός μοι ποῦ στῶ καὶ κόσμον κινήσω(나에게 설 자리를 달라, 그리하면 내가 우주를 움직이리라)라고 말하였다. 즉 그는 전 우주를 움직이기 위하여 그 자리에 서서 전 우주를 움직일 확고부동한 한 점밖에는 아무것도 구하지 않았다. 이런 정신과 원리를 따라 데카르트도 다행히 극히 작은 것일망정 확실하고 흔들리지 않는 어떤 것을 찾아낸다면, 자기도 위대한 일들을 기대할 수 있지 않을까 하는 희망을 품는다. 이 확실하고 흔들리지 않는 어떤 것을 찾아 데카르트는 몸부림치며 용기를 내어 회의를 뚫고 사색을 계속한다.

어쨌든 그는 그가 보는 모든 것이 거짓된 것이라고 우선 가정한다.

또 우리를 속이기를 잘하는 기억이 나에게 제시하는 것은 어느 것이나 지금까지 있어 본 적이 없다고 굳게 믿기로 한다. 나는 감각이란 것을 전혀 가지고 있지 않다고 생각한다. 물체·형상·연장·운동 및 장소는 환영일 따름이라고 믿는다. 그렇다고 하면 참되다고 할 수 있는 것은 무엇인가? 아마도 세상에는 확실한 것이란 하나도 없다고 하는 것이리라.

  그러나 의심할 여지가 조금도 없는 것이란 하나도 없다는 것을 내가 안다는 것은 어찌된 일인가? 어떤 신이 있어서 내 속에 그런 생각을 넣어 주는 것은 아닐는지? 반드시 그렇다고 할 수는 없다. 왜냐하면 나 자신이 그런 생각들을 품을 수 있기 때문이다. 그러므로 나는 적어도 어떤 무엇이 아닐까? 하지만 나는 이미 내가 어떤 감각이나 어떤 신체를 가지고 있다는 것을 부정한 바 있다. 그렇긴 해도 나는 좀 주저한다. 이렇게 되면 도대체 어떻게 되는 것인가? 나는 신체나 감각이 없이는 존재할 수 없도록 이것들에 매어 있는 것일까? 그런데 나는 세계 안에서 하늘도 땅도 정신도 신체도, 하여간 아무것도 없다고 확신하였었다. 따라서 나도 존재하지 않는다고 확신했던 것이 아닌가? 그러나 결코 그렇지는 않다. 내가 무엇을 확신했었다고 하면, 혹은 그저 내가 무엇을 생각하기만이라도 했다고 하면, 나는 분명히 존재했던 것이다. 그러나 누군지 모르지만 아주 힘 있고 아주 교활한 어떤 기만자가 있어서, 온갖 재주를 부려 항상 나를 속이고 있다고 치자. 그렇다 하더라도 그가 나를 속인다고 하면 결국 나는 조금도 의심할 여지없이 존재하고 있는 것이다. 그리고 그가 아무리 마음껏 나를 속인다 하더라도 내가 어떤 무엇이라고 생각하는 한, 그는 결코 나를 무(無)로 만들 수 없을 것이다. 따라서 여기 대해서 충분히 생각하고 이 모든 일들을 주의 깊게 살펴보고 나서, 나는 있다, 나는 현존한다

(*Je suis, j'existe*)라고 하는 명제는, 내가 이것을 입 밖에 낼 때마다, 혹은 내가 이것을 내 마음 속에 품을 때마다, 필연적으로 참된 것이라고 결론짓지 않을 수 없다.

모든 것을 의심한 혼미의 구렁텅이에서 이와 같이 손톱만치도 의심할 여지가 없는 반석 같은 진리의 근거의 섬광에로 나아가게 된 정신의 편력을 데카르트는 《방법서설》 제4부 첫머리에서 다음과 같이 요약하여 논술하고 있다. "금이라도 의심할 수 있다고 생각되는 모든 것을 절대로 거짓된 것으로서 버리고, 이렇게 한 후에 전혀 의심할 수 없는 어떤 것이 내 신념 속에 남지 않을지 보아야 한다고 생각하였다. 이리하여 우리의 감각이 우리의 마음속에 그려 주는 대로 있는 것은 아무것도 없다고 나는 상정하려 하였다. 그리고 기하학의 가장 단순한 문제에 관해서도 추리를 잘못하여, 여러 가지 오류 추리를 하는 사람들이 있으므로, 나도 다른 누구 못지않게 잘못에 빠질 수 있다고 판단하고서 내가 전에 논증이라 보았던 모든 추리를 잘못된 것으로서 버렸다. 그리고 끝으로 우리가 깨어있을 때에 가지는 모든 생각과 똑같은 것이 우리가 잠들고 있을 때에도 우리에게 나타나는데, 이때 참된 것은 하나도 없음을 생각하고서, 나는 여태껏 정신 속에 들어온 모든 것이 내 꿈의 환상보다 더 참되지 못하다고 결심했다. 그러나 금방 그 뒤에, 그렇게 모든 것이 거짓이라고 생각하고 싶어 하는 동안도, 그렇게 생각하는 나는 반드시 어떤 무엇이어야 한다는 것을 깨달았다. 그리고 나는 생각한다, 그러므로 나는 있다(*Je pense, donc je suis.* ; *Ergo cogito, ergo sum.*) 라는 이 진리는 아주 확고하고 확실하여, 회의론자들의 제아무리 터무니없는 상정들을 모두 합치더라도 이것을 흔들어 놓을 수 없음을 주목하고서, 나는 주저 없이 이것을 내가 찾고 있던 철학의 제1원리로 받아들일 수 있다고 판단하였다."51)

 이리하여 데카르트는 고된 회의의 여로 끝에, 그가 바라던 아르키메데스의 점에 도달하였다. 이제 이 점, 이 자리에 서서, 그는 조금도 의심할 여지가 없고 절대로 확실하기만 한 지식의 총체를 조직하고 체계를 세울 원대한 꿈을 꾼다. 인간의 지식은 무한히 증대하며 진보할 것이다. 그러나 그 모든 진실이 의지할 튼튼한 기초는 바로 데카르트가 세운 것인 바, 곧 그가 발견한 이 *Cogito, ergo sum*의 원리이다. 나는 생각한다, 그러므로 나는 있다라니 그 무슨 잠꼬대 같은 소리냐고 말할 사람도 있음직하다. 그러나 적어도 현대 철학과 현대 과학은 이 기초 위에 세워지고 이 기초 위에서 발전하여 왔다. 이 원리의 발견은 참으로 하나의 위대한 발견이 아닐 수 없다.

2. 생각의 중요성

 나는 생각한다, 그러므로 나는 있다에 있어서 "생각한다"는 것을 데카르트는 넓은 의미로 사용하고 있다. 여기서 "생각한다"는 것은 지적 작용에만 국한되는 것이 아니고, 판단·의욕·감각의 작용을 아울러 의미하는 것이다. 그리하여 철학의 원리에서는 "생각한다"는 것을 다음과 같이 규정하고 있다. "생각한다란 말로써 내가 이해하는 것은 우리 속에서 이루어지되 우리 자신이 직접 의식하는 모든 것이다. 따라서 이해한다(entendre)는 것, 바란다(vouloir)는 것, 상상한다(imaginer)는 것만이 아니라, 또한 감각한다(sentir)는 것도 생각한다는 것과 같다."52) 《성찰》의 둘째 성찰에서는 "생각한다"는 것을 "의심하고, 이

---

51) *AT*, Ⅵ, pp.31~32.

해하고, 긍정하고, 의지하며, 의지하지 않으며. 또한 상상하며, 감각하는 것"53)이라고 부연하고 있다. 하여간 "생각한다"는 것은 넓은 의미에 있어서의 우리의 정신적 활동 전체이다.

그런데 <내가 있다>, <내가 현존한다>는 것은 자명한 진리로 동의한다 하더라도 왜 하필 나는 <생각한다>라고 하는 전제 아래 <내가 있다>는 이 진리를 내세우는가? "나는 숨쉰다, 그러므로 나는 있다" 혹은 "나는 땀을 흘린다, 그러므로 나는 있다"라고 하는 것이 더 생생한 경험이요, 땀을 흘리는 것이 더욱 구체적이고 현실적인 사실이므로 따라서 이것이야말로 <내가 있다>는 것을 더 잘 보증하는 것이 아닐까? 데카르트의 논적 갓상디는 <생각>뿐만 아니라 인간의 어떠한 활동으로부터도 그 현존이 귀결될 수 있다고 하여, 다음과 같이 데카르트를 논박하였다. "우리들의 자연의 빛은 무엇이든지 활동하는 것은 또한 현존함을 우리에게 가르치므로, 그것(내가 있다는 것)을 다른 어떤 활동으로부터도 추론해도 괜찮소."54) 이에 대하여 데카르트는 "나는 걷는다. 그러므로 나는 있다"라고는 추론 할 수 없는 것이라고 답하고 있다.55) 데카르트에게 있어 "나는 숨쉰다, 그러므로 나는 있다"라든가, "나는 땀을 흘린다, 그러므로 나는 있다"라든가, 혹은 "나는 걷는다, 그러므로 나는 있다"라든가 하는 것은 가당치 않은 말들이다. 즉, 신체적 행위는 그 어느 것이나 나의 본질일 수 없다. 나의 본질, 나의 존재의 본질은 어디까지 <생각한다>는 사실, 즉 사고의

---

52) *AT*, IX-2, p.28.(제1부 제9항).

53) *AT*, IX-1, p.22.

54) Gassendi, *The Philosophical Works of Descartes* (Elizabeth S. H밍문 and G.R.T Ross, trans. 앞으로 이 책을 *HR* 란 약자로 표시하기로 함), vol.2, p.137

55) *Ibid.*, p.207.

행위에 있는 것이지, 다른 어떤 행위에도 있지 않다. ≪성찰≫의 둘째 성찰에서 데카르트는 "그러면 나란 무엇인가?" 묻고서 "하나의 생각하는 것"(une chose qui pense)이라고 답하고 있다.56) 그리고 "나는 있다, 나는 현존한다(j'existe). 이것은 확실하다. 그러나 얼마 동안인가?"고 묻고는 "물론 내가 생각하고 있는 동안만이다. 왜냐하면 만일 내가 생각하기를 아주 그친다면, 그 순간 나는 또한 존재하기를 즉 현존하기를 그칠 것이기 때문이다"57)라고 답하고 있는 것이다. 이만큼 내 생각은 내 존재와 불가분으로 결부되어 있다. 내가 생각한다는 일이 없다고 하면 내가 있다는 것도 있을 수 없다. 여기에 데카르트의 인간관의 일면이 있다고 볼 수도 있다. 즉, 인간은 순수한 사고의 능력을 가지고 있음으로써 인간이라 할 수 있는 것이요, 그 정신의 활동에 의하여 다른 동물들과 구별되고 또 신과의 유사성을 얼마간 갖는 것이다. ≪성찰≫의 넷째 성찰에는 데카르트가 인간을 신과 무의 중간자로 파악하고 있는 구절이 있다.58) 그리고 그의 ≪성찰≫을 읽을 때 우리는 그가 "영혼만이, 혹은 정신만이 나다"라고 부르짖고 있는 듯한 인상을 받는다. 신체는 연장을 가진 것이요, 물질적·물체적인 것으로서 우리의 본성에 속하는 것이 아니고, 오직 정신만이 우리의 본성에 속한다는 것이다.

이러한 생각에서 더 나아가 데카르트는 신체와 정신을 준별하고, 그 필연적 귀결로 정신의 불사(不死)를 논증한 것으로 자부하고 있다. 또 정신이 신체보다도 더 인식되기 쉽다고 주장하기도 한다. 행동주의(Behaviorism) 같은 자연주의의 입장에서 보면, 정신의 불사가 귀결

---

56) *AT*, IX-1, p.22.

57) *Ibid.*, p.21.

58) *Ibid.*, p.43.

되는 심신의 분리 가능성은 하나의 신화일 따름이요, 또 상식의 입장에서 볼 때 과연 정신이 신체보다 인식되기가 더 쉬운지 아리송하다. 어쩌면 우리가 데카르트 만큼 명철하지 못하여 정신과 신체의 분리 가능성과 정신이 신체보다 더 인식되기 쉬움을 보지 못하는 듯 느껴지는 때도 있다. 그러나 이 두 가지 것 중 전자는 분명히 형이상학적 문제요, 후자는 과학적 탐구를 허용할지라도 입장에 따라 얼마든지 견해를 달리할 수 있는 문제라 하겠다.

3. *Cogito, ergo sum*은 하나의 직관인가, 혹은 추론인가?

Cogito, ergo sum 이라는 자명한 진리는 직관에 의하여 파악된 것인가, 아니면 추리에 의하여 얻어진 결론인가? 이 문제는 아직도 결정적으로 해결되지 않은 것 같다. 아믈랭은 "*Cogito*의 문법적 형식은 하나의 결론의 그것이다. 그러나 거기엔 그 이상의 것이 있다. 《방법서설》·《철학의 원리》·《진리의 탐구》, 아니 *cogito*를 문제 삼고 있는 데카르트의 모든 텍스트 (예컨대 《철학의 원리》의 서문의 그것) 는 그것을 하나의 추리로 제시하고 있다"59)라고 말하며, "따라서 첫째가는 진리인 *cogito*는 하나의 판단의 진리라기보다 오히려 하나의 추리의 진리이다"60)라고 단정하고 있다. 이에 반하여, *Cogito, ergo sum*은 어디까지나 하나의 직관적 진리라고 보는 사람들 역시 적지 않은 것 같다. 이들에 의하면, "나는 있다"가 "내가 생각한다"로부터 추리되는 것이 아니요, 이 양자는 <나>의 직접적 자기의식에 있어서

---

59) Hamelin, op. cit., p.131.

60) *Ibid.*, p.135.

동시에 알게 되는 것이다. 그러므로 나는 생각한다, 그러므로 나는 있다를 엄밀하게 표현하려면 "그러므로"를 빼고 나는 생각하며, 있다 (Cogito, sum), 혹은 나는 생각하면서 있다(Sum cogitans)라고 해야 한다는 것이다. 뒤아멜은 "나는 생각한다, 그러므로 나는 있다. 이것은 추리가 아니라, 하나의 외침이다. 이것은 고백이다. 이것은 직관의 분야에 속하며 방법과는 상관없는 인식 행위이다"61)라고 말한다. 까뮈는 "Cogito는 그 자체가 하나의 반항이다"라고 말하고 있다.62)

Cogito, ergo sum은 추리의 결과인가, 직관적 진리인가? 이 양론 가운데 우리는 어느 것을 택할 것인가? 아믈랭의 주장에도 일리가 있고, 뒤아멜의 말에도 일리가 있다. 데카르트는 "진리는 중간에 있다"63)라는 의미의 말을 한 적이 있거니와, 이 경우에도 진리는 중간에 있음직하다. 즉 Cogito는 형식상으로는 하나의 추리라고 할 수 있고, 사실 데카르트가 사색하고 추리하는 가운데 얻은 최초의 매듭이라고 할 수 있지만, 그 내용, 그 본질에 있어서는 전혀 추리에 의거하지 않은 근원적 진리요, 직관적 자명성을 가지고 있는 것이라 하겠다. 데카르트 자신은 《성찰》에 대한 둘째 논박에 대한 답변에서 다음과 같이 말하고 있다. "나는 있다, 혹은 현존한다고 말하는 사람은, 하나의 삼단 논법에 의하여 생각으로부터 현존을 결론짓는 것이 아니라, 마치 스스로 알려지는 것인 양 정신의 통찰에 의하여 그것을 보는 것이다"64)

하여간, Cogito, ergo sum은 데카르트에게 있어서 회의의 암흑 속에서 얻은 처음 빛발이요, 또 무엇보다도 내가 있다고 하는 것을 발견

---

61) Georges Duhamel, *Descartes maître à penser* (1937년 강연).

62) Albert Camus, *Remarques sur la révolte*, 1949, p.13.

63) *AT*, VI, p.23(여기서는 "모든 극단은 으레 나쁘다"고 말하고 있다).

64) *AT*, IX-1, p.110.

한 기쁨의 외침이요, 그 위에 확실한 것들만의 지식 체계를 건설할 수 있을 것을 약속해 주는 희망의 기초였다.

4. *Cogito, ergo sum*의 독창성

신학박사 아르노(Arnauld)는 ≪성찰≫에 대한 논박에서 다음과 같이 말하고 있다.

> 데카르트가 그의 철학 전체의 기초 및 제 1원리로 세우고 있는 것은… 이미 그에 앞서 성 아우구스티누스가 자신의 철학의 토대 및 지주로 삼았던 것이다.65)

이 밖에도 여러 면에서 아우구스티누스가 데카르트의 사상의 선구임을 주장하고 있다. 데카르트와 아우구스티누스는 다같이 플라톤적인 데가 있어 비슷한 점이 적지 않음은 사실이다. 아우구스티누스는 일찍이 "너 자신으로부터 밖으로 나가지 말고, 너 자신에게로 돌아가라. 진리는 인간 속에 있느니라"66)라고 말하였다. 나를 살펴서 나를 안다는 것, 이것이야말로 다른 모든 지식의 기반이 되며 출발점이 된다고 믿고 사색을 전개해 나아간 점에서, 아우구스티누스와 데카르트 사이에 유사점이 있다. 또 아우구스티누스는 신이 "진리의 아버지, 지식의 아버지, 지성의 빛의 아버지"67)라고 말하고 있는데, 데카르트도 진리의 원천은 신에게 있다고 말하고 있어, 이 점에서도 생각이 같은

---

65) *Ibid.*, p.154.
66) Augustinus, *De vere religions*, cap. XXXXIV 72.
67) Augustinus, *Soliloquia*, Lib. Ⅰ, cap. Ⅰ,2.

듯싶다. 또 아르노오에 의하면, 우리가 속는다고 하면, 우리가 현존해야 한다고 하는 데카르트의 발상도 이미 아우구스티누스가 한 말과 비슷한 것이다. 아우구스티누스는 《자유 의지론》에서 다음과 같이 말하고 있다.

> 먼저, 우리가 가장 명백한 것들로부터 시작하기 위하여 다음과 같은 것을 묻고자 한다. 즉, 그대가 있는가, 혹은 아마도 내 물음에 답함에 있어서 잘못을 저지르는 것을 조금도 두려워하지 않는가. 하여간, 그대가 전혀 있지 않다면, 결코 속임을 당하지는 않는 것이 아니냐고.68)

이리하여 데카르트의 제1원리는 새로운 것이 못 되며, 독창적인 것이 아니라고 말할 수 있음직도 하다. 그러나 데카르트는 이러한 비판을 문제도 삼지 않는다. 그는 성 아우구스티누스가 "그것을 자기와 똑같은 용도에 사용하지 않고 있는 것 같다"69)고 말하고 있다. 질송에 의하면 "데카르트의 논의는 아우구스티누스의 그것과는 전혀 다른 의도를 가지고 있다. 왜냐하면 아우구스티누스는 그것을 인간 속에서 삼위일체의 모상(image)을 재발견하기 위하여 전개하고 있고, 한편 데카르트는 정신과 신체의 실재적 구별과 여기서 나오는 모든 귀결을 증명하기 위하여 논의를 전개하고 있기 때문이다."70) 하여간 데카르트는 자신의 심각한 문제, 인간이 과연 조금도 의심할 수 없는 것을 한 가지라도 가질 수 있으며, 그것 위에 우리의 학문의 체계를 세울 수 있는가 하는, 가장 근본적인 문제를 스스로 생각하고 성찰하는 가

---

68) Augustinus, *De libero arbitrio*, II,3.

69) Etienne Gilson, *Étude sur le role de la pensée médiévale dans la formation du système cartésien* (Paris, 1951), p.191 참조

70) *Ibid.*, p.193.

운데, 순전히 자기 혼자의 사색에 의하여 Cogito, ergo sum의 진리에 도달한 것이라고 하겠다. 그리고 그에게 있어서 Cogito는 독특한 의미와 의의를 지니고 있다. 그러므로 Cogito는 바로 데카르트의 발견이요, 현대 철학의 이 출발점을 찾아낸 것은 바로 데카르트인 것이다.

제5장 데카르트의 인식론

1. 자연의 빛

데카르트는 자기의 철학 원리를 사람들에게 설득하기 위하여 대화의 형식으로 된 ≪자연의 빛에 의한 진리 탐구≫(*La recherche de la vérité par la lumière naturelle*)라는 책을 내 놓은 바 있다. 이 책의 서장에서 그는 "인간 정신의 능력을 넘지 않는 모든 지식은 사실, 아주 놀라운 유대에 의하여 얽혀 있고, 또 아주 필연적인 논리 전개에 의하여 한 가지 지식을 다른 지식으로부터 끌어낼 수 있으므로 가장 단순한 것들에서 시작하여 점차 높은 것으로 나아갈 줄을 알기만 하면 재능이 많지 않더라도 그 모든 지식을 얻을 수 있다"[71]고 말한다. 평범한 사람도, 아니 평범한 사람들이야말로 인간이 얻을 수 있는 모든 지식을 올바르게 얻을 수 있다. 자연의 빛, 즉 인간의 이성의 빛 앞에 자기를 드러내지 않는 지식이란 없다. 그리고 모든 지식은 놀라운 유대에 의하여 서로 연결되어 있다.

데카르트는 인간의 인식 능력으로서의 이성에 절대적 신뢰를 두었다. 그리고 이 이성은 만인에게 고루 주어져 있다고 믿었다. ≪방법서

---

[71] *Oeuvres et Lettre; de Descartes*(Textes présentés par André Brdoux 앞으로 이 책을 *AB*라는 약자로 표시하기로 함), p.880.

설≫ 첫머리에 있는 말은 그의 이러한 생각과 신념을 잘 표현하고 있다. "양식은 세상에서 가장 공평하게 분배되어 있는 것이다."72) 그러면 양식(bon sens)이란 무엇인가? 그것은 "잘 판단하고 참과 거짓을 분간할 줄 아는 능력"이라고 그는 규정한다.73) 그리고 그것은 곧 이성이라고도 말하고 있다. 양식이 만인에게 고루 분배되어 있다고 말함으로써 데카르트는 학식 있는 사람들을 부끄럽게 하고 있는 것이다.

데카르트가 심오한 회의 끝에 *Cogito, ergo sum*의 원리를 발견한 것도 자연의 빛, 곧 이성을 극히 예리하게 활동시킴으로써였다. 이 원리를 자기의 철학의 제1원리로서 확립한 후 그는 계속하여 이성을 십분 발휘하여 신의 현존과 자연의 모든 물질적 사물의 현존을 증명하는 데로 사색을 진전시킨다. 신과 자연의 현존도 *Cogito*의 원리 위에서 비로소 확실한 것으로 받아들여지게 되는 것이다. ≪자연의 빛에 의한 진리 탐구≫에서는 세 사람이 토론을 벌이고 있는데, 그 중에 데카르트 자신의 입장을 대변하고 있는 외독스(Eudoxe)는 다음과 같은 말을 하고 있다. "……나는 하나의 확고부동한 점과도 같은 이 보편적 회의에서 출발하여 신, 우리 자신, 그리고 세계 안에 있는 모든 사물에 관한 인식을 연역하려 하였다."74)

그러므로 모든 확실한 지식은 *Cogito*라고 하는 제1원리를 기초로 삼고 여기서부터 전개되어 나온다. ≪자연의 빛에 의한 진리 탐구≫에서 데카르트는 다시 이렇게 말하고 있다. "모든 진리는 서로 연속하며 또 하나의 공통된 유대에 의하여 결합되어 있다. 최초의 가장 단순

---

72) *AT*, Ⅵ, p.1.
73) *Ibid.*, p.2.
74) *AB*, p.891.

한 것에서 시작하여 조금씩 단계적으로 전진하여 가장 멀고 가장 높은 것에까지 나아가는 것이 비결의 전부이다."75) 그리하여 확실성에는 세 단계가 있다. 첫째는 Cogito의 확실성, 둘째는 신의 현존의 확실성, 셋째는 물질적 사물의 현존의 확실성이다.

Cogito, ergo sum이 다시 의심할 여지가 없는 확실한 명제임을 우리는 알았다. 이 명제로부터 우리는 <나>란 무엇임을 알았다. 나는 생각하는 존재이다. 데카르트에게 있어서는 이러한 <나>의 자각으로부터 신의 본성과 현존을 확실하게 알게 된다. 신에 대한 인식은 나에 대한 인식에서 필연적으로 연역되며 또 후자에 못지않게 확실한 것이다. 그리고 끝으로 물질적 사물들의 현존과 이것들에 대한 올바른 인식은 신이 이를 보증한다. 진리의 원천인 신이 이 모든 것들을 만들었으며, 또 신은 지극히 성실하고 모든 빛의 원천이시므로 우리를 속이지 않고 오히려 우리로 하여금 모든 물질적 사물들에 관한 진리를 터득하게 하시는 것이다. 모든 확실성의 내적 연관과 통일에 관하여 ≪성찰≫에서는 다음과 같이 말하고 있다. "내가 의심한다는 것, 즉 내가 불완전하며 의존적이라는 것에 주의할 때, 하나의 독립해 있고 완전한 존재 즉 신의 관념이 아주 명석하고 판명하게 내 정신에 나타난다. 그리고 이러한 관념이 내 속에 있다는 것, 혹은 이 관념을 가지고 있는 내가 있다는 한 가지 사실만으로부터, 나는 신이 현존한다는 것과 내 존재 전체는 모든 순간에 그에게 의존한다는 것을 아주 명증적으로 결론짓는다. 그리하여 나는 인간의 정신에 의하여 이보다 더 명증적으로, 또 이보다 더 확실하게 인식되는 것은 아무것도 없다고 확신한다. 그리고 이제 나에게는, 참된 신(그 속에 지식과 지혜의 모든 보물이 간직되어 있는 신)에 대한 이 관상(觀想)으로부터 다른 모든

---

75) *Ibid.*, p.901.

것의 인식으로 나아가는 길이 바라보이는 듯싶다. ……신은 나를 속이려고 하지 않으므로, 내가 이 능력을 올바로 사용할 때에도 잘못하도록 이 능력을 나에게 주시지는 않았다는 것이 확실하다.76)(성찰4) ……그리하여 나는 모든 지식의 확실성과 진리성이 오직 참된 신의 인식에만 의존함을 분명히 본다. 따라서 내가 신을 알기 때문에 신 자체에 관해서만 아니라, 또한 순수 수학의 대상인 물체적 본성에 관해서도 무한히 많은 것이 분명히 알 수 있는 것이 되고, 확실한 것이 될 수 있다."77)(성찰5) 이리하여 데카르트는 *Cogito*에서 출발하여 신의 보증을 얻어 자연에 관한 모든 인식의 체계를 세우려 하는 것이다. 그리고 이 모든 인식도 *Cogito*에 못지않는 명증성을 지니게 된다. 명증성이 없으면 확실성도 없다. *Cogito*의 명증성에 의거함으로써 혹은 그것을 본뜸으로써 다른 모든 인식도 명증성과 확실성을 얻게 되는 것이다.

2. 명석(明晳)·판명(判明)

데카르트는 명석(clara, claire), 판명(distincta, distincte)이라는 말을 《정신 지도의 규칙》, 《방법서설》, 《성찰》에서 거듭 사용하여 우리들의 생각이 명석·판명할 것을 강조하고 있다. 데카르트에게 있어서는 학문이란 결국 확실하고 명증적인 지식인데, 이러한 지식은 명석하고 판명한 지각 혹은 개념을 가지고 구성되는 것이 아니어서는 안 된다. 명석하고 판명하지 않은 생각은 참되고 바른 생각일 수 없

---

76) *AT*, IV-1, pp.42~43.

77) *Ibid.*, p.56.

다. 그리고 내가 명석하고 판명한 것에 대해서만 판단을 내린다고 하면 나는 절대로 잘못을 저지르지 않는다. 넷째 성찰에서 데카르트는 다음과 같이 말하고 있다. "……내 의지를 내 인식의 한계 안에 붙들어 두고, 오성에 의하여 명석·판명하게 의지에 나타나는 것에 대해서만 판단을 내리도록 하기만 하면, 내가 잘못한다는 것은 있을 수 없기 때문이다. 무릇 명석하고 판명한 지식은 그 어느 것이나 틀림없이 실재적인 것이요, 따라서 무로부터 나올 수 없고, 필연적으로 그 작자는 신이다. 곧 최고로 완전하고, 결코 기만자일 수 없는 신이다. 따라서 그러한 지식 혹은 판단은 참이라고 결론짓지 않으면 안 된다."78)

그러면 <명석>·<판명>이란 도대체 어떤 것인가? 여기 대해서는 ≪철학의 원리≫ 속에 데카르트 자신의 명확한 해답이 있다. "……그 위에다가 확실하고 의심할 여지가 없는 판단을 세울 수 있는 인식은 명석할 뿐만 아니라, 또한 판명하지 않으면 안 된다. 내가 명석이라 부르는 것은 주의하는 정신에 대하여 현전(現前)하면서 분명한 것이다. 대상이 직시하는 눈앞에 현전하면서 우리의 눈을 세차게 자극할 때 우리가 그것을 명석하게 본다고 말하는 경우가 그런 것이다. 판명이라 함은 극히 명확하고 다른 모든 것들과 구별되어 그 속에 명석한 것 외에는 아무것도 포함하지 않는 것이다."79)

데카르트에게 있어서는 명석함과 판명함이 진리의 표지(criterium)이다. 진리란 생각과 대상의 일치인데, 우리의 생각이 명석하고 판명한 지식을 가지지 않으면 대상과 일치할 수도 없는 일이요, 따라서 진리를 얻을 수도 없다. 한편 명석하고 판명하게 아는 것에 대해서만 동의한다고 하면 우리는 오류를 범하는 일이 없다. 우리가 명석하게 알

---

78) *Ibid.*, pp.49~50.
79) *AT*, IX-2, p.44(제1부 제45항).

고 있지 않는 것에 동의할 때에는 우연히 진리에 부딪치는 경우는 있어도, 으레 그릇된 판단을 내리게 되기 마련이다. 그러므로 우리는 명석하고 판명하지 않은 모든 것을 배제하고 확실한 것을 받아들이면서 전진하지 않으면 안 된다. 그래야만 우리는 진리에 나아갈 수 있다. 또 모든 진리의 총체인 놀라운 학문을 세울 수 있다.

3. 오성(悟性)

데카르트에 의하면 감각 기관은 우리를 속인다. 그는 감각 기관이 우리를 속이는 것을 가끔 경험했노라고 말하고 있다.80) 감각에만 의지해서는 사물의 올바른 인식을 가질 수 없다. 감각이 우리에게 알려주는 태양의 크기는 유리창의 한 테두리 안에 들어오는 작은 것이다. 태양의 진정한 크기를 우리에게 알게 해주는 것은 오직 우리의 오성이다. 오성 혹은 정신이야말로 우리에게 사물들의 참된 인식을 주는 것이다. 《성찰》에서는 라틴어로 이것을 mens라 하였고, 프랑스어 번역에서는 entendement이라 옮기고 있다. 데카르트는 오성이 인식에 있어서 결정적 역할을 맡고 있음을 둘째 성찰에서 밀랍의 예를 들어 명쾌하게 서술하고 있다.

방금 벌집에서 끄집어 낸 밀랍은 아직 꿀맛을 조금도 잃지 않고 있으며 그 재료가 되는 꽃의 향기도 아직은 얼마간 간직하고 있다. 그 빛깔과 모양과 크기도 명백하다. 그것은 딴딴하고 차갑고 쉽게 집을 수 있고, 손가락의 마디로 두드리면 소리를 낸다. 요컨대 어떤 물체가 판명하게 인식되는 데 필요한 모든 것이 그 밀랍에 갖추어져 있다. 그

---

80) *AT*, X-1, p.14.

런데 그것을 불에 굽는 경우 남아 있던 맛은 빠지고, 향기는 사라지고, 빛깔은 변하고, 모양은 달라지고, 크기는 더해지고, 액체가 되고, 뜨거워지고, 소리도 거의 내지 않게 된다. 그래도 그것은 여전히 밀랍이다. 그러면 앞서 이 밀랍에서 판명하게 이해되었던 것은 무엇인가? 그것은 분명히 내가 감각에 의하여 파악한 것은 아니다. 미각이나 후각이나 촉각이나 청각에 의하여 감각했던 것은 이제 모두 변했기 때문이다. 그러므로 밀랍 자체는 꿀의 단맛도 아니요, 꽃향기도 아니요, 흰 빛깔도 아니요, 그 모양도 소리도 아니다. 그것은 이제 길게 늘일 수 있는, 변화하기 쉬운, 흐느적거리는 것이 되어 있다. 우리는 이 밀랍이 변화하기 전이나 변화한 후나 결국 동일한 밀랍임을 안다. 우리의 감각은 달라졌다. 그러나 우리는 그것이 동일한 것임을 안다. 이 밀랍이 무엇인가는 결코 상상에 의하여 이해할 수 없고, 오직 내 정신(혹은 오성)에 의해서만 알 수 있다. 밀랍 일반에 대해서는 더 말할 것도 없거니와, 지금 내 앞에 있는 하나의 특수한 밀랍에 있어서도 그것을 지각하고, 이해하고 인식하는 것은, 시각이나 촉각이나 상상력이 아니라, 오직 정신의 혹은 오성의 통찰이다. 그리고 이 통찰은 내가 주의를 많이 기울이고 있는가 적게 기울이고 있는가에 따라 불완전하고 혼란하게 될 수도 있고, 명석할 수도 있다.

  데카르트는 우리의 정신이 언어의 애매성으로 말미암아 알지 못하는 사이에 오류를 범하기 쉽다는 것을 말하고 있다. 즉 우리는 밀랍이 눈앞에 있을 때 우리가 밀랍 자체를 본다고 말하고, 그 빛깔 혹은 모양으로 미루어 밀랍이 눈앞에 있다고 판단한다고는 말하지 않는다는 것이다. 이런 까닭에 밀랍은 시각에 의하여 인식되는 것이요, 오직 정신만의 통찰에 의해서 인식되는 것은 아니라는 결론을 내리게 되기가 쉽다. 지금 내가 창문을 통하여 사람들이 거리를 지나가는 것을 내다

본다고 하자. 나는 밀랍의 경우에서와 마찬가지로 사람들이 지나가고 있음을 본다고 주저 없이 말한다. 하지만 내가 보는 것은 모자와 옷만이 아닌가? 그 모자 밑에, 그 옷 속에는, 자동 기계가 들어 있을 수도 있는 것이 아닌가? 그러나 나는 그것이 정말 사람이라고 판단한다. 이와 같이 내가 내 눈으로 본다고 생각하고 있던 것도, 오로지 내 정신 속에 있는 판단력에 의해서만 이해되는 것이다. 하여간 내 판단 속에는 오류가 있다손 치더라도, 인간의 정신이 없다면 그러한 밀랍을, 아니 아무것도 인식할 수 없다. ≪자연의 빛에 의한 진리 탐구≫에서 데카르트는 외독스의 입을 빌려 "이성적 정신에서 출발하지 않으면 안 된다. 우리의 모든 인식은 이것에 의존하기 때문에"81)라고 말하고 있다. 사물의 인식에 있어 우리는 감각에서 출발해서도 안 되며 감각에만 의지해서도 안 된다. 이성적 정신 혹은 오성이야말로 인식의 근원적 능력이다. 인간 정신 속의 가장 깊은 곳에 깃들이고 있는 오성을 동원시킴으로써만 진리에 도달할 수 있다.

≪정신 지도의 규칙≫ 규칙 12에서는 "인식에 있어서 우리가 이용할 수 있는 능력은 네 가지뿐이다. 곧 오성·상상력·감각 기관 및 기억력인데, 확실히 오성만이 진리를 지각할 수 있다"82)라고 말하고 있다. 그리고 규칙 8에서는 "우리에게 있어 오직 오성만이 학문(science 즉, 확실한 지식)에 이를 수 있다. 그러나 그것은 세 가지 다른 능력, 즉 상상·감각·기억의 도움을 받을 수도 있고 방해를 받을 수도 있다"83)라고 말하고 있다. 데카르트는 결코 감각이나 상상이나 기억이나 또

---

81) *AB*, p.885; *HR*, p.310 '이성적 정신'은 AB에는 l'ame raisonnable이라 되어 있고, HR의 영어 번역에는 human soul이라 되어 있다.

82) *AB*, p.75.

83) *Ibid.*, p.66.

는 감각에서 출발하는 실험을 무시하지는 않았다. 다만 사물들의 참되고 올바른 인식을 위해서는 어디까지나 오성이 충분히 기능을 발휘해야 함을 강조하고 있는 것이다.

4. 오류의 원인

신은 지극히 성실하시고 모든 빛을 주는 존재이기 때문에 신이 우리를 속인다는 것은 있을 수 없는 일이다. 속일 수 있다는 것은 일종의 재능이라 하겠으나, 속이려고 하는 것은 하나의 악의 혹은 약점이요, 따라서 하나의 불완전성이기 때문에 신속에 이런 의지가 있다고는 생각할 수 없다. 그러므로 오류의 원인은 신게 있는 것이 아니다. 어디까지나 우리에게 있다.

오류는 우리가 판단을 내릴 때에 비로소 생기는 것이다. 우리들 속에 있는 판단 능력은 신이 우리에게 주신 것이다. 그리고 신은 우리를 속이기를 원하시지 않으므로 우리가 이 능력을 바르게 사용하기만 하면 결코 오류를 범하지 않는다. 데카르트는 말한다. "내가 신에 관해서만 생각하고, 내 정신을 전적으로 신에게로 집중하고 있는 동안은 나는 내 속에 오류 혹은 허위의 원인을 전혀 찾아볼 수 없다."[84]

그러나 나 자신에게 돌아와 보면, 나는 무수한 오류에 빠지기 쉬운 존재이다. 나는 신과 무의 중간자이다. 즉 지고의 존재와 비존재 사이의 중간에 놓여 있는 존재이다. 따라서 내가 지고의 존재에 의하여 창조된 것인 한에서는 오류에 빠질 리가 없지만, 한편 내가 어떤 모양으로든 무 혹은 비존재에 참여하고 있는 한에 있어서는, 나 자신이 지고

---

[84] *AT*, IX-1, p.43.

의 존재가 아니므로 무한히 많은 오류에 빠질 수도 있다. 이렇듯 오류는 신에 의존하는 어떤 실재적인 것이 아니고, 다만 하나의 결함일 따름인 것이다. 참과 거짓을 분간하도록 신이 나에게 주신 판단 능력이 나에게 있어서 무한한 것이 아니기 때문에 나는 오류를 범하는 것이다.

그런데 신은 가장 완전하시고 지극히 선하셔서 항상 최선의 것을 원하실 터이므로, 내가 결코 오류를 범하지 않도록 나를 창조하셨을 수도 있었다. 그러면 나는 이와 같이 내가 무수한 오류를 범할 수 있게 된 데 대하여 신께 불평을 할 것인가? 그럴 수는 없다. 내 본성은 극히 연약하고 제한된 것인 데 반하여, 신의 본성은 광대하고 헤아릴 수 없고 무한한 것이므로 내 정신이 미처 알지 못하는 무수한 일을 신께서는 하시는 것이다. 신의 측량할 수 없는 목적을 내가 다 알아낸다고 하는 것은 주제 넘는 일이다. 또 신의 작품이 완전한 것인가 어떤가를 우리가 탐구할 때마다, 우리는 어떤 피조물 하나만을 따로 떼어서 고찰할 것이 아니라, 모든 피조물을 전체적으로 고찰하지 않으면 안 된다. 단독으로는 극히 불완전한 것이라 여겨지는 것도, 우주에 있어서 부분의 지위를 가지는 것으로 볼 때에는 매우 완전한 것이기 때문이다. 나 자신을 돌이켜 생각해 본다면, 나는 신이 무한히 많은 것을 지으신 이 우주 안의 한 부분임을 부인할 수 없다. 따라서 우주의 지극히 작은 일부분인 나는 불완전해도, 우주 전체와 이것을 지으신 신은 결코 불완전하지 않다. 오히려 내가 불완전함으로써 우주 전체와 신은 완전하다는 역설이 성립할 수도 있다. 데카르트는 말한다. "만일 신이 나로 하여금 결코 잘못하지 않도록 지으셨다고 하면 나는 현재의 나보다 훨씬 더 완전했으리라는 것을 나는 잘 안다. 그러나 그렇다고 해서 나는 우주의 어떤 부분은 오류를 면하고 있지만 다른 부분은 그렇지 않은 경우가 모든 부분이 한결같은 경우보다 우주 전체로서는 어느 의미에서 더 큰 완전성을 지니고 있다는 것을 부정할 수 없다. 그리고 나에게는 신이 나를 세계 안에 두시되, 그 속에서 가장 고귀하고 가장 완전한 역할을 담당케 하려 하시지 않았다고 불평할 권리가 전혀 없다."85)

그러나 우리가 불완전하다고 해서 일부러 오류를 범해도 좋다는 것은 아니다. 신은 우리가 오류를 범하는 것을 원하시지 않는다. 그리고 우리는 명석·판명하게 지각하고 있는 것에 대해서만 판단을 내리면 절대로 오류를 범하지 않는다.

그러면 어떤 때에 오류가 생기는가? 그것은 두 가지 원인, 즉 내 속에 있는 인식의 능력과 선택의 능력, 즉 자유 의지가 교류할 때에 생긴다. 다시 말하면, 오류는 내 오성과 내 의지에 동시에 의존한다. 오성만으로는 사물들의 관념을 가질 뿐이요, 아무것도 단정하거나 부정하지 않는다. 내가 단정하거나 부정하는 판단을 내리는 것은 이 관념들에 대해서이다. 그러므로 엄밀히 말하면 오성 속에는 본래의 의미에서의 오류란 전혀 없다. 또 의지의 힘도 그 자체에서는 내가 저지르는 여러 가지 오류의 원인이 아니다. 왜냐하면 신이 그것을 우리에게 주셨고 또 그 자체에서는 매우 광대하고 완전한 것이기 때문이다. 그리고 또 이해하는 힘도 오류의 원인이 아니다. 그러나 우리의 의지는 매우 광범하여 아무런 제한을 받지 않는다. 내 속에는 의지만큼 크고 완전한 것이란 하나도 없다. 내 이해 능력은 극히 협소하고 아주 제한된 것이다. 내가 내 속에서 더 이상 큰 것의 관념을 가질 수 없을 만큼 큰 것으로 경험하는 것은 오직 의지만이다. 즉 의지의 자유만이다. 내 속에 있는 의지야말로 그 광대함에 의하여 나로 하여금 신을 닮게 하

---

85) *Ibid.*, IX-1, p.49.

는 것이다.

그런데 의지란 어떤 일을 하거나 혹은 하지 않을 것을 마음먹는 것이다. 다시 말하면, 긍정하거나 부정하며, 추구하거나 기피하는 것이다. 우리가 의지할 때 우리는 오성에 의하여 우리에게 제공된 것을 긍정 혹은 부정한다. 즉 추구 혹은 기피한다. 그런데 의지는 어느 의미에서 무한하고 오성보다 훨씬 더 넓은 범위에 미치는 것이다. 그렇기 때문에 의지를 오성과 같은 범위 안에 제한시키지 않고 내가 이해하지도 않는 것에 그것을 확대시켜 나아갈 때 오류가 생긴다. 오류의 원인은 바로 여기에 있다. 우리는 우리가 이해하지 못하는 것, 명석하게 인식하고 있지 않는 것에 의지를 미치기 때문에 우리의 의지는 참과 선에서 일탈하고 그리하여 우리는 오류를 범하기도 하고 죄를 짓기도 하는 것이다.

데카르트는 오류(erreur)라는 말에 논리적 과오와 도덕적 과오를 다 같이 포함시키고 있는 것 같다. 우리가 오성에 의하여 참되고 옳은 것으로서 명석·판명하게 이해하는 것만을 의지하면, 우리는 논리적으로 오류를 범하지 않을 뿐만 아니라 또한 도덕에 있어서도 과오나 죄를 범하지 않을 것이다.

《철학의 원리》에서 데카르트는 충분히 인식되지 않은 것에 대해서 판단할 때에만 오류가 생긴다는 것을 다음과 같이 명확히 표현하고 있다. "우리가 무엇을 인식할 때 거기 대해서 아무런 긍정도 부정도 하지 않는다면 우리는 잘못을 저지르지 않음이 명백하다. 그리고 긍정 혹은 부정해야 한다고 명석·판명하게 인식하는 것만을 긍정 혹은 부정하는 경우에는, 잘못이 생기지 않는다. 그러나 어떤 일을 올바르게 인식하고 있지 않으면서 거기 대하여 판단을 내릴 때에만 잘못이 생긴다."86) 또 판단에는 오성뿐만 아니라 의지도 필요하다는 것에 대해서는 이렇게 말하고 있다. "우리의 오성이 전혀 인식하지 않은 것에 대해서는 아무것도 판단할 수 없으므로, 판단을 하는 데도 오성이 필요하지만, 일단 오성이 인식한 것에 동의하기 위해서는 의지 역시 필요하다. 그리고 판단을 내리는 데는 사물의 전면적이고 완전한 인식이 필요하지는 않다. 그렇게 때문에 우리는 아주 혼란한 인식밖에 가지고 있지 않는 것들에 대해서도 흔히 판단을 내리는 것이다."[87] 여기에 우리의 오류가 깃드는 것이다.

그러므로 무엇이 참인지를 내가 명석·판명하게 지각하고 있지 않은 경우, 내가 판단을 내리기를 삼가면 나는 오류를 범하지 않는다. 이에 반하여 내가 의지의 자유를 올바르게 사용하지 않고, 불분명하게 알고 있는 것에 대해서 판단을 내리면 오류를 범하기 마련이다. 즉, 우리의 자유 의지의 오용(誤用) 속에 오류의 원인이 도사리고 있다. 그리고 우리가 의지를 그릇 활동시켜 잘못된 판단을 내릴 때, 신이 나에게 협력한다고 생각해서는 안 된다. 왜냐하면 의지의 활동은 그것이 신에 의존하는 한에 있어서는 전적으로 참되고 선한 것이요, 또 내가 의지의 활동을 가질 수 있다는 것은 그것을 가질 수 없는 경우보다 어느 의미에서 나에게 더 큰 완전성이 있기 때문이다.

하여간 사물의 진리가 나에게 명백하지 않은 경우에는 언제나 판단을 내리기를 삼가면 오류를 피할 수 있다. 데카르트는 여기서 한 발자국 더 나아가, 진리 인식에 이르기 위해서 무엇을 해야 할 것인가를 알고 있다고 말한다. 즉 "내가 완전히 이해하는 모든 것에 충분히 주의하고, 이것들을 내가 불분명하게 또 불명료하게 밖에는 파악하지 못하는 다른 것으로부터 분리시키기만 하면, 나는 틀림없이 진리에

---

86) *AT*, IX-2, p.39(제1부 33항).

87) *Ibid.*, p.39(제1부 제34항).

도달할 것이다"[88]라고 말하고 있다.

 우리는 명석하게 알고 있지 않는 것에 대해서 동의할 경우에도 간혹 진리를 발견하는 수가 있지만 이것은 어디까지나 우연히 있을 수 있는 일이다. 그러므로 자연의 빛은 우리가 명석하고 판명하게 지각하고 인식하고 있는 것에 대해서만 동의하고 혹은 판단할 것을 우리에게 명한다.

제6장 데카르트의 신관(神觀)

1. 신관(神觀)의 문제와 그 의의

 인류는 일찍부터 아마도 정신의 여명기 이래로 신 혹은 신들을 생각하여 왔다. 그 생각은 시대를 따라 또 환경을 따라 다양하고 다채로웠다. 인간은 자기의 존재의 약함·상대성·일시성을 자각하고서 강하고 절대적이고 영원한 존재를 상념하였다. 그런데 절대라든가 영원이라든가 하는 것은 본래 인간의 이해 한계를 넘어서는 것이기 때문에, 그런 것을 본질로 하는 신에 대하여 인간은 갖가지 서로 다른 관념을 품어 왔던 것이다. 혹은 특정한 자연력을 신으로 여기기도 하였고, 또 불가사의한 갖가지 능력을 신에게 돌리기도 하였다. 그런 반면에는 인간의 지식의 발달과 함께 이런 신관과 미신적 종교 사상에 대한 냉철한 비판이 일어나기도 했다.

 신관을 둘러싼 이와 같은 도전과 응전을 통하여 종교는 순화되고 인간 정신은 심화되었다. 신관의 발전과 인간의 지식의 진보 사이에는

---

[88] *AT*, IX-1, p.50.

대체로 정비례의 관계가 있었다고 할 수 있을 것이다. 그러므로 신관의 역사는 그 자체로 흥미 있는 문제이지만 인류 정신의 발달사에 있어서는 특별히 중요한 문제가 되는 것이다.

데카르트의 신관은 그의 철학 체계, 특히 자연학이 그러했듯이, 획기적 의의를 지니는 것이라 하겠다.

물론 그의 신관은 그의 철학 체계를 떠나서 독립해 있는 것이 아니라, 그의 철학 체계 및 자연상(自然像)에 불가결한 주춧돌이 되는 것이다. 그의 철학의 방법이 획기적인 것이었던 것처럼 그의 신관 역시 획기적이었다. 그리고 그 신관은 그 철학의 방법과 밀접한 관계를 가지고 있다. 데카르트는 독자적이고 아주 투철한 방법을 통하여 신에게 접근하고 신을 발견하고 또 신의 현존을 증명하고 있으니 말이다. 그는 신의 현존의 증명에 있어서 명석한 논진(論陳)을 펴, 이를테면 결정타를 때렸다. 그런데 이 증명에서 증명되는 신은 재래의 그리스도 교회의 신이 아닐 수 없었으나 사실은 그 현존이 증명되는 신은 이미 재래의 신의 성격과는 거리가 먼 것이기 쉬웠다. 혹은 거리가 먼 것으로 여겨지기 쉬웠다.

이리하여 데카르트가 그 현존을 증명한다고 하는 신이 과연 전통적인 그리스도 교회의 신인지, 철학자 데카르트가 독창적으로 생각해 낸 추상적 존재인지에 대하여 많은 논란이 있게 된 것이다.

데카르트는 자연학에 있어서 자기의 견해가 혁신적인 것임을 자각하고 있었다. 그러나 종교에 관하여는 조심스럽게 보수주의의 입장을 취하였다. 그러므로 데카르트 자신이 새로운 혁신적 신관을 품고 있다고 자각하고 있었다고 말할 수는 없을 것이다. 그러나 그는 신에 관하여 지극히 순수한 생각을 품었는데 이와 같은 그의 순수한 신관은 그의 새로운 세계관과 함께 현대 사상 형성의 토대를 이루었다고 할 수 있다.

 데카르트는 명석하고 판명한 생각을 진리의 기준으로 삼고, 신을 진리의 원천으로 보며 또 신의 현존의 증명을 포함한 모든 논의를 냉철하게 전개시켜 나아가고 있지만, 워낙 신이 광대무변한 탓인지 그의 논의를 다 읽은 후에도 우리는 신의 분명한 관념을 가질 수 없는 것 같이 느끼는 때가 많다. 그러나 데카르트가 말하고 있는 신은 과연 과거의 무수한 사람들이 말한 신보다 더할 수 없이 단순하고 순수하다. 데카르트를 따라 신의 현존의 증명을 더듬어 가면 아무도 그 증명을 받아들이지 않을 수 없을 만큼 그 증명은 강력하다.

 그리고 데카르트가 품었던 신의 관념을 아울러 생각한다면 그의 신의 현존의 증명은 과연 자명적(自明的)이다. 거기에는 데카르트 사상의 독창적 성격과 힘찬 논리가 전개되어 있다.

 오늘날 20세기 후반은 전 세계에 걸쳐 국제 정치의 불안한 균형·사회적 혼란과 더불어 인류는 커다란 사상적 혼미 속에서 갈피를 못 잡고 있는 형편이다.

 얼마 전에 미국 등 소위 선진국에서 "신은 죽었다"고 하는 신학 사조가 크게 대두한 것도 비단 신학계만의 병상을 드러내는 것이 아니라, 현대인의 사상이 전반적으로 하나의 막다른 골목에 이르렀음을 단적으로 보여 주는 것이라 하겠다. 이러한 때를 당하여 데카르트의 신관을 살펴보는 것은 우리의 생각을 명석·판명하게 하고, 순수한 신관을 파악하여 우리의 종교로 하여금 미신·독선·부패에 빠지는 것을 막고 우리의 정신을 신의 완전·절대의 미에 참여케 하는 데 일조(一助)가 되리라 믿는 바이다.

2. 데카르트의 신관에 대한 여러 해석

데카르트 철학의 여러 중요 문제에 대하여는 무수한 해석이 있어 왔다. 가령 *Cogito, ergo sum*은 하나의 추리이냐, 그렇지 않으면 하나의 직관적 진리이냐 하는 따위의 문제가 많이 논의되고 또 갖가지 해석이 가해졌던 것이다. 데카르트에게 있어서 신의 관념이 전통적인 것이냐 그렇지 않으냐에 대해서도 여러 가지 해석이 있었다.

브린튼은 데카르트의 신관에 관하여 다음과 같은 주목할 만한 말을 하고 있다.

> 전통에 대한 데카르트의 무시가 아무리 당돌하다 할지라도, 이것 (cogito, ergo sum)이 고상하고 원대한 철학임은 명백하다. 진정한 회의론자, 불쾌한 회의론자라면, 왜 "나는 땀을 흘린다. 그러므로 나는 있다"가 아니냐고 물음직도 하다. 그러나 데카르트는 이 유명한 "나는 생각한다. 그러므로 나는 있다"로부터 앞으로 나아가 신에게로 곧장 올라가는 철학 체계를 세웠다. 그것은 좀 소원(疎遠)하고 비인격적인 신이었다. 아닌 게 아니라 데카르트는 언젠가 한번 "내가 <신>이라는 말을 쓸 때에는 언제나, 이 말 대신에 <자연의 수학적 질서>라는 말을 바꾸어도 좋다"고 실언하였다. 가톨릭교회가 이 철학자는 그의 지난날의 회의에서 스스로를 속죄하였다고 보지 않았으며, 또 교회가 그를 교회의 적의 대열에 속한다고 본 것은 조금도 놀랄 것이 없는 일이다.[89]

이 말은 서양 사상에서의 데카르트의 위치를 규정한 것으로서 대체로 타당하다 할 수 있으나 거기엔 또한 문제 삼을 것이 많다.

첫째로, ≪성찰≫에서 데카르트가 신앙 없는 사람들에게는 신의 현

---

89) Crane Brinton, *Ideas and Men*, p.350.

존과 영혼의 불멸에 관하여 자연적 이성에 의하여 증명하여야 함을 말하고 있는 것을 미루어[90] 그가 대체로 철학적 입장에서 신을 문제 삼고 있음을 알 수 있다. 그래서 그의 저작에서 우리는 신의 비인격화를 느끼기 쉽다. 그에게 있어서는 구약 성서에서 보는 바와 같은 <진노의 하나님>이나, 신약성서에 드러나는 <사랑>으로서의 하나님의 성격을 찾아보기 힘들다.

그렇다고 해서 <신>이라는 말이 전통적 의미로 쓰이고 있지 않은 것도 아니다. 브린튼이 데카르트의 신을 가리켜 "그것은 좀 소원하고 비인격적인 신"이라 한 것은 사상사의 전체적 흐름에서 볼 때, 옳은 일이지만, 데카르트는 의식적으로 신을 비인격화한 것은 아닌 줄 안다. 과연 데카르트의 신이 전적으로 비인격적인가 하는 것은 중요한 문제가 되지 않을 수 없다. 한편 꼬이레는 일찍이 브린튼의 해석과는 정반대되는 견해를 피력하였다. 그는 자신의 저서에서 다음과 같이 말하고 있다.

> ≪성찰≫의 논증이 거기서 출발하고 거기로 당도하는 신의 관념은 그리스도 교회의 전통적 관념이다.[91] ······ 데카르트가 교회의 권위 앞에 참으로 겸허하게 머리를 숙일 때 그는 진심인 것이다.[92] ······ 데카르트의 신의 관념은 그리스도교 신학의 전통적 관념이다.[93]

데카르트가 신의 현존을 증명한다고 하며, 또 자기의 증명이 교회의

---

90) *AT*, IX-1, p.4(Lettre à messieurs les doyens et docteurs de la sacrée faculté de théologie de Paris).

91) Alexandre Koyré, *Éssai sur l'idèe de Dieu et les preuves de son existence chez Descartes*, pp.2~3

92) *Ibid.*, p.4.

93) *Ibid.*, p.5.

권위를 배경으로 가지고 있는 파리 대학 신학부에 의하여 가장 타당한 것으로 인정되기를 원한 터에, 그가 말하는 신이 교회에서 말하는 신과 다르다고 하면 말이 안 되는 일이다. 새로운 신을 만들어 놓고서 그것을 증명한다는 것은 언어도단일 수밖에 없다. 그러므로 꼬이레가 말하는 것, 즉 데카르트의 신의 관념이 그리스도 교회의 그것과 다름 없다고 하는 것은 우선 타당한 일이다. 그러나 증명한다고 하고 전개된 이론을 살펴볼 때, 그 신의 관념은 전통적인 것과는 거리가 있고 17세기의 새로운 세계상과 결부된 새로운 성질을 띠고 있음을 느끼지 않을 수 없다. 그래서 꼬이레도 차츰 자기의 견해를 수정하고 있다. 무한에 관하여 언급하고 나서 그는 다음과 같이 말하고 있다. "이 개념을 분석하면 우리는 데카르트에게서 신의 전통적 관념이 약간 변모하고 있음을 알 수 있다."[94] 아무튼 데카르트가 생각하는 신의 관념이 전통적이라고 전제하고서 출발한 꼬이레도 데카르트의 신의 특유한 뉘앙스를 느끼지 않을 수 없었다.

앙리 구이에도 데카르트가 교회의 신관을 받아들이면서 출발했으나 데카르트에게서 그것이 변모하고 있음을 다음과 같이 말하고 있다.

> 교리 문답서의 신은 그저 선량한 사람(신자)들만의 신은 아니다. 라 플래슈 학원의 옛학생(데카르트를 가리킴)도 하나의 (신에 대한) 의견을 가지고 있으나 그 의견은 신학적으로 세련되어 있음을 보여 준다. 우리는 이것을 데카르트가 악의 있고 유능한 영을 아주 선하고 진리의 원천인 신에 대립시킬 때 잘 볼 수 있다. 전능하며, 창조자이며, 선하며, 진리의 원천, 이런 것들이 데카르트가 그 문화로부터 얻은 신에 대한 <의견>이다. 이것은 그가 감각을 매개로 하여, 즉 감각을 통하여(per sensus), 다시 말하면 청각을 통하여 그의 부모와 선생들로부터 받아들

---

[94] Ibid., p.10.

인 개념들의 일부를 이루고 있는 것이다. 이 <의견>은 cogito의 자각이 있은 후에, 신의 본성의 문제가 다시는 제기되지 않게 신의 현존의 문제가 해결되었을 때 정말 변모하고 있다.95)

데카르트는 성찰의 첫째 성찰에서 "그런데 나는 오래 전부터 내 속에, 모든 것을 할 수 있고 그에 의하여 내가 창조되고 또 내가 현재와 같이 산출된 신이 있다고 하는 하나의 의견을 가지고 있다"96)라고 말하고 있다. 구이에는 이러한 데카르트의 의견, 즉 전통적 관념을 받아들이는 의견이 *cogito*의 체험 후 변모되었다고 하는 것이다. 다시 말하면 신의 전통적 관념을 철학적 사색의 전개에 있어서의 신의 관념에 대립시키고 있는 것이다. 르회브르는 그의 저서 ≪데카르트의 형이상학≫에서,

데카르트는 항상 어린 시절의 종교를 숭상했으며, 교리에 대한 존경, 교회에 대한 복종, 무신론자에 대한 적의, 천국에 이르려는 희구를 확인했으며, 자기의 자연학이 아리스토텔레스의 자연학보다 성서에 더욱 일치한다는 것, 과학적 진리와 그리스도교의 진리는 동일한 신으로부터 나오는 것이기 때문에 적대하는 것일 수 없다는 것을 공언했다.97)

고 말하고 있으나, 한편 ≪데카르트의 비판주의≫에서는 "데카르트의 신은 확실히 독창적이다. 그는 절대적으로 <자유>이며, <완전>이다"98)라고 잘라 말하고 있다. <숭상했다> <확인했다> <공언했다>

---

95) Henri Gouhier, *La pensée métaphysique de Descartes*(Paris 1962), p.187.
96) *AT*, IX-1, p.16.
97) Roger Lefèvre, *La métaphysique de Descartes*(Paris, 1966), p.71.
98) Roger Lefevre, *Le criticisme de Descartes*(Paris, 1958), p.251.

고 해서 반드시 데카르트가 전통적 신관을 품었다고 할 수는 없다. 그러므로 위에 인용한 두 가지 글은 일견 서로 다른 해석인 듯하면서 어디까지나 둘 다 옳다고 할 수 있는 것이라 생각된다. 결국 데카르트에게 있어서는 신관이 한층 더 순수하게 되고 세련되었다고 할 수 있다. 그리고 데카르트는 자기가 결코 새로운 신관을 제시한다고는 자부하거나 공언하지 않았지만, 우리는 신의 현존을 증명하는 그의 논의를 읽어 갈 때, 신에 대하여 데카르트와 같이 매우 순수하고 세련된 신의 관념을 품을 수 있다.

이상에 말한 것 외에도 많은 학자가 데카르트의 신관에 대하여 논하며 언급하고 있다. 러루와는 《데카르트: 가면을 쓴 철학자》에서 데카르트는 근저(根柢)에 있어 이신론자(理神論者), 심지어는 무신론자(無神論者)가 아니었던가고 묻고 있다. 러루와가 "데카르트는 정의와 이성의 철학자다. 즉 그는 지상의 권리를 요구하는 철학자다"99)라고 말한 것은 어느 의미에서 일리 있는 말이다. 그러나 데카르트 자신은 결코 자기 자신을 이신론자 내지 무신론자로 생각하지는 않았다고 보아야 할 것이다. 이런 점에서 꼬이레가 "데카르트가 교회의 권위 앞에 아주 겸허하게 고개를 숙일 때, 그는 진심으로 그렇게 하고 있는 것이다. 데카르트의 신의 관념은 그리스도교 신학의 전통적인 관념이다"100)라고 말한 것은 어디까지나 옳다. 그러나 한편 사상사의 흐름을 볼 때 데카르트로부터 출발한 스피노자가 신 즉 자연(Deus sive Natura)이라 하는 범신론적 견해를 품게 되고, 또한 뒤이어 이신론과 무신론이 과학적·합리적 사고의 발전과 함께 대두된 것을 보면 러루

---

99) Maxime Leroy, *Descartes, le philosophe au masque*(Paris, 1929). Georges Duhamel, *Descartes, Maître à penser*.

100) A. Koyré, *op. cit.*, p.4.

와의 견해도 납득이 안 가는 것은 아니다. 그러나 데카르트는 무신론자로서의 자각을 가졌던 것은 아니다. 다만 그의 신관을 깊이 들여다 볼 때 인격성이 사라져 있고 우주 유지의 순수한 원리로서 파악되고 있다고 생각될 수 있으므로 이를테면 그의 세계관이 무의식적으로 전통적인 신관에서 떠났고 이런 의미에서 무신론적인 것이었다고 할 수는 있을 것이다.

파스칼이 "무용하고 불확실한 데카르트"101)라고 말하고, 다시 "나는 데카르트를 용서할 수 없다. 그는 될 수만 있으면 철학 전체 속에서 신 없이 지내려고 하였다. 그러나 세계를 움직이게 하기 위해서는 신으로 하여금 한 손가락을 쓰게 하지 않을 수 없었다. 그 다음엔 신이 필요치 않다"102)라고 말한 것은 유명한 일이다. 이것은 파스칼이 데카르트를 이신론자로 보고 있음을 보여 주는 말이라 하겠다. 그러나 과연 데카르트가 그의 철학 전체에서 신 없이 지내려고 했는가는 적이 의심된다. 데카르트의 글을 읽으면 그의 철학 전체가 신에 의하여 지탱되고 있음이 분명하다. 만물이 신에 의하여 창조되고 유지될 뿐만 아니라, 또한 진리의 인식도 오로지 신에 의하여 보증되는 것으로 되어 있다. 그러므로 신은 데카르트 철학의 기초요, 중심이라고 하는 것이 옳겠다. 그러나 "아브라함의 하나님, 이삭의 하나님, 야곱의 하나님"103)을 찾는 파스칼에게는 이 철학자의 신이 끝내 못마땅했던 것이다.

이상을 요약컨대, 데카르트가 품었던 신의 관념에 관하여 갖가지 상이한 해석이 있고, 따라서 데카르트에게 신의 관념의 문제가 매우 미

---

101) Blaise Pascal, Pensée(Texte de l'édition Brunschvicg), 78항.
102) Ibid.,Texte de l'edition brunschvicg), 77항
103) Ibid., Le mémorial.

묘하고 복잡하고 어려운 문제임을 짐작할 수 있다. 그 여러 해석을 대충 이만큼 훑어보고 이제는 데카르트 자신이 그의 여러 저작에서 말하고 있는 것을 검토하기로 한다.

3. ≪세계론(世界論)≫에서의 신에 관한 시사

데카르트가 아리스토텔레스의 자연학을 대체할 자기의 새로운 자연학의 전체를 논술한 ≪세계론≫은 그 원고가 1633년 7월에는 대체로 완료되었다. 그러나 마침 그때 갈릴레이의 ≪천문학 대화≫가 로마 교황청에 의하여 압수되고 종교 재판에서 유죄로 판결되었음을 알았다. ≪세계론≫에서 데카르트는 갈릴레이와 마찬가지로 코페르니쿠스의 지동설을 옳다고 보는 견해를 취한 바 있었다. 그래서 그는 ≪세계론≫을 출판하지 않기로 작정하였다. 그런데 그 일부가 유고에서 발견되어 1664년에 출판되었다. 이런 사정 때문에 데카르트는 ≪세계론≫에서 자기의 세계에 대한 기술이 하나의 우화라고 전제하고 있다.104) 그러나 그 기술은 너무나 진지하고 극히 과학적이요, 새로운 현대적 세계관 수립의 주춧돌이 된 것이라 할 수 있을 것이다.

≪세계론≫에서 언급되고 있는 신은 데카르트의 신관을 문제 삼음에 있어 결정적인 위치를 차지하고 있는 것이라고는 할 수 없다. 그러나 데카르트의 모든 사상이 그의 철학 체계 속에서 밀접한 내적 연관을 가지고 있듯이, ≪세계론≫에서 자연의 운동·질서·보존에 관련되어 문제된 신은 ≪방법서설≫이나 ≪성찰≫의 신을 시사하며 또 깊은 동일성을 지니고 있다.

---

104) *Traité du monde*, 제5장,

《세계론》에서 데카르트는 스콜라 철학에 반대하여 무한 공간을 넌지시 인정한다. 그리고 이 무한한 공간 속에 신은 물질을 창조했는데, 자연은 다름 아닌 물질이요, 물질의 본성은 어디까지나 연장이며, 공허란 있을 수 없으며, 이러한 세계 속에서 모든 물질은 자연의 법칙을 따라 운동하는 것이다. 신은 불변하며 신의 작용은 변화하지 않는다. 이와 같이 부동성을 간직한 신이 자연에 법칙을 주어 모든 물질을 움직이게 하는 까닭에, 모든 물질은 창조된 최초의 순간에 가졌던 양과 동일한 양을 가지고서 동일한 양의 운동을 하되, 어디까지나 신이 과한 법칙을 따라서 운동을 계속하는 것이다. 요컨대 신은 그 부동한 본성을 따라 세계 안에 창조한 일정량의 물질을 항상 보유하며, 또 그 물질의 입자들로 하여금 항상 동일한 일을 하게 한다. 이제 이러한 세계에는 장차 기적이 있을 수 없다고 하여 데카르트는 다음과 같이 말하고 있다. "신은 장래에 있어서 단 한 가지라도 기적을 행하는 일이 결코 없을 것이요, 지성적 실체나 이성적 정신이 자연이라 하는 것의 일상적 과정을 어느 모로나 뒤흔들지 않으리라 ……."[105]

데카르트가 출판을 단념했던 《세계론》의 중요한 원리의 일부를 그 후 심경의 변화로 간추려 기록한 바 있는 《방법서설》에서도 우리는 그의 기계론적 세계상과 거기 관련된 신관을 엿볼 수 있다. 《세계론》의 원리를 요약하여 《방법서설》 제5부에서 데카르트는 다음과 같이 말하고 있다. "나는 …신이 자연 속에 확고하게 세우고 우리의 정신 속에 그 관념을 확고하게 아로새겨 준 어떤 법칙들을 발견했다고 감히 말한다. 이 법칙들에 대해서 충분히 살펴보면, 그것들이 세상에 있는, 혹은 세상에서 이루어지는 모든 것에서 정확하게 지켜지고 있음을 우리는 의심할 수 없다."[106] 또 "나는 자연의 법칙들이 어

---

105) *Ibid.*, 제7장

떤 것인가를 제시했다. 그리고 신의 무한한 완전성이라는 원리에만 내 추리의 기초를 두었다."107)라고 말하고, 다시 더 나아가 "신이 지금 이 세계를 보유하고 있는 작용은 그가 이 세계를 창조한 작용과 아주 동일하다는 것은 확실하고, 또 일반적으로 신학자들이 받아들이고 있는 의견이다"108)라고도 말하고 있다. 이 중 마지막 인용문 중 세계의 창조와 세계의 보존을 동일시하는 사상에 관하여는 다시 논하겠거니와, 하여간 이 ≪방법서설≫ 중의 말들은 ≪세계론≫의 사상에 호응하는 것이다. 여기에 공통으로 나타나는 신은 요컨대 세계의 질서를 수립하고 보유하는 자이다.

  나중에 ≪성찰≫에서는 신이 자연의 질서라고 하는 말이 나오지만, ≪세계론≫이나 ≪방법서설≫에서는 순전히 기계적으로 움직이는 세계 내지 자연에 관련하여 그 법칙의 수립자 혹은 그 질서의 유지자로서 신이 생각되고 있다. 이러한 논의에서는 신의 인격성이 희미하게 되어 있지만 <자연의 질서 자체>라고 잘라 말하고 있지 않는 한에서 데카르트가 말하는 신이 신학자들의 신과 다르다고 할 수는 없을 것이다. 이런 의미에서 ≪세계론≫에 나타난 신이나 ≪방법서설≫ 제5부에 나타난 신은 이신론적 성격을 띠고 있는 듯싶기도 하고, 또 데카르트의 말에 이 이신론적 성격을 보여 주는 것 ("······만일 신이 어딘가 상상적 공간 속에 새로운 세계를 구성하기에 충분한 물질을 창조하고 또 신이 이 물질의 갖가지 부분을 갖가지로 무질서하게 뒤틀어서 시인이 상상하는 바와 같은 혼란한 혼돈 상태를 만들고, 그리고는 신이 자연에 그저 통상적 협력(concours ordinaire)만을 베풀어 그가

---

106) *AT*, Ⅵ, p.41.
107) Ibid., p.43.
108) Ibid., p.45.

정한 법칙들을 따라서 자연이 움직이도록 내버려 두었다고 하면 ……"109))이 있기는 하나, 이 모든 것이 신의 전능함에 내포되는 것이라 할 수 있으므로 여기서 데카르트가 신에 대하여 말하는 것이 심각한 문제가 될 수 없고, 또 데카르트의 신관이 ≪세계론≫이나 ≪방법서설≫에 관한 한 하등 새로운 것이라 할 수 없는 것으로 볼 수도 있다. 데카르트의 신관이 심각하게 문제되는 것은 오히려 ≪방법서설≫ 및 ≪성찰≫에서 신의 현존의 증명에 관련되어 데카르트가 신의 속성에 관하여 한 말이라 하겠다.

4. ≪방법서설≫의 문제점

데카르트는 ≪방법서설≫ 제4부에서 *Cogito, ergo sum*의 원리와, <나>의 본질은 오직 <생각한다>는 데에 있음과 "아주 명석하고 아주 판명하게 이해하는 것들은 모두 참되다"고 하는 일반적 규칙을 확립하고 나서 신의 현존(existence)의 증명에 대해 언급하고 있다.

≪방법서설≫의 이 부분은 데카르트가 네덜란드에 이주한 초기에 행한 형이상학적 고찰을 요약한 것이요, 나중에 ≪성찰≫에서 자세히 서술된 것이다. <나>를 순전히 <정신>으로만 파악하고 이 정신으로서의 <나> 속에 있는 신의 관념에서 그 현존을 증명하고 있는 만큼, 아무래도 거기에는 신에게서 모든 잡스러운 것이 제거된 순수한 성질이 드러나 있다. 여기서 데카르트가 말하는 신은 우선 그의 말대로 <나보다 완전한 어떤 것>(quelque chose de plus parfait que je n'étais)110)이다. 나는 의심하는 존재인 까닭에 그리고 의심한다는

---

109) Itbd., p.42.

것은 불완전한 것이기 때문에 나는 완전하지 못함을 자각하며, 그리하여 나는 필연적으로 나 자신보다 완전한 어떤 것을 생각하는 존재다. 이리하여 <나보다 완전한 어떤 것>에 대한 생각이 데카르트에게 있어서 바로 신에게로의 첫걸음이다.

 이 <나보다 완전한 어떤 것>을 《방법서설》 제4부에서는 곧 이어 <참으로 더 완전한 어떤 존재자>(quelque nature qui fut en effet plus parfaite)라고 규정하고 있다. 여기에 <존재자>라 옮긴 것은 프랑스어 원문에 nature로 되어 있다. 이 말은 본래 <자연>이라든가, <본성>으로 새겨지는 것이요, 여기서도 곧장 <자연>이라 하기는 거북하지만 <본성>이라 옮겨도 좋다고 여겨지는 말이다. 이 말 속에도 데카르트가 생각하는 신의 본성이 잘 드러나 있다고 볼 수 있다. 즉 데카르트가 《방법서설》 제4부 신의 속성에 관해 언급하는 데서 말한 것처럼 신은 어떤 물체가 아니요, 또한 합성된 것이 아니다. 신이 <존재자>라 할 때 이 존재자는 물체가 아니고 완전성을 지닌 어떤 본성이요, 오히려 정신적인 성격을 띤 어떤 것, 나아가서는 어떤 정신적인 성격 자체라 할 수 있다. 이런 점에서 꼬이레가 다음과 같이 말한 것은 타당하다고 하겠다.

> 데카르트의 신은 그가 완전하고 따라서 가장 우월하며 모든 제한에서 자유로운 까닭에 무한하고 완전하기만 한 것이 아니라, 무한성은 이를테면 그의 본질의 가장 심원한 점을 이루고 있는 것이다. 이를테면 신은 무한하지 않고 오히려 무한성 자체요, 또 여러 군데에서 데카르트의 해명은 무한성 속에 신의 완전성의 근거까지도 찾아내고 있는 듯 싶다.111)

---

110) *Ibid.*, p.33.

111) Koyré, *op. cit.*

데카르트에게 있어서 신은 무한성이요 또한 완전성이다. 그런데 신은 또한 합성된 것이 아니요, 단순성을 본질로 하는 까닭에 무한성과 완전성을 하나로 하여 되어 있는 정신적 존재 내지 본성이다. 데카르트는 신을 <존재>(Être)라는 말로도 표현하고 있는데, 가령 <내 존재보다 더 완전한 존재>라든가, <완전한 존재>라고 말하고 있다.112)

그리고 신의 관념이 무에서 나올 리 없고, 또 신은 모든 완전성을 지니고 있으며 신은 다른 어떤 것에도 의존하는 것이 아님을 밝히고 있다. 의존성은 결함 내지 불완전성의 하나이기 때문이다.

데카르트에 의하건대, 신의 관념은 내 본성보다 더 완전한, 그리고 내가 관념을 형성하여 가질 수 있는 모든 완전성을 그 자체 속에 가지고 있는 하나의 본성(nature=존재자)에 의하여 내 속에 심어진 것이다. 그리고 이 본성이 다름 아닌 신이라는 것이다. 그런데 만일 내가 이 세상에 홀로 있고 다른 아무것에도 의존하지 않는다고 하면 나는 신속에 있는 모든 완전성을 지니며 무한하며 영원하며 부동하며 전지하며 전능할 터이다.

그러나 내가 의존적 존재임은 자명한 사실이다. 따라서 내가 의존하는 더욱 완전한 존재가 없을 수 없다. 다른 모든 것은 이 완전한 존재에 의존하며 또 이 존재 없이는 한 순간도 존속할 수 없다.

위에서도 언급한 바 있지만, 신은 물체와는 전혀 다른 것이다. 신은 합성되어 있지도 않다. 데카르트는 <예지적 본성>(la nature intelligente)이 물체적 본성과 아주 다르며, 합성이란 것이 이미 의존성을 드러내며 의존은 하나의 불완전성인 까닭에 신은 이 두 가지 본성의 합성일 수가 없다고 말하고 있다. 그렇다고 하면 신은 순전히 <예지적 본성>일 따름이다. 이러한 신에 대한 인식은 <구

---

112) *AT*, VI, p.34, p.36.

상>(imagination)에 의하여 얻어질 수 없다.113) 구상(構像)이란 본래 물질적 사물에 대한 인식 양식인 때문이다. 이리하여 물질적 사물에 대한 인식도 궁극적으로 참된 것이 되려면 오성이 개입하여야만 하지만, 신에 대한 인식은 전적으로 오성의 힘으로만 될 수밖에 없다. 여기에 데카르트에게 있어서 신과 영혼 내지 정신의 유사성이 엿보이며 또한 데카르트의 신이 플라톤의 이데아(ιδέα)와도 비슷한 점이 있어 보인다.

여기 관련하여 데카르트는 허위 및 불완전성을 무에 결부시키고 진리 및 완전성을 신에 결부시키면서 신을 무에 대립시키고 있다. 그는 다음과 같이 말하고 있다. "허위 혹은 불완전성이 ······신으로부터 나온다는 것은 진리, 혹은 불완전성이 무로부터 나온다고 하는 것에 못지않게 모순임이 분명하다."114) 이 구절에서 조금 더 나아가 데카르트는 "신은 전적으로 완전하고 전적으로 참되시다"115)고 말하고 있는데, 이 구절을 홀데인(Haldane)과 로스(Ross)의 영어 번역은 "신은 전적으로 완전성이며 진리다"라고 하는 추상 명사로 옮기고 있다.116) 여기에도 데카르트의 신이 비인격적인 존재 내지 성품으로 해석될 수 있는 점이 있음직도 하다.

그러나 ≪방법서설≫ 제5부와 제6부에는 신과 자연 내지 자연 법칙을 구별하는 표현이 나타나 있다. 가령 "신이 자연 속에 세운 어떤 법칙"117)이라든가, "신은 자연에다가 그저 그의 통상적인 협력을 주었

---

113) *Ibid.*, p.37.
114) *Ibid.*, pp.38~39.
115) *Ibid.*, p.40.
116) *HR*, p.106.
117) *AT*, VI, p.41.

다"118)라든가, "신만이 세계를 창조하였다"119)라고 말하고 있다. 하지만 "나는 자연의 법칙들이 어떤 것인가를 밝혔다. 그리고 내 추리를 신의 무한한 완전성들 외에는 다른 어떤 원리 위에도 기초를 두지 않으면서, 나는 ······설사 신이 많은 세계를 창조했다. 하더라도 (위에 말한) 자연의 법칙들이 지켜지지 않는 세계를 창조할 수는 없었다고 하는 것을 밝히려 하였다"120)라고 말한 것을 보면, 이 세계의 자연 법칙과 신의 불가분리성, 나아가서는 동일성까지도 엿보인다고 하겠다. 여기에 다시 한 번 신의 비인격적 성격이 드러난다.

그러나 신의 본성을 물질적인 것과 엄격히 구별하고 <예지적 본성>과 동일시한 것은 신의 인격적 성격을 드러낸 것이라고 볼 수도 있다. 이상과 같이 천착(穿鑿)해 볼 때, 데카르트가 생각하는 신은 전통적인 종교에서 말하고 생각하는 신과 더불어 거리가 있어 보이기도 한다. 그렇다고 해서 데카르트가 새로운 신관을 내어 놓았다고 할 수는 없고, 또 러루와처럼 그를 이신론자 내지 무신론자라고 단정할 수도 없다고 본다. 왜냐하면 데카르트는 《방법서설》에서 <신>(Dieu)이라는 말을 32번 사용하고 있는데 그 신을 재래의 전통적인 신관에서 떠난 것이라 볼 수 없고, 또 몇 군데서 데카르트는 종교적 귀의의 의사를 표명하고 있기 때문이다. 가령 《방법서설》 제3부에 서술된 도덕률의 셋째 격률은 "신의 은총에 의하여 내가 어렸을 적부터 가르쳐져 온 종교를 한결같이 지킨다"121)는 것이요, 또 "종교의 모든 진리는 내 신념 속에서 항상 첫째가는 자리를 차지하여 왔다"122)고도 말하고 있

---

118) *Ibid.*, p.42.
119) *Ibid.*, p.64.
120) *Ibid.*, p.43.
121) *Ibid.*, pp.22~23.

기 때문이다. 또 그는 "나는 국왕의 종교를 신봉합니다. 그리고 나는 또 내 유모의 종교를 신봉합니다"라고도 말한 바 있다고 전한다.

그러나 《방법서설》에서 요약된 바 데카르트가 말하는 신은 물론 새로운 신관을 드러내려 한 것은 아니지만, 그 시대의 자연 과학의 발전에 자극되어 그가 품게 된 무한하고 질서 정연한 자연에 대한 생각을 배경으로 하고, 이 무한한 세계의 창조자요, 이 세계의 정연한 질서의 수립자요, 우리가 명석하고 판명하게 생각하는 한 진리를 인식케 하는 진리의 원천 내지 보증자로서 나타나 있다. 그리고 더 나아가서는 신이 이 세계, 이 질서, 이 진리와 따로 떨어져 있는 존재가 아니고, 이 자연(내지는 본성) 자체, 질서 자체, 진리 자체라고 생각될 만큼 순수한 것으로 생각할 수 있는 근거가 드러나 있기도 한다.

요컨대 《방법서설》의 신은 이단적인 신은 아니고, 전통적인 신관을 철학적으로 순수하게 하고 심화한 신이라 할 수 있을 것이다.

5. 《성찰》에 나타난 신의 특성

《성찰》은 그 의도가 파리 대학 신학부의 인가를 얻어 모든 학원에서 신의 현존의 증명의 가장 타당한 것으로서 가르쳐지기를 원한 것이었으므로, 그 속에서 새로운 신관이 표명되거나 주장될 리 없는 것이었다. 《성찰》에서 쓰이고 있는 <신>이라는 말은 모두 전통적인 의미에서 사용되고 있다고 볼 수 있다. 또 데카르트가 이해한다고 하는 신도 전통적인 언사로 규정되어 있다. 가령, <영원하고, 무한하고, 부동하며, 전지하며, 전능하며, 자기 밖에 있는 모든 것의 보편적 창조

---

122) *Ibid.*, p.28.

자인 신〉123)이라 규정하기도 하고, 또 "신이라는 명칭으로 내가 이해하는 것은 무한하고, 영원하고, 부동하며, 독립해 있고, 전지하며, 전능하고, 나 자신과(나 자신 이외에도 무엇인가가 있다고 하면) 다른 모든 것을 창조한 실체다"124)라고 말하고 있다. 이러한 규정이나 말은 ≪성찰≫에서 "하지만 오래 전부터 나는 내 마음 속에 하나의 의견, 즉 모든 것을 할 수 있고, 또 나를 지금과 같이 창조한 신이 있다는 의견을 가져왔다"125)고 한 말에 부응하는 것으로서 데카르트가 말하는 신이 교회에서 어렸을 적부터 가르쳐져 온 신임을 드러내는 것이다.

그리고 성찰3의 끝부분에서 데카르트가 "잠깐 머물러 신 자체를 관상(觀想)하고 그 놀라운 속성들을 찬찬히 헤아려 보고, 이 찬란한 빛의 비길 데 없는 아름다움을, 이를테면 거기 현혹된 내 정신의 힘이 미치는 데까지 응시하고 찬탄하고 숭경하는 것이 합당하다고 생각된다. 왜냐하면 신의 장엄에 대한 이 관상 속에만 내세의 최고의 정복이 있음을 우리는 신앙에 의하여 믿는 터이지만, 또한 그와 같이 지금도 그러한 관상에 의하여—설사 훨씬 불완전한 것일망정—현세에 있어서 우리가 얻을 수 있는 최대의 만족을 누릴 수 있겠기 때문이다"126)라고 말한 것은 종교인들에게 잘 보이기 위해서 한 말 같기도 하지만, 사실 그가 재래의 신앙에 깊이 침잠했음을 보여 주는 것이기도 하다고 볼 수 있다.

이러한 공식적인 표현에도 불구하고 ≪성찰≫에서도 역시 신에 대

---

123) *AT*, IX-1, p. 32.
124) *Ibid.*, pp.35~36.
125) *Ibid.*, p.16.
126) *Ibid.*, pp. 41~42.

한 관상이 심화되고 신의 관념이 순화되고 있다. ≪성찰≫은 무엇보다 먼저, 의심할 수 있는 것을 문제 삼고 확실한 것을 탐구하는 일에서 출발하고 있어서, 신이 기만자일 수 있느냐 하는 심각한 문제마저 제시되고 결국 그럴 수는 없다는 결론에 도달하고 있다. 이러한 ≪성찰≫의 어간에서 신은 <진리의 원천>이라고 시사되기도 하고,127) <모든 명석하고 판명한 생각(conception)의 작자>라고 지적되고 있기도 하다.128) 그리고 데카르트에 의하면 기만의 힘은 간사한 힘이기도 하지만, 기만하려는 욕망은 악의나 결함을 드러내는 것이기 때문에 신속에는 있을 수 없다.

이와 같이 데카르트는 신과 진리를 밀접하게 결부시키고 있다. 그래서 꼬이레 같은 이는 "데카르트의 신은 우리에게 몇몇 명석하고 판명한 관념을 주며, 만일 우리가 이 관념들에 충실하여 과오에 빠지지 않도록 조심하기만 하면 우리로 하여금 진리를 발견할 수 있게 해준다. 데카르트의 신은 진리로 충만한 신(a truthful God)······"129)이라고 말하고 있다. 하지만 신의 완전성 속에 진리의 원천도 있고 참된 지시의 근원도 있다고 하면, 신과 진리를 특별히 밀접하게 결부시켰다고 해서 그 신이 새로운 신이라 할 수 없다.

그러나 이 완전성과 하나를 이루고 있는 무한성 속에서 (이 무한성 속에는 또한 단순성이 하나가 되어 있다) 신의 본성을 보는 데카르트의 사상은 그 시대의 새로운 우주관을 배경으로 하여 형성된 것으로서 신관의 심화와 순화를 보여 주는 것이라 하겠다. ≪성찰≫의 독자에의 서언에서 데카르트는 "우리는, 우리의 정신이 유한한 것이지만

---

127) *Ibid.*, p.17.

128) *Ibid.*, pp.49~50.

129) Alexandre Koyré, *From the Closed World to the Infinite Universe*, p.100.

신은 이해를 넘어서는 무한한 존재라고 생각하지 않으면 안 된다"130) 라고 말함으로써 신을 무한자로서 규정하는 그의 철학을 전개하기 시작하고 있다. 그런데 데카르트가 <무한>(infinitum)이라는 말을 신에게 돌리고 <무한계>(indefinitum)라는 말을 세계 내지 물질적 우주에 돌리고 있지만, 르네상스 이래 퍼지게 된 새로운 우주상에서 이미 우주는 무한한 것으로 파악되었고, 데카르트 역시 우주를 사실은 무한하다고 생각했으나 다만 신을 물질적 우주와 구별하기 위하여 구차스레 <무한>과 <무한계>를 구별했다는 해석도 있다.

어떻든 이 무한하고 완전한 존재에 관하여 ≪성찰≫에서는 그 현존(existence)이 증명되고 있다. 이것을 증명하기 위하여 데카르트는 자기의 정신 이외의 다른 어떤 것도 살필 필요가 없었다. 우리의 정신 속에는 신의 관념이 있다. 우리는 유한하되 무한자인 신의 관념을 우리 속에 가지고 있는 독특한 존재다. 나는 어느 의미에서 신과 무의 중간자다.131) 신은 더할 나위 없이 완전하여 그로부터 거짓이 나올 수 없지만, 과오는 결국 전적으로 부정이요, 신에 대립하는 무에 근거를 두고 있다. 이러한 신과 무의 중간에 있는 내 정신 속에 신의 관념이 있다. 데카르트는 이 관념을 추궁하였다. 이 관념은 가장 명석·판명하다. 그리고 이 관념은 나에게 생득적(生得的)인 것이요, 또 내 정신 속에서 최대·최선의 것에 대한 관념이다. 그런데 이 관념의 원인인 신 자신이 그 결과인 관념 속에 있는 완전성이나 무한성보다 못한 완전성이나 무한성을 내포할 리 없다.

데카르트는 나아가 <나>라고 하는 존재가 어디서 왔을까하고 묻고 그 창조자로서 신이 없을 수 없다고 논증하고 있다. 그리고 시간의 본

---

130) *HR*, vol.1, p.138.
131) *AT*, IX-1, p.43.

성을 따지면서 모든 순간이 독립해 있다고 주장하며 창조와 보존에는 똑같은 힘이 필요하다고 한다. 그리하여 나의 창조와 보존이 신에게 의존함을 밝힌다. 시간에 대한 데카르트의 사상은 자못 독특하며, "현재는 과거를 짊어지고 미래를 머금고 있다"고 한 라이프니츠의 시간관과 다르며, 그리하여 이론의 여지가 있지만, 그런대로 어느 관점에서는 옳다고 할 수 있다. 이것은 어떻든 간에 나의 존재의 원인으로서 신을 생각하면서 데카르트는 신도 나와 마찬가지로 <생각하는 것>(une chose qui pense)이라고 말하고 있다. 여기에 즉 생각한다는 점에 신과 나의 깊은 동일성을 데카르트가 생각하고 있음이 엿보이는데, 이것은 데카르트의 신이 비인격화되어 있다는 생각에 반대되는 것으로서, 차라리 신의 의인시(擬人視) 내지 인격화라 하겠다. 하지만 물질을 연장으로서 규정한 데카르트에게 물질과 획연히 구별되는 실체로서 신을 정립하는 입장에서는 당연한 귀결이라 할 수 있을 것이다.

이러한 생각과 아울러 데카르트가 "신에게는 한갓 잠재적인 것이란 전혀 없으며, 신은 현세적(現勢的)으로 무한하며, 따라서 그의 지고의 완전성에는 아무것도 첨가할 수 없다"132)고 말한 것을 보면 그의 신이 아리스토텔레스의 《형이상학》의 신과 흡사한 점이 있어 보인다.

단순성이라는 신의 속성도 여기에 곁들여 생각할 수 있는 것이지만 데카르트는 "신 속에 있는 모든 것의 통일성·단순성, 즉 불가분리성은 신 속에 있다고 내가 지각하는 주요한 완전성들 가운데 하나다"133)라고 말하고 있다. 꼬이레는 "신의 단순성의 이설(理說)은 중세 철학에 있어서 전통적인 것이다"134)라고 말하고 있지만, 신의 단순성 역시

---

132) *Ibid.*, p.37.

133) *Ibid.*, p.40.

신이 물질이 아니고 순수한 정신이라고 파악될 때에만 성립되는 것이요, 데카르트의 신관의 중요한 특성을 이루는 것이라 하겠다.

　이상과 같이 신에 대하여 깊고 순수한 관념을 가지면서도 전통적인 신의 관념에서 벗어나지 않았다고 볼 수 있는 ≪성찰≫의 이론 전개 속에서도 16,17세기의 새로운 우주관의 영향을 받은 신관의 변모를 찾아볼 수 있다. 먼저 ≪성찰≫의 개요에서 데카르트는 "모든 실체는 일반으로—— 즉 신에 의하여 창조되지 않고서는 존재할 수 없는 모든 것은—— 그것들의 본질상 불멸이요, 신이 그것들에게 그의 협력을 거부함으로써 그것들을 무로 돌아가게 하지 않는 한 존재하기를 그칠 수 없다"135)고 말하고 있는데, 이것은 우선 에너지 항존의 법칙과 비슷한 세계상이라는 인상을 준다. 그리고 성찰6에서 "자연이 나에게 가르치는 것이 얼마간의 진리를 내포하고 있음은 조금도 의심할 여지가 없는 일이다. 왜냐하면 전반적으로 생각된 자연은 신 자체, 혹은 창조된 것들 속에 신이 세운 질서와 배열(disposition) 이외의 다른 아무것도 아님을 이제 나는 이해하기 때문이다"136)라고 말하고 있는데, 여기에 바로 자연이 곧 신이라는 말이 나와 있고, 이것은 스피노자가 범신론으로 나아가게 된 실마리가 되었음직한 사상이요, 또 데카르트의 신이 비인격적이라고 생각될 수 있는 근거가 되는 것이기도 하다. 그러나 데카르트가 신과 물질을 확연히 구별한 만큼 물질적 자연이나 세계가 곧 신일 수는 없는 일이요, 또 데카르트가 스피노자처럼 natura naturans, 즉 능산적(能産的) 자연을 신으로 보았는지는 분

---

134) Koyré, *Éssai sur l'idée de Dieu et les preuves de son existence chez Descartes*, p.42.

135) *AT*, IX-1, p.10.

136) *Ibid.*, p.64.

명치 않다. 하지만, 위에 인용한 말에 표현된 데카르트의 사상은 사상사에서 중요한 위치를 가지는 것이라 하겠다.

데카르트는 《성찰》에 대한 여러 학자들의 논박에 대하여 답하면서, ① 신은 자기 자신의 원인임을 확인하고137) ② <아주 완전한 물체적 존재> 란 어불성설(語不成說)임을 지적하는 동시에 신의 관념은 오직 오성(entendement)에 의해서만 지각됨을 밝히고138) ③ 신속에는 물체적인 것이 전혀 없다고 주장하고139) ④ 생각한다고 하는 놀랍고 매우 완전한 덕이 신 속에 있음을 우리가 인지하는 터인데, 훨씬 불완전하게나마 우리들 속에도 있다고 거듭 말하여, 신의 본성이 물체적인 것보다도 정신적 작용에 있음을 시사하고140) ⑤ 신을 <우리가 지각(concevoir)할 수 있는 것 중 가장 완전한 것>이라는 재래의 개념을 재확인하고141) ⑥ 신을 온전히 아는 자는 누구나 신을 사랑하지 않을 수 없고, 또 자애심을 가지게 된다고 매우 종교적인 발언을 하고142) ⑦ 신은 광대무변(廣大無邊)하여 그에게 의존하지 않는 것은 하나도 없는 바, 존재(subsiste)하는 모든 것뿐만 아니라, 질서도 법칙도 선이나 진리의 근거도 그에게 의존하다고 하여 신을 찬미하고 있다143)

이상을 요약컨대 《성찰》에 나타난 신은 무한하고 최고로 완전한

---

137) *Ibid.*, pp.86~87(Premières Résponses).

138) *Ibid.*, p.109(Secondés Résponses).

139) *Ibid.*, p.146(Troisièmes Résponses).

140) *AB*, p.495(Cinquièmes Résponses).

141) *Ibid.*, p.514.

142) *AT*, IX-1, p.231(Sixièmes Résponses).

143) *Ibid.*, p.235.

존재이면서 자기 속에 그 모든 완전성을 하나로 통일하여 간직하고 있으며 연장 있는 물체처럼 분할될 수는 없는 그리고 생각하는 존재요, 또한 자연의 질서 자체라고도 생각될 수 있는 존재이다. 생각하는 존재인 신이 어떻게 자연의 질서일 수 있는가 하는 것은 매우 어려운 문제인 듯싶다. 그러나 신은 무에 대립하는 것이요, 생각하는 내가 있는 것이 분명하다고 하면 생각하는 나의 창조주가 있어야 함은 데카르트가 치밀하게 논증한 바요, 또 세계와 우주가 광대무변하면서 질서 정연하게 운행하며, 또 그 존재가 궁극적으로 선이미(善而美)한 것이라고 하면 내 생각을 창조한 더욱 완전한 그리고 생각을 할 수 있는 어떤 존재가 온갖 완전성을 지닌 최고의 존재자요, 이 자연의 질서의 수립자라고 해서 그릇됨이 없을 것이다. 자연의 질서 자체가 신인가 하는 것은 까다로운 문제이지만, 데카르트는 결국 이 세계가 무가 아님을 정립하고 존재의 궁극적인 원인 내지 힘을 신으로 파악함으로써 그것이 곧 자연 내지 자연의 질서라고 말한 것이 아닌가 한다.

끝으로 데카르트에서와 같은 신의 관념과 세계상을 받아들일 때 신의 현존(existence)은 당연히 성립하는 것이 아닌가 한다.

제2편 데카르트의 현대적 정신의 형성

제1장 근대화 문제

 근래 우리나라에서는 근대화의 문제가 많이 논의되었다. 우리나라뿐만 아니라, 아시아와 아프리카의 많은 나라, 소위 후진국이라 일컬어지는 나라들에서는 예외 없이 근대화의 문제가 의식되고 논의된 줄 안다. 이것은 후진성을 벗어나기 위한 몸부림이 근대화라는 말로 잘 요약되었기 때문이다.

 그런데 근대화는 흔히 서구화를 의미하며 또 서구화는 과학화와 산업화를 의미하는 것으로 생각되고 있다. 그러나 소위 물량적인 혹은 물질적인 측면만을 중시할 때, 그것이 올바른 근대화일 수 없겠다고 생각되어 정신적인 면에 있어서의 근대화, 나아가서는 인간성 내지 인간미를 살리는 근대화를 강조하는 논의도 있는 줄 안다.

 하여간 근대화가 많이 문제되어 온 것이 사실인데, 도대체 근대가 무엇인지, 근대적인 것은 무엇이며, 근대적 정신은 어떤 것인지에 대하여는 근본적으로 엄밀한 규정이 내려지지도 않았고, 또 정확하게 이해되고 있지도 않는 것이 우리의 형편인 것 같다. 그런데 근대화라 할 때 이 낱말을 영어에서는 modernization이라 하며, modern이란 그 어원상 <지금>을 의미하며, 또 우리가 바라는 근대화란 100년 혹은 200년 전의 어떤 근대기의 문화 단계로 현재의 첨단의 문물을 받아들여 우리도 그들처럼 잘 살아보자는 것이고 보면, '근대화'라는 말은 응당 '현대화'라는 말로 대체되어야 할 것이다. 그리고 현대 세계의 형성과 그 속에서 자란 현대 사상을 살펴볼 때, 서양에 있어서는 현대적인 것이 바로 16,17세기에 움트는 것을 넘어, 자리 잡고 거의 확립되다시피 되었다. 그 중에 특히 데카르트는 현대적인 사고방식과 현대적 세계상의 형성에 결정적 역할을 맡았던 사상가였으므로, 그의 사상 속에서 현대적인 것을 가려내어 보는 것은 현대적인 것이 무엇임을 밝히는 데와 현대적 정신의 성격을 이해하는 데 큰 도움이 될 줄 안다.

그래서 우리는 여기서 데카르트에게 있어서의 현대적 세계상 및 현대적 사상의 형성과 그 사상 내용을 검토해 보려 한다.

제2장 현대적 정신의 형성과 특색

1. 현대적 정신의 형성

브린튼은 1450년경에서 1700년에 이르는 동안이 서양에서 대체로 중세를 계몽주의 시대로부터 가르는 시기라 보고, 이 과도기 내지 준비기의 변천 속에서 휴머니즘·프로테스탄티즘·합리주의 및 자연 과학이 중세의 우주관을 무너뜨리고 현대적 우주관을 준비하는 일을 했다고 말하고 있다.[144] 그리하여 오늘날 우리들은 여러 가지 휴머니즘과 프로테스탄티즘이 여러 세기에 걸쳐 작용하고 활동한 세계에서 살고 있지만, 특히 현대인은 합리주의의 세례를 톡톡히 받았다고 할 수 있을 것이다. 합리주의는 중세적 세계관을 무너뜨리고 현대적 세계관을 형성하는 데에 결정적 역할을 맡았으며, 따라서 오늘날도 현대인의 정신 속에 큰 자국을 남기고 있다고 하겠다.

브린튼은 합리주의(rationalism)를 대강 다음과 같이 정의하고 있다.

---

[144] Crane Brinton, *Ideas and Men,* The Story of Western Thought (New York, Prentice-Hall, Inc., 1950), pp.258~259.

즉 합리주의란,

> 우주는 우리가 논리적으로 또 객관적으로 생각할 때에 우리의 정신이 움직이는 것과 똑같은 모양으로 움직이며, 따라서 인간은 마치 간단한 산수 문제 혹은 역학의 문제를 이해하는 것과 똑같이 그가 경험하는 모든 것을 궁극적으로 이해할 수 있다고 하는 믿음을 이루는 한 묶음의 사상이라······145)

는 것이다. 데카르트의 책을 읽을 때 우리는 그의 사상의 밑바닥에 바로 이러한 합리주의적인 믿음 내지 신념이 깔려 있음을 느낀다. 우주와 우리의 정신은 다같이 동일한 법칙의 지배 아래 있으며, 인간은 그가 경험하는 모든 것을 궁극에 가서 이해할 수 있음직한 자신 같은 것을 얻게 되는 것이다. 브린튼은 더 나아가 합리주의의 내용을 다음과 같이 부연(敷衍)하고 있다.

> 합리주의는 이 우주에서 신과 초자연적인 것을 제거하려는 경향을 가지고 있다. 합리주의에 남는 것은 자연적인 것 만이다. 합리주의자는 이 자연적인 것을 궁극적으로 이해할 수 있는 것이요, 또 우리들 대부분이 과학적 연구 방법으로 알고 있는 것에 의하여 거의 언제나 이해할 수 있는 것이라고 본다. 역사적으로는 과학적 지식의 성장, 과학적 방법들을 더욱 능란하게 사용하는 일이 우주에 대한 합리주의적 태도의 성장과 합리주의적 우주론과 밀접하게 결부되어 있다. 왜냐하면 대부분의 합리주의자들은 이성을 믿는 그들의 신앙과 결부된 하나의 완결된 세계관, 하나의 생활양식을 정말 가지고 있기 때문이다. 실지로 연구에 종사하는 많은 과학자들이 합리주의자였다. 과학적 방법을 상용하여 얻은

---
145) *Ibid.*, p.334.

지식을 제외하면 참된 지식이 하나도 없다고 보는 과학자는, 논리적으로는 누구나 합리주의자가 아니면 회의론자이다. 그러나 과학과 합리주의는 비록 역사적으로는 얽혀 있었으나, 결코 동일한 것은 아니다.146)

물론 합리주의는 그 자체 과학은 아니다. 그러나 위에서 인용한 말과 같이 그것은 과학과 얽혀 있다. 그것은 과학적인 세계관이요 생활 태도이다. 또 브린튼은 그것이 이 우주로부터 신과 초자연적인 것을 배제하려는 경향을 가지고 있다고 말하고 있거니와, 데카르트는 그의 철학 체계를 오히려 신의 기초 위에 세웠다. 그러나 데카르트의 사상 속에서도 신이 자연의 질서 자체로 파악되기도 하여,147) 종교의 신비적인 장막이 걷히는 듯싶기도 하여 데카르트야말로 합리주의의 기수인 양 생각되기도 한다.

현대적 정신, 우리들 자신의 현대적 사상 속에는 물론 합리주의 이외에도 18세기 이래의 민주주의 사상, 진화론적 사상, 실증주의 사상, 나아가서는 실존 철학적 사상 등이 흘러들어왔지만, 합리주의는 현대 사상에 흘러들어온 모든 조류 가운데서도 가장 유력한 요소를 이루는 것이라 할 수 있을 것 같다. 캇시러는 다음과 같이 말하고 있다.

> 과학은 인간의 정신 발달에 있어서의 마지막 단계요, 또 인간 문화의 최고의 가장 특징적인 성취로 볼 수 있다.148)

이런 까닭에 비합리적인 혹은 반주지주의적인 사상 세력이 때때로

---

146) *Ibid.*, p.335.

147) 본 논문, 제1편 제6장 5, 주 101 참조.

148) Ernst Cassirer, *An Essay on Man*(New Haven, Yale University Press, 1944), p.207.

충천하는 기세를 올리기도 하는 현대 세계에서, 이성을 높이고 이성을 믿는 합리주의 사상은 결코 없어지지 않을 뿐만 아니라, 인류가 막다른 골목에 처하게 될 때마다 구원의 손길마냥 바라보게 되는 것이다.

세계를 유한하고 폐쇄적인 것으로 보았던 중세적 세계관에 대하여 무한하게 열려 있는 우주를 생각하는 현대적 세계관은 과학의 발전으로 말미암아 형성되기도 했지만, 이 과학의 발전은 합리주의적 사고 방식과 상호의존 관계에 있다. 또 중세인들은 세계를, 또한 사회를 하나의 히에라르히(Hierachie)로 보았다. 이 Hierachie는 상하 귀천의 구별이 엄격한 조직이다. 이러한 Hierachie적 세계관 및 사회관에 대하여 현대적 정신은 어디까지나 자유를 희구하며 앞세운다.

이 두 가지 즉 열린 우주에 대한 생각과 자유에 대한 강렬한 의지 혹은 자유 지상(至上)의 생각은 합리주의와 함께 현대적 정신의 중요한 요소라 하겠다. 전자에 대하여 꼬이레는 <닫힌 세계로부터 무한한 우주로>(From the Closed World to the Infinite Universe)라는 표현을 쓰고 있다. 같은 이름의 저서 속에서 꼬이레는 다음과 같이 말하고 있다.

> 이 과학적 및 철학적 혁명 —— 이 과정의 철학적인 면을 순전히 과학적인 면으로부터 분리시키는 것은 정말 불가능하다. 이 두 면은 상호의존하며 밀접하게 연결되어 있다 —— 은 대체로, 코스모스 파괴로써 기술할 수 있다. 즉 그것은 철학적으로 또 과학적으로 타당한 개념들로부터 하나의 유한하고 닫힌 그리고 계층적으로(hierarchically) 질서잡힌 전체로서의 세계의 상념의 사라짐이다(이 전체 속에서는 가치의 계층이 존재의 계층과 구조를 결정하여, 컴컴하고 무겁고 불완전한 땅으로부터 별들과 천체들의 좀더 높은 완전성으로 올라가고 있다). 그리

고 이 세계 대신에 무한정하고 무한하기까지 한 우주가 들어서는데, 이 우주는 그 근본적 구성 요소들과 법칙들의 동일성에 의하여 함께 결부되어 있으며. 또 그 우주 속에서는 이 모든 구성 요소들이 동일한 존재의 수준 위에 놓여 있다. 이것은 또한 과학적 사고에 의하여 완전·조화·의미 및 목적 같은 가치 개념들(value-concepts)에 기초를 둔 모든 고찰을 제거하는 것, 그리고 궁극적으로 존재의 전적인 가치절하(devalorization), 가치의 세계와 사실들의 세계의 분리를 의미하는 것이다.149)

이와 같은 것이 현대적 정신이 걸어온 발자취요 방향이었다고 하면 또한 이러한 방향에 대하여 데카르트가 중요한 정식(定式)을 제공했던 것도 기억해야 될 것이다. 데카르트는 <무한정>과 <무한>을 구별하고 우주는 무한정하고 오직 신만이 무한하다고 했으나,150) <무한정>과 <무한>의 구별은 애매한 바가 있고, 또 데카르트가 우주를 무한하다고 생각한 것으로 해석할 수도 있어서, 브루노, 갈릴레이, 라이프니츠, 스피노자 등과 더불어 우주 무한의 상념을 추진시켰다고 하겠다. 여기 관하여 캇시러는 다음과 같이 말하고 있다.

브루노의 철학의 특색이 되는 것은 '무한'이라는 말이 그 의미를 바꾸고 있는 점이다. 그리스의 고전 사상에서 무한은 하나의 부정적 개념이다. ……브루노의 이설(理說)에서 무한은 다시는 그저 부정이나 한정을 의미하지 않는다. 도리어 그것은 현실의 헤아릴 수 없고 거침없는 풍요함과 인간의 예지의 한정 없는 힘을 의미하는 것이다. ……브루노에 의하면, 이 이설은 인간의 자기 해방으로 나아가는 최초의 그리고 결정적인

---

149) Koyré, *From the Closed World to the Infinite Universe*, p.2.
150) *AT*, IX-2, p.36(제1부 제26항).

일보였다. 인간은 다시는 세계 안에서, 유한한 물리적 우주의 좁은 벽 틈에 갇힌 죄수로서 살지 않는다. 인간은 공중을 횡단할 수 있으며 또 그릇된 형이상학과 우주론이 세워온 천체들 간의 공상적 경계를 모두 깨뜨려 버릴 수 있다. 무한한 우주는 인간의 이성에 제한을 설정하지 않는다. 도리어 그것은 인간 이성의 큰 자극이다. 인간의 예지는 그 여러 가지 힘을 무한한 우주에 의하여 헤아림으로써 그 자신의 무한을 알게 된다.

이 모든 것은 브루노의 저술에서 과학적인 말로써가 아니고 시적인 말로 표현되고 있다. 근대 과학의 새로운 세계, 자연에 대한 수학적 이론은 아직 브루노에게 알려져 있지 않았다. 그러므로 그는 그의 길을 추궁하여 그 이론적 결론에 다다를 수가 없었다. 코페르니쿠스설의 발견으로 생긴 지적 위기를 극복하는 데는 17세기의 모든 형이상학자와 과학자들의 합동 노력이 필요하였다. 모든 위대한 사상가 —— 갈릴레이, 데카르트, 라이프니츠, 스피노자 —— 는 이 문제를 해결하는 데 있어 각기 특별한 몫을 차지하고 있다. 갈릴레이는 주장하기를, 수학 분야에서 인간은 있을 수 있는 모든 지식의 결정 —— 신의 예지의 그것보다 못하지 않은 지식 —— 에 도달한다고 한다. …… 데카르트는 인간을 인간 자신의 의식의 한계 속에 밀폐시키는 듯이 보이는 그의 보편적 회의를 가지고 출발한다. 이 마술적인 원환(圓環)에서 빠져 나오는 길 —— 현실에의 길 —— 은 하나도 없어 보인다. 그러나 여기에서도 무한한 것에 관한 생각이 보편적 회의를 허물어뜨리게 하는 유일의 수단이 되어 있다. 오직 이 개념을 가지고서만 우리는 신의 실재성을 증명할 수 있고, 또 간접적으로 물질세계의 실재성을 증명할 수 있다. 라이프니츠는 이 형이상학적 증명을 하나의 새로운 과학적 증명과 결합시킨다. 그는 수학적 사고의 한 새로운 도구 —— 즉 미적분학 —— 를 발견한다. 이 계산법의 규칙들에 의하여 물리적 우주는 알 수 있는 것이 되며, 자연의 법칙들은 이성의 일반적 법칙들의 특별한 경우 이외의 다른 아무

것도 아니라는 것이 알려진다. 세계와 인간 정신에 관한 이 수학적 이론에서 최후의 결정적 단계를 이룩하는 데 돌입하고 있는 사람은 스피노자이다. …수학적 이성은 인간과 우주의 연결자이다. 그것은 우리로 하여금 인간과 우주 사이를 마음대로 넘나들게 한다. 수학적 이성은 우주의 질서와 정신의 질서를 참되게 이해하게 하는 열쇠이다.151)

무한에 대한 생각, 우주를 무한한 것으로 파악하는 생각은, 멍에를 벗어 버리는 생각이다. 합리주의적 정신은 좁다란 세계의 구속 속에서 살 수 없다. 데카르트가 방랑을 즐기고 많은 여행을 한 것도 이러한 의미에서 재고될 수 있음직도 하다. 즉 그의 여행은 좁은 세계를 박차고 나아가는 것이기도 했다고 할 수 있음직하다. 이것은 하여간에, 무한에 대한 생각은 인간의 자기 해방으로의 결정적 일보였다고 브루노는 지적하고 있다. 이러한 브루노의 사상의 뒤를 이어 데카르트, 라이프니츠, 스피노자 등 천재적 사상가들은 각기 무한에 대한 생각을 깊게 하면서 또한 각기 현대적 사상의 형성에 크게 이바지하였다.

데카르트는 인간을 자기 자신의 의식 속에 밀폐시키는 듯싶은 보편적 회의에서 출발한다고 지적되어 있다. 그리고 캇시러는 이 회의의 깊은 수렁, 마술적인 원환으로부터 빠져 나오는 길, 현실(reality)에의 길이 하나도 없어 보이지만, 그러나 무한한 것에 대한 생각이 보편적 회의를 허물어뜨리는 유일한 수단이었다고 말하고 있다. 여기서 이 <무한한 것>은 신이라 해석될 수 있을 것이다. 데카르트는 신에게만 <무한>의 속성을 돌리고 있으니 말이다. 신은 무한한 존재요, 진리의 원천 및 보증자다. 데카르트에게 있어서는 신이 비인격적 존재였다고

---

151) Cassirer, *op. cit.*, pp.15~16.

많이 비판되고 있지만 한편 생각하면 그의 신은 매우 합리주의적인 성격을 띠었다고 할 수도 있다. 거기서는 신이 이성의 진리 인식의 보증자라 할 수도 있고, 신과 하나가 될 때 우리의 이성은 온전한 것이 될 수 있음직도 하다. 이리하여 이성은 신에게 보증되어 신뢰할 만한 것이 된다. 이성은 우리의 인도자가 되기에 충분하다.

2. 현대적 정신의 특색

열린 세계, 무한한 우주, 이 세계와 우주를 이해하고 지배하는 인간의 이성의 힘——이것이 이상의 여러 천재적 사상가들에 의하여 형성된 현대적 세계상의 중요한 성분들이다.

한편, 자유——현대적 정신이 갈구하여 온 자유——에 관하여는 어떠했는가? 이에 대하여는, 즉 현대인의 자유에 대하여는 데카르트가 이렇다 할 기여를 한 바 없다고 해야 할지 모른다. 그러나 저 유명한 'Cogito, ergo sum 즉 나는 생각한다, 그러므로 나는 있다'라고 하는 부르짖음이 근대에 최초로 주체성을 내세우고 외친 것이라고 하면, 그것은 또한 현대적 정신의 자유의 자각에로의 길에 최초로 생기를 불어 넣어 준 것이라 할 수는 없을지 궁금하다 하겠다. 아니 거기에는 확실히 어떤 통로가 열려 있음직도 하다.

현대적 정신의 강한 조류인 민주주의에 대하여는 데카르트가 직접적으로 기여한 바 없다고 하는 것이 타당할 것이다. 종교와 정치에 관하여 그는 대체로 보수적 견해를 표명하고 있으니 말이다. 러루와는 "데카르트는 정의와 이성의 철학자다. 즉 그는 지상의 권리를 요구하는 철학자다"[152]라고 말하였다고 하는데, 이것은 어디까지나 하나의

---

152) Maxime Leroy, op. cit., 본 논문, 주 64 참조.

해석이요, 데카르트는 어느 의미에서 이성의 철학자라고는 할 수 있을지라도 자유와 정의를 널리 펴려는 민주주의의 철학자는 아니었다고 하겠다. 자유와 정의를 고조하는 민주주의 사상이 나오는 데는 로크, 루소, 볼테르, 밀 등 18세기와 19세기의 중요한 사회 사상가들을 기다려야 했다. 18세기 프랑스의 청년 혁명가 루이 드 쌩-쥐스뜨(Louis de Sanit-Just)가 표현한 바 Le bonheur est une idée neuve en Europe(행복은 유럽에서 하나의 새로운 관념이다)라는 말은 그야말로 지상의 권리를 요구하는 강렬한 사상을 간결하게 요약한 것이라 할 수 있다. 이 말은 데카르트가 죽은 후에도 100여 년이 지나고 계몽주의 운동의 회오리바람이 한창 불 때에 나올 수 있었던 것이다. 하지만 데카르트의 강인한 정신은 현대를 낳고야마는 정신이다. 정치·사회면에서 데카르트 당시의 사정이 위험천만하고 조심을 요하였으므로 데카르트는 지혜 있게 보수적 입장을 취했으나, 새로운 세계상의 형성에서 그는 큰 기여를 한 것이다.

요컨대 현대적 정신은 여러 세기에 걸친 과학적 탐구, 정치적 투쟁 및 사상적 노력의 소산인데, 이 여러 가지 것이 빚어내는 여러 갈래의 흐름이 현대적 정신을 형성할 때 그 속에서 가장 두드러진 성격은 과학적인 것과 합리적인 것, 그리고 이것의 연장으로서의 지상적인 것의 요구, 즉 자유에 대한 강렬한 갈구, 그리고 끝으로 과학적 지식과 자유에의 희구의 결합에서 빚어지는 정신의 탄력성이라 하겠다. 데카르트에게는 공과(功過)가 아울러 있었으나, 우리들 현대인의 사고방식의 기초를 확립한 학자로서의 데카르트에게서 우리는 지금도 많은 것을 배울 수 있고, 그의 여러 가지 현대적 사고를 추구해 보는 것은 현대적 정신이 어떤 것인지 좀더 명확히 아는 데 빛을 던져 주는 것이라 생각하는 바이다.

제3장 데카르트의 사상적 편력

볼쯔가 말한 바와 같이 ≪방법서설≫은 "서양의 정신이 중세주의로부터 현대로 옮아가는 것을 이룩하려 한 노력의 이야기"(the story or the Western minds effort a transition from medievalism to modernity)153)라 할 수 있을 것이다. 또 브렁슈빅그는 "≪방법서설≫은 하나의 서언이요 동시에 하나의 마니페스뜨(manifeste, 즉 선언)이다"154)라고 말하고 있다. 그것은 현대적 정신의 서언이요 선언이라 할 수 있을 것이다. 브렁슈빅그는 이어 데카르트가 처음에는 이 저술에 다음과 같은 제목을 붙이려 했고, 이 제목은 그의 의도를 잘 드러내는 것임을 지적하고 있다. ≪우리들의 본성을 최고도로 끌어올릴 수 있는 하나의 보편적 학문의 기도. 거기에 저자의 제안인 그 보편적 학문을 증명하기 위하여 그가 고를 수 있었던 가장 희한한 문제들이 전혀 공부한 바 없는 사람들도 그것들을 이해할 수 있도록 설명된 굴절광학·기상학 및 기하학을 붙임≫(*Le Projet d'une Science universelle qui puisse élever notre nature à son plus haut degré de perfection. Plus la Dioptrique, les Météores et la Géométrie où les plus curieuses matières que l'auteur ait pu choisir pour rendre preuve de la Science universelle qu'il propose sont expliquées en telle sorte que ceux mêmes qui n'ont point étudié les peuvent entendre*)155)이라는 책에서

---

153) Albert G. A. Balz, *Descartes and the Modern Mind*(Hamden, Connecticut, 1967), p.4.

154) Léon Brunschvicg, *Réne Descartes*(Rieder, 1937), p.21.

155) *Ibid.*, p.21; *AB*, p.958(1636년 5월 Mersenne에게 보낸 편지).

데카르트가 이 책에서 기도하는 것은 하나의 <보편적 학문>이다. 이 학문은 바야흐로 중세의 암흑을 헤치고 이성의 빛 아래 모든 사물과 현상을 두려는 것이었다. 그런데 이 저작의 서론인 ≪방법서설≫은 데카르트 자신이 중세적인 교양에서 빠져 나와 현대적 세계상에 도달한 사상적 몸부림을 기록하고 있다. 그러므로 먼저 ≪방법서설≫을 음미하면서 데카르트의 현대적 사상 형성의 발자취를 더듬어 보려 한다.

≪방법서설≫ 제1부 첫머리에 저 유명한 <양식>이라는 말이 나온다. 이 <양식>은 곧 <이성>이다. 그리고 조금 내려가서 하나의 방법을 만들어 내게 된 이야기를 하고 있다. 우선 우리는 이 두 가지 말을 통해서 데카르트가 이성과 방법의 철학자였음을 지적할 수 있다.

그런데 이 철학자는 학교 공부를 다 마친 다음에 큰 회의와 번민에 빠졌다. 자기가 공부한 모든 것이 헛된 것이며 아무런 확실한 근거가 없는 것이 아닌가 하는 생각이 마음속에 물결쳤던 모양이다. 데카르트는 이렇게 말하고 있다. "나는 어릴 적부터 인문학을 배우면서 자랐다. 그것들을 통하여 인생에서 유용한 모든 것에 대하여 명료하고도 확실한 지식을 얻을 수 있다고 들었으므로, 나는 그것들을 배울 것을 열망하였다. 그러나 그 모든 과정을 끝마치고 남들처럼 학자들 축에 끼게 되자마자, 나는 아주 생각을 달리하게 되었다. 왜냐하면 공부하려고 애썼는데도 더욱 내 무지를 발견했을 뿐, 아무것도 얻지 못했다고 여겨질 정도로 여러 가지 의심과 오류에 빠지게 되었기 때문이다. ······나는 세상에서 가장 비전적(秘傳的)이요 가장 희귀하다고 여기고 있는 학문들을 다루는 책으로서 내 손에 들어 온 것을 모조리 읽어 보았다."[156) 이와 같이 데카르트는 <명료하고도 확실한 지식을 얻

---

156) *AT.* VI, pp.4~5.

기>를 열망하여 학원에서 가르치는 모든 학문을 열심히 공부하였다. 그는 비전적이고 가장 희귀하다고 여겨지는 학문들에도 흥미를 가져, 점성학 같은 것을 다루는 책을 탐독한 모양이다. 또 수학을 좋아하였고, 신학을 존경하였으며, 철학을 공부하였으나 그는 만족을 얻지 못하였다. 뿐만 아니라 그는 이미 그릇된 학설들(mauvaise doctrines), 즉 연금술·점성술·마술의 허위성을 간파하고 있었다. 그는 말한다. "그릇된 학설들에 관하여는, 나는 이미 그 정체를 잘 알고 있어서 연금술사의 약속에도, 점성술사의 예언에도, 마술사의 속임수에도, 또 자기가 알지도 못하는 것을 안다고 떠들어대는 어느 누구의 계교나 허풍에도 더 이상 속지 않게 되었다고 생각하고 있었다."157)

이러한 정신적 상황, 즉 스콜라학의 과정을 우수한 성적으로 마쳤으나, 그 학문이 약속하는 성과에 회의를 품게 되고, 확실한 학문의 기초를 얻고 싶으나 아직 얻지 못하고 있는 상황에서 데카르트는 하나의 돌파구, 혹은 신선한 공기를 찾아 여행을 떠난다. <세계라고 하는 큰 책 속에서> 자기 자신의 이성을 활동시켜 관찰과 경험에서 진리를 찾아내기 위하여.

"이 세상을 살아감에 있어 확신을 가지고 걸어가기 위하여, 참된 것을 거짓된 것으로부터 가려낼 줄 알았으면 하는 극도의 열의를 늘 가지고"158) 여행하는 중에, 데카르트는 "우리들의 자연의 빛을 흐리게 하고 우리로 하여금 이성의 소리를 잘 듣지 못하게 하는 많은 미망으로부터 조금씩 해방되어 갔다."159) 그러던 중, 드디어 1619년 11월 10일 밤, 저 유명한 소명의 꿈을 꾸고, <하나의 놀라운 학문>(une science

---

157) *AT.* VI, p.9.
158) *Ibid.*, VI, p.10.
159) *Ibid.*, VI, p.10.

admirable)을 수립하려는 데 일생의 방향을 정하게 되었다. 동시에 모든 학문을 묶어 하나로 하는 그 놀라운 하나의 학문 즉 보편학의 방법을 또한 얻게 되었던 것 같다. 데카르트는 이 보편학을 <보편적 수학>(mathematique universelle)이라 부른다. 이것은 모든 학문으로 하여금 수학에서와 같은 확실성과 명증성을 가지게 하려는 것을 의미하는 것이요, 한갓 수학만을 의미하는 것이 아니다. 다시 말하면 데카르트는 모든 학문으로 하여금 수학적 성격, 즉 과학적 성격을 띠게 하려 하였다. 이것은 중세적인 것, 비합리적인 것, 미신적인 것을 학문에서 제거하려 한 것이라 할 수도 있다.

데카르트는 수학의 확실성과 명증성을 자연학을 포함하는 철학의 모든 문제에 도입하려 하였다. 1635년 11월 1일자 콘스탄틴 호이헨스에게 보낸 편지에서 데카르트는 다음과 같이 말하고 있다. "철학의 여러 가지 추측을 수학 속에 도입할 수 있는 사람이 수학적 증명의 확실성과 명증성을 소리와 빛 같은 철학의 문제 속에 도입할 수 있는 사람보다 훨씬 더 많음을 본다."160) 그리하여 데카르트는 논리학과 해석과 대수의 장점을 내포하면서 그 결함을 가지고 있지 않는 어떤 다른 방법을 찾아야 되겠다고 생각하여 ≪방법서설≫ 제2부에 나오는 저 유명한 네 가지 규칙을 세운다.

이렇듯 그는 스물네 살이 되기 전에 학문 연구 혹은 진리 탐구의 방법을 가지게 되었으나, 그것은 해석기하학을 수립한 후에 얻게 되는 바와 같은 결정적인 것은 못 되었다. 또 "철학에 있어서는 확실한 것을 전혀 찾지 못하고 있었음을 주의하고, 무엇보다도 먼저 철학에 있어서 확실한 원리를 세울 것을 힘써야 한다고 생각하였다."161) 이렇

---

160) *AB*, p.957.

161) *AT*, Ⅵ, pp.21~22.

듯 철학의 확실한 원리는 얻지 못한 채 데카르트는 다시 여행의 길에 오른다. 그러나 그는 이 세월을 헛되이 보내지는 않았다. "한 가지 문제마다 의심스럽고 잘못 생각하기 쉬운 점에 대하여 특히 잘 살펴보면서, 전에 (자기의) 정신 속에 스며 들어올 수 있었던 모든 오류를 말끔히 뽑아 버렸으며, ······갖가지 관찰을 행하고 많은 실험을 쌓았으며, (자기에게 과한) 방법을 연습하는 것도 계속해 갔으며, ······모든 생각을 그 방법의 규칙들을 따라 전체적으로 이끌어 가도록 조심했거니와, 또한 때때로 몇 시간을 할애하여, 특히 수학의 여러 문제와, 또 ······수학의 문제와 거의 같은 것이 되게 할 수 있었던 몇몇 다른 문제들을 푸는 데 그 방법을 적용하는 연습을 하였다."162)

이렇게 하는 중에 9년의 세월이 흘렀다. 그 동안 데카르트는 1625년부터 광학을 열심히 연구하고, 빛의 굴절에 관하여 사인(sine)의 법칙을 발견하였다. 그러던 중, 1628년에는 《정신 지도의 규칙》(*Regulae ad directionem ingenii*)에서 그의 방법의 규칙들을 정립하였다. 그는 이 규칙들을 그가 줄곧 추구한 기하학과 특히 대수학의 연구를 통해서 얻었다. 이윽고 1629년 이미 평온한 질서를 회복하고 있었던 네덜란드로 이주하여 처음 여러 달을 전적으로 형이상학적 성찰에 바쳐 철학의 제1원리를 얻게 된다. 1629년 10월 8일자 메르센느 신부에게 보낸 편지에서 데카르트는 자기가 "이제는 철학의 모든 기초에 관하여 마음을 정하였다"163)고 말하고 있다.

《방법서설》 제4부에 그의 철학의 제1원리, 즉 **나는 생각한다, 그러므로 나는 있다**라고 하는 진리가 제시된다. 이 진리에서 출발하여 데카르트는 신을 발견하고 신을 모든 진리의 보증자로 파악한다. 그

---

162) *Ibid.*, VI, pp.28~29.

163) Bunschvicg, *op. cit.*, p.16에서 재인용.

는 여기서 더 나아가 자연학의 체계를 세운다. ≪방법서설≫ 제5부의 처음 부분에서 그는 말한다. "하나님이 자연 속에 확고하게 세우고 우리의 정신 속에 그 관념을 확고하게 아로새겨 준 어떤 법칙들을 발견했다. ……"164) 데카르트에게 자연은 전적으로 역학의 법칙을 따라 기계적으로 움직이는 것이요, 이 법칙들은 신이 세운 것이었다. 이런 생각 속에는 모든 물질세계를 기계로 파악하고 또 인간의 신체마저도 기계로 보려는 생각이 이미 엿보이며 또 신에 대한 독특한 인식도 예상되어 있다.

데카르트는 1629년부터 약 3년간 우주의 현상을 전체적으로 설명하는 자연학의 체계를 세워 1633년에는 ≪세계론≫이라는 책으로 간행할 단계에 있었다. 그러나 1633년 6월에 갈릴레이가 로마의 종교 재판소에서 지동설 때문에 유죄 판결을 받았다는 소식을 들었다. 그래서 1634년에는 그의 ≪세계론≫의 간행을 중지할 생각을 굳혔다. 이 ≪세계론≫의 세계상은 코페르니쿠스와 갈릴레이의 지동설에 뒷받침되는 것이었다. 그 저술의 간행 중지에도 불구하고 데카르트의 마음 속에는 코페르니쿠스, 갈릴레이의 설에 대한 전폭적인 동조와 기계적 우주상에 대한 확신이 굳게 자리 잡고 있었다고 할 수 있을 것이다.——교회의 권위를 존중함으로써 새로운 세계상의 표명이 가설 혹은 우화라는 형식으로 되긴 했어도 말이다. ≪방법서설≫ 제5부에서 데카르트는 말한다. "……신이 상상적 공간 속에 어디엔가 지금 한 새로운 세계를 구성하기에 충분한 물질을 창조하고, 이 물질의 갖가지 부분을 여러 가지 모양으로 질서 없이 움직여 시인들이 상상할 수 있는 바와 같은 혼란한 혼돈을 만들어내고, 그 다음에는 다만 자연에 정상적 협력을 할 따름이고, 그가 세운 법칙들을 따라 자연이 움직이게 한

---

164) *AT*, Ⅵ, p.41.

다고 가정할 때 ……학원에서 논의되고 있는 형상들이나 성질들이 물질 속에 전혀 없고……(자연의) 법칙들은 설사 하나님이 많은 세계를 창조했다 하더라도, 그 어디서나 반드시 지켜지는 것들이다. ……"165) 여기서 데카르트는 상상적 공간에서 되는 일을 기술했다고 말하고 있지만, 이어 "……우리가 살고 있는 이 세계의 하늘과 별들에서는, 내가 묘사한 세계의 하늘과 별들에서 아주 비슷하게 나타나 있지 않는, 혹은 적어도 아주 비슷하게 나타날 수 있지 않는 것을 전혀 찾아볼 수 없음 ……"166)이라고 말하고 있음에 비추어 상상적 공간의 성질에 관한 기술은 바로 우리 세계의 물질에 적용될 수 있음이 시사되었다고 하겠다. 이와 같은 세계상, 모든 천체가 일정한 자연 법칙을 따라서 질서 정연하게 움직이며, 또한 모든 물질이 그렇게 움직인다고 하는 세계상은 그의 여러 편지에도 표명되어 있다.

1629년 12월 18일자 메르센느 신부에게 보낸 편지에서는 사람들이 "신학을 너무나 아리스토텔레스에게 예속시켜 다른 철학을 내세우면 먼저 신앙에 반대되어 보인다"167)고 하여 새로운 세계상의 공표가 아주 어려운 일임을 비치고 있는데, 1632년 5월 10일자로 다시 메르센느 신부에게 보낸 편지에는 우주의 질서에 대한 확신과 아울러 웅장한 우주론의 전개에 대한 희망이 다음과 같이 표명되어 있다. "2, 3개월 전부터 저는 하늘을 아주 깊이 살펴 왔습니다. ……저는 이제 각 항성의 위치의 원인을 탐구할 만큼 대담하게 되었습니다. 왜냐하면 비록 항성들은 하늘의 여기저기에 아주 불규칙하게 흩어져 있는 것처럼 보이지만, 그 항성들 사이에는 한결같고 일정한 자연적 질서가 있

---

165) *Ibid.*, VI, pp.42~43.

166) *Ibid.*, VI, pp.43~44.

167) Brunschvicg, *op. cit.*, p.17에서 재인용.

다는 것을 저는 조금도 의심하지 않기 때문입니다. 이 질서의 인식은 물질적 사물들에 관하여 인간이 가질 수 있는 가장 높고 가장 완전한 학문의 열쇠요 기초입니다. ……이 인식을 통하여 우리는 지상의 물체들의 갖가지 모양과 본질을 아 프리오리하게 인식할 수 있는 반면, 이 인식이 없으면 이 물체들의 여러 가지 결과를 통하여 그것들을 아 포스테리오리하게 추측하는 것으로 만족할 수밖에 없습니다. ……저는 지금 제가 별(天體)들에 관하여 찾고 있는 것을 얻으리라고는 바라지 않습니다. 그것은 인간 정신의 한계를 넘는 하나의 학문이라고 저는 믿습니다. 하지만 저는 너무 현명하지 못하여 그 학문을 꿈꾸지 않을 수 없습니다. 그것이 이미 두 달 전부터 그랬던 것처럼 저로 하여금 시간을 낭비하게 하는 것밖에 없으리라고 판단하기는 해도 말입니다."168) 이 말 가운데서 특히 주의해야 할 것은 "항성들 사이에 한결같고 일정한 하나의 자연적 질서가 있음을 조금도 의심치 않는다"(je ne doute point, qu'il n'y un ordre naturel entre elles, lequel est régulier et déterminé)라고 한 점이라고 생각된다. 이 말을 통하여 바야흐로 이 대우주가 일정한 자연 법칙을 따라 질서 정연하게 움직인다고 하는 생각이 확립되었음을 볼 수 있다.

또 앞서 인용한 ≪방법서설≫의 말 가운데 "학원에서 논의되고 있는 형상들이나 성질들이 물질 속에 전혀 없다"고 한 것은 스콜라 철학에서 실체적 형상을 통하여 신체의 활동을 설명하고 또 실재적 성질들을 통하여 신체의 특성들을 정의한 것을 부인함으로써 중세적 사상에서 벗어났음을 보여 주는 것이요, ≪방법서설≫에서 다시 이어, "거기(물질)에 대한 인식이 우리의 정신에 본래부터 있지 않아, 우리가 모르는 척할 수 있는 것이란 아무것도 없음을 분명히 상정하기까지 했

---

168) *AB*, pp.945~946.

다"169)고 말하고 있는 것은 물질에 관한 한 신비가 없고 인간의 지성은 물질세계를 완전히 알 수 있다고 하는 합리주의적 정신의 나타남이라 하겠다.

또 ≪방법서설≫ 제5부에 "신이 지금 이 세계를 보존하고 있는 작용이, 그가 이 세계를 창조한 작용과 아주 동일하다는 것은 확실하고 ……따라서 그가 태초에 혼돈 이외의 어떤 모양도 이 세계에 주지 않았다 하더라도 자연의 법칙들을 세우고 자연으로 하여금 그 습성대로 운동하도록 협력하였다고 할진대, 우리는 창조의 기적을 손상시킴이 없이 오직 이것만으로 순전히 물질적인 모든 것은, 시간과 더불어 우리가 현재 그것들을 보는 바와 같게 되었다고 믿을 수 있다. 그리고 그것들의 본성은 그것들이 이미 다 되어 있는 것으로만 보는 때보다, 이와 같이 조금씩 생겨나는 것으로 볼 때 훨씬 더 이해하기 쉽다"170)라고 말하고 있는 것은 창조설과의 충돌을 피하기 위하여 신중하게 혹은 애매하게 표현되어 있기는 하나 일종의 진화론적 우주관을 비치고 있는 점에서 현대적인 생각을 보여 주는 것이라 하겠다.

≪방법서설≫ 제5부에서 ≪세계론≫의 중요한 줄거리를 요약하면서, 빛·별들·지구 등에 관한 이야기를 하고, 인체의 혈액 순환을 자세히 설명하는 가운데 "인체의 심장 속에 빛 없는 불"171)이 켜져 있다든가, 동물 정기(esprits animaux)172)가 발생한다든가 하는 말을 하고 있는 것은 그 생각이 비현대적인 것이라고 평가될지도 모른다. 심신의 연결처, 즉 정신과 신체가 맞부딪치는 곳이 송과선(松果腺)이라

---

169) *AT*, Ⅵ, p.43.
170) *Ibid.*, p.45.
171) *Ibid.*, Ⅵ, p.46.
172) *Ibid.*, Ⅵ, p.54.

고 하는 것 같은 것은 라일의 표현대로 데카르트의 신화일지도 모른다.173) 그러나 신체를 해부하고 뇌의 여러 부분을 세심히 관찰하고 가설을 세우고 한 일은, 그 결론이 잘못되었다 하더라도 매우 현대적인 연구 태도라 하겠다. 가령 송과선에 관하여 데카르트는 유명한 외과의였던 라자르 메이쏜니에(Lazare Meyssonnier)에게 보낸 편지에서 다음과 같은 말을 하고 있다. "……꼬나리움(conarium, 송과선의 옛 명칭, 작은골 앞에 있는 길쭉한 작은 물체)이라고 하는 작은 선(腺)의 용도에 관하여 …… 제 의견은 이 선이 혼의 주요한 자리요, 모든 생각이 행해지는 곳이라고 하는 것입니다. 제가 이렇게 믿는 이유는 제가 뇌 전체 속에서, 오직 이 선만을 제외하고 2중이 아닌 부분을 하나도 발견하지 못한다고 하는 것입니다. 그런데 우리는 두 눈으로 동일한 물건밖에 보지 못하며, 두 귀로 동일한 소리밖에 듣지 못하며, 또 같은 시간에 한 생각밖에 하지 못하므로 두 눈 혹은 두 귀 등으로 들어오는 것들은 신체의 어떤 부분으로 가서 결합되며 거기서 혼에 의하여 고찰된다는 것이 필연적인 일이 아닐 수 없습니다. 그런데 머리 전체에서 이 선 이외에는 그런 부분을 찾기가 불가능합니다.

뿐만 아니라 그것은 그 일을 하기에 가장 알맞은 곳에, 즉 모든 뇌실들 사이에 중간에 있습니다. 그리고 그것은 경동맥(頸動脈)들의 작은 가지들로 지탱되고 둘러싸여 있는데, 이 가지들은 정기를 뇌로 보내는 것입니다."174) 1644년에 출판된 ≪철학의 원리≫를 프랑스어로 옮긴이에게 보낸 편지의 형식으로 쓴 서문에 "그리하여 철학 전체는 마치 한 그루의 나무와 같은 것으로서, 그 뿌리는 형이상학이요, 줄기는

---

173) Gilbert Ryle, *The Concept of Mind* (Hutchison of London, 1949), pp.11~24 참조.

174) *AB*, p.1066(1640년 1월 29일자 편지)

자연학이요, 그 줄기로부터 나오는 가지들은 모든 다른 학문들인데, 이것들은 세 개의 주요한 것, 즉 의학·기계학 그리고 도덕에 귀착되며, 이 도덕은 최고의 가장 완전한 도덕이요, 다른 학문들의 온전한 지식을 전제로 하는 것으로서 지혜의 마지막 단계입니다. 그런데 열매를 다는 것은 나무의 뿌리에서가 아니요, 또 줄기에서도 아니며, 오직 가지 끝에서부터인 것처럼, 철학의 주요한 효용도 마지막에 가서야 배울 수 있는 부분들의 효용에 달려 있습니다"175)라고 하는 말이 있다.

  데카르트는 진리 탐구의 방법과 자연학의 체계와 형이상학의 원리와 도덕률을 세우고, 이제부터는 열매를 따려는 양 의학 연구에 몰두한다. 1637년 10월 5일에 호이헨스에게 보낸 편지에 "나에게 들이닥치는 백발은 내가 이제는 그것을 늦추는 수단 이외에 다른 것을 더 연구해서는 안 된다는 것을 나에게 알린다"176)라고 유머러스하게 말하고 있는 것을 보면, 마치 근래의 이른바 노년학을 연구하기 시작한 듯한 인상을 준다. 이제 데카르트의 지대한 관심은 "……학원에서 가르치는 사변적인 철학 대신에 실제적인 철학을 찾아내고, 이것에 의하여 우리가 불·물·공기·별·하늘 및 우리를 둘러싸고 있는 다른 모든 물체들의 힘과 작용을, 마치 우리가 장인들의 갖가지 재주를 알듯이 판명하게 알고서, 장인들처럼 이것들을 모든 적절한 용도에 사용하고, 그리하여 마치 우리를 자연의 주인이요, 소유자가 되게"177) 하는 것이었다. 그는 "자연의 주인이요 소유자"라 했다. 여기서 자연이라 함은 물질적 자연일 테지만, 데카르트의 이 말은 현대인의 자연 정복 혹

---

175) *AT*, IX-2, pp.14~15.

176) *AB*, p.972.

177) *AT*, VI, pp.61~62.

은 자연에 대한 현대적 인간의 승리를 내다보는 것이라 할 수도 있겠다. 데카르트는 건강이 "이 세상에 있어서의 생의 첫째가는 선이요, 다른 모든 선의 기초가 된다"178)라고 하여 의학 연구에 여생을 바칠 결심을 피력하고 있는데, 또한 의학 및 자연 과학의 실험이 광범하고 많은 자금이 들 것을 예상하여 뜻있는 사람들의 협력을 호소하고 있다. 여기서 우리는 또한 데카르트의 현대적 과학 연구의 공동 노력에 대한 필요성의 통찰을 본다.

제4장 데카르트의 방법

1. 방법의 의의

데카르트는 무엇보다도 방법의 철학자이다. 이 방법은 현대적 세계를 열었다 해도 과언이 아닐 것이다. 데카르트 자신이 길 잃은 나그네인 양 중세와 현대의 건널목에서 사상적 방황을 하는 중에, 그 방법의 확립을 통해서 현대로의 길을 개척했던 것이다. 그러면 방법이란 무엇인가? 데카르트는 ≪정신 지도의 규칙≫에서 <규칙4 : 방법은 진리의 탐구를 위하여 필수적이다>를 설명하는 가운데서 "방법이란, 확실하고 쉬운 규칙들 —— 그것들 덕택으로 그것들을 정확하게 지키는 사람들이 거짓된 것을 참된 것으로 상정하는 일이 절대로 없는, 그리고 쓸데없는 노력을 함으로써 피로하게 되지 않고 오히려 자기들의 지식을 점차적으로 증대시키면서, 그들이 도달할 수 있는 모든 것의 참된 인식에 마침내 이르게 될 그런 규칙들 —— 이다"179)라고 말하

---

178) *Ibid.*, p.62.

고 있다.

　방법은 진리를 찾아 얻는 길이요, 규칙들이다. 그것은 쓸데없는 데 힘을 들이지 않고 확실히 진리를 알게 될 수 있다는 희망과 확신을 가지고 걸어가게 하는, 즉 생각하고 전진하게 하는 규칙들이다. 이 길을 따라 데카르트는 걸어가고 많은 진리를 찾았다고 자부한다.

　≪방법서설≫ 제2부에서 데카르트는 그 유명한 방법의 네 규칙을 들고 나서 다음과 같이 말하고 있다. "사실, 내가 선택한 이 몇 개 안 되는 규칙들을 정확하게 지킴으로써 나는 이 두 학문(기하학적 해석과 대수)에 포함되는 문제를 아주 쉽게 풀 수 있게 되었고, 그것들을 검토하면서 두세 달을 보내는 동안에 가장 단순하고 일반적인 것들로부터 시작함으로써, 또 내가 발견한 진리마다 나중에 다른 진리들을 발견하는 데 도움이 되는 규칙이 되어, 내가 한때 아주 어렵다고 판단한 문제들을 해결하는 데까지 이르렀을 뿐 아니라, 마지막에는 내가 알지 못하는 문제들에 관해서도, 어떻게 하면 또 어디까지 그것들을 풀 수 있는가를 결정지을 수 있을 성싶었다고 나는 감히 말한다."180)

2. 방법의 내용과 그에 대한 여러 해석

　≪방법서설≫ 제2부의 네 규칙은 다음과 같다.

　1. 내가 명증적으로 참되다고 안 것 외에는 어떤 것도 참된 것으로 받아들이지 않을 것. 즉, 속단과 편견을 조심하여 피할 것. 그리고 의심할 여지가 조금도 없을 정도로 아주 명석하게 또 아주 판명하게 내 정신에 나타나는 것 이외에는 아무것도 내 판단 속에 넣지 않을 것.

---

179) *AB*, p.46.
180) *AT*, Ⅵ, pp.20~21.

2. 내가 검토할 난제의 하나하나를 될 수 있는 대로 그것들을 가장 잘 해결하기에 필요한 만큼의 소부분으로 나눌 것.

3. 내 생각들을 순서에 따라 이끌어 나아가되 가장 단순하고 가장 알기 쉬운 것에서부터 시작하여 계단을 올라가듯 조금씩 위로 올라가, 가장 복잡한 것들의 인식에까지 이를 것. 그리고 자연대로는 피차 아무런 순서도 없는 것들 사이에도 순서가 있는 듯이 가정하고 나아갈 것.

스미드는 이 규칙들이 훌륭한 (혹은 찬탄할 만한) 요청들이라고 말하고 있지만,181) 또한 이 규칙들은 누구나 다 아는 당연한 것이 아닌가고 생각되기도 한다. 알랭의 말처럼 "이 네 규칙을 우리는 너무나 성급히, 우리들의 약한 사고의 기준이라고 생각하고 만다."182) 그러나 이 규칙들은 어느 시대에나 잘 알려져 있었고, 충실하게 지켜졌던 것은 아니라고 생각된다. 데카르트가 반성하며 관찰하며 사색하던 시대에 이 규칙들은 대체로 무시되지 않았나 싶다. 길을 잘못 들어 동굴 안의 캄캄한 암흑 속으로 들어가게 된 장님처럼 혹은 그 암흑 속으로부터 빠져 나오려 하지만 아직 빠져 나오지 못한 채, 이성은 혼돈한 편견 속에서 방황하여, 환하게 트인 제 길에 들어서지 못하고 있었다. 데카르트의 규칙들은 이성으로 하여금 바로 이 길에 들어서게 하는 것이었다. 이 규칙들은 데카르트가 죽은 지 3백년이 지난 지금도 전 세계의 모든 과학자가 실험실에서 지키고 있는 것들이요, 또한 우리가 이성의 빛을 따르려고 할 때에 우리의 사고와 행위에 개입시키는

---

181) Norman Kemp Smith, *New Studies in the Philosophy of Deacartes* (London, Macmillan & co. Ltd., 1963), p.85.

182) Alain, *Idées-Platon, Descartes, Hegel*(ed. Paul Hartmann, 1932) 중 Étude sur Descartes, p.163(Flammarion, èditeur).

규칙들이다. 알랭은 말한다. "인간으로 하여금 이 세상의 모든 옷을 벗어 버리게 하고, 오직 신으로부터만 힘을 얻고 있는 그의 모습을 불현듯 바라보게 될 때, 방법은 신앙의 시(詩)가 되어 나타나는 것이다. <자연대로는 피차 전후가 정해져 있지 않는 것들 사이에도 질서를 상정하고> 이 잘 알려져 있는 생각이 우리를 놀라게 하고, 심지어 불쾌감마저 주는 데까지 이르지 않으면 안 된다. 왜냐하면 이 생각은 경험을 따르는 것이나 신이 지은 대로의 세계에 복종하는 것이 전혀 아니기 때문이다. 그러므로 이 방법은 영웅적이다."[183]

라뽀르뜨(Laporte)는 이 네 규칙을 ≪정신 지도의 규칙≫과 대조하면서 다음과 같이 말하고 있다.

> 첫째 규칙은 Regulae (정신 지도의 규칙)의 둘째와 셋째 규칙에 대응하며, 모든 일에서 수학적 직관에 비길 만큼 명석하게 보려는 결심을 나타내는 것이다. 명증적이라든가 명석하게 지각되었다든가 직관을 통해서 보았다든가 하는 말은 데카르트에게 있어서 동의어다.
> 둘째 규칙은 (Regulae의) 규칙 7, 13, 14와 마찬가지로, 방정식으로 만드는 절차를 출발점으로 하고 있다.……
> 셋째 규칙은 순서(l'ordre)에 관하여, 규칙 5와 8—— 여기에 또한 규칙 8, 13, 및 14의 많은 단락을 첨가할 수 있다. —— 에서 방법의 <주요 비밀>로 내어 놓은 것들을 요약하는 것이다.
> 넷째 규칙은 ……첫째로 분할하고, 둘째로 정도를 따라 단순화할 것 (simplifier par degrées)을 명하는 것이다. 그것은 문제의 해결에 필요한 모든 조건을, 즉 수평적 의미에서는 예기된 갖가지 요소들을, 수직적 의미에서는 갖가지 중간 단계들을 —— 서로 다른 여러 경우들, 즉 연역의 서로 다른 여러 계기들을 —— 하나 남김없이 모을 것을 권한다.

---

183) *Ibid.*, p.163.

……이것은 매거에 관련된 규칙 7과 11을 설명하는 것이다.…… 이와 같이 공식화된 방법은 그 수학적 껍질에서 아주 결정적으로 해방된 듯이 보인다. 그리고 이미 Regulae에서 데카르트가 크게 염려한 바에 따라, 또한 결정적으로 다시는 어떤 특수한 문제에도 예속되지 않는 듯이 보인다. 그것은 사실, 다음의 두 가지 점으로 요약된다. <참된 순서를 따르는 것> (이것은 모든 일에서 가장 단순하고 인식하기가 가장 쉬운 것으로부터 시작하는 것이다), 그리고 <탐구하는 대상의 모든 상황을 정확히 매거하는 것.>[184]

알랭은 이 네 규칙에 대하여 유려한 필치로 또 명민하고 독특한 정신의 움직임을 나타내면서 다음과 같이 말하고 있다.

데카르트는 《정신 지도의 규칙》에서 자기 자신이 주의하기 위하여 다음과 같이 썼다. 두 개의 수의 비례 중항의 발견은 보통 계산에서는 참으로 쉽게 되지만, 그 발견에만 머물러, 제시된 수를 포함하는 완전한 계열을 구성하지 않는다면, 정신을 만족시키지는 못한다고. 왜냐하면 등비급수에서는 각 항이 전항과 후항과의 비례 중항이기 때문이다. 그리고 이 관계는 계열의 관념 자체이다. 이런 예는 이제 2, 4, 8, 16 등의 단순한 계열을 취한다면, 저 유명한 네 규칙을 이해하는 데는 아마 제일 좋은 예일 것이다. 먼저 분명한 것은 이 계열이 모든 계열의 질서에서 최초의 것이 아니요, 자연수의 계열이야말로 모든 계열의 최초의 그리고 가장 단순한 것이요, 이 자연 수열로부터 위에서 말한 계열의 항들이 얻어진다고 하는 것이요, 이것이 둘째 규칙의 예가 된다. 셋째 규칙은 질서가 무엇임을 밝히고, 넷째 규칙은 완전한 질서, 즉 어느 항도 빠져 있지 않는 질서의 중요함을 정신에게 깨닫게 한다. 첫째 규칙은

---

[184] Jean Laporte, *Le rationalisme de Descartes*(Presses Universitaires de France, 1950), pp.11~12.

내 생각으로는, 넷 중에 가장 알기 어려운 것이다. 왜냐하면 조금도 명백하지 않은 것을 명백하다고 생각하는 일이 흔히 있기 때문이다. 따라서 다른 세 규칙이 첫째 규칙에 대하여 대상을 준다는 데 생각이 미치지 않는 한, 첫째 규칙은 형식적인 것, 이를테면 거의 말뿐인 규칙이다. 다시 말하면, 명증을 기다리는 것만으로는 부족하며, 또 더 나아가 자연 속에서 무엇인가 희귀한 물건을 찾을 때와 같은 방식으로 명증을 구하는 것도 아직 부족한 것이요, 명증 전체를 스스로 만들어 내지 않으면 안 되며, 또한 대상의 규칙에 따라서가 아니라 정신의 규칙에 따라서 만들어내어야 하는 것이다. 즉, 한번만이 아니고 항상 되풀이되는 회의와 거부를 명하는 규칙이다. 실로 분석한다는 것은 선택하고 유보하는 것이 아니고 무엇일까? 그리고, 데카르트적 질서란 전체로서 또 불가분하게 주어진 이 세계에 대한 거부, 늘 우리로 하여금 너무 많은 것을 승인하게 하는 현전과 사실의 이 무섭고 답답한 증명에 대한 거부가 아니고 무엇일까?185)

요컨대 첫째 규칙은 조금이라도 의심이 드는 것은 절대로 거짓이라고 보고 내 속에 넣지 말 것과, 적극적으로는 아주 명석하게 그리고 아주 판명하게 내 정신에 나타나는 것만을 내 판단 속에 넣을 것을 가르치는 것이다. 데카르트는 "명석"(clara, claire), "판명"(distincta, distincte)이라는 말을 《정신 지도의 규칙》《방법서설》《성찰》등에서 거듭 사용하고 있다. 데카르트에게 있어서 학문이란 결국 확실하고 명증적인 지식인데—— 데카르트는 "모든 학문은 확실하고 명증적인 인식이다"(Toute science est une connaissance certain et évidente)186)라고 말하고 있다. 명석하고 판명하지 않은 생각은 참되

---

185) Alain, *op. cit.*, pp.165~166.
186) *AB*, p.39(Regulae 규칙 2).

고 바른 생각일 수 없다. 그리고 내가 명석하고 판명한 것에 대해서만 판단을 내린다고 하면, 나는 절대로 잘못을 저지르지 않는다. ≪성찰≫의 넷째 성찰에서 데카르트는 다음과 같이 말한다. "…… 내 의지를 내 인식의 한계 안에 붙들어 두고 오성에 의하여 명석·판명하게 의지에 나타나는 것에 대해서만 판단을 내리도록 하기만 하면, 내가 잘못한다는 것은 있을 수 없다. 무릇 명석하고 판명한 지식은 그 어느 것이나 틀림없이 실재적인 것이요, 따라서 무로부터 나올 수 없고, 필연적으로 그 작자는 하나님이다. 곧 최고로 완전하고 결코 기만적일 수 없는 하나님이다. 따라서 그러한 지식 혹은 판단은 참이라고 결론짓지 않으면 안 된다."187) 여기에는 20세기의 훗서얼의 현상학에서 말하는 Epoche(판단 중지)의 선구적 사상이 나타나 있다.

데카르트에게 있어서는 명석함과 판명함은 진리의 표지이다. 진리란 생각과 대상의 일치인데, 우리의 생각이 명석하고 판명한 지각을 가지지 않으면 대상과 일치할 수도 없는 일이요, 따라서 진리를 얻을 수도 없다. 한편, 명석하고 판명하게 아는 것에 대해서만 동의한다고 하면, 우리는 오류를 범하는 일이 없다. 우리가 명석하게 알고 있지 않은 것에 동의할 때에는, 진리에 부딪친다 해도 그것은 우연히 되는 것일 따름이다. 방법이란 확실히 진리에 도달하는 길이요 수단이다. 그러므로 우리는 방법을 세우고 그 방법을 따라 나아가되, 먼저 명석하고 판명하지 않은 모든 것을 배제하고 확실한 것을 받아들이면서 전진하지 않으면 안 된다. 이래야만 진리에 도달할 수 있다.

둘째 규칙에서 권하는 바, 더 작은 부분으로 쪼갤 수 없게 될 때까지 문제를 분할하는 것은, 그 부분 부분을 직관하고 그렇게 함으로써 이에 대한 명석하고 판명한 지각을 얻기 위해서다. 많은 부분이 복잡하

---

187) *AT*, IX-1, Méditations, pp.49~50.

게 얽혀 있는 문제를 대뜸 해결할 수는 없다. 우리는 동시에 많은 것들에 대한 직관을 가질 수 없다. 그런데 직관은 우리의 인식에 명증성과 확실성을 보증해 주는 것이다. 그러므로 이 둘째 규칙은 문제를 가능한 한 미세한 부분으로 쪼개어, 그 부분에 대한 직관을 통하여 명석한 분석적 진리를 얻게 하는 분석의 원리라고도 하겠다. 우리는 문제가 무엇인지 분명히 파악하지도 못하고 어려운 문제에 그냥 덤벼들어 헛되이 수고한 적이 얼마나 많았던가! 그러므로 이 규칙을 따라 우리는 어려운 문제에 부딪쳤을 때 먼저 그것을 분할해야 한다.

자연대로는 순서가 없어 보이는 것들 사이에도 순서가 있는 듯이 보고 처리할 것을 가르치는 셋째 규칙은 질서의 규칙이라고도 하겠고, 종합의 규칙이라고도 하겠다. 데카르트는 이 규칙을 극히 중요시하여 강조하는 듯 《자연의 빛에 의한 진리 탐구》에서 다음과 같이 말하고 있다. "인간 정신의 능력을 넘지 않는 모든 지식은 사실, 아주 놀라운 유대에 의하여 얽혀 있고 또 아주 필연적인 논리 전개에 의하여 한 가지 지식을 다른 지식으로부터 끌어낼 수 있으므로 가장 단순한 것들에서부터 시작하여 점차 높은 것으로 나아갈 줄을 알기만 하면 재능이 많지 않더라도 그 모든 지식을 얻을 수 있다.188) ……모든 진리는 서로 연속하며 또 하나의 공통된 유대에 의하여 결합되어 있다. 최초의 가장 단순한 것에서 시작하여 조금씩 단계적으로 전진하여 가장 멀고 가장 높은 것에까지 나아가는 것이 비결의 전체다."189)

확실한 지식은 우선 직관에만 깃들이고 있는 것이기에 우리가 연역을 통해서 어떤 지식을 가지게 되는 경우에도, 그 지식이 확실한 것이 되려면 직관에서 출발하여 직관의 성질을 띠지 않으면 안 된다. 이 종

---

188) *AB*, p.880.
189) *Ibid.*, p.901.

합의 규칙은 종합에 의한 진리는 연역적 추리에 의하되 그 추리의 시초에는 직관이 있어야 하고, 또 그 추리의 과정 전체를 직관할 것을 가르치는 것이기도 하다.

3. 직관과 연역

데카르트에게 있어서 참된 인식, 즉 진리의 인식으로 우리를 인도해 주는 길은 둘이요, 둘 만이다. 그것은 직관(intuitus, intuition)과 연역(deductio, déduction)이다. 직관과 연역이 무엇인지에 대하여는 《정신 지도의 규칙》의 <규칙 3>에서 명료하게 말하고 있다. "직관이란 감각의 변동하기 쉬운 증언이나, 대상을 잘못 구성하는 상상력의 그릇된 판단이 아니라, 순수하고 주의하는 정신의 상념(conception)이요, 우리가 이해하는 것에 대하여 아무런 의심도 남지 않을 정도로 극히 쉽고 극히 판명한 상념이다. 다시 말하면, 순수하고 주의하는 정신의 상념이로되 오직 이성의 빛에서만 나오며, 연역보다도 더 단순하고 따라서 더 확실한 것이다. 그리하여 우리는 누구나 자기가 현존한다는 것, 자기가 생각한다는 것, 삼각형은 오직 세 선분으로 되어 있다는 것, 구체에는 면이 오직 하나만 있다는 것, 이 밖에 이런 종류의 것들을 직관에 의하여 알 수 있다. 대부분의 사람들은 이렇게 단순한 것들에 대하여 정신을 쓰는 것을 경멸하지만, 이런 것들은 그들이 생각하는 것보다도 훨씬 더 많다. 또 하나의 인식 방법인 연역이란 확실하게 인식된 다른 것들로부터 필연적으로 결론되는 모든 것을 이해하는 작업이다."[190]

---

190) *AB*, pp.43~44.

연역에 의해서도 확실하게 인식되는 것들이 많이 있다. 이런 것들은 그 자체 명백하고 명증적인 것은 아니지만, 이미 인식된 참된 원리에서 출발하여 사물 하나하나의 명석한 직관을 가지는 사고의 연속적이고 단절 없는 활동에 의하여 연역되기만 하면, 곧 확실한 인식이 되는 것이다. 연역에 있어서는 맨 처음의 사항과 맨 마지막 사항 사이의 중간 항들을 전부 한눈에 보지 않더라도 이 중간 항들을 우리가 차례차례 지나왔고, 또 처음에서 끝까지 각 항이 그 전후의 항과 연결되어 있음을 기억하고 있기만 하면, 그 결론은 참된 것이라 할 수 있다. 그러므로 직관과 연역은 다음과 같이 구별될 수 있다. "확실한 연역에는 하나의 운동 혹은 어떤 연속이 있지만 직관에는 이런 것이 없다. 또한 연역에서는 직관에서와 같이 현실적 명증이 필요치 않고 오히려 그 확실성을 기억으로부터 얻는다. 그러므로 맨 처음의 원리들로부터 직접 나오는 명제는 서로 다른 고찰 방식을 따라 직관에 의하여 인식될 수도 있고 연역에 의하여 인식될 수도 있다. 그러나 맨 처음의 원리들 자체는 오직 직관에 의해서만 인식될 수 있다. 이에 반하여 먼 데 있는 결과들은 오직 연역에 의해서만 인식될 수 있다."191) (*Regulae* 규칙 3)

데카르트에게 직관과 연역은 확실한 지식들의 체계인 학문으로 우리를 인도해 주는 가장 확실한 두 개의 길이요 방법이다. 이 밖의 방법들은 의심스럽고 우리를 오류에 빠뜨리기 쉬운 것들이다. 데카르트에게 있어서 확실성의 기준이 되며 또한 진리의 표지가 되는 것은 한마디로 명증성(évidence)이라 하겠는데, 이것을 우리에게 주는 것은 우선 직관이다. 가장 명백하고 명증적인 단순한 성질들(les natures simples)은 오직 직관에 의해서만 파악된다. 직관은 단순한 것들을

---

191) *Ibid.*, pp.43~44.

순간적으로 파악한다. 이에 반하여 연역은 하나의 연속적 활동인데, 그 결론이 참되려면 직관에 의하여 단순한 것들 혹은 최초의 원리들을 파악하고, 역시 단순한 것들인 중간 항들을 남김없이 차례로 훑어 보면서 마지막에 이르지 않으면 안 된다. 그러므로 인식에서 가장 중요한 것은 직관이다. 아믈랭은 《데카르트의 체계》에서 "인식의 본질적 행위 그것은 지성적 통찰(vision intellectuelle), 직관이다"[192]라고 말하고 있다.

4. 매거(枚擧)

직관, 연역 다음에 진리 인식에 필요한 방법은 매거이다. 데카르트는 《정신 지도의 규칙》에서 "매거는 학문을 완성하는 데 필요하다"[193]고 말하고 있다. 그런데 그는 또한 "매거 즉 귀납"[194] 혹은 "충분한 매거 즉 귀납"[195]이라고도 규정하면서, "충분한 매거 즉 귀납은 단순한 직관을 제외하고는 다른 종류의 모든 증명보다도 더 확실하게 진리를 결론으로서 얻을 수 있는 것"[196]이라고 말하고 있다. 가장 확실한 인식 방법은 직관이다. 한편 연역은 기억의 활동을 예상한다. 기억은 항상 상실될 우려가 있다. 이 때문에 우리는 오류를 범하기 쉽다. 이것을 피하려면 연역적 지식을 될수록 직관적 지식에 가까운 것이 되도록 한눈에 연역의 긴 연쇄를 내다보도록 우리의 정신을 익히지

---

192) Hamelin, *op. cit.*, p.65.

193) *AB*, p.58.

194) *Ibid.*, p.58.

195) *Ibid.*, p.59.

196) *Ibid.*, p.59.

않으면 안 된다. 이렇게 되려면 최초의 원리들로부터 그 결과에 아주 빨리 내려가고, 또 결과로부터 원리에로 빨리 거슬러 올라가는 훈련을 쌓아야 한다. "가령, 맨 먼저 각기 다른 여러 작업(operation)에 의하여 A와 B의 (크기들 사이의) 비를 알고, 그 다음에 B와 C, 그리고 C와 D, 그리고 끝으로 D와 E의 비를 알았다 하더라도 나는 A와 E의 비를 알 수 없다. 내가 그 모든 비를 기억하지 않는 한, 이미 알고 있는 비(比)들로부터 이것을 정확히 알아낼 수는 없다. 그리하여 나는 상상의 연속적 운동에 의하여 여러 차례 이것들을 훑어볼 것이다. 이때 상상은 하나하나의 비를 직관하는 동시에 하나의 비로부터 다른 비로 옮겨가되 처음 것에서 마지막 것에 이르기까지 아주 빨리 옮겨감으로써 기억이 아무소용 없도록 하며, 모든 비의 직관을 한꺼번에 가지도록 하지 않으면 안 된다."197)(*Regulae* 규칙 7)

아믈랭은 "매거는 근저에 있어 연역과 동일한 것이다"198)라고 하여, 매거에 대하여 데카르트의 말과는 다른 해석을 하고 있지만 매거 (즉 귀납)도 연역과 마찬가지로 궁극적으로는 직관과 같은 것이 됨으로써 확실하고 명증적인 인식을 우리에게 주는 것이다.

5. 실험

데카르트의 합리주의(rationalisme)가 감각을 불신할 것을 호소하는 까닭에 데카르트는 실험에 대하여 경멸하는 생각을 품고 있었다고 생각하기 쉽다. 그러나 아믈랭이 말한 바와 같이 "데카르트는 또 하나 다른 의미에 있어서의 경험(expérience), 즉 순수한 직관이 아닌 경험(expérience), 관찰 아래 포섭되는 경험(expérience), 자연학자의 통상

---

197) *Ibid.*, p.58.
198) Hamelin, *op. cit.*, p.73.

적인 실험(expérimentation ordinaire)을 경시하지 않았다"199)고 해야 할 것이다. 아믈랭은 이렇게도 말하고 있다.

> 데카르트는 실험적 방법을 알고 있었다. 즉 가설의 사용, 가설에서 연역된 결과들에 적용된 실험들에 의한 검증, 이 검증을 낳게 하는 제한된 확실성을 알고 있었다. ≪방법서설≫에서도 가설의 역할과 사실들에 의한 가설의 증명을 알뜰하게 설명하고 있는 것을 찾아볼 수 있다.200)

이렇듯 데카르트는 과학적 연구에서의 실험의 가치를 누구보다도 잘 알고 있었다. 그는 1639년 1월 9일자 메르센느 신부에게 보낸 편지에서 "우리가 전 자연을 살펴볼 수만 있다면 무엇엔가에 유익하지 않은 실험이란 하나도 없습니다"201)라고 적고 있다. 그는 일생 동안 관찰과 실험에 흥미를 가졌고 또 실제로 많은 실험을 행하였다. 해부도 많이 했고, 자기 집에 청우계(晴雨計)를 설치하기도 했다고 한다.

형이상학의 최초의 직관적 진리들을 우리에게 주는 것은 실험이 아니다. 또 자연 해석의 근본 원리를 우리에게 알게 해주는 것도 실험이 아니다. 그것은 연역이다. 그러나 일단 직관에 의하여 원리들을 파악하고 이 원리들로부터 가장 일반적인 결론을 끌어낸 다음에 우리가 의지해야 할 것은 실험이다. 오직 실험만이 만물의 창조자가 그 최초의 결정을 바꾸지 않고서 만들어 낸 갖가지 양식 가운데서, 어느 것이 선택되었는지를 우리에게 계시(啓示)해 줄 수 있다. 오직 실험만이 동일 현상에 대한 그럴듯한 설명들 가운데 어느 것이 옳은 것인가를 가

---

199) *Ibid.*, p.75.
200) *Ibid.*, p.76.
201) *AB*, p.1043.

려내고, 어떤 사실과 그 사실이 의존하는 원리를 결부시키는 연줄을 찾을 수 있게 해준다. 선천적 방법에 의해서는, 과학이 한 발자국 앞으로 나아갈 수 있을 따름이다. 그 다음에 과학의 나아갈 길을 비추어주는 것은 오직 실험뿐이다.

《방법서설》 제6부에서 데카르트는 다음과 같이 말하고 있다. "실험에 관하여는 우리의 지식이 진전할수록 그것이 더 필요하다는 것을 나는 깨달았다. ……이 점에 관해서 내가 따른 순서는 다음과 같다. 첫째로 나는 세계 안에 있는 혹은 있을 수 있는 모든 것의 원리들 즉 제1원인들을 일반적으로 찾으려 하였고, 그렇게 하기 위하여는 다만, 세계를 창조한 하나님만을 고찰하며, 또 그 원리들을 우리의 마음속에 본래부터 있는 진리의 어떤 씨앗으로부터만 끌어내었다. 이것 다음에 나는 이 원인들로부터 끌어낼 수 있는 최초의 그리고 가장 정상적인 결과가 무엇인가를 살펴보았다. 이 일을 통하여 나는 하늘·별들·지구, 그리고 지구 위에 있는 물·공기·불·광물들 및 모든 것 중 가장 흔하고 가장 단순한 따라서 가장 알기 쉬운 다른 것들을 발견하였다고 생각한다. 그 다음에는 내가 좀 더 특수한 것들로 내려가고자 했을 때 너무 갖가지 것이 내 앞에 나타났으므로 나는 결과로부터 원인으로 거슬러 올라가며, 또 많은 특수한 실험을 해보지 않는다면, 지상에 있는 물체들의 형상들 즉 종(種)들202)을 하나님이 뜻함으로써 지상에 있을 수 있는 무한히 많은 다른 물체들로부터 가려내는 것이란 인간의 정신으로는 불가능하며, 또한 따라서 그것들을 우리가 이용한다는 것도 불가능하다고 믿었다."203)

위에서 우리는 끄렛송의 해석과 설명을 적지 않게 따랐는데 그는

---

202) 화학적 물질들

203) *AT*, Ⅵ, pp.63~64.

《프랑스 철학 사상의 흐름》에서 데카르트의 방법에 관하여 다음과 같이 결론적으로 요약하며 평가하고 있다.

> 그리하여, 데카르트에 의하면, 정신의 세 가지 활동, 즉 모든 것을 비추어 주는 근본 원리를 파악하기 위한 직관의 활동, 이 원리들로부터 그 가장 직접적인 결과들을 도출하기 위한 연역의 활동, 사실들을 파악하고, 이 사실들을, 선천적으로 세운 해석을 위한 원리와 대조하기 위한 실험의 활동, 이 세 가지를 실행하는 것이 우리가 따라야 할 방법이다. 이 세 가지 활동을 자유롭게 그리고 필요한 조심을 잊지 않으면서 행하는 자는 진리를 소유하게 될 것이다. 그리고 데카르트는 오직 이성에만 의지하기 위하여, 전통적 권위나 다수 같은 것의 질곡을 떨쳐 버릴 것을 철학자에게 권하고 있다. 철학은 이제 이해하기를 구하는 신앙(fides quaerens intellectum)이어서는 안 된다. 그것은 믿을 수 있는 그리고 믿지 않으면 안 되는 것을 구하는 이지(intellectus quaerens fidem)가 아니어서는 안 된다.
> 방법에 있어서의 이러한 변화는 숙명적으로 전통적인 사고방식을 전복시키지 않고서는 마지않았다. 사실 데카르트는 어느 점에서는 분명히 혁명적 정신을 드러내고 있다. ……204)

물론 우리는 데카르트의 사상을 높이 평가한다고 해서 그의 사상에 전혀 결함이 없었다거나 그의 방법이 완전히 현대적이어서 더 추가할 것이 없다고 주장하려 하지는 않는다. 그러나 지금까지 살펴본 바와 같이, 그의 방법은 치밀하고 그 방법의 원리는 견고하다. 그의 방법은 현대적 정신을 깨어나게 한 것이었다고 해도 과언이 아닐 것이다.

---

204) André Cresson, *Les courants del a pensé philosophique francaise* (Armand Colin) 제1편 제2장 제2절.

제5장 데카르트의 자연상(自然像)

1. 과학적 공간관

데카르트는 《철학의 원리》에서 다음과 같이 말하고 있다. "……땅과 하늘은 동일한 물질로 되어 있다. 그리고 설사 무수한 세계가 있다고 하더라도 그것들은 오직 이 물질로만 되어 있을 것이다. 따라서 세계는 여럿 있을 수 없고 오직 하나 있다. 왜냐하면 물질의 상상할 수 있는 모든 공간, 즉 그 속에 이러한 다른 세계들이 있을 수 있는 모든 공간을 점유하고 있다는 것, 그리고 우리 속에 그 이외의 어떤 물질의 관념도 찾아볼 수 없다는 것을 우리가 분명히 알기 때문이다."205) 물질은 연장이요, 땅과 하늘은 동일한 물질로 되어 있다고 하는 사상은 공간 내지 자연이 신적 혹은 마술적 세력으로 가득 차 있다고 보는 중세적 통념으로부터의 해방을 선언하는 것이다. 이러한 현대적 자연상에 데카르트는 하루아침에 쉽게 도달하지는 않았을 것이다. 그것은 과학적 사고 방식을 몸에 붙이고 그래프를 발명하고 해석기하학을 수립한 후에 《철학의 원리》에서 학적(學的) 형식을 취하는 것이다. 그래프에 있어서 모든 공간적 위치가 X, Y의 좌표에 의하여 결정되는 것이라고 하면, 이제 공간 속에는 아무런 마술적 세력도 없어 보인다. 그리고 "해석기하학에서 ……공간과 공간적 관계들에 대한 모든 지식은 하나의 새로운 언어, 즉 수의 언어로 옮겨질 수 있다. …"206)

이렇게 생각된 공간을 포함하는 자연적 세계에 대한 사상은 합리주의적 정신의 승리를 나타낸다.

---

205) *AT*, IX-2, p.75(제2부 제22항).

206) Cassirer, *op. cit.*, p.49.

이 자연적 세계는 신이 창조한 후, 일정한 질서를 따라 기계적으로 움직일 따름이다 그리하여 데카르트의 자연학은 브렁슈빅그—— 브렁슈빅그뿐만 아니겠지만—— 의 말처럼 "수학적 자연학"207)이요, 또 아믈랭의 말처럼 "데카르트는 현상들에 대한 기계론적 설명을 자연학에 도입함에 있어서 누구보다도 더 기여했다. 일반적으로 볼 때, 이 관념은 의심의 여지없이 인류의 결정적 소득이다. ……"208)

물질을 연장으로 규정하고 전 자연으로부터 신비적 성질들을 빼 내어 버린 데카르트의 사상에 관하여 알랭은 다음과 같이 말하고 있다.

> 물질의 어떤 부분에 내재한다고 생각되고, 주위의 모든 것이 변해도 여전히 그 물건의 내부에 존속한다고 생각되는 성질은 당연히 신비적 성질이라 불려야 한다. 그리고 그런 성질이 존재하지 않는다는 것은 물리학자들이 아는 바다. 그러나 데카르트야말로 이러한 성질을 절대로 배제하는 사상을 형성한 유일한 사람이다. ……209)

2. 질서 있는 세계와 신

하여간 데카르트에게 있어서 이 세계는 질서 정연하게 움직이고 있다. 그리고 이 질서는 신이 이 세계에 넣은 것이다. 데카르트는 세계나 우주가 <무한>하다고 하지 않고 <무한정>하다고 한다. <무한>

---

207) Brunschvicg, *op. cit.*, p.42.
208) Hamelin, *op. cit.*, p.315.
209) Alain, *op. cit.*, p.135.

이라는 말을 오직 신에게만 적용하기 위해서다. 그러나 데카르트의 우주는 또한, 너무 어렵지 않은 의미에서 무한한 것이라 할 수 있을 것이다. 이것은 어떻든 무한한(혹은 무한정한) 우주는 신의 무한한 완전성 내지 능력에 의하여 하나의 기계와 같이 정연한 질서를 지키면서 운동하고 있는 것이다.

여기에 자연의 질서를 뒷받침하는 신의 독특한 성격도 나타나 있다. 그것은 데카르트의 신에 대한 상념의 합리주의적 측면이라 할 수도 있을 것이다. 《성찰》에서 데카르트는 말한다. "……일반적인 의미에서 자연이라는 것은 하나님 자체, 혹은 하나님이 피조물들 속에 세운 질서 이외의 다른 아무것도 아니요, 또 특수한 의미에서 내 자연이라 하는 것은 하나님이 나에게 주신 모든 것의 복합체 이외의 다른 아무것도 아니다. ……"210) (성찰 9) 여기서 자연을 신 자체라 한 것은 오해를 사기 쉬운 것이요, 또 데카르트의 신관 자체가 많은 문제를 내포한 것이지만, 최고로 완전한 존재인 이 신에게 뒷받침되어, 우주의 자연적 질서는 신의 본성과도 같이 완전하며 단순하다. 그리고 물론 데카르트의 신은 물질적 전체로서의 자연은 아니다. 신은 어디까지나 생각하는 실체로서 연장을 가진 물질적 실체와는 근본적으로 다르다. 또 자연은 물질적 사물들 자체가 아니요, 물질적 사물들 속에 그리고 그것들 사이에 내재하는 질서와 법칙이라 할 수 있을 것이다.

데카르트의 신관에 대하여는 많은 해석이 있지만, 브렁슈빅그의 다음과 같은 말도 데카르트의 신관을 합리주의적으로 파악하여 의미심장하다 하겠다.

하나님에게 도달하기 위하여, 인간은 자연을 매개로 할 필요가 없다. 데

---

210) *AT*, IX-1, p.64.

카르트의 하나님은 하늘 위 저편에 있지 않고, 오히려 깊이 인간 속에, Cogito처럼 내재해 있다. 혹은 오히려 Cogito 속에 내재해 있다고 하는 것이 더 낫다. 다시 말하면 데카르트는 형이상학 속에서 방법의 으뜸가는 영감, 조금도 신비적인 데가 없고, 전적으로 합리적인 직관의 첫째가는 것을 되찾고 있다.[211]

데카르트의 신관에 관하여 한 마디만 더 덧붙이려 한다. 19세기에 니이체가 "신은 죽었다"고 선언한 후, 근래 다시 이른바 사신론(死神論)이 문제되었는데, 사실 "신이 죽었다"는 말에서 신은 너무나 인간적인 냄새가 나는 것이요, 데카르트와 같이 신을 생각할 때, 신은 죽을 필요가 없는 존재라고 느껴지며, 현대에 있어서 데카르트의 신관이 오히려 사신론 같은 애매한 논의를 극복하는 길이 아닐까 한다.

꼬이레가 지적한 바와 같이[212] 물질과 연장을 동일시하는 데카르트의 생각으로부터 두 가지 중대한 귀결이 나온다. 그 하나는 진공(vacuum, le vide)의 부정이요, 다른 하나는 공간의 유한성 및 한계를 부정하는 것이다. 꼬이레는 연장과 물질의 동일시의 둘째 중요한 결과가 비단 공간의 유한성과 한계만의 부정이 아니라 또한 실재적 물질세계의 부정이라고 말하고, 더 나아가 "그것(물질적 세계)에다가 경계를 부여하는 것은 그릇되거나 부조리한 것이 될 뿐만 아니라 모순되기까지 한다"[213] 고 말하고 있다. 또 다음과 같은 해석도 하고 있다.

> 데카르트는 브루노나 케플러처럼 세계에는 정말 공허한 (진공의) 공간이 없고 세계 공간은 어디서나 '에테르'로 차 있다고 설명함으로써 만족

---

211) Brunschvicg, *op. cit.*, pp. 33~34.
212) Koyré, *From the Closed World to the Infinite Universe*, p.101, 104.
213) *Ibid.*, p.104.

하지는 않았다. 그는 더 나아가 도대체 '공간' 같은 것, 그것을 '채우고 있는' '물질'과 구별되는 실재(entity)가 있다는 것을 부정한다. 물질과 공간은 동일한 것이요, 오직 추상에 의해서만 구별될 수 있다. 물체들은 <공간 속에> 있는 것이 아니라, 다만 다른 물체들 가운데 있는 것이다. 물체들이 '점유하고 있는' 공간은 그것들과 다른 어떤 것도 아니다.214)

하여간 데카르트의 자연상에 있어서, 이 우주는 질서 있게 움직이는 것이요, 또 무한한 것이다. 또 모든 천체는 동일한 물질로 되어 있고, 멀고 먼 하늘나라에 어떤 신비롭고 색다른 물질로 되어 있는 천체란 있을 수 없다. 옛날에는 이 지상의 모든 것이 변화하고 생멸하는 것이요, 이에 반하여 저 하늘나라에는 변화가 없고 생멸도 없다고 생각되었던 것 같다. 이러한 생각은 코페르니쿠스의 혁명적인 학설에 있어서도 폐기되지 않았고, 다만 태양과 유성들은 움직이는 세계요, 이에 반하여 항성들은 움직임이 없는 세계라고 하는 생각으로 명맥을 유지하고 있었다. 그러나 데카르트의 우주상에 있어서는 이러한 차이가 말끔히 배제되고 만다. 그리하여 우주는 그 구성 물질에 있어서는 동질적이요, 그 법칙에 있어서는 제일적(齊一的)이다.

세계는 고대 헬라스와 중세 사람들이 생각한 것처럼 자기 완결적이고 자기중심적인 하나의 전체가 아니요, 또 이러한 전체들이 서로 아무 관련 없이 아주 분리되어 있는 것도 아니다.

꼬이레가 말한 바와 같이,

> 세계는——브루노의 우주에서와 꼭 마찬가지로——그 속에 무한히 많은 태양계가 서로 종속하며, 서로 연결되어 있는데, 우리들의 태양계의 태양과 유성들과 똑같은 물질이 한계 없는 공간 속에 퍼져 있는 광

---

214) *Ibid.*, p.102.

대한 하나의 통일체다.215)

그리고 엘리자베드 왕녀에게 보낸 편지에서 데카르트는 다음과 같이 말한 적이 있다.

"만일 우리가 하늘 저편에는 상상적 공간 밖에 없고, 그 모든 하늘들은 지구에 봉사하기 위해서, 그리고 지구는 인간에게 봉사하기 위해서만 만들어졌다고 상상한다면, 이것은 우리로 하여금 이 지구가 우리의 주로 거주처이고, 우리의 이 거주처가 최선의 것이라고 생각하게 하기 쉬운 것입니다. 그리고 우리 속에 참으로 있는 완전성들을 인식하는 대신, 다른 피조물들보다 우리 스스로를 높이기 위하여 그들이 가지고 있지 않는 불완전성들을 그들에게 돌리고 우리가 엉뚱한 자만심을 품고서 하나님을 보좌하여 그와 함께 세계를 인도하는 책임을 떠맡으려 한다면 이것은 쓸데없는 불안과 불만을 무한히 일으키는 것입니다."216)

이 말은 데카르트가 일찍이 인간 중심의 편견에서 벗어났음을 보여주는 것이라 하겠다.

3. 운동

데카르트의 세계상에서는 이 세계 안에 있는 것은 오직 물질과 운동이다. 여기서 '세계'라는 말은 엄밀히 말해서 가시적 세계이다. 하나님이 따로 있으니 말이다. 데카르트는 《철학의 원리》 제4부 188항에서 "가시적 세계 전체는 단순히 하나의 기계요, 거기서는 그 부분들의 형상과 운동밖에는 고찰할 것이 없다"217)라고 말하고 있다. 이것은

---

215) *Ibid.*, p.105.

216) Brunschvicg, *op. cit.*, p.17에서 재인용.

≪철학의 원리≫ 제3부와 제4부에서 모든 자연 현상을 논하고 나서 결론적으로 한 말이다. 하여간 앞서 지적한 바와 같이 전 우주에는 동일한 한 가지 물질밖에 없다. 우리는 이 물질을 오직 그것이 연장되어 있다는 것을 통해서만 인식한다. 그리고 우리가 이 물질 속에서 판명하게 알아볼 수 있는 모든 성질들은 결국 이 물질이 여러 부분으로 나뉠 수 있고 또 부분에 관하여 가동적인 데 말미암는 것이다. 즉, 그 부분들의 운동으로 말미암아 가지가지 변화가 생김으로써 물질의 온갖 변이, 그 형태의 다양성이 생겨난다.

데카르트는 "본래의 의미에서의 운동이란 무엇인가?"고 묻고, 이에 대하여 "물질의 한 부분, 즉 한 물체가 그것에 직접 붙어 있는 그리고 정지하고 있다고 여겨지는 물체들 곁으로부터 다른 물체들 곁으로 이동하는 것"218)이라고 답하고 있다. 데카르트에 의하면 우리는 운동에는 정지보다도 더 많은 힘과 활동이 필요하다는 선입견을 가지고 있다. 그러나 운동과 정지는 물체의 서로 다른 양태일 따름이며, 이 양자에는 똑같은 힘이 필요하다. 물 위에 떠 있는 배를 움직이게 하는 데는 움직이고 있는 배를 급정지시키는 데 필요한 힘보다 더 큰 힘이 필요치 않다. 혹은 적어도 아주 더 큰 힘이 필요치는 않다.219)

자연계의 모든 운동에는 이중의 원인이 있다. 첫째는 세계에 있는 모든 운동의 보편적 원인인 편재적·제1차적 원인이요, 다음은 물질의 각 부분으로 하여금 전에는 가지고 있지 않던 운동을 획득케 하는 특수한 원인이다. 그리고 보편적 원인, 제1원인으로서는 신 이외의 다른 아무것도 있을 수 없다. 신은 전능하여 물질을 운동 및 정지와

---

217) *AT*, IX-2, p.310.

218) *Ibid.*, IX-2, p.76(제2부 제25항).

219) *Ibid.*, IX-2, p.77(제2부 제26항) 참조.

더불어 창조하였고, 지금은 그의 정상적 협력(concours ordinaire)에 의하여 창조할 때에 준 것과 동량의 운동 및 정지를 우주 안에 보존케 하고 있다. 운동은 움직여지고 있는 물질에 있어서는 하나의 양태에 지나지 않는 것이지만, 물질은 일정한 운동량을 가지고 있다. 그리고 이 양은 우주의 각 부분에서는 변화해도 전 우주에서는 항상 동일하다. 이것은 신이 그 본성에 있어서 불변할 뿐만 아니라, 또한 절대로 변하지 않는 방식으로 작용한다는 그 완전성을 보여 주는 것이다. 그러므로 "하나님은 세계에 일정량의 운동을 보냈다. 그리고는 그것을 항상 동량으로 보존한다"고 결론짓지 않으면 안 된다.[220]

이와 같이 세계의 운동을 주고 또 창조시와 동일한 양을 유지하는 신의 불변하고 한결같이 작용하는 본성에서 우리는 몇 가지 규칙, 즉 자연의 법칙을 알 수 있다. 이 법칙들은 모든 물체에서 볼 수 있는 갖가지 운동의 제2차적 특수적 원인이다.

이 법칙들은 다음과 같다.

① 어떤 물건이나 다른 것이 그것을 변화시키지 않는 동안은 같은 상태에 머문다.[221]

② 모든 운동체는 직선적으로 그 운동을 계속하는 경향을 가지고 있다.[222]

③ 운동하는 어떤 물체가 자기보다 더 강력한 다른 어떤 물체에 부딪치면, 그 운동을 조금도 잃지 않으며, 자기보다 약하고 자기가 그것을 움직일 수 있는 어떤 물체에 부딪치면 그것은 그 약한 물체에 준만큼의 운동을 잃는다.[223]

---

220) *Ibid.*, Ⅸ-2, pp.83~84(제2부 제36항) 참조.
221) *Ibid.*, Ⅸ-2, p.84(제2부 제37항) 참조.
222) *Ibid.*, Ⅸ-2, p.85(제2부 제39항) 참조.

알랭은 운동에 관한 데카르트의 사상에 관하여 말하고 있다.

……데카르트는 운동을 운동하는 물건으로부터 이를테면 떼어 내어, 그것을 주위의 물건들에다가 분배하려고, 다시 말하면 운동을 그 물건과 다른 물건들과의 관계로 생각하려고 늘 주의하고 있었다. 우리는 바로 ≪철학의 원리≫에서 아무런 애매함도 제한도 없이, 오늘날도 아직 새로움을 잃지 않고 있는 학설을 발견하고 놀란다. 그것은 운동이란 한 물체와 그 인접물과의 관계일 따름이다라고 하는 것이다. 이 사상은 먼저 그것에 얽힌 상상의 장난에 의하여, 우리를 즐겁게 해준다. 그러나 금방 범용(凡庸)한 정신이 가지고 있는 척도를 넘어 버린다. 여기서도 역시 신비적 내지 내재적 성질은 부정되어야만 하기 때문에, 활력이라든가 물질의 약동이라든가 하는 것을 움직이는 물건으로부터 떼어 내어져서 주위의 장에 돌려져야 하기에 말이다. 왜냐하면 움직이는 물체 속에 어떤 내적인 힘을, 집중되고 보류된 운동으로서 상정하는 것은, 이 물체가 사실상 스스로 움직인다고 생각하려는 것이지만, 그것은 또한 저 존재의 법칙── 변화는 주위의 물체의 위치와 변화에 의하여 전면적으로 결정된다고 하는 법칙── 을 망각하는 것이기 때문이다. 모든 내재적 성질이 신화적인 것임과 같이 모든 내재적 힘도 신화적이다. 우리가 날아가는 화살에 어떤 욕망이 깃들어 있다고 하는 저 낡은 심상(心像)을 여기서 완전히 극복하려고 한다면, 의심의 여지없이 계산의 힘과 일단 결정한 것을 끝까지 지키는 마음가짐을 지녀야 한다. 나는 이 어려운 사상을 오성의 용자(勇者)들에게 맡긴다. 나는 다만 데카르트가 이 사상을 그다지 멀리까지 추구하지는 않았어도, 적어도 그것을 형성했다는 것을 감탄할 따름이다. ……물질의 일부의 운동이나 변위가 오직 그 인접물에 의해서만 결정된다고 하는 데카르트의 설에 오늘날 반대하는 사람이 있으리라고는 생각되지 않는다. 이제 사람들이 세계와 같은 만큼 복잡한 오늘날의 원자를 주시한다면 우리들의 물리학

---

223) *Ibid.*, IX-2, p.86(제2부 제40항) 참조.

은 완전히 데카르트적이라고 하는 결론에 도달하리라고 나는 생각한다.224)

데카르트는 《철학의 원리》 제2부의 마지막 항인 제64항에서 다음과 같이 말하고 있다. "나는 자연학에서, 수학에서 또한 받아들여지고 있지 않는 원리들을 전혀 받아들이지 않는다. 이것은 그 원리들로부터 내가 연역하게 될 모든 것을 논증을 통해서 증명할 수 있기 위해서다. 그리고 이 원리들은 자연의 모든 현상이 이 원리들에 의하여 설명될 수 있을 만큼 충분하다."225) 이 말을 통하여 우리는 데카르트의 자연학의 수학적이고 합리적인 성격과 방법의 정신을 알 수 있다.

제6장 정념론(情念論)

1. 정념과 신체적 징후의 관계

데카르트는 모든 생리 현상도 순전히 기계론적으로 설명하였는데 정념(passions)을 논하는 데 이르러서는 일찍이 각 정념과 그 신체적 변화의 관계를 주의 깊게 관찰하여 우리의 정신의 훌륭한 의사로서의 모습을 보여 주고 있다. 그가 정념과 신체 내부 및 외부의 징후와의 관계를 논한 것 중 주요한 것을 들면 다음과 같다.

사랑이 강렬한 기쁨이나 욕망이나 슬픔을 수반하지 않을 때에는 맥박이 고르고 또 보통 때보다 훨씬 더 크고 강하다. 또 가슴 속에서는 쾌적한 따뜻함을 느끼며 위의 소화 작용이 활발하며 육류의 소화가

---

224) Alain, *op. cit.*, pp. 136~137.
225) *AT*, IX-2, p.101.

촉진된다. 따라서 이 정념은 건강에 좋다.226) 이에 반하여 증오의 정념을 가질 때에는 맥박이 고르지 못하거나 작고 또 흔히 빠르다. 쑤시는 듯한 냉기를 흉부에 느낀다. 위는 그 기능을 정지하고, 구토가 나거나 혹은 음식물을 부패시켜 좋지 못한 액체로 변하게 하려 한다.227)
　기쁠 때에도 맥박이 고르고 평상시보다는 빠르지만 사랑할 때만큼은 강하거나 크지 않다. 그리고 흐뭇한 열을 느끼는데, 이 열은 가슴에만 있지 않고 풍부하게 밀려오는 혈액과 함께 신체의 외부 전면에 퍼진다. 그러나 소화력이 평상시보다 쇠퇴하기 때문에 식욕이 감퇴하는 수가 있다.228) 슬플 때에는 맥박이 약하고 완만하게 되며, 심장의 주위를 끈으로 조여 매는 듯이 느껴지며, 또 얼음 조각들이 심장을 식히고 그 찬 기운을 온 몸에 퍼지게 하는 듯이 느낀다. 그러나 슬픔에 증오가 조금도 섞이지 않으면 식욕도 있고 위가 그 임무를 게을리하지 않을 수도 있다.229)
　욕망에는 다음과 같은 특성이 있다. 즉 욕망은 다른 어느 정념보다도 격렬하게 심장을 동요시키고 더 많은 정기를 뇌에 공급한다. 이렇게 되면 정기는 뇌로부터 근육으로 옮겨가서 모든 감각을 더욱 예민하게 하고, 또 신체의 모든 부분을 더욱 활발하게 한다.230)
　데카르트는 이 밖의 다른 여러 정념과 혈액 및 정기의 운행과의 관계, 그리고 또 신체 외부에 나타나는 증후와의 관계를 논하고 있는데, "이 정념들에 수반하는 신체적 운동은, 그것이 격렬할 때에는 모두 건

---

226) *AB*, p.741(《정념론》*Les Passions de l'ame* 제97항 참조.
227) *Ibid.*, p.741(《정념론》 제98항) 참조.
228) *Ibid.*, p.742(《정념론》 제99항) 참조.
229) *Ibid.*, p.742(《정념론》 제100항) 참조.
230) *Ibid.*, p.742(《정념론》 제101항) 참조.

강에 해롭고, 이와 반대로 온건할 때에는 유익하다"231)고 말한다. 여기에 이르러서는 정신의 훌륭한 의사의 조언으로 경청할 만하다고 하겠다.

2. 고매(高邁)한 마음에의 호소

데카르트는 나중에 ≪정념론≫에서 정리될 사상을 왕녀 엘리자베드에게 편지로 써 보낸 바 있다. 그 중에는 다음과 같은 말이 발견된다. "다른 점에서는 마음에 만족을 가질 모든 이유를 갖추고 있는 사람일지라도, 모든 장면이 불길한 비극의 상연을 계속 보고 있으면, 또 비애와 연민의 대상들을 주시하는 데 전심하고 있으면, 아무리 이런 것들이 거짓된 것이요, 가공의 것이요, 따라서 눈에서 눈물을 자아내고 상상력을 움직이게 할 따름이요, 오성을 건드리지 못한다 하더라도, 그것만으로 심장을 죄어들게 하고 한숨을 쉬는 습관을 붙이는 데 충분하다고 믿습니다. 그 결과 혈액의 순환이 정체되고 완만해지기 때문에 혈액의 가장 조잡한 부분들이 서로 들러붙고, 비장의 구멍들 속에서 서로 방해하고 서로 막아 비장을 쉽사리 폐색(閉塞)시키기도 합니다. 그리고 혈액 중의 가장 정묘한 부분들은 여전히 그 활동을 계속하기 때문에 폐장을 해칠 수 있고 또 기침이 나게도 하는데, 이 기침이 오래 가면 아주 위험하게 됩니다. 그런데 이에 반하여, 불쾌하게 될 진정한 이유들을 무한히 가지고 있는 사람이라 하더라도 애써 상상력을 딴 곳으로 돌리고, 불가피한 사정이 있을 때를 제외하고는 그런 것들을 절대로 생각하지 않고, 나머지 모든 시간을 만족과 기쁨을

---

231) *Ibid.*, p.761(≪정념론≫ 제141항) 참조.

가져다 줄 수 있는 것들만을 고찰하는 데만 쓰게 되면, 자기에게 중요한 사물들을 정념 없이 바라보게 되므로, 그 사물들에 대하여 건전한 판단을 내리는 데 크게 유익할 뿐만 아니라, 또한 그렇게 하는 것만으로, 설사 슬픔에 의하여 혈액의 상태가 악화하여 비장과 폐장이 이미 아주 나빠졌다 하더라도 충분히 건강을 회복할 수 있다는 것을 저는 조금도 의심치 않습니다.232)……행복하게 되기를 원하지 않는 사람은 한 사람도 없습니다. 그러나 많은 사람이 행복하게 되는 방법을 모릅니다. 그리고 몸이 불편하면 의지가 자유롭지 못한 때가 자주 있습니다. 이것은 우리가 잠을 잘 때에도 일어나는 바와 같습니다. 왜냐하면 세상에서 가장 현명한 사람(le plus philosophe)도, 기질이 그를 지배할 때에는 악몽을 꾸지 않을 수 없기 때문입니다. 하지만 경험을 통해서 보건대, 정신이 자유로운 때에 어떤 생각을 자주 품으면, 그 후 몸이 불편하게 된 때에도 그 생각이 다시 나타납니다. 그래서 저는 제 꿈이 저에게 괴로운 것을 나타내어 보여 주는 일이 전혀 없다고 말씀드릴 수 있습니다. 그리고 오래 전부터 슬픈 생각을 조금도 하지 않는 습관을 가지게 된 것이 크게 다행한 일임은 의심의 여지가 없는 일입니다."233) 이 말은 고대의 현인들에게서도 찾아볼 수 있음직한 것으로서 현대적인 것이라고 할 수 없을지도 모른다. 그러나 우리는 여기서도 정념들과 신체적 변화의 밀접한 관계를 주의 깊게 관찰하는 데카르트를 발견하며, 또 나아가서는 오늘날도 현대인의 정신 위생을 위하여 귀중한 관념이 될 수 있는 호소를 본다. 그 호소는 물론 고매한 마음을 가지라는 호소이다. 배신과 불신, 그로 말미암은 좌절과 낙심이 엄습하기 쉬운 이 시대에 데카르트의 고매한 마음에의 호소는

---

232) *Ibid.*, pp.1186~1187(1645년 5월 혹은 6월 엘리자베드 왕녀에게 보낸 편지).
233) *Ibid.*, p.1201(1645년 9월 1일자 엘리자베드 왕녀에게 보낸 편지).

확실히, 멍들기 쉬운 현대인의 정신에 좋은 약이 되리라 생각한다. 알랭은 데카르트의 ≪정념론≫에 관하여 다음과 같이 말하고 있다.

> 데카르트에게 고유한 점은, 그리고 그가 지금도 여전히 마음속에 번민을 품고 있는 사람들을 마치 자석처럼 끌어당기지 않고서는 마지않는 까닭은, 불가피한 사건에 대한 전혀 그리스도교적인 체념과 함께 찾아볼 수 있는 운명에 저항하는 놀라운 대담함과 숙명의 관념 같은 것에 의하여 결코 동요하지 않고, 아니, 미동도 않고, 자기의 생활을 가능한 한 올바르게 인도해 가려는 의지에 있다.234)

이 의지는 고매한 마음의 나타남이 아니고 무엇이랴?

---

234) Alain, *op. cit.*, p.170.

참 고 문 헌

1. 저작

OEUVRES DE DESCARTES, Adam et Tannery, 13 vol., Paris, 1964.
OEUVRES ET LETTRES DE DESCARTES, André Bridoux, Pléiade판(Gallimard), Paris, 1953.
THE PHILOSOPHICAL WORKS OF DESCARTES, *Elizabeth S. Haldane and G.R.T. Ross (trans.), Dover edition, 1955.*
DISCOURS DE LA MÉTHODE, texte et commentaire, Etienne Gilson, Paris, 1967.
LES PAGES IMMORTELLES DE DESCARTES, Paul Valéry (ed.), Paris, 1941.

2. 해제서

Gregor Sebba, *Bibliographia Cartesiana*, The Hague, 1964.

3. 연구서·해설서

Alain, *Idées, Introduction à la philosophie, Platon, Descartes, Hegel, comte*(Flammarion), Paris, 1939.
Alquié, Ferdinand, *La découverte métaphysique de l'homme chez Descartes*(Presses Universitaires de France), Paris, 1950.
Baillet, Adrien, *La vie de Monsieur Descartes,* paris, 1691.
Balz, Albert G. A., *Descartes and the Modern Mind,* Hamden,

Connecticut, 1952.

Briton, Crane, *Ideas and Man,* New York, 1950,

Brunschvicg, Léon, *Descartes,* Paris, 1937.

Camus, Albert, *Remarques sur la révolte,* 1949.

Cassirer, Ernst, *Descartes,* stockholm, 1939.

Cassirer, Ernst, *An Essay on Man,* New Haven(Yale University Press), 1944.

Chevalier, Jacques, *Descartes*(Nouvelle édition revue et augmentée), Paris, 1957.

Cresson, André, *Les courants dela pensée philosophique francaise,* Paris.

Duhamel, Georges, *Descartes, maître à penser,* 1937.

Gilson, Etienne, *Études sur le rôle de la pensée médiévale dans la formation du système cartésien,* Paris, 1951.

Gouhier, Henri, *La pensée métaphysique de Descartes,* Paris, 1962.

Hamelin, Octave, *Le système de Descartes, Paris,* 1911.

Koyré, Alexandre, *Éssai sur l' idée de Dieu et les preuves de son existence chez Descartes,* Leroux, 1922.

Koyré, Alexandre, *From the Closed World to the Infinite Universe*(Johns Hopkins University Press), Baltimore, 1957.

Laporte, Jean, *Le rationalisme de Descartes*(PUF), 1950.

Lefèvre, Roger, *Le criticisme de Descartes*(PUF), 1958.

Lefèvre, Roger, *La métaphysique de Descartes*(PUF), 1966.

Leroy, Maxime, *Descartes, le philosophe au masque,* Paris, 1929.

Maritain, Jacques, *Le songe de Descartes,* Paris, 1932.

Pascal, Blaise, *Pensées*(édition Brunschvicg), Garnier Frères, Paris, 1964.

Smith, Norman Kemp, *New Studies in the Philosophy of Deacartes,* London, 1963.

방법서설 · 성찰 · 데카르트연구 (개정판)

2019년 1월 25일 · 개정판 6쇄 발행

지은이 · 르네 데카르트
옮긴이 · 최명관
펴낸이 · 이규인
펴낸곳 · 도서출판 창
등록번호 · 제15-454호
등록일자 · 2004년 3월 25일

주소 · 서울특별시 마포구 대흥로 4길 49, 1층 (용강동, 월명빌딩)
전화 · 322-2686, 2687 / 팩시밀리 · 326-3218
홈페이지 · http://www.changbook.co.kr
e-mail · changbook1@hanmail.net

ISBN 978-89-7453-154-6   04100

정가 14,000원

* 잘못 만들어진 책은 <도서출판 창>에서 바꾸어 드립니다.

  * 이 책의 저작권은 <도서출판 창>에 있습니다.
    저작권법에 의해 보호를 받는 저작물이므로
    무단 전재와 복제를 금합니다.

예수의 생애

에르네스뜨 르낭 지음 / 최명관 옮김

이 책이 1863년에 나오자 세상은 격찬과 매도(罵倒)로 들끓었으며, 굉장한 성공을 거두었다. 간행된 지 4개월 만에 6만 부가 판매되었고, 일 년 반이 채 안 되는 동안에 11개 국어로 번역되었다. 1863년과 1864년 동안에만 찬반 논문이 80편이나 나왔다. 이웃 일본에서는 늦게나마 1908년에 첫 번역이 나왔고 우리나라에서 이 책을 처음으로 1967년 훈복문화사에서 발행하였다. 이 책의 제목에 '신판'이 들어간 것은 지은이가 새 판본을 간행했다는 것은 아니고, 역자가 1967년에 옮긴 책을 처음 간행할 때에 원서에 있는 13판 머리말과 참고문헌을 넣지 않았던 것을 이번에 넣은 것이다.

소크라테스 영원한 인간상–진리의 첫 시민

코라 메이슨 지음 / 최명관 옮김

소크라테스의 사상에 관해 정확한 역사적 사실로 알려져 있는 것은 극히 적다. 이 책은 코라 메이슨의 《소크라테스 : 끊임없이 질문을 던진 자》(Socrates: The Man Who Dared to Ask)를 옮긴 것이다. 옮긴이가 원서를 처음 번역하여 출판한 것은 1967년이다. 이번에 다시 출판하게 되면서 용어나 표현 등을 현재의 언어 감각에 맞게 우리말로 매끄럽게 다듬었다.

존 스튜어트 밀 자서전

존 스튜어트 밀 지음 / 최명관 옮김

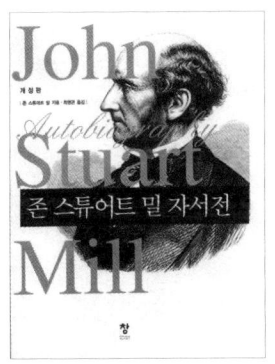

밀 자서전은 19세기 지성사의 가장 중요한 문서 중의 하나이다. 모든 이야기는 그의 정신의 성장과 사상의 발전을 중심삼아 전개되고 있다. 거기에는 19세기의 사회적 정세와 사상적 상황에 처하여 심각하게 고민하고 진지하게 사색한 그리고 인류의 복리를 위하여 분투한 하나의 뛰어난 정신의 모습이 그려져 있다.

플라톤의 대화편

플라톤 지음 / 최명관 옮김

플라톤은 특히 초기 작품들을 통하여 소크라테스의 모습을 생생하게 그려냄으로써 영원의 생명을 획득하였다. 여기 그려진 소크라테스의 모습은 역사적 진실이 아닐지도 모른다. 그러나 "시는 역사보다 더 진실하다."라고 하듯이, 그것은 하나의 살아 있는 전체로서의 소크라테스의 인간상을 예술적으로 훌륭하게 그려내고 있는 것이다. 에우튀프론, 소크라테스의 변론, 크리톤, 파이돈, 향연 5편이 수록되어 있다.

니코마코스 윤리학

아리스토텔레스 지음 / 최명관 옮김

인류문학의 최고봉의 하나를 이룩한 B.C. 5세기의 아테나이에서 소크라테스는 고매한 인격을 가지고 깊은 철학적 사색을 끈기 있게 전개하였다. 그의 철학적 사색은 플라톤에 의하여 극적(劇的) 형식(形式)으로 집대성되어 표현되었고, 아리스토텔레스에 의하여 학문적 체계가 갖추어지게 되었다. 소크라테스·플라톤·아리스토텔레스는 그리스 정신문화의 3대 지주이고 원천이었다. 아리스토텔레스 이후로는 그만한 학문적 체계가 13세기 내지 19세기까지 나타나지 못했다. 13세기의 토마스 아퀴나스에 이르러 서양 문화는 다시 한 번 아리스토텔레스의 그것에 못지않은 광범하고 심오한 학적 체계를 얻었다. 또한 아퀴나스는 아리스토텔레스의 철학 정신과 방법을 자기의 철학 및 신학의 기초로 삼았다. 아리스토텔레스의 영향은 그 자신의 시대 이후 지금까지 끊임이 없었다. 이것 은 무엇보다도 그의 철학 속에 여러 가지 학문적 술어의 정의와 구별 및 후대의 과학의 기초를 이루는 신념들이 내포된 때문이다.